新兴贸易保护政策：技术性贸易措施

EMERGING TRADE PROTECTION POLICY : TECHNICAL MEASURES TO TRADE

程鉴冰 ◎ 著

中国社会科学出版社

图书在版编目（CIP）数据

新兴贸易保护政策：技术性贸易措施/程鉴冰著．—北京：
中国社会科学出版社，2017.5
ISBN 978 - 7 - 5203 - 0470 - 2

Ⅰ.①新…　Ⅱ.①程…　Ⅲ.①贸易保护—贸易政策—研究
②技术贸易—研究　Ⅳ.①F741.2②F746.17

中国版本图书馆 CIP 数据核字（2017）第 108515 号

出 版 人	赵剑英
责任编辑	卢小生
责任校对	周晓东
责任印制	王　超

出　　版	中国社会科学出版社
社　　址	北京鼓楼西大街甲 158 号
邮　　编	100720
网　　址	http：//www.csspw.cn
发 行 部	010 - 84083685
门 市 部	010 - 84029450
经　　销	新华书店及其他书店

印　　刷	北京明恒达印务有限公司
装　　订	廊坊市广阳区广增装订厂
版　　次	2017 年 5 月第 1 版
印　　次	2017 年 5 月第 1 次印刷

开　　本	710 × 1000　1/16
印　　张	27.25
插　　页	2
字　　数	460 千字
定　　价	120.00 元

凡购买中国社会科学出版社图书，如有质量问题请与本社营销中心联系调换
电话：010 - 84083683

序　言

　　光阴似箭，日月如梭。2016 年 12 月 11 日，举国上下迎来了加入世界贸易组织 15 周年纪念日。15 年前的今天，中国加入世界贸易组织（WTO）时，每个中国人都感到无比的骄傲。今天，回首这 15 年的征程，中国在成为全球第一贸易大国、世界第二大经济体的同时，也带来了世界经济翻天覆地的变化，并为新的全球经济治理体系奠定了基础，每个中国人都感到由衷的自豪。世界贸易组织前副总干事哈拉指出，中国对全球价值链的参与已经渗透到全球，特别是在中小企业的全球数字化贸易、电商交易中，中国已经起到了主导性作用。

　　回顾 2008 年国际金融危机以后，全球价值链进入了不同层次竞争的新阶段，全球贸易规则也迎来了重构期。世界各国纷纷采取各种新兴贸易措施保护本国市场，促进本国经济发展。技术性贸易措施因其合理性、复杂性、隐蔽性和灵活性等特点，日益成为各国政府首推的贸易保护政策之一，是当前影响我国出口的最大贸易壁垒之一，仅 2014 年就给我国出口企业造成近 755 亿美元的巨额直接损失。同时，从公共政策的角度来看，随着经济社会发展和国民收入的提高，健康、安全、环保等公共政策需求上升，技术性贸易措施的制度供给应运而生并受到各国政府的高度重视。世界贸易组织发布的《2012 年世界贸易报告》首次专门以非关税措施为主题，研究了 WTO/TBT – SPS 等技术性贸易措施的政治经济学含义，这标志着技术性贸易措施已经成为国际社会的热点议题。

　　党中央、国务院高度重视技术性贸易措施工作。习近平总书记在十八届五中全会专题研讨班上指出："西方国家等强化贸易保护主义，除反倾销、反补贴等传统手段之外，在市场准入环节对技术性贸易壁垒、劳工标准、绿色壁垒等方面的要求越来越苛刻。"李克强总理在 2014 年中国质量（北京）大会上强调："要在世界贸易组织框架内加强技术性贸易措施的磋商和交流，反对各种形式的贸易保护主义。"《国家"十三五"

规划纲要》明确要求："积极应对国外技术性贸易措施，强化贸易摩擦预警，化解贸易摩擦和争端。"我国《国家中长期科技发展规划纲要（2006—2020年）》以及《"十三五"国家科技创新规划》也都强调要加强技术性贸易措施研究和体系建设。在全球政治经济格局深刻变革的新形势下，进一步强化国家技术性贸易措施的系统性研究与应用，建立目标明确、布局合理、运作高效、协调一致的国家技术性贸易措施体系，已成为一项重大的国家战略需求。

技术性贸易措施体系关乎国家利益，而构建高效完备的技术性贸易措施体系取决于国家整体科学技术实力。科学技术为技术法规、标准、合格评定程序、卫生与植物卫生措施的制定与实施提供基础性、关键性技术支撑和保障，对技术性贸易措施体系建设的科学性、系统性和有效性起到核心作用，是决定国家间技术性贸易措施政策博弈结果的关键性因素。技术法规、标准、合格评定程序、卫生与植物卫生措施是国家技术性贸易措施体系的四种表现形式，是实现调控经济和贸易、实现公共政策目标的重要手段。

有效运用技术性贸易措施是保障国家安全之需要。中国科学院研究数据显示，中国外来入侵植物已达到72科、285属、515种；中国已成为世界上遭受生物入侵最严重的国家之一，外来入侵有害生物造成每年生态及经济损失达1200亿元人民币以上。因此，在经济安全、健康安全、生态安全、粮食安全等领域，科学制定和合理运用各类技术性贸易措施，对主动防范和管控各类安全风险、化解国家危机、提升国家综合防御能力具有重要的战略意义。

有效运用技术性贸易措施是促进外贸发展之需要。联合国报告显示，技术性贸易措施已对全球70%的贸易产生影响。国家质检总局调查显示，2005—2014年10年间，我国年均33%的出口企业受到国外技术性贸易措施影响，直接经济损失达5529亿美元，新增成本2191亿美元。因此，合理设置和运用技术性贸易措施，可以达到敦促其他国家消除或减少不合理的技术性贸易措施；鼓励和引导企业科学地应对国外技术性贸易措施；并对及时规避贸易风险、减少不必要的贸易损失、助推产业转型升级具有重要的现实意义。

有效运用技术性贸易措施是提升国际地位之需要。当前，我国正值加强全球治理的战略机遇期，中国正在更多地介入到全球治理的规则制定、制度安排和格局构建之中，并且步伐明显加快，但部分领域体制机制尚未完全与国际接轨，深度参与全球治理的能力和经验与欧美日等发达经济体还存在较大的差距，灵活运用国际通行规则维护国家利益、提升国际政治经济地位的水平有待进一步提升。因此，技术性贸易措施的前瞻性、战略性及系统性地应用，对增强我国在多双边领域国际合作中的话语权、有效维护国家核心利益、提升国际地位具有重要的理论意义。

程鉴冰博士基于多年国际贸易政策理论与实证的研究，通过回顾贸易保护的基础理论、探索技术性贸易措施的动态趋势、研究技术性贸易措施的产业和区域特征、分析技术性贸易措施的政府干预和经济效应、提出技术性贸易措施的政策建议，编撰了《新兴贸易保护政策：技术性贸易措施》一书，给理论研究者、政策制定者和进出口贸易管理者提供一定的参考。

李富强

中国社会科学院数量经济研究所

党委书记、副所长、教授、博导、博士

2016 年 12 月 11 日

前　言

自 2001 年 12 月 11 日中国加入 WTO 已整整 15 周年。15 年来，中国进出口贸易总额从 2001 年的 5096.50 亿美元增长到 2014 年的 43015.27 亿美元；工业制成品出口比重从 2001 年的 90.10% 增长到 2014 年的 95.19%；中国制成品出口赶超从 2005 年超越日本，到 2006 年超越美国，再到 2008 年超越德国；2009 年一跃成为全球第一出口大国、第二进口大国；2013 年以来一直保持全球第一货物贸易大国的地位。

然而，近年来，多哈回合谈判停滞不前，使各个国家开始尝试能够实现其利益诉求与经济发展的新途径。双边和区域自贸区谈判和建设应运而生，且大有局部替代 WTO 多边贸易机制之势。尤其是 2008 年国际金融危机以来，FTA 方兴未艾，贸易保护主义愈演愈烈，对出口造成一定的影响。据国家质检总局调查显示，我国每年有 1/3 以上的出口企业遭受国外技术性贸易措施的影响。

特别是，随着外来有害生物的入侵、动物疫病疫情的威胁、农兽药残留的风险、非法转基因产品对食品及生态安全的潜在危害、用能产品能效法规的频繁更新、化学物质及有毒有害物质综合管控的日益严格、纺织服装基本安全的技术要求等，都要求我们从产业发展、生态保护、公共安全、国家危机战略的高度研究技术性贸易措施。

随着发达国家技术性贸易措施国内体系的日臻完善，尽管发展中国家使用技术性贸易措施也有上升之态势，但是，发达国家技术性贸易措施发展历史较早、体系成熟、涵盖面广、影响久远；而发展中国家的技术性贸易措施体系尽管有不少等同采用了国际或者是发达国家的技术性贸易措施，但涉及产品单一、影响面小等，这就要求我们从地缘政治经济、国家法律法规、政策规制的高度研究技术性贸易措施。

随着国际贸易的发展，TBT 和 SPS 措施的通报量逐年上升，STCs 也呈上升之态势。欧美日对中国产品的通报召回扣留占比居高不下，从而

对我国出口产品的声誉产生不可低估的影响等，这就要求我们从 WTO/
TBT – SPS 全球宏观的高度研究技术性贸易措施。

　　此外，由于技术性贸易措施国内信息不对称、负外部性、交易成本
上升及公共产品的缺失，产生了对技术性贸易措施的国内公共规制的需
求。而当国际市场面临准入壁垒时，就产生了对技术性贸易措施的国际
贸易保护政策的公共需求。特别是 2008 年国际金融危机以来，关税、配
额、许可以及"二反一保（反倾销、反补贴和保障措施）"等传统贸易保
护措施逐步削弱，技术性贸易措施作为新兴贸易保护政策正日益成为国
际贸易规则及其制度体系的重要组成部分，成为政府针对国内市场信息
不对称、交易成本上升、负外部效应及社会公共物品供应不足等市场扭
曲行为进行干预的重要手段，也成为各国政府针对国际市场准入而采取
的贸易保护政策的首选之一。

　　基于这一背景，本书的总体目标是激发进一步的"新兴贸易保护政
策：技术性贸易措施"的理论与实证研究。将定量与定性分析、规范与
实证分析、归纳与演绎等经济学研究方法有机结合。从技术性贸易措施
的产业特征、区域特征、动态趋势分析到技术性贸易措施的国内市场失
灵条件下的政府干预和国际市场准入壁垒条件下的贸易保护研究，再到
技术性贸易措施的正负经济效应，探讨技术性贸易措施的政策抉择。

　　本书除导论外，主要由以下内容构成：

　　第一部分为新兴贸易保护政策即技术性贸易措施基础理论，共三章，
分别由传统贸易理论、新贸易理论和新—新贸易理论（第一章），新兴贸
易保护政策（第二章）以及 WTO 框架下的贸易与标准：技术性贸易措施
动态与趋势（第三章）构成。

　　第二部分为技术性贸易措施的产业特征，共四章，分别由食品农产
品技术性贸易措施（第四章）、机电轻工产品技术性贸易措施（第五章）、
纺织服装产品技术性贸易措施（第六章）和化矿产品技术性贸易措施
（第七章）构成。

　　第三部分为技术性贸易措施的区域特征，共四章，分别由美国技术
性贸易措施（第八章）、欧盟技术性贸易措施（第九章）、日本技术性贸
易措施（第十章）和东盟技术性贸易措施（第十一章）构成。

　　第四部分为技术性贸易措施的全球宏观统计、国内国际政治经济背
景、经济效应和政策抉择，共四章，分别由 WTO/TBT 协定实施与运行：

技术性贸易措施全球宏观统计（第十二章）、技术性贸易措施的国内政府干预与国际贸易保护（第十三章）、技术性贸易措施经济效应的实证检验（第十四章）和技术性贸易措施的政策抉择（第十五章）构成。

本书注重理论、政策与实践的融合。数据来源主要是：WTO、UNCTAD、国家统计局、中国海关、商务部以及国家质检总局等国际组织和政府官方网站。

期盼本书的出版，能对从事新兴贸易保护政策即技术性贸易措施的理论研究者、政策制定者和进出口贸易管理者有一定的参考价值。

程鉴冰

2016 年 12 月 11 日

目　录

导　论

一　技术性贸易措施研究的理论意义

国际贸易理论经历了传统贸易理论、新贸易理论和新—新贸易理论的发展阶段；其理论核心也相应地经历了从传统国际贸易理论的比较成本理论与要素禀赋理论，到新贸易理论的规模经济和不完全竞争特征下的垄断竞争与产品种类内生化模型，再到新—新贸易理论的异质企业理论和不完全契约理论的发展阶段。为各种贸易保护政策提供了理论基础。

在全球经济一体化和 WTO 多哈回合谈判的大背景下，为了应对 2008 年以来国际金融危机的冲击，维护本国政治经济利益，世界各国开始调整对外贸易政策，基于金融危机背景的潜在的贸易限制措施即新兴贸易保护政策——技术性贸易措施呈不断上升的态势，包括技术壁垒、绿色壁垒、蓝色壁垒和社会壁垒等技术性贸易措施。这些新兴贸易保护政策——技术性贸易措施对全球贸易流动产生了进一步的负面影响。

全球贸易增速已经连续第五年低于 3%。尽管各发达国家在产出绩效上存在差异，但这些发达经济体都希望让经济尽快回归正轨。同时，预期结果也显示，发展中国家和新兴经济体将得以持续发展。尤其是亚洲国家中的许多新兴经济体能够在全球不景气的情况下实现稳步增长。但是，由于国际生产流程极度依赖于发达经济生产中心和发展中经济生产中心之间的联系，对于发达国家以及发展中国家和新兴经济体而言，贸易仍然是经济增长的主要源泉。在这样的背景下，进一步的贸易限制措施即新兴贸易保护政策——技术性贸易措施必然会对全球经济增长造成不良影响，并会延缓全球经济复苏的步伐。

基于技术性贸易措施的新兴国际贸易保护政策，以国家全方位公共干预为特征，以全球产业价值链企业链内和政府链外共同治理为宗旨，以科学技术最新研究为基础，以安全、健康、环保、生态、质量、消费者保护为理念，以标准、合格评定程序、标签为依托，特别是以 WTO 框架下保护国家安全、保护人类健康和安全、保护动植物的生命和健康、保护环境、保证产品质量、防止欺诈行为等为依据。

随着全球经济的发展，技术性贸易措施日益成为国际贸易规则及其制度体系的重要组成部分，成为政府针对信息不对称、负外部效应及社会公共物品供应不足等市场扭曲行为进行干预的重要手段，成为创新"研发专利化/标准化、技术产业化/市场化"的关键环节，成为企业参与国际合作与竞争、保障产业利益和经济安全的重要方法，对国家外贸发展有着深刻的影响。

新兴国际贸易保护政策给 WTO 框架下的多边贸易体制造成一定的冲击。在这些技术性贸易措施中，既有合理的技术性贸易措施，也有不合理的技术性贸易措施。对于合理的技术性贸易措施，我们应该充分利用技术性贸易措施的"双刃剑"作用和倒逼机制积极加以应对。而对于不合理的甚至是歧视性的技术性贸易措施，则应该动用 WTO 争端解决机制积极维护我国出口企业的利益诉求。

二　技术性贸易措施研究的现实意义

随着全球民主进程的加快，技术性贸易措施日益成为世界各国政治、外交、经济、贸易保护的重要和主要手段之一，对国家公共安全和社会经济发展的作用日益凸显。党中央、国务院高度重视技术性贸易措施工作，提出要运用技术性贸易措施，加快对外贸易优化升级，加快建设贸易强国。2016 年 1 月 18 日，习近平总书记在省部级主要领导干部学习贯彻党的十八届五中全会精神专题研讨班上指出[1]："2008 年国际金融危机的爆发，西方国家结束了黄金增长期，经济进入深度调整期，有效需求下降，再工业化、产业回流本土的进口替代效应增强，直接导致我国出口需求增速放缓。西方国家等强化贸易保护主义，除了反倾销、反补贴等传统手段之外，在市场准入环节对技术性贸易壁垒、劳工标准、绿色壁垒等方面的要求越来越苛刻，由征收出口税、设置出口配额等出口管制手段引发的贸易摩擦越来越多。"2014 年 9 月 24 日，李克强总理在中国质量（北京）大会上[2]，"倡议各国特别是主要贸易国之间加强质量研

---

① 习近平：《在省部级主要领导干部学习贯彻党的十八届五中全会精神专题研讨班上的讲话（2016 年 1 月 18 日）》，《人民日报》2016 年 5 月 10 日第 2 版。

② 国家质量监督检验检疫总局：《改革开放创新合作——李克强总理在中国质量（北京）大会上的重要讲话解读》，《中国国门时报》2014 年 9 月 24 日第 1 版。

发合作，深化质量技术交流，并呼吁在世界贸易组织框架内加强技术性贸易措施的磋商和交流"。《中华人民共和国国民经济和社会发展第十三个五年规划纲要》① 第十一篇第三节"加快对外贸易优化升级"规定："实施优进优出战略，推动外贸向优质优价、优进优出转变，加快建设贸易强国。""积极扩大进口，优化进口结构，更多进口先进技术装备和优质消费品。积极应对国外技术性贸易措施，强化贸易摩擦预警，化解贸易摩擦和争端。"为了有效应对国外技术性贸易壁垒，必须深入研究世界各国技术性贸易措施体系的发展与变化。

众所周知，内部资源禀赋和外部政治经济环境是一个国家选择发展道路的关键决定因素。改革开放 30 多年来，中国用几十年的时间走完了发达国家几百年走过的发展历程，创造了世界发展的奇迹。改革开放后，为换取紧缺的外汇和解决人口就业问题，中国采取的是"出口导向"和"进口替代"相结合的经济发展模式。这是基于中国劳动力资源丰富和缓和的国际政治经济形势的内外部条件的必然选择。2001 年中国加入世界贸易组织后，中国经济发展的超高速度、中国对国际经济规则的适应能力和中国对国际政治经济治理体系的重塑能力都超出了西方世界的预期。尤其是在 2008 年全球金融危机之后，中国与西方世界的关系以及中国在国际经济治理体系中的地位都在发生深刻的变化。习近平总书记指出②："全球贸易发展进入低迷期，是当前和今后一个时期世界经济发展的一个基本态势。据统计，过去几十年，全球贸易增速一直保持快于经济增速的态势。近年来，贸易增速明显下滑，连续 4 年低于世界经济增速。第二次世界大战结束后，德国、日本都经历了出口快速增长期，成为世界贸易大国。从它们的实践来看，当货物出口占世界总额的比重达到 10% 左右，就会出现拐点，增速要降下来。我国货物出口占世界总额的比重，改革开放之初不足 1%，2002 年超过 5%，2010 年超过 10%，2014 年达到 12.3%。这意味着我国出口增速拐点已经到来，今后再要维持出口高增长、出口占国内生产总值的高比例是不大可能了。这就要求我们必须把经济增长动力更多放在创新驱动和扩大内需特别是消费需求上。"因而，在不断扩大外贸规模的同时，中国也应该更加注重扩大内需的平衡

---

① 新华社，http://sh.xinhuanet.com/2016 – 03/18/c_ 135200400_ 12. htm。

② 新华网，http://news.xinhuanet.com/politics/2016 – 05/10/c_ 128972667. htm。

经济发展，调整出口导向的发展模式。从"以量取胜"的贸易大国地位向"以质取胜、培育关键与核心产业部门、提升质量和效益"的贸易强国地位迈进。通过技术性贸易措施的研究，可以更加深入地解读国外制造业技术水平，提升中国制造业向高精尖端迈进。

从国际贸易发展的环境来看，随着全球 FTA 的兴起，多边自贸协定 RTA 已经成为未来发展的大趋势，中国面临的外部贸易环境也在发生着深刻的变化。这就需要我们深入研究 FTA/RTA 下的区域性贸易协定新标准和新规则，即新兴贸易保护政策：技术性贸易措施。此外，随着经济全球化和贸易自由化的发展，关税、配额、许可证等传统贸易保护措施逐步削弱，技术性贸易措施对贸易的负面影响日益突出。国家质量监督检验检疫总局调查显示，近年来，国外技术性贸易措施使我国企业出口遭受的直接经济损失逐年增加，由 2005 年的 288 亿美元攀升至 2014 年的 755.2 亿美元，每年约有 1/3 的出口企业不同程度地遭受国外技术性贸易措施的影响。对中国企业出口影响较大的国家和地区排在前五位的是欧盟、美国、东盟、拉美、日本；出口受影响较大的产业是机电仪器、化矿金属、纺织鞋帽、玩具家具、橡塑皮革产业；影响我国工业品出口的技术性贸易措施类型集中在认证要求、技术标准要求、有毒有害物质限量要求等；影响农产品出口的技术性贸易措施类型集中在食品中农兽药残留限量要求、重金属等有害物质限量要求、微生物指标要求等。可见，技术性贸易措施正在对中国出口贸易产生不可估量的影响，亟待开展技术性贸易措施的理论与政策研究。

三 研究对象与方法

本书主要研究对象为：2008 年以来的新兴贸易保护政策——技术性贸易措施。本书并没有事先判定这些措施是否与 WTO 及其他多边和双边规制相一致，也没有对这些措施是否产生壁垒效应作出定论。

本书研究方法基于国际贸易理论进行分析。近年来，在新兴贸易保护政策——技术性贸易措施研究领域中，理论研究进展缓慢，经验分析由于缺乏充足的数据难以有效推进，基于这一背景，本书的总体目标是激发进一步的新兴贸易保护政策——技术性贸易措施理论与实证研究。并将定量与定性分析、规范与实证分析、归纳与演绎等经济学研究方法有机结合起来。

本书在文献综述的基础上，厘清相关基本概念定义，对 WTO 框架下

的新兴国际贸易保护政策——技术性贸易措施新动态、技术性贸易措施
的产业和区域特征、技术性贸易措施的政治经济背景及政府干预动因、
技术性贸易措施进出口贸易效应、对我国的影响与应对策略思考展开深
入的研究。

技术性贸易措施产业特征，主要对机电、轻纺、化矿、食品农产品
四大产业进行分析。

技术性贸易措施区域特征，主要对美国、欧盟、日本、东盟四大区
域进行分析。

四 数据来源

世界贸易统计数据来源于 WTO；时间区域主要涉及 1995—2015 年。

全球技术性贸易措施统计数据来源于 WTO；时间区域主要涉及
2005—2015 年。

2006—2015 年中国技术性贸易措施调查统计数据来源于国家质检总
局；时间区域主要涉及 2005—2014 年。国家质检总局组织的国外技术性
贸易壁垒对我国出口企业的损害调查抽样方案①如下：

（1）抽样方法设计：国外技术性贸易壁垒对我国出口企业影响调查
涉及全国（除港澳台地区）十几万家企业，调查采用随机抽样调查方法，
通过合理设计抽样方案获取样本数据，再利用统计学参数估计方法，以
样本数据科学估计出总体数据，从而完成工作目标。

（2）抽样的组织方式：在随机抽样中，遵守随机原则，样本的获取
一般有简单随机抽样、分层抽样、等距抽样、整群抽样、阶段抽样等多
种形式。

（3）样本量计算公式：因为预计样本量一定要满足大样本要求，因
此，确定样本量的基本公式由样本统计量近似服从正态分布得到：

$$N = Z_{\alpha/2}^2 p(1-p)/\Delta^2$$

其中，标准正态统计量 Z 对应 α 的置信度 95% 为 1.96；p 为损失率
即损失额除以出口额，此处采纳经验数据；Δ 为允许误差范围，按相对
误差。

（4）根据变异系数、样本方差，再参考借鉴实际研究中的经验，最

---

① 国家质量监督检验检疫总局：《全球化背景下技术性贸易措施》，中国质检出版社 2013
年版。

终确定总样本量。

五 框架结构

本书除导论外，主要由以下内容构成。

第一部分为贸易保护理论基础、政策及技术性贸易措施趋势。主要研究传统贸易保护理论、新贸易保护理论、新—新贸易保护理论研究综述，研究新兴贸易保护政策及技术性贸易措施目标、范围、重点和趋势。

第二部分为技术性贸易措施产业特征。主要研究食品农产品技术性贸易措施、机电轻工产品技术性贸易措施、服装纺织产品技术性贸易措施及化矿产品技术性贸易措施。

第三部分为技术性贸易措施区域特征。主要研究欧盟技术性贸易措施、美国技术性贸易措施、日本技术性贸易措施及东盟技术性贸易措施。

第四部分为技术性贸易措施全球宏观分析、地区政治经济背景、国内政府干预与国际贸易保护、贸易经济效应及策略性思考。主要研究WTO成员技术性贸易措施通报统计分析、技术性贸易措施的政治经济背景及政府干预动因、技术性贸易措施进出口贸易效应及技术性贸易措施策略思考。

第一章　传统贸易理论、新贸易理论和新—新贸易理论

第一节　传统贸易理论

传统贸易理论以比较成本论、资源禀赋论与保护幼稚工业论为代表。前两者是自由贸易的理论基础，后者是保护贸易的理论基础。

一　绝对成本论、比较成本论与资源禀赋论

1776 年，亚当·斯密在《国富论》中首次提出绝对成本论，论证了一国只要专门生产本国成本绝对低于他国的产品，用以交换本国生产成本绝对高于他国的产品，就会使各国的资源得到最有效率的利用，获得总产量增加、消费水平提高和劳动时间的节约。这一学说从劳动分工原理出发，在人类认识史上第一次论证了贸易互利性原理，克服了重商主义者认为国际贸易只是对单方面有利，即一国之所得必然是另一国之所失的片面看法。

1817 年，大卫·李嘉图在《政治经济学及赋税原理》中提出比较成本论，又称比较优势论，论证了国际贸易分工的基础不只限于绝对成本差异，指出只要两国同时生产的两种产品的成本（或劳动生产率）之比存在差异，两国就应选择优势较大或劣势较小的产品进行生产，即"两优取重，两劣取轻"，通过交换均可获益，即用较少的劳动耗费得到较多的产量。比较成本论论证了各国均能参与国际分工与国际贸易并获得利益，因此一直被视为国际贸易的理论基石。

1919 年，瑞典经济学家伊·菲·赫克歇尔出版了《重商主义》一书；1933 年，瑞典经济学家伯尔蒂尔·俄林出版了《地区间贸易和国际贸易》一书，在比较成本论基础上提出了资源禀赋论，又称要素禀赋论，指出

各国在土地、劳动力、资本等生产要素的禀赋方面存在差异是导致各国
具有不同比较优势的根源。一国应出口密集使用本国充裕要素的产品，
同时进口密集使用本国稀缺要素的产品。

传统国际贸易理论一般有两个核心：比较成本理论和要素禀赋理论，
由于亚当·斯密和大卫·李嘉图的比较优势来自技术和劳动生产率的差
异，而赫克歇尔—俄林的要素禀赋学说则认为，相互依赖的多种生产要
素的差异即资源相对丰裕度是比较优势的源泉，因此要素禀赋学说是对
亚当·斯密的绝对优势理论和大卫·李嘉图相对比较优势理论的深化和
发展。传统贸易理论的这两个核心理论在此后的半个世纪，在国际贸易
理论中一直占据绝对统治地位。

二　保护幼稚工业论

保护幼稚工业论的最早提出者是美国独立运动时期的政治家、经济
学家亚历山大·汉密尔顿（Alexander Hamilton，1757－1804），作为美国
第一任财政部长的汉密尔顿的思想集中体现在1791年12月向国会提交的
《制造业报告》中，他代表工业资产阶级的利益，极力主张实行保护贸易
政策。

1841年，德国经济学家李斯特出版了《政治经济学的国民经济体系》
一书，着重分析了德国的历史和现实，比较系统地阐述了贸易保护的思
想，提出了保护幼稚工业论。它以生产力理论为基础，以保护关税制度
为核心，主张以保护贸易为过渡，扶持有前途的幼稚工业，促进社会生
产力发展，最终实现自由贸易。他认为，比较成本论忽视国家、民族的
长远利益，只注重交换价值，不注重生产能力的形成，而且忽视了各国
历史和经济上的特点，认为各国外贸政策的选择要取决于该国当时的各
种条件和所达到的经济发展水平。他主张在特定阶段国家应干预经济生
活，保护面临强有力竞争的幼稚工业，以30年为最高保护期限，保护手
段是通过禁止输入与征收高额关税来限制幼稚工业的进口品，以免税或
少量进口税来鼓励复杂机器进口。

李斯特认为，在现代化的第一阶段，后发国应采取自由贸易政策，
吸收先发国的生产力。像西班牙、葡萄牙那样"对先进的国家实行自由
贸易，以此为手段，使自己脱离未开化状态"。在现代化的第二阶段，后
发国向先发国推进过程中，应像美、法那样采取保护主义政策，保护本
国工业。在现代化的第三阶段，已成为先发国的强国，应像英国那样

"当财富和力量已经达到了最高度以后，再行逐步恢复到自由贸易原则，在国内外市场进行无限制的竞争"。保护幼稚工业论的积极意义在于：把经济发展看作是一个规律性的历史过程来研究。强调国际贸易中国家、民族的长远利益，强调各国根据自己的国情选择外贸政策，强调保护的过渡性与选择性。该理论有利于发展中国家改善产业结构，从而获得较多的长期贸易利益（池勇海、李德甫，2010）。

三 传统贸易理论的挑战

长期以来，比较成本论与资源禀赋论被作为各国对外贸易的指导原则，但由于比较成本论与资源禀赋论的前提条件与现实相去甚远，其理论遭遇来自实践的挑战有三个方面：

一是里昂惕夫之谜。1953 年，美国经济学家里昂惕夫根据赫—俄贸易理论，用他所创立的投入产出分析方法，对美国的进出口商品结构进行了验证，结果却得出了与要素禀赋理论完全相反的结论，从而引起了轰动。按照要素禀赋理论，美国应该出口资本密集型产品，进口劳动密集型产品。实际验证的结果却正好与此相反，美国出口的商品是劳动密集型产品而进口的则是资本密集型产品。之后，西方经济学界掀起了狂热的解释浪潮，在一定程度上促进了国际贸易理论的新发展。

二是比较优势陷阱。即不同国家按比较优势分工与贸易时，生产并出口初级产品与劳动密集型产品的一方相对于生产资本、技术密集型产品的一方总是处于不利地位，并且这种差距还会扩大。主要表现在：（1）落后国家产业结构永远落后，无法通过对外贸易带动国民经济的长期有效发展。发展中国家的出口依赖发达国家的增长速度，造成前者对后者的依附。（2）落后国家低层次的产业结构决定了其出口商品以初级产品、劳动密集型产品为主，贸易条件持续恶化和贫困化，其贸易利益日益减少。

三是产业内贸易。20 世纪 60 年代之后的国际贸易发展有两个重要特征：（1）世界贸易中增长最快的不是发达国家与发展中国家之间的贸易，而是要素禀赋十分接近的发达国家之间的贸易；（2）产业内贸易迅速发展，大量的贸易不是在要素禀赋差异可以清楚辨识的产业间进行，而是在要素禀赋基本一致的产业内进行。1990 年的资料表明，美国、日本、德国、意大利、英国、加拿大、比利时、卢森堡、法国、荷兰和澳大利亚等发达国家，若用 181 组商品（三位数国际贸易标准分类）的产业内贸易强度进行调查，其平均产业内贸易比例接近60%。

同时，也无法解释第二次世界大战后的国际贸易现象，比如，水平贸易、非价格竞争、各国比较优势产业的变化等。

此外，当今 WTO 虽然仍允许一国采取适度的保护幼稚工业措施，但李斯特的保护幼稚工业论也有一些缺陷：

一是过分强调政府干预，忽视了企业的主体地位，容易造成市场扭曲。

二是保护对象的选择缺乏具体客观的标准。

三是一些保护手段如高关税、禁止输入等在当今 WTO 约束下，难以发挥作用。

16 世纪的重商主义是上述传统贸易理论的基础，虽然其经典性不容抹杀，但它的局限性已暴露得越发明显，新的贸易形势需要有新的理论来说明与指导，于是新贸易理论应运而生（蔡素贞、冷洛，2009）。

第二节　新贸易理论

20 世纪七八十年代，沿着规模经济和不完全竞争的研究路径，一些西方经济学家提出了战略性贸易政策，产生了所谓的新贸易理论，为政府干预提供了新的合理性的辩护（P. Krugman，1979；K. Lancaster，1980；A. Dixit，1984）。进入 90 年代以来，伴随着经济全球化的发展，各国在贸易领域的竞争日趋激烈，各种形式的保护主义纷纷出现。Dominick Salvatore 在《国际经济学》一书中列出的新贸易保护政策包括自动出口限制、技术限制、行政与其他法规限制、国际卡特尔、倾销、进出口补贴等[①]；并列举了较有代表性的新贸易保护理论，如地区经济主义、国际劳动力价格均等化以及环境优先新贸易保护论。

一　战略性贸易理论

（一）新贸易理论：战略性贸易理论

战略性贸易理论是保罗·克鲁格曼等提出来的。1984 年，克鲁格曼在《美国经济学评论》上发表了《工业国家间贸易新理论》一文。在该

---

① Dominick Salvatore：《国际经济学》，清华大学出版社 1998 年版，第 211 页。

论文里克鲁格曼认为，传统的国际贸易理论都是建立在完全竞争市场结构的分析框架基础上的，因而不能解释全部的国际贸易现象，尤其难以解释工业制成品贸易，从而提出应对国际贸易理论的分析框架进行更新的主张。1985 年，克鲁格曼又在其与赫尔普曼合著的《市场结构与对外贸易》一书中，对产业内贸易问题进行了系统的分析和阐释，并建立了以规模经济和产品差别化为基础的不完全竞争贸易理论模型，被国际经济学界称为新贸易理论，即战略性贸易理论。该理论认为，在不完全竞争的现实社会中，在规模收益递增的情况下，要提高产业或企业在国际市场上的竞争能力，必须首先扩大生产规模，取得规模效益。而要扩大生产规模，仅靠企业自身的积累一般比较困难，对于经济落后的国家来说更是如此。对此，最有效的办法就是政府应选择发展前途且外部效应大的产业加以保护和扶持，使其迅速扩大生产规模、降低生产成本、凸显贸易优势、提高竞争能力。可见，战略性贸易理论是建立在不完全竞争贸易理论基础上的，是不完全竞争贸易理论在政策领域的具体体现，它为国家进一步干预贸易活动提供了理论依据。因此，战略性贸易理论属于保护贸易范畴，将贸易政策与产业政策乃至经济增长结合起来，在实践中，确实可以扶持相应产业的发展，但却以牺牲他国利益为代价，势必引起他国报复，抵消战略产业扶持发展的效果。

战略性贸易理论认为，国际贸易产生的原因不仅是劳动生产率、生产技术的差异（李嘉图的比较成本学说）和要素禀赋的差异（赫克歇尔—俄林—萨缪尔森模型），而且还有生产中的规模经济和交换中的政府行为；在不完全竞争和规模经济条件下，市场自由是一种次优状态，适当的政府干预有可能改进市场的运行结果。因此，一国政府可以凭借产业政策、补贴政策、经济外交或保护国内市场等手段，扶持本国战略性工业的成长，增强其在世界市场上的竞争能力，从而谋取规模经济之类的额外收益，提高本国的福利水平。

这种新贸易理论包括两种理论：一种是由加拿大不列颠哥伦比亚大学的布兰德和斯宾瑟提出的以内部规模经济为基础的"利润转移论"（J. A. Brader and B. J. Spencer, 1981；1985）；另一种是由马歇尔的外部经济概念演进而来的"外部经济论"（Ethier, 1982）。前者主张通过不完全竞争市场条件下的战略性政府政策干预，进而影响本国企业及其外国竞争对手的决策行为而转移一部分超额利润，从而提高本国福利水平。

后者通过外部经济效应方面的战略性政策干预，使具有外部经济效应的产业不断获取动态递增的规模效应，在国际竞争中获胜，其所获得的利润会远远超过政府提供的补贴。

（二）不完全市场竞争下的新贸易政策理论

不完全竞争的贸易政策理论认为，市场结构的类型决定了行业的竞争程度和贸易形式，因此，依据国内外市场结构的状况来选择指定贸易政策可以在贸易自由化进程中最大限度地保护国家利益。20世纪80年代初以来，以布兰德、斯宾瑟、赫尔普曼和克鲁格曼等为代表的经济学家提出了以"战略性贸易"为核心的新贸易理论，新贸易理论认为，在规模收益可变和不完全竞争的市场结构下，政府干预的贸易政策只要使用得当就能够使一国从相对自由贸易中获益。

赫尔普曼和克鲁格曼等经济学家根据不同的市场结构，讨论各种贸易工具如关税、配额、进出口补贴和进出口税等，在各种市场结构下的运用结果，得出了不同市场结构下应该运用的最佳政策工具。与此同时，他们还指出，在寡头市场结构下，贸易政策可能会使干预者获得有利的"战略效应"，并通过抽取和转移他人经济利润以及获得更大的外部经济来提高自身的福利水平。[①] 新贸易理论对市场运行的优化、干预政策的制定等均具有积极的理论意义。

1. 不同市场结构中贸易政策的制定

赫尔普曼和克鲁格曼等将其研究领域集中在以下两种市场结构中的贸易政策制定上：

（1）考虑战略互动作用对出口市场的影响。赫尔普曼和克鲁格曼在假设一国市场上的国内公司具有市场力量，并同具有市场力量的国外公司竞争的基础上，对政府施加的贸易政策如何影响公司行为以及市场运行结果进行探讨，这就是所谓的"战略出口贸易政策"问题。对于战略出口贸易政策问题，他们根据20世纪80年代初提出的布兰德—斯宾瑟模型，分析了寡占市场下厂商进入对贸易政策选择的影响和"一致性推测"的寡占行为，指出厂商进入的可能性进一步削弱了出口补贴促进进出口的作用，更多地加强了出口税收鼓励进出口的作用，同时"一致性推测"这种寡占行为对于自由贸易是最佳的。

---

① 易定红：《新贸易理论政策述评》，《经济学动态》1999年第3期。

（2）探讨国内市场上战略互动的影响。他们在假设具有市场力量的国内公司在国内市场的竞争基础上，探讨政府政策的作用，这就是所谓的"战略出口贸易政策"问题。对于这一问题，克鲁格曼首先经过对外部经济在国际贸易中的作用进行重新定位之后，提出了建立在外部经济基础上的"出口促进型进口保护理论"，即将外部的规模经济作为独立的幼稚产业加以保护。另外，克鲁格曼建立了一个存在规模经济和寡头垄断市场下，以贸易保护促进出口的模型。

通过这一模型可以看出，国内公司的边际成本与国外公司的边际成本呈负相关，通过关税保护可以提高国外公司的成本。克鲁格曼还把研究与开发、效应与国内公司的边际成本联系起来，认为贸易保护会导致研究与开发投入的提高，使外部经济效益提高。[①]

2. 贸易政策工具的选择

赫尔普曼和克鲁格曼等在对不同市场结构下的贸易政策工具进行比较分析的基础上提出了在现有的不完全竞争的模型下，有关最佳贸易政策工具的选择方式：在国内外的市场结构均为完全竞争情况下，自由贸易政策是最优的，但是，当一国商品的进口在国际市场上占有一定程度的优势时，关税可以改善贸易条件并提高福利；在国内外市场结构均为垄断竞争的情况下，贸易形式表现为规模经济与产品差异的行业内贸易，这时对差异产品征收最佳关税可以改善贸易条件和提高福利；在国内市场是完全竞争但国外市场是垄断情况下，可以通过将国外的超额利润抽取一部分作为关税；在国内市场是垄断但国外市场是完全竞争的情况下，则可依据国内产业发展情况，采取关税或配额政策；在国内外市场都处于垄断时，可以依据不同的贸易模型如古诺双头垄断模型等制定不同的政策。

保罗·克鲁格曼认为，如果某个国家的政府能够设法保证占领本国某一市场的企业是本国企业而非他国企业，就能以牺牲他国的产业为代价，确保本国企业在这一产业领域内的发展，也能够提高本国的国民收入与福利。他与詹姆斯·布兰德合作发展了国际双头垄断模型，在这一模型的基础之上，他假设有一个本国厂商和国外厂商，在国内外市场中进行竞争，在本国开始征收进口关税的情况之下，外国厂商在国内市场

---

① 易定红：《新贸易理论政策述评》，《经济学动态》1999 年第 3 期。

的交货成本上升，其边际成本上升，本国厂商产量上升，边际成本下降，这将最终导致在国内外两个市场中，本国厂商的销售量上升，外国厂商销售量下降，本国厂商不仅加强了在国内市场上的优势，也加强了在国外市场上的竞争优势，从而将在出口市场中获利。[①] 克鲁格曼因此认为，政府可以实行对每个产业加以保护的政策，直到该产业成本下降到具有在世界市场上的优势为止。

二　动态贸易理论、国际竞争优势理论

（一）技术差距论

技术差距论是美国学者波斯纳（M. A. Posner）于 1961 年在《国际贸易和技术变化》一文中提出的。技术差距论认为，工业化国家之间的工业品贸易，有很大一部分实际上是以技术差距的存在为基础进行的。戈登·道格拉斯（Gordon Douglas）、盖瑞·胡佛鲍尔（G. C. Hufbauer）分别于 1963 年、1966 年对技术差距理论进行了研究，支援了技术差距论的观点，即技术是解释国家贸易模式最重要的因素。技术差距论扩展了资源禀赋论中要素的范围，补充了技术这一项对国际贸易日益重要的要素，并将其动态化。

（二）产品生命周期论

产品生命周期论是美国哈佛大学教授雷蒙德·弗农（Raymond Vernon）1966 年在其《产品周期中的国际投资与国际贸易》一文中首次提出，赫希（Hirsch）等加以发展。该理论把产品的生命周期划分为：新产品阶段、成熟产品阶段和标准产品阶段；并将比较优势论与资源禀赋论动态化，很好地解释了战后一些国家从某些产品的出口国变为进口国的现象。

（三）"技术外溢"与"干中学"

罗默（1986）提出的"干中学"式的技术进步，大部分是从"技术外溢"中获得，即从贸易或其他经济行为中自然输入了技术。克鲁格曼后来论证，若引进国将外溢国的技术用于比较优势产业，则对两国均有利；反之对两国均不利。另外，国内技术外溢的速度高于国际技术外溢的速度，从而使一国产业的领先地位更加巩固。技术外溢与"干中学"的学说进一步强调了技术变动对国际贸易的影响。

---

① 刘向民：《保罗·克鲁格曼及其经济理论》，《经济学动态》1997 年第 2 期。

（四）国际贸易内生性增长新理论

长期以来，许多经济学家认为，国际贸易的增长可以带动国内生产效率的提高。以哈伯勒为代表的经济学家认为，国际贸易是新观念、新技术、新管理和其他技能的传播媒介。国际贸易可以充分利用没有开发的国内资源，刺激国内生产者提高效率；同时，通过市场规模的扩大，国际贸易使劳动具有了经济规模性。因此，国际贸易可以称为"经济增长的动力"。

为了从国际贸易和经济增长的长期关系角度进一步揭示国际贸易产生的正面作用，经济学家罗默和卢卡斯提出了内生性增长理论，他们认为一国减少贸易壁垒并促进国际贸易后，将长期取得加快经济增长和发展的效应，这主要是因为国际贸易可以使该国加快技术引进、吸收、开发以及创新过程，扩大生产经济规模，减少价格扭曲，提高资源利用率等。①

（五）国际竞争优势理论

美国学者迈克尔·波特于1990年在《国家竞争优势》一书中提出了国际竞争优势理论。他认为，国家竞争优势来源于四个基本因素（生产要素状况、需求状况、相关和支持产业及公司战略、结构和竞争）和两个辅助因素（机遇和政府）的整合作用。

三　地区经济主义、国际劳动力价格均等化及环境优先理论

（一）地区经济主义及公平贸易新贸易保护论

1. 地区经济主义新贸易保护论

1994年，地区经济主义新贸易保护理论的代表人物、英国学者蒂姆·朗和科林·海兹在《新贸易保护主义》一书中首次提出地区经济主义新贸易保护论，指出该理论"旨在通过减少国际贸易和对整个经济的重新定位及使其多样化，让它朝着地区或国家内生产的最大化方向发展，然后以周边地区作为依赖对象，并且只把全球贸易作为最后的选择。"他认为，在目前的世界环境中，自由贸易所带来的问题比其期望解决的问题多，鉴于自由贸易无法解决贸易与发展、贸易与环境等问题，因此必须用新的贸易保护政策取代它。② 地区经济主义新贸易保护论的主要内容

---

① Dominick Salvatore：《国际经济学》，清华大学出版社1998年版，第260—261页。

② 李轩：《西方新贸易保护主义理论述评》，《理论参考》2009年第3期。

是：以地区经济优先发展为核心，实现贸易平衡，强化贸易规则。传统贸易保护主义以国家贸易壁垒为基础，而地区经济主义趋向区域性贸易壁垒，即由一国的贸易保护演变为区域性贸易保护。在区域范围内，国家之间仍实行自由贸易，而对区域外国家则实行共同的关税壁垒。

实行地区性贸易保护主义后，既可以利用本地资源、促进经济发展、增加福利，又可以改变发展中国家在国际贸易结构中的不利地位，同时也可以保护环境、促进人类可持续发展；新贸易保护主义还主张为使地区经济发展，实现贸易平衡和保护世界环境，需要一国根据预期的出口量控制进口量并且要使两者严格平衡，并制定高标准的进出口限制规则。

2. 公平贸易新贸易保护论

公平贸易新贸易保护论的产生和发展则是随着一批新兴工业化国家和地区在20世纪六七十年代的崛起，在某些产业领域对发达国家的产业发展逐渐构成竞争压力，发达国家的一些学者开始主张在发达国家与发展中国家之间开展所谓的"公平贸易"，要求发展中国家必须以本国市场的对等开发、放开，适应发达国家市场，借此为自己的贸易保护行为寻找新的借口。为达到这一目标，他们拟定了两项判断标准来裁决贸易活动的公平与否，一是"基于规则"标准，即以国际公认的贸易规则为前提。由于各国从自身角度出发理解规则，所以，该标准在很大程度上具有主观臆断性，根据自身政治经济需要对国际规则进行牵强附会或蓄意曲解的现象时有发生。二是"基于结果"标准，即以一国政府对本国贸易活动的经济效应的主观判断作为采取贸易保护措施的依据。

（二）国际劳动力价格均等化新贸易保护论

20世纪90年代还有一种影响广泛的新贸易保护理论，源于两位瑞典经济学家赫克歇尔和俄林提出的要素价格均等化说，莫里斯倡导将国际劳动力价格均等化理论应用于贸易保护中。[①] 其基本观点是，由于西方发达国家的工资水平远高于发展中国家的工资水平，如果西方国家不对其与发展中国家的贸易实行限制，根据要素价格均等化定理（自由贸易不仅会使商品价格均等化，而且会使生产要素价格均等化）将会造成发达国家工人的工资水平向低收入国家的工资水平看齐，从而导致发达国家生活水平的下降。因此，发达国家应对来自发展中国家的劳动密集型产

① 尹翔硕：《国际贸易教程》（第二版），复旦大学出版社2002年版。

品实行限制。进入 20 世纪 80 年代以来，发达国家受到低增长和高失业率的困扰，增加了对工业的保护，抵制发展中国家的进口，1993 年发展中国家将近 1/3 的出口产品受到发达国家的配额制和其他非关税壁垒限制。

生产要素均等化理论①，原本试图进一步阐明，自由贸易有助于促进生产要素价格的均等，实现资源的最佳配置，使居民收入分配和消费水平达到最优，从而提高整个世界的福利水平。然而进入 20 世纪 90 年代后，由于东亚及东南亚新兴工业化国家及一些发展中国家经济持续增长，出口贸易发展迅速，某些传统贸易产品的国际竞争力有显著提高，对西方国家的同类产品造成竞争压力。在西方国家中出现了要求对亚洲新兴工业化国家及发展中国家实行贸易保护主义的呼声，并且日趋高涨。劳动力价格均等化理论反过来则成为西方发达国家用以对付亚洲新兴工业化国家及发展中国家的新贸易保护主义的重要依据，法国著名经济学家、诺贝尔经济学奖获得者莫里斯·阿莱斯、美国的世界经济论坛主席克劳斯·施瓦布均发表文章或谈话声称，一些新兴工业化国家出现的高生产率和低工资现象，使发达国家难以与之竞争，这样必然会影响发达国家的经济增长和生活水平的提高，这一问题已成为发达国家面临的主要威胁。

（三）环境优先新贸易保护论

20 世纪 90 年代以来，随着全球工业化加速，人类生态系统面临巨大威胁，环境的污染和破坏已日益威胁到人类的生存和发展。国际社会对环境问题以及全球经济可持续发展问题的关注和重视导致诸多国际公约的产生。各国政府也相继制定了一系列法律、法规和政策措施，希望政府通过对自由贸易政策的干预，实现保护自然环境、改善生态环境的目的。② 在此背景下产生了环境优先新贸易保护论，主要表现在借保护世界环境之名限制国外产品的进口，保护本国衰退的劣势产业。其主要论点是：由于人类生态系统面临巨大威胁，在国际贸易中应该优先考虑保护

① 要素价格均等化理论（factor - price equalization Theory/The Factor - Price Equalization Theorem）——赫克歇尔—俄林—萨缪尔森定理（H—O—S）或称 HOS 定理。要素禀赋论的基本论点是赫克歇尔首先提出来的。俄林师承赫克歇尔，创立了要素禀赋论。萨缪尔森则发展了赫—俄理论，提出了要素价格均等化学说。

② 金明华：《基于"环境优先"贸易保护论的国际营销对策》，《学术交流》2006 年第 9 期。

环境，减少污染产品的生产与销售，为了保护环境，任何国家都可以设置关税和非关税壁垒、控制污染产品进出口，同时任何产品都应将环境和资源费用计入成本，使环境和资源成本内在化。

20世纪90年代中期以来，在可持续发展的生态平衡观得到进一步弘扬的背景下，西方学者进而提出了所谓"绿色保护主义"的新概念。即以保护环境、维护生态平衡为名，主张对那些凡是可能对环境与健康带来危害的商品和服务加以限制和制裁，从而以一种更为隐蔽的方式为其贸易保护行为寻求名义上的合理性。当前，发达国家形形色色的环保立法以及各种双边或多边环保协议越来越多地直接涉及与自然资源、人类和动植物生命有关商品的国际流动，并且已经对自由贸易的开展形成了很大的障碍，尤其是对于污染产业采用替代技术力量较为薄弱的广大发展中国家而言，他们一方面承受着发达国家污染产业国际转移的伤害，另一方面又在商品出口方面经受着发达国家肆意推行以自己的环保标准为基础的绿色保护主义的阻碍，形成绿色贸易壁垒。

四　新贸易理论的局限性

克鲁格曼的国际贸易新理论是新贸易理论的主要代表。

首先，克鲁格曼国际贸易新理论优点是使贸易分析迈上新台阶，因为它突破了传统理论中完全竞争与规模报酬不变的假设，建立在不完全竞争与规模经济等全新的假设之上；模型中又引入技术进步等动态因素，将贸易、技术、经济增长等纳入同一分析框架等，使其理论具有一定的动态性。克鲁格曼的国际贸易新理论几乎在国际贸易的所有理论问题上修正了传统贸易理论得出的结论，从而使理论更贴近于当今现实，能较好地解释很多新的贸易现象与问题，称其为"新"并不为过。

其次，通过克鲁格曼国际贸易新理论的分析又可看到，克鲁格曼的国际贸易新理论有其缺点。从它与新古典贸易理论的关系来考察，克鲁格曼的国际贸易新理论是新古典贸易理论方法在新假设条件下的发挥、深化及发展，使完全竞争、规模报酬不变延伸至不完全竞争和规模经济，从而使能解释的现象从产业间贸易延伸至产业内贸易；方法、范畴未超出新古典贸易理论，如采用边际分析方法、局部均衡与一般均衡分析方法，其规模经济的范围也是新古典理论的；其理论只是在新古典贸易理论的基本框架下简单引入规模经济以及不完全竞争的市场结构。因而，其理论并未超出新古典贸易理论范畴和方法，仍附属于传统贸易理论的框架，与新古典贸易理论一脉相承。只不过比较优势在古典贸易理论中是相对劳动生产率差异带来的；在新古典贸易理论中的赫—俄理论是要素禀赋差异带来的；而在克鲁格曼的贸易理论中主要是规模经济带来的，它仍属于广义的比较优势。

因此，克鲁格曼的国际贸易新理论的不完整性在于：未建立统一模型分析解释如何从国内贸易演进到国际贸易，产生规模经济的根本原因是什么，国家之间为什么会形成不同规模经济，为什么会出现产品差异化的国际分工，分工和贸易模式是如何内生演进的，技术差异形成的根本原因是什么。尽管克鲁格曼的一些模型引入内生的技术进步来修补外生性的缺点，但因其理论未超出新古典分析方法，未深入到分工层次等生产关系的内在作用，致使其解释不了内生性技术进步的根本原因，故其理论分析终究摆脱不了外生性。而上述归于历史偶然性的解释正是缺乏对内生或内在的决定作用分析的表现，不能令人满意。

克鲁格曼的国际贸易新理论另一重要缺点是，以此理论为基础很自然地推出战略性贸易政策，而此政策强化了发达国家的贸易保护倾向，违背自由贸易的历史潮流（李志科，2008）。

克鲁格曼的国际贸易新理论没有考虑到企业的异质性和市场进入模式等，这些问题成了新—新贸易理论研究的焦点。

第三节　新—新贸易理论

20 世纪 90 年代中期以来，学者们开始关注企业这一微观主体对于国际贸易的影响，企业异质性被应用于国际贸易的研究，伯纳德和詹森（Bernard and Jensen）的研究开创了这一先河。正是循着伯纳德和詹森的这一思路，后续研究者尝试从实证研究入手寻找企业异质性与出口行为、出口利益以及其他国际贸易问题的关系（李军，2015），出现了以企业异质性、不完全竞争和规模经济为特征的新—新贸易理论（New – New Trade Theory）。新—新贸易理论从微观层面分析企业的贸易和投资等国际化路径选择，以及外包和一体化等全球组织生产选择。国际化路径选择部分以梅利茨（Melitz，2003）为基础，又称为异质性企业贸易理论；全球组织生产选择部分以安特拉斯（Antras，2003）为基础，又称为企业内生边界理论（李春顶，2010）。

一 实证研究基础

新—新贸易理论是在一些实证研究基础上发展和提出并得以形成体系的，这些前期的文献就构成了该理论的基础。

首先，有关企业国际化选择的文献的总体结论是：企业层面的差异比产业层面的差异更重要，大部分的企业（包括生产可出口贸易品的企业）并不参与国际贸易，而参与国际贸易的小部分企业在规模和生产率上要大于和高于只服务国内市场的企业，而且大多数企业出口到市场较大的国家。主要的文献有：伯纳德和詹森（1995）在分析贸易自由化的效应时得出，出口企业比非出口企业具有更强的竞争力，出口企业的劳动生产率更高、利润更大，并且可以提供更多、更好的就业机会。克莱里德斯等（Clerides et al. ，1998）用哥伦比亚、墨西哥以及摩洛哥的数据证实了生产率和企业出口之间的正相关关系，但发现出口对于企业效率提高的贡献不大。伯纳德和瓦格纳（Bernard and Wagner，1998）建立了一个动态企业利润最大化出口决策模型，并用德国企业的面板数据检验，得出的结论是，潜在的出口沉没成本会影响企业的决策，只有那些生产率较高的企业才会选择出口。伯纳德和詹森（1999）使用美国1984—1992年的数据检验是否好的企业会出口以及出口是否改善企业绩效，结果显示，好的企业会出口，出口企业的生产率和成功率都高于非出口者，但反过来出口对于企业的作用却并不明显。Aw等（1999）用韩国和中国台湾的微观企业数据测度了企业的全要素生产率（TFP）与出口之间的关联度，结果表明两个地区的情况有所差异，中国台湾企业的出口和全要素生产率之间存在较强的相关性，但韩国企业的出口决策却与生产率关系较弱。伯纳德和詹森（2004）实证分析了1987—1992年美国出口繁荣的原因，他们发现，大部分的出口增加来自现有出口企业的出口强度增加，而不是新的出口企业加入，同时企业劳动生产率的增加对于出口增长贡献不大。这些实证的结果，先前的古典、新古典以及新贸易理论都不能够很好地解释，所以，现实就呼唤新的理论体系出现，以解释企业的国际化路径行为选择，以及为什么生产率高的企业会出口，而生产率低的企业不会出口。沿着这条线索所进行的研究就构成了新—新贸易理论的一条主要分支，即异质性企业的国际化路径选择问题。

其次，有关企业全球组织生产的前期文献发现，企业生产的组织越来越趋向于全球化，生产垂直型分工和垂直型对外直接投资（Vertical FDI）在加速发展，跨国公司内贸易和中间投入品贸易扩张，生产分割的趋势明显。阿布拉和泰勒（Abraham and Taylor，1996）指出，企业生产分割和外包（Outsourcing）行为越来越多，并用美国1986年6月到1987年9月的数据分析了影响企业生产外包行为的因素，得出外包实现的工资福利节约、产出需求变动以及专业化技能可获得性等是影响企业生产外包的三个主要因素。芬斯特拉（Feenstra，1998）指出，世界市场一体化推进的同时，企业生产活动反一体化和分割的趋势却在加强，企业越来越多地在国内（外）外包和组织生产。哈默尔等（Hummels et al.，2001）研究了垂直专业化（Vertical Specialization）问题，并计算了1970—1990年OECD国家和四个新兴市场国家的垂直专业化情况，得到产品分工出口占据了这些国家总出口的21%，并且在这20年内增长了近30%。Yeats（2001）的研究报告显示，全球中间产品的贸易发展飞快，其贸易量至少占世界总贸易量的30%。Borga和Zeile（2004）的数据显示，美国企业的母公司向海外子公司的零部件出口占总出口的比重由1996年的8.5%增长到1999年的14.7%。这些研究和实证分析的结果显示了一种新的贸易趋势和方向，那就是企业在全球范围内组织生产和贸易的活动不断推进，但同时又有很多企业并没有在全球组织生产，甚至还通过一体化和内部化生产来节约交易成本，那么是哪些因素影响了企业的不同选择，这些选择又对企业具有什么样的效应，这些就促成了新—新贸易理论的另一个重要研究思路和方向的产生，即企业的全球组织生产活动选择。

二　基本假定和研究方向

新—新贸易理论的概念最先是由鲍德温等于2004年提出（Baldwin and Nicoud，2004；Baldwin and Forslid，2004）。不过，最早研究新—新贸易理论的代表文献当属梅利茨（2003）和安特拉斯（2003），以及伯纳德等（2003）。只不过这些文献还没有真正将其称作新—新贸易理论。该理论是用来解释最新的国际贸易和投资现象的，其以微观的企业为研究对象，研究企业的全球生产组织行为和贸易、投资行为。其最突出的特征在于假设企业是异质的，异质性主要体现在生产率差异。该理论中，以梅利茨（2003）为主导的方向主要探索企业的国际化路径选择，又被称为异质性企业贸易（Heterogeneous - Firms Trade，HFT）理论（Baldwin and Okubo，2005；2006a；2006b）；而以安特拉斯（2003）为主导的方向主要探索企业全球组织生产抉择，又被称为企业内生边界理论。

新—新贸易理论要解决和回答的问题主要包括：什么样的企业会选择服务于国际市场？它们如何服务国际市场（是通过出口的方式还是对外直接投资的方式）？什么情况下企业会选择外包而不是一体化？什么情况下企业会选择国际外包而不是国内外包？什么情况下企业会在国内一体化而不是国际一体化（Vertical FDI）？

以上提到的这些问题包含了两个主要的研究方向和线索。第一条线索就是关于企业的国际化路径抉择。在该线索中，企业可以选择退出市场、供应国内市场、出口国外市场以及对外直接投资（FDI）供应国外市场四种类型，当然，在对外直接投资中还包括是通过新建还是跨国并购的方式进入。该线索的研究是当前新—新贸易理论的主要研究方向和思路，其要解决和分析的问题主要有：什么样的企业会选择出口？出口能够增强企业的绩效和竞争力吗？贸易自由化对于企业和国家的效应是什么？企业如何选择出口和 FDI？第二条线索是关于企业的内部化抉择。在该线索中，企业可以选择包括一体化和外包两种，再加入国内、外两种情况，企业的选择包括：①国内一体化，也称为国内内包，是指企业只在国内生产；②国际一体化，又称国际内包和垂直对外直接投资，是指企业通过在国外设立分公司生产部分中间产品和零部件，再通过公司内贸易出口国内母公司的生产形式，其涉及公司内贸易；③国内外包，是指企业通过在国内外包的形式组织生产；④国际外包，是指企业将部分中间产品和零部件通过在国外市场外包，再通过贸易进口到国内来组织生产。我们用图 1 – 1 来总结新—新贸易理论的主要内容和研究方向。

三　出口、FDI 和异质性企业的国际化路径选择：异质性企业贸易理论

（一）生产率与出口

梅利茨（2003）提出异质企业贸易模型来解释国际贸易中企业的差异和出口决策行为。梅利茨建立的异质企业动态产业模型以霍彭海因斯（Hopenhayn's，1992）一般均衡框架下的垄断竞争动态产业模型为基础，并扩展了克鲁格曼（1980）的贸易模型，同时引入企业生产率差异。

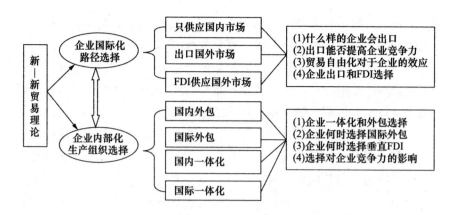

图1-1　新—新贸易理论的主要研究方向和内容

梅利茨（2003）的研究结果显示贸易能够引发生产率较高的企业进入出口市场，而生产率较低的企业只能继续为本土市场生产甚至退出市场。国际贸易进一步使资源重新配置，并流向生产率较高的企业。产业的总体生产率由于资源的重新配置获得了提高，这种类型的福利是以前的贸易理论没有解释过的贸易利得。生产率最高的企业将能够承担海外营销的固定成本并开始出口，生产率居于中游的企业将继续为本土市场生产。当削减关税、降低运输成本或增加出口市场规模时，整个产业的生产率也会得到相应提高，这些贸易措施都将提高本土和出口市场销售的平均生产率。伯纳德和伊顿、詹森和科滕（Jensen and Kortum，2003）也建立了一个异质企业贸易模型，与梅利茨（2003）模型所不同的是，BEJK模型采用的是伯川德（Bertrand）竞争而非垄断竞争的市场结构，主要关注企业的生产率和出口之间的关系。伯纳德等模拟了全球范围内贸易壁垒削减5%的情形，研究结果是贸易额上涨了39%，总生产率也由于低生产率企业倒闭和高生产率企业扩张出口而上升。梅利茨和Ottaviano（2005）则研究了市场规模、生产率和贸易的关系，并指出不同市场竞争的激烈程度是由该市场中企业的数量和平均生产率水平内生决定的，市场规模和贸易会影响竞争的激烈程度和异质企业的市场决策。总的生产率水平取决于市场规模和贸易带来的市场一体化程度的双重作用，市场的一体化程度越高，生产率水平越高，而利润则越低。该模型对于研究区域贸易一体化的影响有一定价值。

Yeaple（2005）的研究试图解释出口企业与非出口企业的系统性差

异，Yeaple 将贸易成本与企业的进入、技术选择、是否出口以及雇佣工人的类型四个方面决策联系起来，有效地解释了不断增加的技术溢价的原因。Yeaple（2005）模型与其他模型相比较的创新之处在于企业异质性是贸易成本、技术特征、工人技术异质性共同作用的结果，同时对于国际贸易对技术溢价和可观测的产业层面生产率的影响也具有重要意义。

2007 年，邓翔、路征认为，新—新贸易理论将企业异质性成功地引入到国际贸易模型中，从微观层面解释了贸易的发生及影响，从而开拓了国际贸易研究的新领域；并认为，自由贸易可以提高产业生产率水平和社会福利，所以，在政策上应该促进自由贸易而不是贸易保护。2009年 4 月李春顶、王领以经典的新—新贸易理论模型框架为基础，抛弃了其中企业生产的边际成本不可知且服从随机分布的假设，将企业技术选择文献中关于技术和产品边际生产成本可预知的假定引入，对现有模型进行了一定的扩展和补充，指出不应给予企业出口优惠和补贴，而应创立良好公平的市场环境，让企业自主选择。2010 年 1 月李春顶还对新—新贸易理论作了系统、完整的综述。

（二）出口与对外直接投资

赫尔普曼、梅利茨和 Yeaple（2004）拓展了梅利茨模型，考虑了建立海外分公司的决策，即企业以出口还是 FDI 的形式进行国际化。赫尔普曼、梅利茨和 Yeaple 的研究表明企业究竟是选择出口还是 FDI 是由企业根据其生产率预先决定的。从实证检验看，采用离差的方法提高了模型的预测能力，有助于更好地理解企业的全球化战略以及出口成本的变化，或 FDI 成本的变化是如何影响各国各个产业内生产模式的。赫尔普曼、梅利茨和 Yeaple（2004）对出口和 FDI 关系研究的贡献与梅利茨（2003）对异质企业贸易的贡献一样杰出。引入企业异质性特征后，可以将同一产业内不同企业区分开来，确定哪些企业从事出口而哪些企业成为跨国公司。企业生产率差异使企业可以进行自我选择。只有生产率最高的企业才会成为跨国公司，生产率处于中等水平的企业出口，而生产率较低的企业只在国内市场销售。

2009 年，李春顶选取我国 36 个行业 1997—2006 年的数据，用三种不同的方法估算和矫正了行业全要素生产率，并将理论应用到实际，解析和得出了我国不同行业应有的国际化路径选择。2009 年 5 月，孙艳琳探讨了新—新贸易理论对中国参与国际竞争的实践意义。

四　异质性企业全球组织生产抉择：企业内生边界理论

（一）产权与不完全契约

安特拉斯（2003）另辟蹊径，将格罗斯曼—哈特—穆尔的企业观点和赫尔普曼—克鲁格曼的贸易观点结合在一个理论框架下，提出了一个关于企业边界的不完全契约产权模型来分析跨国公司的定位和控制决策。安特拉斯（2003）在文中揭示了两种公司内贸易的类型，在产业面板数据分析中，公司内进口占美国进口总额的比重非常高，而出口产业的资本密集度更高；在国家截面数据分析中，公司内进口占美国进口总额的比重非常高，出口国家的资本—劳动比例更高。安特拉斯模型界定了跨国公司的边界和生产的国际定位，并能够预测企业内贸易的类型。计量检验表明该模型与数据的质和量的特征相一致。安特拉斯和赫尔普曼（2004）建立的理论框架中，将梅利茨（2003）异质企业贸易模型和安特拉斯（2003）企业内生边界模型相结合，在两个模型的基础上建立起新的理论模型。安特拉斯和赫尔普曼的研究表明异质企业选择不同的企业组织形式，选择不同的所有权结构和中间投入品的生产地点。生产率差异较大的产业中主要依赖进口投入品，在总部密集度高的产业中一体化现象更为普遍；一个产业部门的总部密集度越高，就越不会依赖进口获得中间投入品。安特拉斯（2005）建立了一个动态一般均衡李嘉图南北贸易模型解释国际契约的不完全性导致产品周期的出现。产品周期是由于南方国际契约的不完全特性和高技术投入品重要性随着产品的年龄和成熟度下降（产出弹性减小）而产生的。不完全契约减少了产品开发，低技术投入品会转移到南方以便利用南方的低工资优势。这种转移首先会通过 FDI 的形式在企业的边界内发生，其后一段时间，会通过外包形式在企业边界外发生。一般均衡模型表明南方的不完全契约导致北方的均衡工资高于南方。无论企业采用哪种组织形式，专用性投资都会扭曲，如果中间投入品供货企业比最终产品供货企业更能创造剩余，那么外包的激励就会增大。

（二）契约体制与比较优势

格罗斯曼和赫尔普曼（2005）分析了契约环境对外包的影响。他们用特定关系投资所占比重来界定一国的法律环境。给定每一个国家零部件生产商的数量和相对工资水平，一国契约环境的改善提高了在该国外包的相对利润。全球契约投资比重的上升对北方的外包有利，南方法律环境的改善可能提高或降低当地的外包数量，但是，提高了来自北方的外包数量。Nunn（2005）分析了契约不完全性对国际贸易的影响。他把法律规则作为契约不完全性程度的主要衡量标准，实证分析表明，有更好法律体系的国家，其契约密集型投入（intensive in contract – dependent input）高的产业出口更多。即契约体制是比较优势的一个重要来源。

（三）契约与外包

安特拉斯和赫尔普曼（2006）将他们（2004）的异质企业国际生产组织模型普遍化，允许存在不同程度的契约摩擦，并允许其程度因不同投入品和国家而异。拥有异质性生产率的企业决定是否实行一体化或将中间投入品的生产进行外包，并决定在哪个国家进行。最终产品的生产企业和中间投入品供货企业进行关系专用性投资，只能进行部分契约化，或者以一体化企业形式，或者以市场交易形式。在均衡点，企业的生产率水平不同，选择的所有权结构和供货商地点也不尽相同，契约制度的质量变化对企业组织形式会产生不同程度的影响。

五 新—新贸易理论的拓展空间

新—新贸易理论目前还处于发展的初期，无论是理论还是实证方面都还不够成熟和完善。主要表现在：第一，理论的框架需要进一步完善，目前的模型建立在较多假设的基础上，对于很多现实的复杂情况并没有考虑，同时一些假设与现实也存在不符。第二，理论对于很多现实问题的解释力度还不够，新—新贸易理论较多强调企业的差异对于其贸易和投资行为的影响，但在企业差异上选择的变量较少，仅仅从单方面的差别来进行分析，说服力和可信度不高。第三，理论的模型是否符合实际，还需要实证的进一步检验，由于企业数据的获取较为困难，当前的实证检验涉及面不广，还需要进一步的证据来证明理论的结果。

所以，新—新贸易理论的未来研究发展方向大致表现在以下几个方面：其一，理论框架和模型会不断扩展和完善，能够分析和解释更多的贸易和投资问题及现象。模型的扩展上，假设条件将更多地符合与贴近现实，且整个模型将被用于解释更多的企业贸易与投资行为。其二，模型中企业异质性的表示形式会不断扩展和多样化，不会仅仅局限于生产率的差异，因为单个的因素是不可能解释所有现象的，同时生产率也不可能决定一切企业的贸易投资行为。从目前的理论发展现实来看，异质性的表现形式已经有所扩展，包括产品品质以及行业特征等。其三，从实证来说，会随着理论的发展而不断发展和推进，同时也会促进理论模型的不断完善。目前，新—新贸易理论的模型还需要更多的实证支持，同时理论扩展也需要从实证中得到启示。其四，不同的贸易理论也有相互融合的迹象。随着更多贸易理论的出现，各种理论之间的关系将会不断影响和交叉，相互促进，出现融合的趋势。

总之，理论的出现是用以解释现实并指导现实，所以，新—新贸易理论的未来研究方向，总体上必定是更加完善、更能解释现实，且更加具有指导价值（李春顶，2010）。

第四节 新—新贸易理论、新贸易理论和传统贸易理论的比较研究

在文献综述的基础上结合我国学者的研究，对新—新贸易理论与传统贸易理论和新贸易理论做一比较。

一 研究的贸易现象不同

传统的国际贸易理论研究的贸易现象是不同产品之间的贸易，即产业间贸易，如加拿大向日本出口小麦，日本向加拿大出口汽车。新贸易理论研究的贸易现象则是同一产业内同类产品之间的双向贸易，即产业内贸易，如日本向美国出口汽车，美国向日本出口汽车。这是由于20世纪60年代以来，大概有2/3的国际贸易是发生在资源禀赋、技术水平和偏好都比较相似或相近的国家之间，产业间贸易占国际贸易的比重不足1/3，传统的国际贸易理论不能解释这种现象。而新—新贸易理论研究的贸易现象是中间产品贸易，包括企业间外包贸易和以中间产品为载体的企业内贸易。这是由于全球贸易一体化和生产非一体化的快速发展，中间产品贸易已成为一种新的经济现象，世界银行投资报告（2002）表明，企业内贸易已经占了全球贸易总量的1/3。斯彭斯（Spence，2005）以中国制造业为例，说明中国出口到美国的制造业产品总额从1988年的390亿美元增加到2003年的3980亿美元中，加工贸易的出口比重从1988年的35%增长到2003年的57%，其中至少有25%的比重是股权式企业内贸易，其余22%的出口贸易属于企业间外包贸易。对于企业间外包贸易和企业内贸易，传统的国际贸易理论不能解释这种现象，因为它们可以

发生在要素禀赋不同的国家，也可以发生在要素禀赋相似或相近的国家，新贸易理论则只是合理解释了水平型产业内贸易，对于垂直型产业内贸易的解释力不从心，而企业间外包贸易和企业内贸易主要发生在垂直型专业化贸易范围内。企业间外包贸易和企业内贸易的现象与传统贸易理论以及新贸易理论之间的偏离，客观上促进了新—新贸易理论的产生。区别于传统贸易理论和新贸易理论将产业作为研究单位，新—新贸易理论将企业作为研究单位。

二　理论假设不同

首先，与传统贸易理论和新贸易理论的宏观国家层面和中观产业层面的分析相比，新—新贸易理论关注的是微观企业层面。传统贸易理论和新贸易理论都将企业视为彼此无差异的一个将投入转化为产出的"黑匣子"，至少在一个国家内部，每一个产业都被视为由同质的彼此无差异的企业组成，即企业同质化假设，每个国家都是由代表性企业生产各种产品并出口到国外，新—新贸易理论认为，这显然与经验现象相悖，现实中并不是所有企业都能出口到国外市场，例如，在2000年美国从事经营活动的550万家企业中，出口企业仅占4%，其中，就价值而言，1%的最大贸易企业占据了美国总贸易价值量的80%以上，而位于前10%的出口企业的出口数量就占据了美国出口总量的96%；伯纳德（2003）等发现出口企业在其所在行业中处于少数派的地位，在1992年仅有21%的美国国内企业从事着出口贸易，并且出口企业是把自身产出的绝大部分放在国内市场进行销售，2/3的出口企业销往国外产品占总产出的百分比不足10%，同时该研究也指出了出口企业和非出口企业在生产效率上存在差异。近年来，以赫尔普曼、梅利茨和Yeaple为代表的一些经济学家通过理论与实证研究也发现，只有少数企业从事FDI和出口，从事FDI的企业与出口企业相比以及从事出口的企业与非出口企业相比，通常是那些规模较大、生产率和工资水平较高、增长较快、更多地使用技能和资本要素的企业，且这些差异在从事FDI和出口活动开始之前就已经存在，即产业内存在大量的异质性，同一产业内部企业在生产规模、生产率、工资和要素密集度上存在差异。梅利茨和伯纳德等建立了以企业异质性为假设的新—新贸易理论分支。

其次，传统贸易理论和新贸易理论的一个重要隐含假设是完全信息，在该假设下只要存在技术的差异（李嘉图—托伦斯模型），或者在技术相同而要素禀赋不同的情况下（赫克歇尔—俄林模型），或者是在有规模经济且存在产品差异（基于垄断竞争假设的一系列新贸易理论模型）情况下，国际贸易就会自动实现。但实际上这些仅构成国际贸易的必要条件，这些贸易理论缺乏一个更加明确的微观机制，忽视了与国内交易相比，国际贸易更容易受到机会主义干扰的事实，新—新贸易理论认为这显然也与经验现象相悖。安特拉斯等建立了以不完全契约为假设的新—新贸易理论分支。两个分支都集中研究单个企业的选择，研究的中心主要有两个方面：一是国际进入决策，即企业是选择仅在国内生产、既在国内生产又出口，还是既在国内生产又进行 FDI；二是国际化决策，即企业如果选择国际化，那么是选择企业间外包还是一体化的企业内贸易。

三　理论核心不同

传统贸易理论一般有两个核心，即比较优势理论和要素禀赋理论，比较优势理论的基本模型是李嘉图模型，其主要内容是各国间劳动生产率不同形成的比较优势是国际贸易产生的唯一原因；要素禀赋理论的基本模型是赫克歇尔—俄林模型，其主要内容是各国间资源禀赋的差异是产生国际贸易的唯一原因，比较优势受到国内各种资源（生产要素的相对充裕程度）和生产技术（影响产品生产中不同要素的相对密集使用程度）之间相互作用的影响。

新贸易理论的核心是准确地强调国际经济中被传统贸易理论忽略的两个特征，即规模经济和不完全竞争，基本模型是垄断竞争模型，主要内容是一部分国际贸易，特别是经济特征相似国家之间的贸易产生的原因主要是规模经济，而不是国与国之间的资源禀赋上存在的差异。

而新—新贸易理论的核心主要是异质企业理论和不完全契约理论。新—新贸易理论是从企业的异质性层面来解释国际贸易和投资现象。新—新贸易理论更多的是对跨国公司的国际化路径选择做出解释，究竟是选择出口还是对外直接投资进行全球扩张战略。新—新贸易理论从更加微观的层面——企业的角度来分析企业的异质性与出口和 FDI 决策的关系，关注企业国家化路径方式的选择问题。新—新贸易理论主要有两个模型，一个是以梅利茨为代表的学者提出的异质企业贸易模型，另一个是以安特拉斯为代表的学者提出的企业内生边界模型。前者说明同产业的不同企业在是否出口问题上的选择。后者说明一个企业在资源配置的方式上的选择。梅利茨（2003）提出的异质企业贸易模型已成为国际贸易与对外直接投资领域研究的一块基石，梅利茨模型将贸易理论的传统方法和新方法相结合，将企业的生产率差别和出口的固定成本有机地结合起来，解释了出口企业和跨国公司生产率产生差异的原因，丰富了贸易和 FDI 的研究类型。安特拉斯（2003）将契约模型融入标准的一般均衡贸易模型，不仅用贸易模型解释了要素禀赋差异导致的各国出口产品要素密集度的差异，也解释了企业组织形式的差异，为国际贸易理论的发展做出了创新。新—新贸易理论从异质性企业这个角度说明了对外贸易对一个国家的重要影响，一方面，一国提高对外开放水平，积极参与贸易分工，有利于实现优胜劣汰，提高生产效率，从而实现各个地区的经济发展；另一方面，通过新—新贸易理论我们明白了提高企业生产效率的另一条途径就是积极进行对外贸易。同时，自由贸易对一个国家也会产生一些负面影响，一方面，完全对外开放，可能致使关系到国家命脉的产业被他国效率水平高的企业所控制，这样会影响到国家的经济安全；另一方面，自由贸易导致了资源的重新配置，使利润和市场份额向高生产率企业转移，并且自由贸易会发生在一部分区域，这样，容易形成地区差距，致使贫富差距进一步拉大（张娜，2011）。

四　贸易利益的来源与贸易政策倾向不同

在传统贸易理论中，贸易利益来源于各国按照比较优势原则实行的国际分工和专业化生产，各国应该出口在生产上具有比较优势的产品，进口在生产上具有比较劣势的产品，然后进行交换，这样不仅可以增加世界的产量，也提高了贸易双方的福利水平，因此，传统贸易理论的贸易政策倾向是自由贸易。在新贸易理论中，贸易利益不仅来源于比较优势，还来源于规模经济、产品多样化以及贸易增加的不完全竞争产业的竞争程度等，同时，新贸易理论指出，虽然存在潜在贸易利益，但不完全竞争市场也产生风险，使一国经济有可能不仅无法利用潜在的贸易利益，而且实际上遭受损失（见表 1-1）。当贸易使本国以递增规模生产的行业和高度垄断的行业收缩，而带来的其他利益又不足以弥补这种收缩带来的损失时，贸易使本国受损，因此，与传统贸易理论不同，一国参加贸易并不总是能得到贸易利益。因此，新贸易理论的政策是战略性贸易政策，主张政府干预，在一定程度上倾向于保护贸易政策。而在新—新贸易理论中，贸易利益则来源于低生产率企业收缩甚至退出市场，高生产率企业进入出口市场，从而使资源重新配置，从低生产率企业流向

表1-1　　　　　　　　　　　对贸易理论的检验

作者	样本	方法	出口 θ vs 国内生产 θ	FDI θ vs 出口 θ	外包 θ vs 出口 θ	FDI θ vs 外包 θ
Head 和 Ries	日本（1989）	OLS	0	0		
Kimura 和 Kiyota	日本（1994—2000）	OLS	+	+		
Girma、Gorg 和 Strobl	爱尔兰（2000）	K—S 随机占优	0	+		
Wagner	德国（1995）	K—S 随机占优	+	+		
Girma 等	英国（1990—1995）	K—S 随机占优	+	+		
Arnold 和 Hussinger	德国（1996—2002）	K—S 随机占优	+	+		
Castellani 和 Zanfei	意大利（1994—1996）	OLS	0	+		
Cieslik 和 Ryan	日本（1985—2001）	K—S 随机占优	+	+		
Tomiura	日本（1998）	多元 Logit	+	+	+	+

注：θ 表示生产率，0 表示不显著，+ 表示显著，空格表示未检验（吕连菊、阚大学，2011）。

高生产率企业，产业的总体生产率由于资源的重新配置获得了提高，这种类型的福利是传统贸易理论和新贸易理论没有解释过的贸易利益。如果贸易自由化实施之后，产品市场竞争加剧，并因此压低了高于边际成本的价格加成，那么贸易利益还有可能进一步扩大，在这种情况下，加成价格的下降与平均生产率的上升都有助于降低产品价格，并且提高要素实际收入水平，如果平均生产率增长得足够高，那么一国稀缺要素的实际收入甚至也可能有所提高，但贸易自由化的实施也增加了一国的进口并因此损害了国内的销售和利润，但高生产率企业扩大的出口销售和利润将远远大于收缩的损失，总体来说，贸易提高了一国总体的福利水平，因此，新—新贸易理论的贸易政策倾向是自由贸易。

五　主要结论不同

如前所述，国际贸易理论的演进历史，大致可以分为三个阶段，即传统国际贸易理论、新贸易理论和新—新贸易理论。传统国际贸易理论包括古典的李嘉图比较优势理论和新古典的赫克歇尔—俄林理论，该类理论不仅假设企业是同质的，还假设产品是同质的，且市场结构为完全竞争的，没有规模经济和贸易壁垒，在此情形下，各国按照自己的比较优势和要素禀赋进行专业化生产和贸易，该类理论一般用来解释产业间贸易的情况。而随着产业内贸易的发展和扩大，传统贸易理论开始无法解释该现象，这时市场结构变动和产品差异化被引入，由此新贸易理论诞生了。新贸易理论仍然假设企业是同质的，也就是假设企业的生产是一个"黑箱子"，生产技术都是一致的，但由于不完全竞争和规模经济的存在，以及产品的差异化导致了产业内贸易存在。而随着国际贸易的进一步发展，以微观企业为主体的贸易行为越来越多，企业的差异越发突出，这又呼唤出现新的贸易理论，这时以企业异质性为主要假设的新—新贸易理论诞生了，其接受了新贸易理论的有关市场结构和产品差异化的假定，同时加入内生的企业异质性，开创了国际贸易理论发展的新思路和新视角。我们用表1-2来总结各个国际贸易理论之间的关系。

表1-2　　　　　　　　　　　国际贸易理论比较和总结

内容	传统国际贸易理论	新贸易理论	新—新贸易理论
基本假设	同质企业、同质产品、完全竞争市场、无规模经济	同质企业、产品的差异化、不完全竞争市场、规模经济	企业异质性、产品差异化、不完全竞争市场、规模经济
主要结论	贸易是按照比较优势和要素禀赋差异进行的；解释了产业间贸易	市场结构差异和规模经济存在以及产品差异化扩大了贸易；解释了产业内贸易	企业的异质性导致企业的不同贸易决策选择；主要解释公司内贸易和产业内贸易，也解释了产品间贸易
理论研究文献	Ricardo（1817s）；Heckscher, Ohlin（1920s）；Samuelson, Rybczynski, Venek（1950s - 1960s）；Jones, Bhagwati, Findlay, Deardorff（1960s - 1970s）	Either, Lancaster, Krugman, Helpman, Brander, Markusen（1980s）；Brander, Spencer, Dixit, Grossman（1980s）；Grossman, Helpman（1990s）	Melitz, Antras, Helpman, Eaton, Bernard, Baldwin, Jensen, Yeaple（2000s）

续表

内容	传统国际贸易理论	新贸易理论	新—新贸易理论
经验研究文献	Leontief （1950s）; Leamer （1970s）; Trefler, Davis, Weinstein （1990s）	Grubel, Lloyd （1975s）; Dixit （1980s）; Levinshon （1990s）; Feenstra, Hanson （1980–1990s）	Bernard, Jensen （1990–2000s）

资料来源：根据相关文献整理（李春顶，2010）。

总之，新—新贸易理论解释了贸易的新现象即企业间外包贸易和以中间产品为载体的企业内贸易，这是传统贸易理论和新贸易理论无法解释的，其研究视角从传统的国家和产业层面转向了企业和产品层面，集中研究单个企业的选择行为，研究的中心主要有企业的国际进入决策和国际化决策，理论的核心是异质企业理论和不完全契约理论，提出了比较优势的新源泉即企业的异质性（生产规模、生产率、工资和要素密集度的差异）和契约体系的质量，与新贸易理论一样侧重于应用产业组织理论，因此，新—新贸易理论补充和发展了传统贸易理论和新贸易理论。

新—新贸易理论是近十几年来贸易理论研究的前沿，还有许多问题需要进一步研究，特别是实证研究，这一领域内一些模型结论已经被实证检验，但有一些模型因企业层面数据的缺乏尚未被检验，并且大量的研究都关注制造业企业，而关于农产品企业的研究（Gropinath, Sheldon and Echeverria, 2007）几乎没有。此外，西方学者的研究都是基于发达国家的立场来分析企业的国际进入决策和国际化决策，忽视了发展中国家企业的选择。因此，如何在借鉴和吸收国外研究成果基础上，结合我国企业的特点，进行有针对性的研究，是目前摆在中国学者面前的一个重要课题（吕连菊、阚大学，2011）。

第二章　新兴贸易保护政策

无论是传统贸易理论还是新贸易理论或是新—新贸易理论都是对国际经济学的里程碑式的重要贡献。基于这些贸易基础理论，国际贸易保护政策出现怎样的发展趋势是本书关注的焦点，特别是 2008 年国际金融危机以来呈现的以技术性贸易措施为主要内容的新兴贸易保护政策。

第一节　基本概念、定义及分类

一　非关税措施的国际分类

非关税措施通常被定义为不同于普通的海关关税的政策措施，在商品的国际贸易中可能具有潜在的经济效应（UNCTAD/DITC/TAB/2009/3）。因为这个定义的广泛性，详细分类是至关重要的，由此能够更好地识别和区分非关税措施的各种形式。

这里提出的非关税措施分类，是深切地考虑到当代国际贸易形势下的所有措施的分类系统。这是建立在联合国贸易与发展会议（UNCTAD）代码系统基础上、由几个国际组织中发达国家或地区制定形成的，特别是由 UNCTAD 秘书长于 2006 年建立的、支持非关税壁垒问题上的杰出人士的、被称为 MAST（多机构支持团队）的团体参与制定的。最后，经MAST 团体提议，由联合国贸发会议（UNCTAD）和所有世界贸易组织（WTO）秘书处相关部门进行了修订。分类进行了 UNCTAD 和 ITC 领域所采集数据的测试。工作范围从 2007—2012 年。本书的分类依据 2012 版讨论和测试的结果。分类被看作是不断发展的，应该适应国际贸易和数据收集需要的现实。

MAST 团体讨论和提议这个分类的组成成员包括：联合国粮食和农业组织、国际货币基金组织、国际贸易中心、经济合作与发展组织、联合国贸易与发展会议、联合国工业发展组织、世界银行和世界贸易组织（WTO）。这个分类包括技术性（非关税）措施，如卫生和植物保护措施，以及其他传统意义上商业政策的工具，如配额、价格控制、出口限制或者依贸易状况而定的保护措施，也指其他边境背后的措施，如与竞争、贸易有关的投资措施，政府管制或者分布限制。

本书的分类沿用 UNCTAD 所采用的、不评价任何国际贸易中所使用的政策干预形式的合法性、充分性、必要性或者歧视性。这种分类已确认存在并被设计成数据出版物形式发布信息。透明、可靠和可比的信息可以有助于理解现象、帮助世界各地的出口商获取信息，如同关税的发生。任何谈判都需要透明的信息，这样才能走向协调和相互承认，从而增加贸易。

国际分类发展是一个树枝/分支结构，根据它们的范围和/或设计，把这些措施归类到相应的章。各章再细分成几个节，考虑一个更精细的影响贸易的技术法规的分类。非关税措施分类包含 16 章（A 至 P），各个独特章节再分类成三个更深的层次（一两个和三个数字，后面与上述产品协调关税分类逻辑相同）。虽然几章达到三个数水平的分解，它们中的大多数都停在两个数字上。分类章节在表 2 - 1 中有说明。所有章节在进口上显示了进口国家的要求，出口国家的出口措施除外（P 章）。

表 2 - 1　　　　　　　　　　非关税措施的国际分类

进口	技术性措施	A 卫生和植物检疫措施 B 技术性贸易壁垒 C 装运前检验和其他手续
	非技术性措施	D 有条件的贸易保护措施 E 不同于 SPS 和 TBT 的非自动许可制、配额、禁止和定量措施 F 价格控制措施，包括额外的税费 G 金融措施 H 影响竞争的措施 I 与贸易有关的投资措施 J 分布的限制 K 售后服务的限制 L 补贴（不包括在 P7 的出口补贴） M 政府采购的限制 N 知识产权 O 原产地规则
出口		P 出口的相关措施

二 技术性非关税措施

技术性非关税措施由卫生和植物检疫措施、技术性贸易壁垒、装运前检验和其他手续构成。

（一）卫生和植物检疫措施

适用于保护人类或者动物生命的措施，减少来自食品添加剂、污染物、毒素或致病微生物的风险；从而保护人类生命，免受植物、动物携带传染性疾病的影响；从而保护动物或植物的生命，抵御害虫、疾病或致病微生物的入侵；预防或者限制给一国带来的病害虫的侵染、繁殖及传播等损害，以及保护生物多样性。这些措施包括采取保护鱼类和野生动物以及森林和野生植物健康的措施。

注意环境保护措施（不同于上述规定），是为了保护消费者利益，或者是为了不被 SPS 覆盖的动物福利。

下面的 A1—A6 分类是技术法规，而 A8 是合格评定程序。

A1 SPS 的进口禁令/限制原因；A2 残余和受限物质的极限公差；A3 标签、唛头及包装要求；A4 卫生要求；A5 消除植物和动物害虫和最终产品致病微生物的处理（如收后处理）；A6 其他生产和后期制作工艺流程的要求；A8 涉及 SPS 的符合性评价。

（二）技术性贸易壁垒

技术性贸易壁垒的概念与定义将在第二章第一节第三小节"技术性贸易壁垒"中展开。

（三）装运前检验和其他手续

装运前检验（Pre - shipment Inspection，PSI）是向出口商和进口商提供的服务，包括对制造完毕但尚未装运的设备或材料的详细检验。检验范围包括质量、数量、包装、标志和监装等。检验证书可凭信用证提供，并经商会授权。包括：C1 装运前检验；C2 直接运输要求；C3 要求通过指定的海关口岸；C4 进口控制和监控要求和其他；C9 其他手续，未列名。

其中，C1 表示从出口国装运之前，必须由当局授权的独立检查机构，对商品的质量、数量和价格实行检查。

例如：进口纺织品需经第三方检验，颜色和材料类型的检查是必需的。

三 技术性贸易壁垒

技术贸易壁垒（Technical Barriers to Trade，TBT）措施指的是技术法规及其合格评定程序和标准，不包括由 SPS 协定覆盖的措施。

技术法规规定了强制执行的产品特性或者与其相关的工艺流程和生产方法，包括适用的管理规定在内的文件。该文件还可包括或者论及适用于产品、工艺流程或生产方法的专门术语、标志、包装、唛头或者标签要求。

合格评定程序是指任何用以直接或间接确定是否满足技术法规或标准有关要求的程序［技术性贸易壁垒协议（以下简称 TBT 协议），附录1］。此外，合格评定程序包括抽样、检测和检验程序；符合性的评价、验证和保证程序；注册、认可和批准程序以及它们的组合。

措施分类 B1—B7 为技术法规，B8 则为其合格评定程序。技术法规中，B4 涉及生产工艺流程，其他直接应用于产品。

（一）在 TBT 协议中规定的进口禁令/限制目标

这种禁令/限制可能会建立的相关原因是：国家安全的要求；欺骗行为的预防；人类健康安全的保护，动物和植物的生命与健康，或者环境。对残留物含量的限制或者最终产品所含的某些物质进行分类的使用在 B2 的下面。

1. TBT 禁令的原因

原因列在 B1 的进口禁令。

例如：禁止进口有害物质，包括《巴塞尔公约》覆盖的易爆炸的、某些有毒的物质，如含氯氟烷烃（Chloro fluoro carbons，CFCs）物质的气雾剂、氢氯氟烷烃（Hydro chloro fluoro carbons，HCFCs）和溴氟烷烃（Bromo fluoro carbons，BFCs）系列、四卤化乙烯聚合物海龙（Halons）、甲基氯仿（Methyl chloroform）和四氯化碳（Carbon tetrachloride）。

2. TBT 授权要求的原因

进口商从目的国的相关政府机构将获得授权、许可或者批准的要求，诸如国家安全、环境保护的原因。

例如：进口必须经批准的药品、废旧材料和重装设备。

3. TBT 进口商注册要求的原因

为了进口某些产品要求进口商注册。进口商可能需要符合一定的要求、文件和注册费。它也包括企业生产某些产品要求注册的情况。

例如：药品、毒品、炸药、重装设备、酒精、香烟、游戏机等敏感产品的进口商，可能需要在进口国注册。

4. TBT 设定目标的进口禁令与限制

（二）残留物和限制使用物质的公差极限

1. 被某些物质污染或者残余的公差极限

设立了物质最大含量水平或者公差极限的措施，被用于他们的生产过程但非他们所预期的（混合物的）组成部分。

例如：水泥含盐量、汽油含硫量必须低于规定的数值。

2. 某些物质的限制使用

像部件或材料之类物质的限制使用，可以预防使用过程中产生的风险。

例如：（a）涂料中溶剂的限制使用，（b）消费者化妆品中铅的最大允许水平。

（三）标签、唛头及包装要求

1. 标签要求

措施管理包装印刷和标签上的种类、颜色和大小，以及明确提供给消费者的信息。标签是任何包装上的书面的、电子的或图形的信息表达，或者在一个单独的但关联的标签上，或者在产品上。它可以包括使用的官方语言以及产品的技术信息要求，如电压、成分及使用说明、安全及安全建议。

例如：冰箱需要具有一个标示其规格、重量和电力消费水平的标签。

2. 唛头要求

措施规定了货物运输/配送包装的运输和海关信息。

例如：根据产品类型的处理或存储条件，通常标有"易碎"或者"此端向上"。必须标在运输容器上。

3. 包装要求

措施控制货物必须和不能包装的方式，规定了使用的包装材料。

例如：托盘容器或特殊包装需要对敏感和易碎产品进行保护。

（四）生产或后期制作要求

1. 生产工艺流程中的 TBT 法规

生产工艺流程中的要求不属于 SPS。也排除 B2 的特殊措施：残留物和限制使用物质的公差极限（或者它的子范畴）。

例如：使用环保设备是强制性的。

2. 运输和贮存 TBT 法规

根据该产品储存和运送环境条件设定的要求。

例如：药物应储存在一定温度以下。

3. 生产或后期制作未分类的要求

（五）产品标识要求

为了识别产品和名称（包括生物或有机标签）需要满足的条件。

例如：为了识别一个诸如"巧克力"的产品，它必须含有 30% 可可这一最低限量。

（六）产品质量或者性能要求

在性能方面需要满足的条件（如耐久性、硬度）或者规定成分含量。

例如：门必须抵抗一定的最低的高温。

（七）涉及 TBT 的合格评定

指为验证一个给定的 TBT 要求已经得到满足的要求，这可以通过一个或综合形式的检查和批准程序获得。包括：抽样、测试和检验程序；评定；符合性的证明与保证；评估、验证和合格保证；认证和批准的要求。

1. 产品注册要求

进口国的产品注册要求。

例如：只有注册过的毒品和药物才能进口。

2. 测试要求

经检测，产品是否违反要求规定的法规，如性能水平，包括抽样要求。

例如：对进口机动车辆，针对所需的安全合规及其设备的抽样检测是必需的。

3. 认证要求

与给定法规相符合的认证：必须通过进口国，但是，也可以由出口国或者进口国发布。

例如：电工产品合格证书是必需的。

4. 检验要求

进口国家成品检验要求可由公共或私人实体进行。它与测试相类似，但是，不包括实验室测试。

例如：纺织服装进口，在允许进入之前，必须进行规格和面料的检验。

5. 追溯性信息要求

要求披露产品生产、加工和销售过程中的可追溯性信息。

（1）材料和零件的来源。在最终产品上披露材料和零件来源的信息。例如：汽车制造必须保持用于每个独立车辆的原套轮胎的来源记录。

（2）处理历史。披露生产各个阶段的信息：可以包括它们的（生产）场所、工艺方法和/或所使用的设备和材料。例如：羊毛服装产品有关羊的来源、纺织工厂位置的信息披露。此外，最终服装生产商的身份可能也是必需的。

（3）交货后产品的分布和位置。生产后至产品最终消费前的产品分布信息披露。例如：在欧盟市场配售进口化妆品之前，负责人必须向产品最初进口的成员主管机关说明制造商或者进口商的地址。

（4）可追溯性的要求（未列名）。

6. 有关 TBT 的合格评定（未列名）。

四　技术性贸易措施

（一）技术性贸易措施的含义及构成

技术性贸易措施是世界贸易组织《技术性贸易壁垒协定》（TBT 协定）和《实施卫生与植物卫生措施协定》（SPS 协定）所涵盖的技术法规、标准、合格评定程序以及动植物检疫和食品安全措施等，其目的是保护 WTO 成员免受国际贸易可能带来的国家安全、健康安全、环境安全、欺诈行为及劣质产品等风险威胁。通俗地理解，技术性贸易措施就是针对国际货物贸易制定实施的各类技术性要求。这些要求客观上会形成一定的准入门槛，产生壁垒效应，因而技术性贸易措施在很多场合也被称为"技术性贸易壁垒"。主要由以下四类组成（见图 2 - 1）。

1. 技术法规

技术法规是各国通过立法或行政命令，强制执行的包含产品特性、工艺方法、管理规定等要求在内的技术文件。比如，欧盟以法令形式颁布的《化学品注册、评估、许可和限制》（REACH 法规）、《限制在电子电器设备中使用某些有害物质的指令》（ROHS 指令）都是此类。

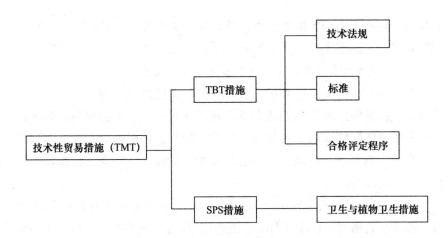

图 2 - 1　技术性贸易措施含义及构成

2. 标准

标准是经公认机构批准的、非强制执行的普遍使用或重复使用的技术文件。标准与技术法规最大的不同在于技术法规本身是强制执行的，而标准本身不具有强制执行的法律约束力，只有被技术法规引用后才能强制执行。

3. 合格评定程序

合格评定程序是证明产品符合技术法规或标准的要求而采用的验证程序，包括认证、认可、检验、检测、注册备案程序等。国际上最通行的合格评定程序主要是认证认可和检验检测两类。相对于技术法规、标准是静态的、宏观性的要求，合格评定程序是动态的、具体实施的，反复发生在不同的货物贸易当中，结果往往难以预料，因此对国际贸易产生的影响也是最直接、最普遍的。我国所面临的国外技术性贸易措施中，合格评定程序大约占 1/3，而且呈逐年上升趋势。如出口欧盟电子电器产品的 CE 认证、出口美国食品的 FDA 注册，还有近年来日益受到关注的欧美国家"碳足迹"认证等，都是合格评定程序方面的措施。

以上技术法规、标准、合格评定程序构成了 WTO 的 TBT 措施。

4. 卫生与植物卫生措施

卫生与植物卫生措施简称 SPS 措施，是各成员为保障食品安全、保护动植物健康而制定实施的措施，如畜禽产品中兽药残留限量标准、为防止疫病传入而实施动物产品进口禁令等都属于这类措施范畴。为规范各成员制定和实施 SPS 措施行为，避免对贸易造成不必要障碍，WTO 专门制定了《实施卫生与植物卫生措施协定》《SPS 协定》。

（二）技术性贸易措施与技术性贸易壁垒的关系

技术性贸易壁垒是与 WTO《技术性贸易壁垒协定》或《实施卫生与植物卫生措施协定》原则相违背的、对国际贸易产生不必要的障碍或用作变相限制国际贸易的工具的技术法规、标准、合格评定程序、卫生与植物措施（食品安全与动植物检验检疫的法律法规、标准、检验检疫和标签标识要求等）。

技术性贸易措施是 WTO《技术性贸易壁垒协定》所规定的技术法规、标准、合格评定程序（TBT 措施），以及《实施卫生与植物卫生措施协定》所规定的卫生与植物措施 SPS 措施的统称。

技术性贸易措施包括 TBT 措施和 SPS 措施。

五　贸易保护和贸易保护主义

（一）贸易保护

贸易保护是指在对外贸易中采取关税壁垒或者非关税壁垒来限制外国商品自由进口，达到人为削弱市场竞争、减弱外国商品贸易对本国商品的贸易压力、提高本国商品的市场交易额度的目的。

（二）贸易保护主义

贸易保护主义，是指在对外贸易中实行限制进口以保护本国商品在国内市场免受外国商品竞争，并向本国商品提供各种优惠以增强其国际竞争力的主张和政策。在限制进口方面，主要是采取关税壁垒和非关税壁垒两种措施。前者主要是通过征收高额进口关税阻止外国商品的大量进口；后者则包括采取进口许可证制、进口配额制等一系列非关税措施来限制外国商品自由进口（王佃凯，2013）。

（三）贸易保护和贸易保护主义的关系

通过贸易保护和贸易保护主义的定义，我们不难看出，两者一个是理论依据，另一个是具体形式，在表现形式上是有所区别的。但是，两者的本质都是为了在经济贸易中增加本国商品的竞争力，削弱外来商品对本国商品的贸易竞争压力，贸易保护主义是贸易保护的前提，贸易保护是贸易保护主义的表现，这些措施是经济不发达国家保护民族工业、发展国民经济的一项重要手段，对发达国家来说则是调整国际收支、扭转贸易逆差的一个重要工具（吉立林，2014）。

六 其他相关基本概念

(一) 非关税措施：技术性贸易措施

1. 非关税措施及其限制

非关税措施（Non‐tariff measures，NTMs）通常是纠正市场失灵的最优政策。但是，用于追求一项公共政策目标的同一非关税措施也可能被用于扭曲国际贸易，成为实质上的非关税壁垒。因此，可能会难以区分非关税措施"合法"动机和"保护主义"动机。而非关税壁垒则是指一国政府采取除关税以外的各种办法，来对本国的对外贸易活动进行调节、管理和控制的一切政策与手段的总和，其目的就是试图在一定程度上限制进口，以保护国内市场和国内产业的发展。

在经济学中，非关税措施大致分为直接限制和间接限制两大类：前者是由海关直接对进口商品的数量、品种加以限制，其主要措施有进口限额制、进口许可证制、"自动"出口限额制、出口许可证制等。后者是对进口商品制定严格的海关手续或通过外汇管制间接地限制商品的进口，其主要措施有：实行外汇管制，对进口货物征收国内税，制定购买国货和限制外国货的条例，复杂的海关手续，烦琐的安全、卫生、质量标准以及包装、标签标准等（技术性贸易措施）。

2. 技术性贸易壁垒的简单分类

作为"新型非关税措施"——"技术性贸易措施"，它对国际贸易产生限制作用时成为技术性贸易壁垒。在经济学中，主要有环境壁垒（又称绿色壁垒）、信息技术壁垒、低碳壁垒、社会责任标准贸易壁垒（又称蓝色壁垒）和动物福利壁垒（又称道德壁垒）等。

(二) 环境壁垒

又称绿色壁垒。环境壁垒暨绿色壁垒是指一些发达国家为了保护本国市场，借口保护环境和国民健康，通过立法或设置技术法规、标准、合格评定程序等，对进口产品实行限制的新贸易壁垒。欧盟要求进入欧盟国家的产品从生产前到制造、销售、使用以及最后处理阶段都要达到规定的技术标准，达不到标准则不准进口。如德国通过立法规定禁止含偶氮染料的纺织品进口。美国、德国、日本、加拿大、挪威、瑞典、瑞士、法国、澳大利亚等西方发达国家纷纷制定环保技术标准，并趋向协调一致，相互承认。

（三）信息技术壁垒

信息技术壁垒，是指进口国利用在信息技术上的优势，通过制定信息技术应用标准、信息技术应用的法规体系及合格评定程序，对国际贸易的信息传递手段提出要求，从而造成贸易上的障碍，达到贸易保护的目的。

（四）低碳壁垒

低碳壁垒主要通过征收碳关税、推行碳标签、实施生态设计要求、提高低碳技术标准等形式予以表现。

其中碳关税是当前政界与学界争论最为激烈的问题之一。

自哥本哈根气候会议之后，"低碳"成为行业关注的热点。在转变经济发展模式、产业结构转型升级的紧要关头，"低碳"为我们指明了一条现实而又科学的发展之路。

（五）社会责任标准贸易壁垒

又称蓝色壁垒。社会责任标准贸易壁垒暨蓝色壁垒是指以劳动者劳动环境和生存权利为借口采取的贸易保护措施。它由社会条款发展而来，是对国际公约中有关社会保障、劳动者待遇、劳工权利、劳动标准等方面规定的总称，它与公民权利和政治权利相辅相成。其核心是 SA 8000 标准。SA 8000 是规范社会道德行为的一项新的国际标准。SA 8000 要求企业在赚取利润的同时主动承担社会责任，目标是保护人类基本权益，改善全球工人的工作条件，确保企业所提供的产品符合社会责任标准要求，达到公平工作条件的标准。SA 8000 在童工、强迫和强制性劳动、健康与安全、结社自由与集体谈判权利、平等就业、歧视、惩戒性措施、工作时间、工资报酬、管理系统等方面对企业规定了社会责任的最低要求。SA 8000 已成为继 ISO 9000、ISO 14000 之后的又一项国际标准。一旦企业取得了 SA 8000 认证，就取得了进入进口国的通行证，但通过第三方认证则要增加企业的成本。

（六）动物福利壁垒

又称道德壁垒。发达国家在进口活体动物时，利用已有的"动物福利优势"，将"动物福利"作为进口标准的一个重要内容，以此判断是否准予进口。他们可能会利用"动物福利"的国家差距，作为新的贸易壁垒，保护本国农民的经济利益。"动物福利"标准主要由五项内容构成，即有清洁饮用水和必需的食物、有适当的房舍、能预防或治疗疾病、良好的处置（包括宰杀过程）、足够的空间和适当的设施。

第二节　新兴贸易保护政策背景、特性、传导、内容及比较

一　新兴贸易保护政策背景：世界各国实施的应对危机措施

自全球金融危机爆发以来，各国经济出现严重衰退甚至危机，实体经济遭受巨大冲击。为了应对日渐深化的金融危机，保护国内市场和就业，各国政府在运用财政金融政策应对挑战的同时，还纷纷采取贸易保护政策。贸易保护主义倾向在世界范围内抬头，新兴贸易保护政策数量明显攀升，技术性贸易措施形式也趋于多样化（WTO，2009）。

（一）贸易保护主义抬头的原因

2008 年金融危机之后，由于 WTO 框架下的"灰色区域"存在，各国政府在政治、经济以及选举周期等压力下，贸易保护主义抬头。

1. 市场急剧萎缩的市场占有率压力

在危机状况下，经济下滑加速、市场萎缩加快，"抢市场"成为各国经济政策的重中之重。特别是一些国家由于产业结构、劳动要素重叠性大，在市场萎缩情况下，为了确保出口，对市场的争夺有时也会转化为对本国市场的保护，从而进一步提高本国产品的市场占有率。

2. 现行 WTO 规则下的"灰色地带"

目前，G20、G8 等多边交流合作组织虽然为防止贸易保护主义提供了很好的平台，但是，它们都没有约束机制。现行的 WTO 规则对国际贸易做了比较详细的规定，形成了比较系统的制约机制，但由于例外条款太多，为一些国家采用这些例外条款排斥他国从而达到保护本国产业和贸易的目的提供了法理依据，因而并不能完全有效地阻止各国采取或明或暗的贸易保护手段，而防范更为隐蔽的新兴贸易保护政策暨技术性贸易措施显得尤其艰难。WTO 规则允许各国根据自身的特点制定与别国不同的技术标准，为一些国家，特别是发达国家利用此法律依据制定多种技术法规、技术标准、合格评定程序等来限制其他国家的进口提供了依据。

3. 国内政治及选举周期的需要

在经济陷入严重衰退的情况下，普通民众和国会的贸易保护主义情绪会明显抬头，经济危机往往会伴随着民族主义的情绪而高涨，在欧美这样的民主政体下，这种民族主义的情绪很容易通过贸易保护，也就是经济民族主义的方式来宣泄，世界经济很容易被民族主义、民粹主义以及自保的心态俘虏，贸易保护的政治含义、社会含义往往要远远超出它的经济含义。在这种情况下，各国政府在应对危机时，除了要考虑效率和别国的反应外，更要考虑对国内就业、舆情以及选举周期等的影响，考虑国内的稳定。因为如果应对不当，就可能引发社会不稳定，甚至出现颠覆政府。在此巨大压力下，贸易保护主义言论容易迎合危机之下自保的心态，很容易成为政治和舆论追求的目标（杜力昕，2010）。

（二）新兴贸易保护政策盛行的原因

纵观历史，不难发现金融危机过后往往会出现贸易保护主义，贸易保护主义与金融危机如影随形。但凡金融危机过后，各种技术性贸易措施等贸易保护政策就会如期而至，加大国际贸易形势的严峻程度。

1. 全球经济严峻、贸易萎缩导致贸易保护政策纷纷出台

2007 年，美国次贷金融危机引发了全球金融危机的爆发，导致全球贸易直线下降。据统计，2009 年全球金融贸易同比下降了 10 多个百分点，使全球贸易陷入了 80 年以来最低谷。这种形势下，美国、欧盟、日本、阿根廷、巴西等国家和地区为了保护本国利益、为了转嫁金融风险纷纷采取了贸易保护政策措施，导致出现了贸易摩擦。事实上，贸易保护政策与全球经济发展形势呈现出一种相关的关系。全球经济形势景气之时，贸易保护政策措施相对较少；全球经济形势不景气之时，贸易保护政策措施相对较多。由此可见，后金融时期盛行贸易保护政策的主要原因在于全球经济发展形势的严峻。

2. 国家、民族利益的冲突导致国际贸易保护主义盛行

实际上，国际贸易保护是国家、民族利益冲突的一种具体表现形式。各个国家为了保护本国产业和利益，国家政府不仅直接在贸易竞争中保护本国企业，也会介入本国企业与外国企业竞争中。经过美国次贷金融危机后，各个国家经济均受到了重创，经济政策中更会隐含贸易限制措施，用以保护本国产业和贸易利益。比如，一旦外国企业或进口产品危及本国产业或生产者和消费者利益，政府就会立即采取相应的诸如技术

性贸易措施之类的贸易保护政策限制国外产品，以增加本国生产者和消费者剩余。由此可见，贸易保护政策的盛行不仅是为了保护本国利益，也是为了改善本国企业和产品在国内外市场上的地位。

3. 严重的就业压力使一些国家不得不采取一系列贸易限制措施

金融危机过后，一些受金融危机影响严重的国家面临着严峻的就业形势。据统计，2009 年美国第四季度失业率达到 10%，欧盟地区失业率也达到 10%，均面临着严峻的就业形势。尽管美国、欧盟一些国家在后金融危机时期采取了大量的措施以创造更多的就业机会，但是仍然不能改变失业率居高不下的状况。为此，一些国家不得不在经济政策中提出贸易限制措施，以期持续复苏本国经济、创造更多的就业岗位。

（三）技术性贸易措施的形成及其作用机制

随着经济全球化和贸易自由化的发展，关税、配额、许可证等传统贸易保护措施逐渐受到制约和削弱，各国在寻找新型替代性贸易壁垒保护国内产业和市场中，技术性贸易措施逐渐演变成主要的贸易壁垒措施之一。技术性贸易措施形成的经济学动因，主要是信息不对称、外部性、规模效应以及公共产品。技术性贸易措施的形成和演变机理还在于寻求产业和贸易政策调整的制度需求以及政府对于政策的制度供给两个因素的相互作用及其均衡（张海东，2004）。出于以上动因而设定的政策只能称为技术性贸易措施，而技术性贸易措施并不能自动成为贸易的"壁垒"（张小蒂、李晓钟，2004）。由于各国技术性措施之间存在差异，并因此给跨境提供商品的生产企业带来额外的成本，从而形成事实上的技术性贸易壁垒（高文书，2003）。标准或法规的差异形成技术性贸易壁垒的基本内容，但产品对标准或法规的符合与否本身还需要一个耗费成本的信息披露过程，这一政策表现为合格评定程序与卫生检疫措施。但此二者所内含的信息披露可以经由不同的技术路线实现，这种不同的技术路线表现为技术性贸易壁垒，同时由于互信的缺乏，在国际贸易中技术性贸易壁垒还产生于要求重复评定或检疫而带来的对进口品的额外的成本。这样的信息披露政策是标准或技术法规内含要求的延伸，但信息披露的技术路线差异和重复化的确构成了贸易壁垒。

技术性贸易壁垒的作用分为两个层次（周伟民，2005）：一是边境上的，通过国家层面上的技术法规实行；二是边境后的，通过行业或企业层面的技术标准（包括事实标准和机构标准）实施。边境后作用机制是借用"市场竞争"的结果，而非纠正"市场失灵"的结果。因而如存在网络外部性或锁定效应，进口国的现有技术已有一个显著的网络规模，那么无论是企业还是政府都没有动机去采纳与现有技术不同的国际标准，因为技术改变将涉及技术重新设计成本和网络转换成本，也即网络外部性下技术选择的路径依赖，与各国不同的经济技术条件和不同技术标准的非同质性相结合就构成事实上的技术性贸易壁垒（张海东，2004）。这样的技术性贸易壁垒形成就不能用信息不称、外部性和纠正市场失灵来解释。

以上分析是对技术性贸易措施及其壁垒形成的一般性经济分析。其成因在于世界各国经济发展不平衡以及历史原因或习惯的不同。但也有研究发现，部分技术性贸易措施源于明显的贸易保护动机，有针对性地制定了某些特殊的技术法规和标准。如果要解释为何近 20 年中技术性贸易措施大量涌现并且标准苛刻多变，还需要引入政治经济学的分析方法。在这一分析方法中，将贸易政策视为一种"商品"，其均衡由供求关系决定。最终的技术性贸易壁垒就是理性最大化的经济个体和政府在经济系统内相互作用最终达到均衡的过程。

进一步看，技术性贸易措施差异之所以构成技术性贸易壁垒，就在于这种差异会导致跨境供应成本的增加，生产企业为满足进口国的技术要求而增加成本，又导致其竞争力相对于进口国企业下降，客观上形成了对贸易的限制作用。这种成本的增加包括一次性的初始成本与持续成本两方面内容，前者提高了市场进入壁垒，具有配额的数量控制作用，后者则相对降低了出口国的竞争力，形成一种特殊的价格调节作用（张国兴，2004）。技术性贸易措施一旦实施，对进口产品就产生了明显的数量控制和价格控制的双重作用。动态来看，技术性贸易措施表现为"数量控制—价格控制—数量控制"的循环控制机制（陈志友，2004）。这样的作用机制中需要强调标准与法规本身演进的单向性特征，因而在技术性贸易措施的演进中，原有的技术性贸易措施差异需要出口国承担一次性成本及持续成本，这时数量和价格的双重控制机制发生作用，对进口品产生影响，也影响进口国产业结构和经济结构。此后，随着技术创新的深入，新标准的出现或单向性提高，又会出现新一轮的控制效应，表现为新的技术性贸易措施及其壁垒。

技术性贸易措施的形成还源于技术性贸易措施的扩散效应（王志明、

袁建新，2003）。这一扩散效应包括数量扩散效应、国家（或地区）扩散效应及产品扩散效应（孙敬水、朱简，2005）。数量扩散效应是指技术性贸易措施数量急剧增加，频率加快，数量分布逐渐由发达国家扩展到发展中国家。国家（或地区）扩散效应表现为不同产品的国家间扩散，及同一产品在不同国家间的扩散，尤其是后者扩散速度更快。动因之一在于某国针对某产品的技术性贸易壁垒能很大程度上披露产品信息，减少其他国家信息搜集处理成本，这样对于出口国应对该壁垒约束增加了大量的障碍；动因之二在于许多技术性贸易措施可能直接导致严格限制甚至直接禁止进口，这有效推动了技术性贸易措施在国家间的扩散（王志明、袁建新，2003）。产品扩散效应则指一种产品向相关产品甚至整个产业扩散，以及从劳动密集型产品向技术密集型产品扩散。这样的扩散效应客观上促使技术性贸易壁垒在一国生成并迅速强化、扩展。

对技术性贸易壁垒的形成，另一个分析视角是运用博弈论的工具（康晓玲、宁艳丽，2005）。由于技术性贸易壁垒所具有的贸易保护政策特征，因而进口国较多地采用技术性贸易壁垒作为主要的保护政策，这一政策的实施受到"连锁效应"的强化，因为 TBT 的应诉成本很高，因而博弈的结果是技术性贸易壁垒的设置和扩散的经济动机得以强化。

二 金融危机以来新兴贸易保护政策趋势、变化及特性

在金融危机渐行渐远、经济复苏亦步亦趋中，全球经济步入了后金融危机时期。一些国家为缓和本国就业矛盾，降低进出口赤字，恢复本国经济，在已经出台和拟定的刺激经济政策中，都隐含着贸易限制措施，全球贸易形势变得异常严峻（吴桂华，2010）。

（一）潜在贸易限制措施的最新趋势

1. 潜在贸易限制措施（2008—2013 年）

根据欧盟委员会对 2008 年 10 月至 2013 年 6 月这段时期，包括二十国集团成员国在内的 31 个国家和地区的、基于金融危机背景的潜在贸易限制措施的国别统计，分析表明，阿根廷、俄罗斯、印度尼西亚的贸易限制措施占前三位。如图 2-2 所示。

此外，根据欧盟委员会对 2008 年 10 月至 2013 年 6 月这段时期，包括二十国集团成员国在内的 31 个国家和地区的、基于金融危机背景的潜在贸易限制措施的分类统计，分析表明，2008 年 10 月至 2013 年 6 月，边境壁垒 304 项，占 44%，国内刺激措施及其他占 13%，政府采购占

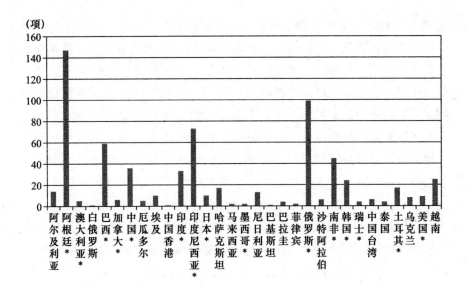

图 2 - 2　按照国家和地区统计的潜在贸易限制措施（2008 年 10 月至 2013 年 6 月）

注：* 为二十国集团国家。

资料来源：欧盟官方网站。

10%，境内措施占 10%，服务和投资壁垒占 10%，出口限制占 7%、出口刺激措施占 6%。如图 2 - 3 所示。

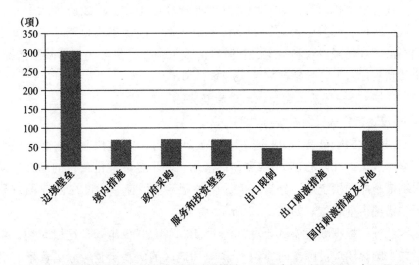

图 2 - 3　按照类型统计的潜在贸易限制措施（2008 年 10 月至 2013 年 6 月）

资料来源：欧盟官方网站。

2. 潜在贸易限制措施（2014—2015 年）

2014 年 7 月 1 日至 2015 年 12 月 31 日这一时期采用与前述略为不同的分类方法。

根据欧盟委员会对 2014 年 7 月 1 日至 2015 年 12 月 31 日这段时期、包括二十国集团成员国在内的 31 个国家和地区的、基于金融危机背景的潜在贸易限制措施的国别统计，分析表明，俄罗斯和中国并列第一，印度尼西亚居第二位。如图 2 - 4 所示。

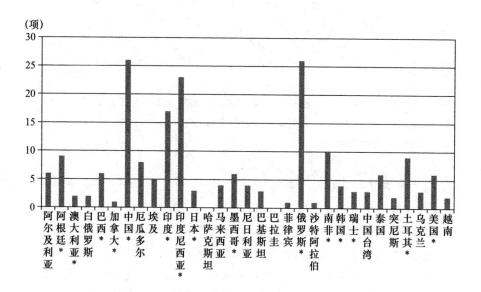

图 2 - 4　按照国家和地区统计的潜在贸易限制措施（2014 年 7 月 1 日至 2015 年 12 月 31 日）

注：＊为二十国集团国家。

资料来源：欧盟官方网站。

此外，根据欧盟委员会对 2014 年 7 月 1 日至 2015 年 12 月 31 日这一时期、包括二十国集团成员国在内的 31 个国家和地区的、基于金融危机背景的潜在贸易限制措施的分类统计，分析表明，2014 年 7 月 1 日至 2015 年 12 月 31 日，进口限制 80 项，占新增措施的 40%，其他措施占 15%，服务与投资壁垒占 13%，政府采购占 11%，刺激及其他措施占 9%，出口限制占 6%，刺激出口措施占 6%（见图 2 - 5）。

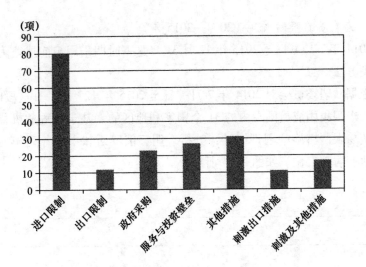

图 2 - 5　按照类型统计的潜在贸易限制措施 （2014 年 7 月 1 日
至 2015 年 12 月 31 日）

资料来源：欧盟官方网站。

（二）各国贸易政策的变化

在全球经济一体化和世贸组织多哈回合谈判的大背景下，为了应对
全球性金融危机的冲击，维护本国的政治经济局面，世界各国开始调整
对外经济贸易政策，采取救市措施。新背景下的贸易保护发起主体便向
发展中国家集中，并且具有案件数量激增、涉案金额陡升的特点。由于
现阶段的贸易保护主义发生在经济全球化浪潮和世界贸易组织多哈回合
谈判的大背景下，具有深层性、全球性和复杂性的新特点。所采取的手
段除了传统的提高关税、设置配额和进口许可证等关税、非关税措施之
外，还逐步由反倾销、反补贴及保障措施拓展到技术、环保、劳工保护
和社会责任措施等方面。目前，其形式主要为技术壁垒、绿色壁垒及蓝
色壁垒等。这些措施涉及范围更加广泛，判别标准更加模糊，手段更加
隐蔽，而且管理难度也更大。

据 WTO 秘书处 2013 年 5 月 7 日发布的数据显示，在技术性贸易壁垒
中，绿色壁垒尤其应引起足够重视。绿色壁垒是近十几年才兴起的一种
贸易保护壁垒，目前还没有统一明确的界定，主要指国家和国际组织对
可能形成生态破坏和环境污染的国际贸易活动加以管制而形成的贸易壁
垒，属于技术性贸易壁垒的一种。绿色壁垒以其名义的合理性、实施的

便利性和效果的显著性越来越受到各国的青睐。

综观欧美日等国家的策略，我们可以发现，美国将自身的问题归结为世界范围内的贸易失衡，并企图通过贬值美元、刺激出口、向外输出通胀等方式减轻债务。而欧洲国家则将主权债务危机的原因归结为新兴国家低价产品的入侵，于是对包括中国在内的商品生产大国频频发难。此外，日本为求自保而一味纵容日元贬值，增加出口，希冀于以外需带动本国经济复苏。从以上几个实力较强的国家贸易政策变化来看，金融危机以来各国的贸易政策主要表现在以下几个方面：①采取货币贬值方式输出经济危机。②实施主体的全球性和区域性。③保护目的多样性和易变性。④保护手段复杂多样化。⑤政策更加显性和柔性。新一轮贸易保护主义从隐性转向显性，并从刚性走向柔性。

（三）新兴贸易保护政策呈现出来的新特性

2008 年金融危机后，以标准为主要内容的技术性贸易措施使用频率大幅增加，呈现出一些新的特点和性质。新兴贸易保护政策暨技术性贸易措施具有以下新特性。

1. 贸易保护主体的全球性与区域性

这一轮贸易保护主义不仅发起于发达国家，而且正从少数发达国家向广大发展中国家蔓延。自"购买美国货"条款出炉以来，阿根廷、巴西、土耳其、印度尼西亚、印度和俄罗斯等国也相继采取了贸易保护主义措施。另外，贸易保护主义不再以国家贸易壁垒为基础，而趋向区域性贸易壁垒，即由一国贸易保护演变为区域性贸易保护。显而易见，这一方面可以实行内部自由贸易以促进内部经贸的发展，另一方面可以通过对外构筑贸易壁垒，抵制贸易对手的入侵，保护成员的市场。

2. 贸易保护客体的广泛性和延伸性

金融危机前，各国贸易保护重点多为幼稚工业、弱小的新兴工业或者与本国就业关联度较密切的行业。而金融危机背景下，各国为了增强各自的国际竞争力，促进经济增长与就业，将被保护的商品范围进一步扩大；不仅包括初级产品，而且也逐渐地向其他行业和产品转移；不仅在传统产品中设立贸易壁垒，还在生产、制造、组装甚至服务、设计等环节加以应用；对国内金融业、服务业、高技术产业等都实行了不同程度的保护，被保护的商品与行业更为广泛。贸易保护不断由货物领域向服务领域延伸，在投资与金融领域甚至劳动力跨国流动领域刮起了"金融保护主义""投资保护主义"和"就业保护主义"的风潮。

3. 贸易保护手段的多样性和针对性

金融危机下的贸易保护主义手段相比较过去可谓更加复杂多样，在金融危机带来的强大国内政治经济压力下，各国也开始不断地对各种贸易保护手段的运用加以创新，以使其看起来更加合理与隐蔽，除了继续沿用传统的提高关税、进口限制、反倾销、反补贴等进行直接保护外，还采用了许多新型的非关税壁垒，如技术性壁垒、绿色壁垒、蓝色壁垒、环境壁垒等措施来进行贸易保护。同时，金融危机背景下的贸易保护主义针对性也很明显，不仅有产业针对性，还有地区针对性（孙元辛，2012）。

4. 贸易保护政策的合理性和合法性

随着社会生产的增加，生态和环境恶化的速度越来越快，有些方面已经影响到人类的生存。正是这些原因，世界贸易组织均设立了相关规则准许成员为了人类健康和环境保护等而设立贸易保护政策，如技术性贸易措施，由此也带来了这些贸易保护政策暨技术性贸易措施长期合理合法存在的问题。

5. 贸易保护措施的双重性

新贸易保护主义大旗下的新贸易保护措施顺应保护环境和尊重人权的世界发展潮流，一方面为经济社会和人类的全面协调发展提供方向和动力，另一方面以保护消费者、劳工和环境为名，行贸易保护之实，给推动公平贸易和自由贸易带来了隐患和障碍。

6. 技术性贸易措施的隐蔽性

新贸易保护政策暨技术性贸易措施在国际贸易规则中没有被禁止，而且一系列国际环境公约和国内环保法规可作为其理论上的依据。从表面上看，技术性贸易措施的提出适应了人们对保护环境和人类健康的诉求；而实际上，严厉得近乎苛刻的标准限制了自由贸易。对于发展中国家来说，其技术水平、生产工艺根本无法达到发达国家所设定的环保标准，因而极大地限制了其贸易的发展。

7. 技术性贸易措施的时效性

部分新贸易保护政策暨技术性贸易措施具有在某一段时期内有效，而长期内则无效的特点。因此，出口商短期内因出口产品未达到进口国安全、卫生、环保等标准而被拒之门外；一旦提高生产技术水平、降低生产消耗，跨越了进口国制定的环境标准时，进口国原先对该产品制定的技术性贸易措施却已不复存在。

8. 技术性贸易措施的歧视性

从技术性贸易措施的设定总体而言，发达国家技术水平高于发展中国家，发展中国家由于技术水平的差距很少设立此类措施或起步较晚。发达国家设立这些标准主要依据本国科学技术发展水平以及政策的环境因素等制定；而对于技术落后的发展中国家来讲，若出口的产品不能满足标准，便会受到该类技术性贸易措施的影响。这对发展中国家带有很大的歧视性，并与 WTO 一贯坚持和倡导的公平贸易原则不一致。但近年来，发展中国家纷纷效仿发达国家制定和出台技术性贸易措施值得深入研究（刘玉，2014）。

9. 技术性贸易措施的复杂性

新贸易保护政策暨技术性贸易措施所涉及的技术法规、标准及合格评定程序比传统贸易壁垒中的关税、许可证和配额复杂得多，涉及产品广泛，而且产品性能和质量指标蕴含着最新科学技术发展水平，评定程序复杂。

10. 技术性贸易措施的争议性

新贸易保护政策暨技术性贸易措施介于合理和不合理、隐蔽性和复杂性之间的特点，使不同国家和地区在外贸领域很难达成一致标准，容易引起争议，且难以进行协调，以致成为国际贸易争端的主要内容之一，传统商品贸易大战被新贸易保护政策暨技术性贸易措施大战所取代（程小芳，2012）。

三　新兴贸易保护政策的国内、国际传导机制

分析新贸易保护政策的传导机制，首先，将新贸易保护政策的国内传导分为观念形态、理论形态、利益诉求形态以及国家政策形态四种形态进行研究，这四种贸易保护政策形态具有相互影响、层级递进、互动传导的循环关系；其次，以特定时间节点等为分析工具，探讨新贸易保护政策的国际传导规律。

（一）新兴贸易保护政策的国内传导机制

1. 意识、观念、理念形态的新兴贸易保护

意识、观念、理念是人们在实践当中形成的各种认识的集合体，指导人们进行决策与实践，具有主观性、实践性、历史性和发展性的特点。

意识、观念、理念形态的贸易保护一般受特定的政治、经济环境的影响，存在于个体或团体的意识中。往往具有分散性、模糊性和独立性的特点。例如，2008 年金融危机以来的新兴贸易保护主义有着深刻的国际政治经济背景，在这种政治经济环境下，个人、企业、团体中很快形成了保护国内产业、提高就业率、改善人民生活水平的意识与理念，由少数个体观念逐步迅速扩展并上升为国家意识。这种意识、观念或理念是新兴贸易保护政策的初始萌芽形态。

2. 理论形态的新兴贸易保护

理论形态的贸易保护是指学者、研究者将人们头脑中直观的、经验的、零散的贸易保护主义的意识、观念、理念加以总结、凝练升华为系统的理论形态而进行传播的存在形式，常常体现出系统的、群体的、具有较大话语权和社会影响力的行为。随着新贸易保护主义思想的萌生，为了使贸易保护措施"合理""合法"，西方贸易保护论者积极寻求和提供理论依据。例如，具有代表性的新—新贸易保护理论。新—新贸易保护理论较传统的和新的贸易保护理论更具有隐蔽性和进攻性，从本质上说，是借"合理""公平"之名，实为从根本上削弱甚至使进口产品丧失国际竞争力。这种总结、凝练、升华的系统性论述成为新兴贸易保护政策的理论形态。

3. 利益诉求形态的新兴贸易保护

利益诉求形态的贸易保护是以某种或某几种贸易理论为指导的利益诉求或诉诸实际游说形态的贸易保护主义，常常体现为利益集团的、集体的、有明确目的的、能够直接影响决策的政治诉求行为。根据相关经济学理论，在要素流动的高位，劳动力要素持有者支持贸易保护主义，在要素流动的低位，特定产业的所有要素持有者皆反对自由贸易，这就形成了以产业为基础的保护主义者联盟。这些保护主义者的利益诉求基于一定的理论基础，通过政治市场寻找摆脱进口竞争压力的途径，国会是这一利益诉求成功的关键，进口竞争产业通过游说国会议员实现保护主义，议员回应的强度与该产业的地理广度和深度成正比，国会是公众贸易保护主义理念转化为政策的沟通的行为体。这种利益集团通过政治市场游说、俘获规制的行为成为新兴贸易保护政策的利益诉求形态。

4. 政策形态的新兴贸易保护

政策形态的贸易保护是把贸易保护意识、贸易保护理论、贸易保护诉求上升成为国家意志并最终形成国家政策的贸易保护形态，是贸易保护政策的最高形态。例如，新贸易保护主义在 20 世纪 70 年代至 80 年代中期主要奉行"以邻为壑"的贸易政策，主要采用"配额""补贴""许可证"等非关税壁垒为贸易保护的政策手段；20 世纪 80 年代中期至 90 年代末，国际多边贸易体系建设取得实质性进展，"以邻为壑"的贸易保护政策日益受到世界贸易组织规则的约束，西方发达国家新贸易保护主义政策从单边保护转变为多边贸易体系下的"合法性"保护。从 20 世纪 90 年代末以来，随着经济全球化的发展，新贸易保护主义的政策逐步延伸到对方国家的经济竞争政策，甚至是社会政策。2008 年金融危机以来，以标准为主要内容的技术性贸易措施日益成为各国政治、经济、贸易与外交的重要手段之一。

（二）新兴贸易保护政策的国际传导

1. 特定时间节点的新兴贸易保护政策国际传导

与 20 世纪 70 年代贸易保护浪潮，以及 1997—1998 年东亚金融危机引发的贸易保护浪潮的国际传导相似，2008 年金融危机引发的贸易保护主义浪潮助推各种新兴贸易保护政策纷纷出台，以应对国际金融危机的风险。此次金融危机是由美国次贷危机的发展而演化成的一场席卷全球的金融危机。随着 2008 年 9 月雷曼兄弟提出破产申请后，这场金融危机开始失控，雷曼兄弟的破产彻底摧垮了全球投资者的信心，包括中国在内的全球股市应声而落，投资者的恐慌情绪十分严重，全球股票市场出现了持续的暴跌，次贷危机转变成了全球性的金融危机，最终导致全球经济整体衰退，国际贸易急剧下降，国际投资锐减，全球新的一轮贸易保护主义浪潮兴起。

2008 年以来，各国实施的新兴贸易保护措施主要有技术壁垒、绿色壁垒、蓝色壁垒、社会壁垒及知识产权保护等。

通过上述特定时点新兴贸易保护政策的国际传导机制的梳理可以看出，新兴贸易保护主义及其政策的国际传导一般规律是：经济危机从来就是贸易保护主义滋生的温床，经济全球化是新贸易保护主义国际传导的渠道，参与国际分工的广度与深度影响新贸易保护主义传播的速度，技术与经济实力影响贸易保护的实施手段水平与应对措施。

2. 美国对新兴贸易保护政策国际传导的作用

新兴贸易保护发源于美国，美国对贸易保护的态度对新贸易保护政策的国际传导起着决定性的作用。美国是全球头号经济大国、技术大国、人才大国，金融危机导致美国新兴贸易保护再度抬头，在现行的多边贸易体制下，借着"公平""安全"等合理理由，娴熟运用苛刻的技术标准、环境标准、安全标准等贸易壁垒削弱发展中国家的产品竞争力以维护本国产业，甚至通过国际舆论等压力的实施，干预进口国的经济政策与社会政策，以达到自我贸易保护的目的。美国在全球的主导地位使美国的新兴贸易保护政策具有全球导向与示范作用，在美国贸易保护主义的运行机制下发展中国家将长期处于被动境地，特别是后金融危机时期美国重返亚太战略，特别是针对中国这一迅速崛起的 GDP 跃至世界第二大经济体，美国新兴贸易保护政策导向将对中国对外贸易的发展产生深远的影响。

四　新兴贸易保护政策的主要内容

2008 年金融危机以来，新兴贸易保护政策的理论依据、政策手段、目标对象和实施效果与传统的贸易保护政策有着显著的区别。新兴贸易保护政策所表现出来的主要内容如下。

(一) 利用 WTO 规则实行贸易保护

总体来看，在 WTO 规则的约束下，大多数国家都在向自由贸易的方向迈进，但由于现行多边贸易体制并非无懈可击，因而保护主义总是千方百计从中寻找"合法"的生存土壤。WTO 允许成员利用其有关协议保护本国的利益，反击遭到的不公平待遇。这就为各国以"公平贸易"为借口实行贸易保护留下了空间。WTO 规则并不排斥各成员的经济自主性，保留本国经济自主性的要求不仅来自发达国家，而且还来自发展中国家。因此，采取与 WTO 不直接冲突的各种保护措施，已成为经济全球化过程中贸易保护主义的普遍形态。

金融危机以来，国际贸易快速增长，工业制成品地位凸显，技术性贸易措施日益被各国政府用于国内市场失灵与国际市场进入壁垒的政策干预中，并呈增加趋势。

技术性贸易措施也随着国际贸易、工业制成品的增长而增加。

全球性的技术性贸易措施（Technical Measures to Trade, TMT）与世界贸易量（Volume of World Trade, VWT）及其工业制成品（Industrial Finished Products, IFP）贸易量的计量模型如下：

$$TMT = a\ln(VWT) + b\ln(IFP) + c \qquad\qquad (2-1)$$

（二）依据国内技术法规履行国际条约

从一般意义上讲，国际条约高于国内法。但现阶段由于各国对如何处理国际法与国内法的关系缺乏统一标准，因而，如何对待已承诺的国际条约及其在国内的适用程度，各国仍存在一定差异。一些国家只执行符合自己国家利益的国际条约，很多时候将国内技术法规凌驾于国际条约之上。对其他国家处理国内法与国际法的关系产生负面影响，从而对国际贸易产生影响。

1. 出口影响

首先基于企业异质性视角，分析技术性贸易措施对出口贸易的影响。

2012 年，田东文、姚微利用中国制造业企业层面的数据，以检验企业异质程度是放大还是削弱了产业内贸易规模对贸易壁垒导致的成本变化的敏感程度。为此，基于理论模型引入产业内企业异质性指数，构建修正后的引力模型为：

$$\ln(Exprot_{ij}^{h}) = B_0 + B_1 Y_i + B_2 Y_j + B_3 Y_j^{h} + B_4(b_h X_{ij}^{h}) + \varepsilon_{ij}^{h} \qquad (2-2)$$

其中，$Exprot_{ij}^{h}$ 是 i 国 h 产业对 j 国的出口；Y_i 为 i 国规模；Y_j 为 j 国规模；X_{ij}^{h} 为代表贸易壁垒的一组向量；$b_h X_{ij}^{h}$ 为产业内企业异质性指数与贸易壁垒的交叉项；ε_{ij}^{h} 为残差项，假设其服从正态分布。根据理论模型，若产业内企业异质程度较低，b_h 将放大贸易流量对贸易壁垒引起的成本变化的敏感性，在修正前后的引力模型的估计结果中，B_3 和 B_4 的符号预期相反，B_3 的绝对值预期较未引入交叉项时增大。若产业内企业异质性程度较高则相反。

引入两个交叉项时，各变量系数都显著。并且距离的系数和其与 b_h 交叉项的系数符号相反，TBT 的系数和其与 b_h 交叉项的系数符号也相反。引入企业异质性后，在其他因素保持不变的情形下，距离和技术性贸易措施频度指数每增加 10%，出口额将分别减少 8.26%（不考虑企业异质性时减少 3.99%）和 15.69%（不考虑企业异质性时减少 2.54%）。实证研究结果均符合我们的理论预期：b_h 的引入使贸易成本对贸易流量影响的弹性更大。这一结果与查尼（Chaney，2008）关于企业异质性作用下贸易的广延边际是决定贸易流量变化的关键因素，以及钱学峰（2008）关于贸易成本下降对扩展的贸易边际影响更大的结论一致。

还有一种简单的模型，即技术性贸易措施对产业出口的影响：

$$\ln EXP = a + b\ln TMT + c \qquad (2-3)$$

2. 进口影响

再分析技术性贸易措施对进口的影响。

为统计方便和模型计算的需要，以海关协调制度编码 HS01—HS24 章产品为对象，分别大致估算了这个范围内我国 1999—2008 年两位税则号下农产品的技术性贸易措施（TMT）、进口许可证（LIC）、进口配额（QUA）和进口登记招标（REG）的频数指数。除了考察总体十年来技术性贸易措施对农产品进口额的影响程度，为了揭示其实施效果的演进情况，模型还以 2004 年为界限，分 1999—2003 年和 2004—2008 年两个阶段进行分析。这主要是基于以下两点原因：一是关税水平的调整。2004年之前，我国农产品关税水平下降很快，2004 年以后关税水平调整幅度不大。二是贸易格局的变化。2004 年是我国农产品贸易由长期顺差转为逆差的分界点。基于以上分析，采用"时间—产品"的数据组合，以数据取自相关年份《中国海关统计年鉴》的实际进口额（IMP）为因变量建立面板数据模型：

$$\ln IMP = a_0 + a_1 TAX + a_2 TMT + a_3 LIC + a_4 QUA + a_5 REG + e \qquad (2-4)$$

此外，TAX 是根据《海关进出口税则》计算的各类农产品简单平均优惠关税税率；各项非关税措施频数比率根据《中华人民共和国进出口贸易管理措施》及《海关进出口税则》相关数据计算得出（张弛、李铁兵、蒋永宏，2011）。

（三）通过区域贸易组织保护成员利益

区域一体化组织具有的排他性特征被视为对成员的一种贸易保护。通过"内外有别"的政策和集体谈判的方式，区域一体化协定在为成员创造更有利贸易条件的同时，却往往对非成员构成了歧视。区域一体化组织具有的这种排他性特征，实际上起到了对成员进行贸易保护的作用。

国外区域性技术性贸易措施对贸易流量的影响：

1. 国外技术性贸易措施影响指数

2012 年，陈新、殷杰、吴彦、曹健针对国外技术性贸易措施对我国各行业造成的影响，采用定量分析的方法，提出国外技术性贸易措施影响指数和行业技术性贸易措施影响指数的概念，作为衡量整个产业和各行业在出口对外贸易中，遭受国外技术性贸易措施影响程度的指标，并推导出技术性贸易措施影响指数的计算方法。以近三年质检总局发布的统计数据为例，得出国外技术性贸易措施影响指数。它描述了技术性贸易措施对我国主要 7 个出口行业影响的加权平均（λ_{TBT}），可以用下式表示：

$$\lambda_{TBT} = E(\beta + \gamma) = \sum_{i=1}^{7} \alpha_i(\beta_i + \gamma_i) \tag{2-5}$$

式中，行业代码 i 代表各出口行业，共分为 7 类；$\alpha_i(i=1,2,\cdots,7)$ 称为行业影响系数；$\beta_i(i=1,2,\cdots,7)$ 称为行业直接损失率；$\gamma_i(i=1,2,\cdots,7)$ 称为行业间接成本增加率。

2. 发达国家与发展中国家的技术性贸易措施影响

发达国家成员（Developed Country Members，Ded）与发展中国家成员（Developing Country Members，Ding）的技术性贸易措施计量模型比较如下：

（1）发达经济体：

$$\ln(Tra_{Chi}) = a_1\ln(GDP_{Ded}) + b_1\ln(GDP_{Chi}) + c_1\ln(TMT_{Ded}) + d_1 \tag{2-6}$$

式中，Tra_{Chi} 为中国进出口贸易额；GDP_{Ded} 为发达经济体贸易对象国家 GDP；GDP_{Chi} 为中国 GDP；TMT_{Ded} 为发达经济体贸易对象国家技术性贸易措施频数；a_1、b_1 和 c_1 分别为 $\ln(GDP_{Ded})$、$\ln(GDP_{Chi})$ 和 $\ln(TMT_{Ded})$ 的系数；d_1 为白噪声干扰项。

（2）发展中经济体：

$$\ln(Tra_{Chi}) = a_2\ln(GDP_{Ding}) + b_2\ln(GDP_{Chi}) + c_2\ln(TMT_{Ding}) + d_2 \tag{2-7}$$

式中，Tra_{Chi} 为中国进出口贸易额；GDP_{Ding} 为发展中经济体贸易对象国家 GDP；GDP_{Chi} 为中国 GDP；TMT_{Ding} 为发展中经济体贸易对象国家技术性贸易措施频数；a_2、b_2 和 c_2 分别为 $\ln(GDP_{Ding})$、$\ln(GDP_{Chi})$ 和 $\ln(TMT_{Ding})$ 的系数；d_2 为白噪声干扰项。

（四）采取多种保护手段，构筑技术性贸易措施体系

与传统贸易保护手段反倾销、反补贴、保障措施等不同，技术壁垒、绿色壁垒、环境壁垒、社会壁垒及知识产权保护等贸易壁垒应用范围更趋广泛。发达国家利用自身在环保和科技方面的优势，制定更高的环保、技术、商品和劳工标准，以削弱发展中国家凭借低廉的劳动力成本而获得出口竞争力。由于这些新型贸易保护手段具有良好的定向性、隐蔽性和灵活性，其中一些技术和环保方面的要求以提升技术水平、维护消费

者利益为出发点，甚至可以视为中性的贸易标准，加之 WTO 对这些贸易措施应用的限制并不统一，因而其保护效果更为突出，进一步加剧了世界范围内的贸易摩擦。

分析国外技术性贸易措施发展趋势：目标、范围与重点，技术性贸易措施（TMT）主要采取标准（S）、认证（A）、标签（L）等手段，特别是健康（H）、安全（Sa）、环保（Ep）、能效（Ee）、低碳（Lc）等手段，构筑技术性贸易措施体系。构建国外技术性贸易措施发展趋势计量模型如下：

$$TMT = f\ (S,\ A,\ L,\ H,\ Sa,\ Ep,\ Ee,\ Lc) \tag{2-8}$$

（五）国家干预制定实施战略性贸易政策

国家干预依据战略性贸易政策等理论，不论在促进本国具有竞争优势的企业开拓国际市场方面，还是在维护本国企业免受国外竞争对手的冲击方面，都需要国家的贸易政策发挥作用，从而为国家通过干预贸易，提高和维护本国产业的战略地位提供了强有力的理论支持，由此形成的战略性贸易政策体系强调了国际贸易中的国家利益，政府通过确立战略性产业（主要是高新技术产业），并对这些产业实行适当的保护和促进，使其在较短时间内形成国际竞争力。随着国际竞争的加剧，特别是发达国家在高技术领域的较量不断升级，战略性贸易政策被越来越多的发达国家和新兴工业化国家的政府所接受，成为新贸易保护主义的核心政策。

总之，新兴贸易保护政策基于传统贸易理论的比较优势理论和要素禀赋理论，基于新贸易理论的规模经济和不完全竞争即垄断竞争模型，基于新—新贸易理论的企业异质性视角国际贸易和投资现象等基础理论，再基于科学技术水平的产业（产品）发展水平的差异解释了不同产业的贸易保护政策差异；同时，又基于国家或区域经济综合实力的（地区）规制效率差异，解释了不同地区的贸易保护政策差异。

在本书的后面章节将对新兴贸易保护政策暨技术性贸易措施展开进一步的研究。

五　新兴贸易保护政策与传统贸易保护政策的比较

金融危机之后的新兴贸易保护政策与金融危机之前的传统贸易保护政策有许多相似之处，都是试图利用关税、非关税壁垒、新贸易壁垒等措施，阻挡其他国家的产品进口，以保护本国的相关产业和就业岗位等。

（一）金融危机之后的新兴贸易保护政策与之前的传统贸易保护政策之区别

1. 传统贸易保护政策和新兴贸易保护政策频繁交替使用

（1）传统贸易保护政策。传统贸易保护政策主要体现在关税、反倾销、反补贴、保障措施和针对中国的特别保障措施频繁以及混合使用，很多国家的关税水平趋于上升，贸易摩擦也从传统领域向高新技术领域蔓延。中国出口的产品价格低廉、数量巨大，多年来一直遭遇频繁的反倾销调查；金融危机又增强了针对中国的反倾销调查；在发达国家逐渐给予中国市场经济地位的情况下，又拿起了反补贴的武器针对中国的出口产品，使中国面临的"双反"越来越多；针对进口产品实施的保障措施也是各国阻止急速增加的进口产品的有效手段；中国在加入世界贸易组织时签署了特别保障条款，因而部分国家又启动"特保"阻止中国产品的出口。例如，2010 年 6 月 30 日，欧盟首次针对中国数据卡发起的反倾销调查及保障措施调查，说明国际贸易摩擦已经延伸到高新技术领域，并在"双反"基础上出现了反倾销和保障措施并用的贸易保护政策趋势。

（2）新兴贸易保护政策。新兴贸易保护政策主要体现在技术壁垒、绿色壁垒、蓝色壁垒、社会壁垒和知识产权等新贸易保护措施，是发达国家利用其技术优势频繁使用的措施手段。发达国家不断推出新的技术法规、标准和合格评定程序，给中国出口企业设置更高的技术壁垒，从而削弱中国出口产品的竞争力。例如，欧盟通过了新的玩具安全指令，欧盟议会和欧盟理事会正式通过了化学品注册、评估、授权和限制法规（以下简称 REACH 法规）等。美国在公布的 2010 年"特殊 301"报告中，中国仍在"重点观察名单"中并被认为自主创新政策有损其贸易公平和知识产权持有人利益。

2. 新兴贸易保护政策比传统贸易保护政策表现出更加隐蔽的政府干预

2008 年金融危机以来，为了刺激本国经济，保护本国的就业岗位，各国纷纷实行带有非常明显的排外和歧视倾向的政府干预政策，其中大多数隐含着对本国贸易的保护。例如，2009 年 2 月 13 日，美国国会通过的刺激经济计划中，"购买美国货"和支持夕阳产业的条款就带有明显的贸易保护主义色彩，虽然国内外各方强烈反对，但在最后的计划中还是没有删除这些条款。此外，美国、欧盟、日本政府对汽车产业的资金援助政策；西班牙的"移民自愿遣返计划"；阿根廷通过调整许可证制度等非关税壁垒措施，降低中国等国家产品对其的进口；还有印度政府针对中国玩具、奶制品、部分钢铁产品采用阻止进口的禁令，并增加多种强制性认证，等等。这些措施均隐含着政府对本国贸易的保护（刘伟丽，2010）。

3. 新兴贸易保护政策领域向环境保护、劳动力雇佣、投资政策拓展

2008 年金融危机后，各国的贸易保护领域都有所扩大，即便是传统的商品贸易领域，涉及的商品范围也十分广泛。保护范围的扩展增加了对现有世界贸易组织法律法规的挑战。首先，技术性贸易措施等保护措施频繁使用，说明世界贸易组织法律法规的漏洞在国际金融危机期间被集中放大，各国纷纷利用这些漏洞出台贸易保护措施，造成各国相互指责的混乱局面。其次，保护领域拓展到世界贸易组织法律法规尚未健全的领域。例如，环境保护、劳动力雇佣、投资政策等方面。

4. 发起者从以企业为主拓展到政府与其他主体共同参与

金融危机前，贸易保护措施的实施多由企业发起，政府随后行动。此次危机中，政府作为救市的急先锋，制定了许多保护性措施。如环保技术标准等都是由政府主导的。不但如此，其他主体尤其是在世界贸易组织救济法中不具有权利的主体（如工会）也参与到保护行动中。

5. "针锋相对"类直接对抗性案件增多

"针锋相对"（Tit－for－tar）类案件是两个经济体对相同产品的直接贸易战。2008 年金融危机后，此类案件明显增多。比如，2007 年 10 月美国对来自法国的金属钠实施贸易保护措施；2008 年 7 月，欧盟则对来自美国的金属钠实施对称的贸易保护措施。

6. "贸易偏转"类保护性措施增多

"贸易偏转"（trade de flection）类案件是指当一国对某国某产品实施贸易保护措施后，其他国家为防止该国该产品转移到本国销售，而相继发起同样的贸易保护措施。如 2008 年 12 月巴西对中国鞋类商品实施贸易保护措施，为防止中国鞋的转移销售，阿根廷、加拿大于 2009 年 3 月也相继对中国鞋实施贸易保护措施。

7. 以产业发展为着眼点的保护性措施增多

欧美的汽车贸易保护性措施多以"提高技术"为前提，这说明此类措施的目的不仅在于救市，更在于产业未来竞争力的培育。还有的保护措施是保护产业链上的相关产业，如对某些原材料实施贸易保护措施，

其真正目的是打击下游产业的发展能力。此轮危机中，土耳其、巴西等国对中国、印度尼西亚生产的棉纱等产品实施贸易保护措施，其目的在于打击这些国家的纺织品优势（程大为，2010）。

（二）WTO 框架下的新兴贸易保护政策与传统贸易保护政策综合比较

时间节点：以 2008 年国际金融危机为时间节点。

条件与假设：基于科学技术水平的产业（产品）发展水平差异、基于国家或地区经济综合实力的政府（地区）规制效率差异。

效果与结论：基于科学技术水平的产业（产品）发展水平差异解释了不同产业的贸易保护政策差异、基于国家或区域经济综合实力的政府（地区）规制效率差异解释了不同地区的贸易保护政策差异。

WTO 框架下，新兴贸易保护政策与传统贸易保护政策的综合比较如表 2 - 2 所示。

（三）新兴贸易保护政策与传统贸易保护政策社会福利之不同

通过表 2 - 3，我们可以发现传统贸易保护政策暨关税、出口补贴、进口配额、自愿出口限制和新兴贸易保护政策暨技术性贸易措施五种贸易政策都毫无例外地有利于生产者而损害消费者的利益，各种贸易政策对国家综合收益和社会福利的最好结果也是"不确定"。关税、进口配额和环境标准给有压低国际市场价格能力的大国或富国带来某些潜在的收益。绿色技术性贸易措施的不同制度安排对政府的收益影响是有区别的，征收环境附加税会增加政府收益，而支付环境补贴则会增加政府开支；环境标准的实施使许可证持有者获得"租"。由于技术性贸易措施所包含的制度安排的种类比关税、出口补贴、进口配额和自愿出口限制这四种主要的贸易保护政策更为复杂，因此，技术性贸易措施的综合分析存在较大不确定因素。

六 后金融危机时代自由贸易和保护贸易的新博弈

虽然 WTO 为全球贸易自由作出了不懈的努力，但是，由于启动于2001 年的多哈回合谈判多年来陷入僵局，特别是 2008 年金融危机后，世界各国经济衰退，贸易竞争加剧，贸易保护主义愈演愈烈，全球贸易受到重创。在此背景下，各国为占据主动，都开始把 FTA 谈判作为本国的贸易战略进行规划和实施，展开了一场新的"贸易自由与贸易保护"博弈。

表2-2　世界贸易组织框架下，新兴贸易保护政策与传统贸易保护政策之比较

政策类别	时间区间	理论内涵	主要政策内容	对应WTO条款	主要政策特征	条件与假设	效果与结论
传统贸易保护政策	WTO成立至2008年金融危机	保护幼稚工业论；等等	二反一保（反倾销、反补贴及保障措施），关税、许可、配额	反倾销制度:1994GATT第6条，WTO《反倾销协议》;反补贴制度:1994GATT第6条，WTO《补贴和反补贴协议》;保障措施制度:1994GATT第19条，WTO《保障措施协议》;关税:1994GATT第11条;等等	非隐蔽性、非技术性;在敏感性区域和产业有较高的集中度＊;存在政策堆积现象;直接抵制最有攻势、最有效率的进口竞争者	根据贸易对象国倾销、补贴、保障情况，提供有效保护;使保护的社会成本降到最小;使生产效率损失和消费者成本支付降到最小;有较好的可控度和透明度	直接保护措施:新兴工业化和发展中国家的劳动密集型产业受制，与之不相称的管来自发达国家的管制易造成贸易比重，易造成贸易对手的报复;易于计量统计分析
新兴贸易保护政策	2008年金融危机以来	战略性贸易政策论、地区经济主义论、异质性企业贸易理论、企业内生边界理论等	以技术法规、标准及合格评定程序为主要内容的TBT措施，SPS措施	WTO《技术性贸易壁垒协议》（TBT协议）;WTO《实施卫生与植物卫生措施协议》（SPS协议）等	隐蔽性、技术性;在技术水平差异大的区域和部门有较高的集中度＊;不存在政策堆积现象;间接累加效应;抵制最有攻势、最有效率的进口竞争者	基于科学技术水平产业（产品）发展水平差异制订相应的技术性贸易措施（产品）;基于国家经济综合实力的政府(地区)规制效率差异选择技术性贸易措施的制度安排	间接保护措施:基于科学技术水平的产业（产品）发展水平差异解释了不同产业（产品）技术保护政策差异;基于贸易保护综合实力解释了同一地区(地区)规制效率差异;新兴工业化和发展中国家技术水平落后的政府的技术性贸易措施;新兴工业化和规制效率差异下的政府要承受跨越发达国家落后的产业和制度等成本;报复成本高昂;不易于统计计量分析

注：＊在新兴工业化和发展中国家劳动密集型产业有较高的集中度。

表 2 – 3　　　新兴贸易保护政策与传统贸易保护政策社会福利之比较

	关税	出口补贴	进口配额	自愿出口限制	技术性贸易措施 （TBT、SPS 措施等）
生产者剩余	增加	增加	增加	增加	增加
消费者剩余	减少	减少	减少	减少	减少
政府收益	增加	减少 （政府开支增加）	没有变化 （许可证持有者获得"租"）	没有变化 （许可证持有者获得"租"）	不确定 环境等补贴：减少 环境等附加税：增加 环境等标准及许可证：达标者或许可证持有者获得"租"
国家综合福利水平	不确定 （小国减少）	减少	不确定 （小国减少）	减少	不确定 （穷国减少）

（一）WTO：努力推进全球贸易自由化

多哈回合于 2001 年 12 月启动，但自 2008 年 7 月谈判决裂后，多哈回合几乎处于停滞状态。在对以 WTO 主导的全球贸易自由化感到担忧的同时，更多的国家把目光由 WTO 转向了 FTA。众所周知，WTO 具有三大职能，即立法职能（制定多边贸易规则）、监督职能（监督多边贸易规则的执行情况）和司法职能（解决贸易争端）。WTO 在执行监督和司法职能方面所做的努力是有目共睹的，但在立法职能方面，由于多哈回合的进展问题，导致一些国家忽略了 WTO 在自由化进程方面所做的工作。而事实上，WTO 在多哈回合之外，为多边贸易体系的建立和完善做了许多新的探索和努力，并取得了一定的成果。一是修订政府采购协议；二是修订信息技术协定；三是"服务贸易自由化"的构想。多哈回合原则上要求全体成员在全部谈判领域达成协议，致使多哈回合长期处于停滞状态。前述几项协议的进展，使人们看到了全球贸易自由化的新希望，对于人们重拾对 WTO 的信心具有重要的意义。

（二）贸易保护：阻碍多边贸易进程

贸易保护主义是 20 世纪 30 年代大萧条中破坏性经济政策的代表，给全球经济带来了灾难性冲击。因此，世界各国的领导人决心不再重蹈覆辙，努力确保全球市场的开放。二十国集团更是一如既往地宣传自由贸易的好处。然而，全球经济危机导致世界各国经济收缩，为了保障自己国内的产业、保护就业，很多国家一方面高举自由贸易的大旗，另一方面却行贸易保护之实，所谓"购买某国货""雇用本国工人"等已不是个别国家的行为。贸易保护主义再次抬头，贸易壁垒卷土重来。

瑞士圣加仑大学教授西蒙·伊文奈特（Simon Evenett）负责的监控组织"全球贸易预警"（GTA）2012 年 6 月发表报告称，包括关税上调、出口限制及不公正的监管调整在内的保护主义措施大幅增多，增幅远远超过此前预期，另外还有大量保护主义措施正在制定当中。

这一阶段的贸易措施呈现了几个新的特点：

（1）大国贸易措施增加。据 GTA 报告统计显示，G20 采取的保护措施占世界保护措施的比重逐年上升，意味着世界上影响力较大的国家具有逐渐扩大贸易保护的倾向。尽管 G20 峰会极力反对各种形式的贸易保护主义，但效果不佳。

（2）由关税措施向非关税措施转变。GTA 的研究显示，在 2008 年 10 月以后，G20 国几乎均在采取降低关税等自由化措施的同时采取了贸易保护的措施。比如，俄罗斯采取自由措施 70 件，保护主义措施 169 件；印度分别是 56 件和 74 件；巴西是 65 件和 54 件；美国是 21 件和 28 件。在采取的保护主义措施中，由关税措施向非关税措施转变的倾向更加明显，这些措施包括：出口限制、出口补贴、进口限制、技术性贸易壁垒（TBT）、动植物检疫措施（SPS）、延迟通关手续等。在 GTA 统计的前十大贸易保护措施中，实施的关税措施仅占 13%，国家援助措施和贸易保障措施两者占 50%。

（3）保护措施的长期化。一方面，新采取的保护措施不断增加；另一方面，原有的保护措施也不停止，依然继续。宣告使用期限结束的保护措施不足总数的 18%，撤销的进程更是艰巨缓慢。

贸易保护措施的实施，势必对世界经济产生一定的负面影响，包括减少贸易机会、增加失业人口、减缓世界经济复苏的步伐等。目前贸易保护措施的影响依然难以量化，因为很多都涉及许可证或监管规则层面的改变，而非征收反倾销反补贴进口关税等容易计量的手段。据估计，G20 国家的商业利益将因此损失。WTO 也估计，2008 年 10 月以后采取的贸易保护措施，可能对世界贸易产生了 3% 的抑制作用。

作为研究 20 世纪 30 年代保护主义政策的专家，达特茅斯学院（Dartmouth College）经济学教授道格拉斯·欧文（Douglas Irwin）指出，目前还很难看出保护主义对贸易流有多大影响，因为各国迄今采取的贸易保护行动力度有限。他认为,"经济疲软持续的时间越长,就会有越多的贸易保护措施固定成为经济环境的一部分。大萧条的教训是,保护主义政策一旦生根,就会变得越来越难以撤销"。(倪月菊,2012)

(三) 新的"贸易自由与贸易保护"博弈

1. WTO 多边谈判受阻,从而出现"FTA 热"

20 世纪 90 年代以来,在经济全球化迅速发展的同时,超越地缘界限的区域合作呈急剧扩张的趋势。理论上,世界经济一体化应走多边贸易体制的道路,但 WTO 多哈回合贸易谈判陷入僵局,区域经济一体化就成为世界各国的一个现实选择。2013 年 6 月 G8 首脑峰会宣言认为在多哈回合贸易谈判达成妥协之前,应推动大型的 FTA;发达经济体也显示出从 WTO 向 FTA 倾斜的姿态。

与 WTO 相比较,FTA 在照顾协议双方的经济结构互补性方面具有相当大的优势;FTA 谈判比 WTO 框架内进行的多边谈判更容易达成协议;发展中经济体 FTA 协定的签署将更好地获得发达经济体的市场准入;此外,FTA 所涉及的协定范围比 WTO 谈判所涉及的范围更加广泛。因此,各国纷纷加快 FTA 的谈判步伐。

2. FTA 谈判趋于"广域",从相邻国家(地区)向跨区域转变

从 FTA 谈判的趋势看,广域型 FTA 不断增加。从 20 世纪 90 年代开始,那种以北美自由贸易协定(NAFTA)、欧洲联盟(EU)和东南亚国家联盟(ASEAN)为代表的为了实现相邻国家的经济整合而签署的 FTA 已经不是主流。2000 年之后,区域横断型的广域 FTA 谈判不断增加。

3. 大国参与 FTA 谈判,从而令"大型 FTA"不断涌现

近年来,在 WTO 多哈回合贸易谈判陷入僵局的背景下,美国、欧盟、日本以及中国等贸易大国(地区),除了最大限度地利用 WTO 规则,还在不断增强 FTA 的参与度,并且将与主要贸易对象国签署 FTA 作为最优先发展战略。其结果就是即将形成包括东亚 RCEP、日欧 EPA、欧美 TTIP 等巨大的区域经济整合体(大型 FTA)。尽管美国或将退出,但是,制定新的贸易规则成为上述大型 FTA 的主要目标之一。

4. 出现"FTA"连锁现象,且一个国家同时推动多项 FTA 谈判

从近期全球 FTA 的谈判趋势看,正在出现一项 FTA 带来另一项 FTA 的"FTA 连锁"现象。例如,日本同时推进 TPP 谈判以及日本与欧盟之间的 EPA 谈判,将促使中韩和东盟(ASEAN)接受发达国家的贸易规

则。而如果日本不参加 TPP 谈判，欧盟将宣布结束 EPA 谈判。借助这个机会，韩国试图推进把日本排除在外的中韩之间的双边 FTA 谈判，届时日本就将遭到孤立。

从全球主要国家（地区）正在进行的 FTA 谈判看，几乎都是一个国家（地区）在同时推动多项 FTA 谈判。其中，欧盟同时推动包括 TTIP、日欧 EPA、欧盟—印度自由贸易协定等在内的多达 12 项 FTA 谈判，正处于研究准备阶段的谈判也有 4 项之多。与欧盟相比，美国前总统奥巴马曾经推动的 FTA 所涉及的地区之广以及贸易总额之高则令世人瞩目。此外，加拿大也在同时推动包括日本—加拿大经济伙伴关系协定、TPP 以及欧盟—加拿大经济全面贸易协定（CETA）等在内的 12 项 FTA 谈判。

在亚洲范围内，我国正在推动包括中日韩 FTA、RCEP、中澳 FTA 在内的 7 项 FTA 谈判，处于研究准备阶段的谈判有 3 项；韩国和日本正在推动的 FTA 谈判均有 10 项之多，而韩国正处于研究准备阶段的 FTA 谈判多达 7 项。随着美国 TPP 受阻，RCEP 备受全球关注；从 TPP 到 RCEP，中国作为世界第二大经济体将进一步融入亚太地区。

可以说 FTA 是在 WTO 的多边自由贸易体系与贸易保护的博弈中逐步成长壮大起来的。其最基本的特征是"对内自由，对外保护"。因此，FTA 对 WTO 多边贸易体制的影响是双重的，既有一定的积极影响，又有不容忽视的消极影响。

从积极意义上看，FTA 的兴起会促使与 WTO 相关的各方行为主体更加积极地利用 WTO 规则解决某些 FTA 解决不了的问题，比如，知识产权问题、技术标准问题、非关税贸易壁垒问题。而且，由于 FTA 能就自由贸易在地区或双边层次上实现突破，这样积少成多，最终促成多边框架下自由贸易的实现。这样，FTA 与 WTO 之间最终会形成某种共存、相互促进的关系。

从消极意义上看，FTA 也带来了一些问题。一方面，FTA 协定太多，有的国家甚至加入了十个以上的协定，产生了"意大利面条碗"效应①；另一方面，FTA 能使相关成员的某种促进贸易目标得以实现，

---

① "意大利面条碗"效应是指在双边自由贸易协定（FTA）和区域贸易协定（RTA）下，各个协议的不同的优惠待遇和原产地规则就像碗里的意大利面条，一根根地绞在一起，"剪不断，理还乱"。这种现象贸易专家们称为"意大利面条碗"现象或效应。例如，在每个双边自贸协定和区域贸易协定中，有关"原产地规定"的条款越来越多，也变得更加复杂，北美自由贸易协定的汽车原产地规则就是一个典型。

那它们利用 WTO 框架推动贸易自由化的意愿、强度和精力投入会受到削弱。

自由贸易永远是人们追求的终极目标。在世界经济复苏乏力，经济下行风险犹存的情况下，贸易保护主义泛滥的趋势短期内无法得到遏制，FTA 热潮暂时不会降温。自由贸易和保护贸易的博弈依然路途漫漫。

（四）新兴贸易保护政策对 WTO 框架下的自由贸易之影响

尽管没有事先判断这些新兴贸易保护政策即技术性贸易措施是否违反了 WTO 和其他多边或双边规章制度，也没有预先判断此类新兴贸易保护政策对贸易和/或投资流量所造成的最终影响（因为一般必须在较长的时间框架内才能证实这种影响），所有这些经过确认的新兴贸易保护政策至少都具有限制和破坏贸易的可能性。同时，由于新兴贸易保护政策的复杂性、产品范围、持续时间及其综合性会对贸易带来不同的影响，从而产生不同程度的结果。

新兴贸易保护政策即技术性贸易措施已经变得较为普遍的贸易保护政策趋势，表明当今各国选择出台新兴技术性贸易措施来保护其市场这一明显趋势。即那些在短期内会对出口商（特别是中小型企业）的现行商业运营造成风险的抑或通过影响深远、涉及面广的政策来干预的措施。

研究表明，近期新兴贸易保护政策即技术性贸易措施仍在全世界范围内增速较高，并且此类措施的消除情况并不乐观，导致这类限制措施数量出现进一步的增加。

分析表明：（1）这类限制措施数量一直在增加，限制性措施废除速度却比较缓慢。（2）直接在边境上采取的措施数量暴增，这会带来许多问题，因为它会直接迅速地影响贸易流量，并且这种非常消极的"ala carte"贸易保护主义形式将会使出口商处于极端不利的地位。（3）仍在继续推行本土化要求，这一问题在政府采购方面尤为突出。由于国际规则仅对后者领域中的贸易保护主义作出了适当的禁止规定，故而应当对之加以注意。（4）仍在实施刺激措施（尤其是出口支持措施），其中表现为综合的、长期性的、严重扰乱竞争的"一揽子"措施。

总之，正在逼近的新兴贸易保护政策即技术性贸易措施对全球经济发展及社会福利的威胁将会超过以往任何时候，特别是在经济低迷的影响仍在持续的今天，我们更加不可掉以轻心。①

第三节　重要新兴贸易保护政策概览

本节主要介绍 2008 年金融危机之后发布实施以及重要修订的新兴贸易保护政策；同时，也包括 2008 年之前颁布但至今仍然作为各个国家和地区制定技术性贸易措施重要依据的贸易保护政策。

一　全球性环境治理公约

全球性环境治理公约主要包括《联合国气候变化框架公约的京都议定书》《巴黎协定》（2016 年签署的气候变化协定）、《水俣公约》和《关于持久性有机污染物的斯德哥尔摩公约》修正案。

（一）《联合国气候变化框架公约的京都议定书》

简称《京都议定书》，又译《京都协议书》《京都议定书》《京都条约》，全称《联合国气候变化框架公约的京都议定书》，是《联合国气候变化框架公约》（United Nations Framework Convention on Climate Change，UNFCCC）的补充条款，是 1997 年 12 月在日本京都由联合国气候变化框架公约参加国三次会议制定的。其目标是"将大气中的温室气体含量稳定在一个适当的水平，进而防止剧烈的气候改变对人类造成伤害"。2011 年 12 月，加拿大宣布退出《京都议定书》，是继美国之后第二个签署但后又退出的国家。

政府间气候变化专门委员会（Intergovernmental Panel on Climate Change，IPCC）曾经预计从 1990 年到 2100 年全球气温将升高 1.4—5.8℃。评估显示，《京都议定书》如果能被彻底完全地执行，到 2050 年之前仅可以把气温的升幅减少 0.02—0.28℃，正因为如此，许多批评家和环保主义者质疑《京都议定书》的价值，认为其标准定得太低根本不足以应对未来的严重危机。而支持者们指出《京都议定书》只是第一步，为了达到 UNFCCC 的目标今后还要继续修改完善，直到达到 UNFCCC 4.2 (d) 规定的要求为止。

---

① 欧盟委员会贸易总司：《基于金融经济危机背景的第十次潜在贸易限制措施报告》，2012 年 5 月 1 日至 2013 年 5 月 31 日。

（二）《巴黎协定》

《巴黎协定》是 2015 年 12 月 12 日在巴黎气候变化大会上通过，2016 年 4 月 22 日在纽约签署的气候变化协定。

《巴黎协定》为 2020 年后全球应对气候变化行动作出安排。一些国家领导人和国际机构高官发表讲话或声明，对这一协定诞生表示欢迎。[1]

2016 年 4 月 22 日，是人类历史上意义非凡的一个"世界地球日"。100 多个国家齐聚联合国，见证一份全球性的气候新协议《巴黎协定》的签署，这将在人类可持续发展的进程中谱写重要的一页。[2]

2016 年 9 月 3 日，中国全国人大常委会批准中国加入《巴黎协定》，成为第 23 个完成了批准协定的缔约方。[3]

（三）《水俣公约》

水俣是日本的一座城市，20 世纪中期曾发生严重的汞污染事件。汞是一种重金属，俗称"水银"，是一种有毒物质。2013 年 1 月 19 日，联合国环境规划署通过了旨在全球范围内控制和减少汞排放的国际公约《水俣公约》，就具体限排范围作出详细规定，以减少汞对环境和人类健康造成的损害。

《水俣公约》开出了有关限制汞排放的清单。首先是对含汞类产品的限制。规定 2020 年前禁止生产和进出口的含汞类产品包括了电池、开关和继电器、某些类型的荧光灯、肥皂和化妆品等。公约认为，小型金矿和燃煤电站是汞污染的最大来源。各国应制定国家战略，减少小型金矿的汞使用量。公约还要求，控制各种大型燃煤电站锅炉和工业锅炉的汞排放，并加强对垃圾焚烧处理、水泥加工设施的管控。另外，公约还针对高危人群的保护作出具体规定，如加强卫生保健专业人员的培训，提高医疗服务水平，更好地诊断和治疗与汞危害相关的疾病。

由联合国环境规划署主办的"汞条约外交会议"2013 年 10 月 10 日在日本熊本市表决通过了旨在控制和减少全球汞排放的《水俣公约》。包括中国在内的 87 个国家和地区的代表共同签署公约，标志着全球携手减

---

[1]　《国际社会欢迎〈巴黎协定〉诞生》，新华网（引用日期 2015 - 12 - 13）。

[2]　《解读：气候新协议〈巴黎协定〉如何改变生活》，网易（引用日期 2016 - 04 - 23）。

[3]　全国人大常委会批准中国加入《巴黎气候变化协定》，澎湃网（引用日期 2016 - 09 - 3）。

少汞污染迈出第一步。①

2016 年 4 月 28 日，第十二届全国人民代表大会常务委员会第二十次会议决定：批准 2013 年 10 月 10 日由中华人民共和国政府代表在熊本签署的《关于汞的水俣公约》。②

（四）《关于持久性有机污染物的斯德哥尔摩公约》修正案（2014 年起对中国生效）

国际社会于 2001 年 5 月共同签署了《关于持久性有机污染物的斯德哥尔摩公约》。③ 2004 年 6 月，十届全国人大常委会第十次会议决定批准公约。2013 年 8 月，十二届全国人大常委会第四次会议批准《〈关于持久性有机污染物的斯德哥尔摩公约〉新增列九种持久性有机污染物修正案》和《〈关于持久性有机污染物的斯德哥尔摩公约〉新增列硫丹修正案》。

自 2014 年 3 月 26 日起，《关于持久性有机污染物的斯德哥尔摩公约》修正案对我国生效，我国将全面履行新增列持久性有机污染物的义务，并启动《中华人民共和国关于履行持久性有机污染物的斯德哥尔摩公约国家实施计划》更新。

截至 2011 年 5 月，已列入斯德哥尔摩公约受控物质清单的共有 22 种物质，其中包括滴滴涕、艾氏剂等 12 种首批受控物质和开蓬（十氯酮）、五氯苯、硫丹等 10 种新增受控物质。

二 化学品注册、评估、授权与限制统一监管法规体系

化学品注册、评估、授权与限制统一监管法规体系主要有欧盟 REACH 法规、韩国 REACH 法规、土耳其 REACH 法规等。

（一）欧盟 REACH 法规

欧盟 REACH 法规（Registration，Evaluation，Authorization and Restriction of Chemicals，REACH，《化学品注册、评估、授权和限制》）是欧盟基于保护人类健康和环境安全、提高欧盟化学工业竞争力、追求社会可持续发展而建立的，并于 2007 年 6 月 1 日起实施的统一的化学品监

---

① 联合国《水俣公约》在日本熊本签署，新华网（引用日期 2013 - 10 - 11）。

② 《全国人民代表大会常务委员会关于批准〈关于汞的水俣公约〉的决定》，新华社（引用日期 2016 - 04 - 28）。

③ 持久性有机污染物（POPs）是指人类合成的能持久存在于环境中、通过食物链累积，并对人类健康和环境造成有害影响的化学物质。这些物质可造成人体内分泌系统紊乱，生殖和免疫系统受到破坏，并诱发癌症和神经性疾病。

控管理体系。

REACH 法规出台背景：欧盟对新旧化学品管理政策不同，对新化学品的上市规定了严格的检测注册措施，而对现有化学品则没有；从 1993 年到现在，欧洲仅有 140 种产量超过 1000 吨的化学品进行了风险评估，而仅有 70 种发布了最终风险评估报告，这种状况将人类健康和环境置于危险之中。

REACH 法规的目的：保护人类健康和环境，保持和提高欧盟化学工业的竞争力，增加化学品信息的透明度，减少脊椎动物试验，与欧盟在 WTO 框架下的义务相一致。从实质意义上讲，REACH 法规将促进化学工业的革新，使其生产更安全的产品，刺激竞争与增长，与现行复杂的法律体系不同，REACH 法规将在欧盟范围内建立一个统一的化学品管理体系，使企业能够遵循同一原则生产化学品与其制品。

REACH 法规主要对 3 万多种化学品及其下游的纺织、轻工、制药等产品的注册、评估、许可和限制等进行管理。它将取代欧盟现有的 40 多项有关化学品的指令和法规，涉及面相当广。REACH 法规将会发布 1500 种高度关注物质，大约 27000 家化学品公司将会受到 REACH 法规的影响。法规中对企业影响最大的是注册，对于 1 吨以上的新物质，新法规生效后 60 天内，生产商、进口商要完成注册。

REACH 法规将会更加系统地确定化学品的危险性和风险，有利于行业采取适当的风险管理，如果有必要，主管部门可以进一步采取立法行动；有助于减少由于暴露化学品而产生的健康问题，减少疾病的发生，降低死亡率，同时可以降低国家医疗系统的成本，随着 REACH 法规管理体系的物质越来越多，收益将会愈加显著；欧洲的化学品行业也将会受益；化学品的下游使用者将会获得关于在生产过程中安全使用化学品的相关信息，有助于更好地保护员工的健康；对消费者和环境来说，化学产品将会更加安全，更易于实现企业社会责任。

（二）韩国 REACH 法规

2013 年 4 月 30 日，韩国《化学品注册与评估草案》（Draft Act on Registration and Evaluation of Chemicals，又称化评法或 K – REACH）通过韩国国会，计划于 2014 年 5 月 1 日生效，2015 年 1 月 1 日正式实施。韩国 REACH 是继欧盟 REACH 之后，又一部具有国际影响力的化学品管理法案。该法案的通过与实施，将对全球化学品行业产生巨大影响。

K – REACH 采用类似欧盟 REACH 法规的登记、评估、授权和限制要求对新化学物质、现有化学物质和下游产品进行管理，对于韩国境外的化学品供应商，法案同样要求通过韩国境内的唯一代表（OR）完成登记。

K – REACH 对企业的要求主要涉及以下几个方面：

（1）备案：化学品的生产商、进口商、下游用户需要每年通报新化学物质和现有化学物质（>1 吨/年）的吨位和使用信息。

（2）登记：生产或进口新化学物质或优先评估物质（>1 吨/年）的企业需要提交登记。

（3）风险评估：生产或进口化学物质吨位大于 10 吨/年，需要对化学物质进行风险评估并提供风险评估报告，对于吨位低于 100 吨/年的化学物质，将给予一定的缓冲期：10—20 吨/年的，缓冲期为 5 年；20—50 吨/年，缓冲期为 4 年；50—70 吨/年的，缓冲期为 3 年；70—100 吨/年的，缓冲期为 2 年。

（4）供应链管理：化学品企业应保持化学物质信息在供应链上向上下游传递。

（5）消费品：对特定的消费品要进行风险评估，如空气清新剂、除臭剂等。

（6）物品中有害物质通报：若产品中有害物质含量 >1 吨/年或者浓度高于 0.1% 时，应通报该物品中有害物质信息。

虽然韩国 REACH 采用欧盟 REACH 法规的模式对化学物质进行管理，但二者仍有许多不同之处，需要企业引起注意。

（三）土耳其将通过本国"REACH"法案

2016 年 6 月 17 日，土耳其环境与城市化部表示，土耳其将于 2016 年第四季度通过土耳其 REACH 法规的修改版本。

自 2005 年加入欧盟的谈判开始，土耳其一直致力于将本国化学品监管体系与欧盟化学品法规保持一致。该法规的土耳其语首字母缩写为 KK-DIK，代表了化学品注册、评估、授权和限制。这一法规为现有化学品设置了一个初始注册窗口。这一窗口从 2015 年 12 月 31 日持续开放到 2018 年 12 月 31 日。年生产或进口化学品量超过一吨的企业都必须为他们生产/进口的化学品完成注册。由于"无数据，无市场"的概念已经并入土耳其 KKDIK 法规，因此符合规定的企业需强制性完成该注册。

现有的法规草案就像是欧盟法规的翻版。虽然土耳其在反映本国化工产业特点方面对该法规做出了一些修改，但仍有很多企业指出用于完成新法规合规的基础设施存在不足，特别是执法机构管理人员的短缺。

三 物质和混合物的全球分类、标签和包装法规体系

（一）欧盟 CLP 法规及其简介

欧盟物质和混合物的分类、标签和包装法规（Classification, labeling and packaging Regulation，CLP）[（EC）No. 1272/2008] 于 2009 年 1 月 20 日发布并正式生效。CLP 法规是全球统一分类与标签体系（GHS）在欧盟的具体体现，CLP 法规生效后，原有的危险物质指令 67/548/EEC（DSD）以及危险配制品指令 1999/45/EC（DPD）将逐步被废止。该法规的实施，标志着企业除了应对 REACH 法规以外，同时也需要符合 CLP 法规的要求，方能顺利地实行对欧贸易。根据 CLP 法规第 4 条规定，如果物质和混合物（配制品）不符合 CLP 法规要求，将不能进入欧盟市场。

企业责任义务：（1）提供并传递符合 CLP 的安全数据表（SDS）；（2）协同进口商进行分类标签（C&L）通报。

在欧盟境内生产或投放市场的物质，如符合以下两个条件中的任意一个，都必须向欧洲化学品管理局（ECHA）提交 C&L 通报：（1）物质本身被分类为危险，或以某个组分的形式存在于配制品中，导致配制品最终被分类为危险（不论吨位多少）；（2）所有需进行 REACH 注册的物质，在 2010 年 11 月 30 日前完成注册的物质除外；（3）协同进口商进行产品的标签与包装更新。

（二）欧盟 CLP 法规成为物质与混合物分类和标签的唯一法规

2015 年 6 月 1 日，CLP 法规完全取代 DSD 和 DPD 成为物质以及混合物对应的唯一法规。CLP 法规逐步实施的具体时间以及内容参见表 2-4。

四 生态设计绿色指令：WEEE、RoHS 和 ErP

（一）欧盟 WEEE 指令

1. 核心内容

WEEE 即 Waste Electrical and Electronic Equipment（WEEE）Directive（2002/96/EC）。

自 2005 年 8 月 13 日起，欧盟市场上流通的电子电气设备的生产商必

表 2－4　　　　　　　　　CLP 法规逐步实施的具体时间和内容

时间段	对于物质		对于混合物	
	分类	标签和包装	分类	标签和包装
2009 年 1 月 20 日至 2010 年 12 月 1 日	必须符合 DSD；CLP 并不强制	必须符合 DSD；如果物质是根据 CLP 分类，标签和包装也必须符合 CLP	必须符合 DSD；CLP 并不强制	必须符合 DSD；如果混合物是根据 CLP 分类，标签和包装也必须符合 CLP
2010 年 12 月 1 日至 2015 年 6 月 1 日	必须同时符合 DSD 和 CLP	必须符合 CLP 且只有 CLP	同上	同上
2015 年 6 月 1 日起	必须符合 CLP 且只有 CLP	必须符合 CLP 且只有 CLP	必须符合 CLP 且只有 CLP	必须符合 CLP 且只有 CLP

须在法律上承担起支付报废产品回收费用的责任，同时欧盟各成员国有义务制定自己的电子电气产品回收计划，建立相关配套回收设施，使电子电气产品的最终用户能够方便并且免费地处理报废设备。WEEE（第 2012/19/EU 号）为新指令。①

生产者责任：设计环保产品，符合 ROHS 指令要求，并向欧盟成员国登记。

产品标识要求：生产者名称，生产日期和相关标志（加贴回收"WEEE"标志）。

2. 适用范围

WEEE 指令案适用于以下电子电气产品：大型家用器具，小型家用器具，信息技术和远程通信设备，用户设备，照明设备，电气和电子工具（大型静态工业工具除外），玩具、休闲和运动设备，医用设备（所有被植入和被感染产品除外），监测和控制器械，自动售货机。并列出了以上各类别电子电气设备下的产品目录。本指令案将在不违背欧盟关于安全的健康要求的法律和欧盟关于废物管理的特殊法规的前提下适用。与

————————

① 《欧盟新 WEEE 指令》（2013 版），商务部网站，http://www.mofcom.gov.cn（引用日期：2013 年 11 月 8 日）。

保护欧盟成员国重要的安全利益相关的设备、武器、军需品的战争物资不适用本指令。

"电子电气设备"（WEEE）指的是属于指令中所列类别下的、设计使用电压为交流电不超过 1000V 和直流电不超过 1500V 的、正常工作需要依赖电流或者电磁场的设备和实现这些电流与磁场的产生、传递和测量的设备。"电子电气废弃物"（WEEE）指的是按照欧盟第 75/442/EEC 号指令第一条（a）款定义确定为废弃物的电子或者电气设备。

3. 社会影响

科学技术的高速发展给人类带来舒适与便利的同时，相关电子与电气类产品的废弃物却与日俱增。为了妥善处理这些数量庞大的电子电气废弃物，同时回收珍贵的资源，欧盟发布了对电子电气设备产品有重大影响的指令。

除欧盟外，全球各国都积极制定环保法规以期能使废弃物中的有害物质含量降低到最低，并且要求各制造商或供应商肩负起相关的责任，从而减少对环境的冲击。

（二）欧盟 RoHS 指令

1. 核心内容

2003 年 1 月 27 日，欧盟议会和欧盟理事会通过了 2002/95/EC 指令，即"在电子电气设备中限制使用某些有害物质指令"（The Restriction of the use of Certain Hazardous Substances in Electrical and Electronic Equipment, RoHS）。RoHS 指令发布以后，从 2003 年 2 月 13 日起成为欧盟范围内的正式法律；2004 年 8 月 13 日以前，欧盟成员国转换成本国法律/法规；2005 年 2 月 13 日，欧盟委员会重新审核指令涵盖范围，并考虑新科技发展的因素，拟定禁用物质清单增加项目；2006 年 7 月 1 日以后，欧盟市场上将正式禁止六类物质含量超标的产品进行销售。

RoHS 新指令是 2011/65/EU，为欧洲 CE 下属部分，对所有销售欧洲产品强制执行使用 CE 标志。2016 年 4 月 16 日，欧洲官方公报（OJ）上发布（EU）2016/585 指令，修改 RoHS 指令（2011/65/EU）附录 IV 关于医疗设备和监测/控制设备豁免清单。[①]

① 欧盟发布 RoHS 最新豁免指令（EU）2016/585，通规检测，http://www.gst-lab.com，2016-04-18（引用日期：2016 年 4 月 18 日）。

2013 年 1 月 3 日废除旧 RoHS 指令 2002/95/EC，欧盟各国必须于 2013 年 1 月 2 日前将新 RoHS 指令 2011/65/EU（RoHS 2.0）更新到当地法律。根据新指令的规定，从旧指令废除之日起，CE 标志所有管辖下产品都必须同时满足低电压（LVD）、电磁兼容（EMC）、能源相关产品（ErP）和 RoHS 2.0 的指令要求，才能进入欧盟市场。

欧洲 RoHS 分为 RoHS 检测和 RoHS 认证。欧洲具有领先的 RoHS 认证推行机构和欧洲 NPS 环保认证机构。

2. 有害物质

从 2006 年 7 月 1 日起，在新投放市场的电子电气设备产品中，限制使用铅、汞、镉、六价铬、多溴联苯（PBB）和多溴二苯醚（PBDE）六种有害物质。具体如下：

（1）水银（汞）。使用该物质的例子：温控器、传感器、开关和继电器、灯泡。

（2）铅。使用该物质的例子：焊料、玻璃、PVC 稳定剂。

（3）镉。使用该物质的例子：开关、弹簧、连接器、外壳和 PCB、触头、电池。

（4）铬（六价）。使用该物质的例子：金属防腐蚀涂层。

（5）多溴联苯（PBB）。使用该物质的例子：阻燃剂、PCB、连接器、塑料外壳。

（6）多溴二苯醚（PBDE）。使用该物质的例子：阻燃剂、PCB、连接器、塑料外壳。

3. 全球反应

可以说，世界各国尤其是发达国家，对 RoHS 指令的出台反响强烈，高度关注，有的称其为绿色环保指令，有的称其为技术壁垒指令，还有的称其为牵动全球制造业神经的指令。

（1）多国出台类似指令。美国、日本、韩国、泰国等也相继出台了类似指令。中国是全球制造业大国，也是产品出口大国，出口总量的 70% 以上涉及 RoHS 指令，因此，中国政府也十分重视相关问题。

（2）新版中国"RoHS 指令"。新版中国 RoHS《电器电子产品有害物质限制使用管理办法》于 2016 年 7 月 1 日正式实施，同时取代 2006 版中国 RoHS《电子信息产品污染控制管理办法》。[①]

（3）新加坡发布 RoHS 法规。2016 年 6 月 1 日，新加坡环境和水资源部（MEMR）发布针对《环境保护和管理法案》附录 2 第一部分修改法案，新增对电子电器产品中六种有害物质的限制，即新加坡 RoHS。法案将于 2017 年 6 月 1 日生效。[②]

（三）欧盟 ErP 指令

1. 核心内容

为了提升耗能产品的环境绩效，控制生态环境污染；完善 EuP 指令 2005/32/EC，并进一步扩充其范围。欧盟于 2009 年 10 月 31 日正式发布了与能源相关产品的生态要求指令 2009/125/EC，即 ErP（Energy - related Products）指令《为能源相关产品生态设计要求建立框架的指令》。该指令规定了与能量有关产品（Energy - related Products）生态设计要求的框架。它是 EuPhoria（Energy - using Products）指令（2005/32/EC）的改写指令，于 2009 年 11 月 10 日开始生效，并取代原 EuP 指令（2005/32/EC，2008/28/EC）。

2. 指令覆盖产品范围

与 EuP 相同，ErP 指令不适用于人及货物的运输工具。

除原 EuP 指令涵盖的耗能产品：简单机顶盒、电视机、外部电源、不带整体式镇流器的荧光灯、气体放电灯镇流器和使用该类灯和镇流器的灯具、非定向家用灯、定向灯、LED 灯、灯具、灯具控制器（包括 LED 驱动器和电子变压器）、调光器和感应器、电机、家用制冷器具、循环泵外，还包括其他保存能量的产品，如窗户、绝缘物料或用水产品（如淋浴头、水龙头等）。

3. 新旧指令对比

ErP 指令与 EuP 指令相比，最主要的变化就是将原 EuP 指令中的耗能产品（Energy - using Products）扩展为能源相关产品（Energy - related Products），扩大了 EuP 指令的范围。能源相关产品是指当其投放欧盟市场和/或投入使用时，会影响到能源消耗的产品；或其环境性能可独立地

① 新版中国 RoHS 指令今日正式实施，中国家电网，http://www.aiweibang.com，2016 - 07 - 01（引用日期：2016 年 7 月 1 日）。

② 新加坡发布 RoHS 法规，广东出入境检验检疫局，http://std.gdciq.gov.cn，2016 - 8 - 25（引用日期：2016 年 8 月 25 日）。

予以评定的拟装配到本指令所涵盖的产品上的零件。①

五　消费品安全法案、能源政策法案、粮食安全及生物工程食品披露标准法案

（一）美国消费品安全改进法案

美国消费品安全改进法案于 2008 年 8 月 14 日由美国总统签署生效。该法令是自 1972 年消费品安全委员会（CPSC）成立以来最严厉的消费者保护法案。新法案除了对儿童产品中铅含量的要求更为严格外，还对玩具和儿童护理用品中的有害物质邻苯二甲酸盐的含量做出新的规定。此外，该法案还要求建立消费品安全公共数据库。

（二）美国能源政策法案

在节能领域主要包括 1987 年颁布的《能源政策和节约法》（EPCA）、1982 年颁布的《机动车辆信息与成本节约法》、1987 年颁布的《国家电器产品节能法》等。1992 年制定的《国家能源政策法》（EPACT），是能源供应和使用的综合性法律文本；《国家能源政策法 2005》（EPACT 2005）是美国近 40 年来最全面详细的能源法案，标志着美国 21 世纪初期的能源政策发生重大演变。确立了增加国内能源供给、节约能源、降低能源供应的国外依存度以及大量使用清洁能源的核心思想。《能源独立和安全法案 2007》（EISA）和《奥巴马经济刺激法案 2009》（ARRA）中涉及的新能源政策对能源效率及其标准的制定给予了更多的关注。②

（三）全球粮食安全法案

2016 年 7 月 20 日，美国总统奥巴马签署了《2016 年全球粮食安全法案》。该法案旨在结合美国粮食安全投入计划，改善全球粮食安全现状、永续发展和食品营养。

即通过项目实施和采取行动，促进农业经济的包容性增长，减少全球贫困、饥饿和营养不良；提高小型农业生产者的生产率、收入，改善他们的生计；提高粮食生产能力，降低弱势群体和家庭对粮食救济的依赖；创造农业发展和投资环境；改善妇女和儿童的营养状况；契合美国在贸易、经济增长、科技、农业研究与推广、孕产妇和儿童健康、营养、

---

① 欧盟 ErP 指令，百度百科，http：//baike. baidu. com，2013 - 06 - 19（引用日期：2013 年 6 月 19 日）。

② 奥巴马签署 7870 亿美元经济刺激法案，新华网，http：//news. xinhuanet. com，2009 - 02 - 18（引用日期：2009 年 2 月 18 日）。

水、卫生等领域的投资和战略，发挥其杠杆作用；加强与农业能力建设相关的境外合作院校的关系；保障投资效果。

（四）国家生物工程食品披露标准法案

2016 年 7 月 29 日，美国总统奥巴马签署了名为《国家生物工程食品披露标准》的法案，授权联邦政府农业部长对生物工程食品确立强制性披露标准及实施方法和规程。新法要求食品生产商自主选择在包装上标注转基因成分的形式，包括文字、符号或由智能手机读取的二维码，满足消费者对食品属性的知情权及选择权。①

六　国际海上人命安全公约，区域低电压电气设备技术法规

（一）国际海上人命安全公约（SOLAS）

《国际海上人命安全公约》（SOLAS）规定，2011 年 1 月 1 日起，对所有船舶，禁止新装含有石棉的材料。

石棉作为致癌物，对人体和环境会造成危害，为了对石棉进行管控，世界上有 40 多个国家和地区制定了相关的石棉禁令，见表 2 - 5。

表 2 - 5　　　　　　　　　　国际上对石棉的管控要求

法规	管控要求
REACH 法规附件 XVII	禁止此类纤维故意添加和有此种纤维的物品的出售和使用
国际海上人命安全公约（SOLAS）	2011 年 1 月 1 日起，对所有船舶，禁止新装含有石棉的材料
中国 GB12676—1999	自 2003 年 10 月 1 日起，汽车制动衬片不得含有石棉
中国 GB4706—2005	家用电器和类似用途电器的部件不得检出石棉成分
美国环保署（EPA）	禁止使用石棉水泥板和石棉薄板；禁止在车辆制动器、离合器及密封材料中使用石棉；禁止使用石棉水泥管和石棉水泥瓦

（二）海合会低电压电气设备技术法规（LVE）

2016 年 7 月 1 日，《海合会低电压电气设备技术法规》（Gulf Technical Regulation for Low Voltage Electrical and Appliances，LVE）（BD -

①　美国总统签署全球粮食安全和国家生物工程食品披露标准法案，WTO 检验检疫信息网，http：//chinawto. mofcom. gov. cn，2016 - 08 - 03（引用日期：2016 年 8 月 3 日）。

142004 – 01）正式生效。海湾标准化组织（GSO）要求自该月起，所有投放到海湾地区（包括阿联酋、阿曼、巴林、卡塔尔、科威特、沙特阿拉伯、也门）市场的低电压电气设备和装置，必须符合海湾地区标识（G – mark）的要求。[①]

---

① 《海合会低电压电气技术法规及其情况分析》，中国 WTO/TBT 广州通报咨询中心，ht-tp：//www. gzwto. gov. cn，2016 – 10 – 17（引用日期：2016 年 10 月 17 日）

第三章 WTO 框架下的贸易与标准：
技术性贸易措施动态与趋势

在上一章对新兴贸易保护政策的相关概念、时代背景、传导机制、主要内容及重要政策进行分析的基础上，本章基于国际贸易飞速发展、工业制成品地位凸显、技术标准日益成为技术性贸易措施的主要内容等特点，对 WTO 框架下的技术性贸易措施的动态与趋势等进行概要性的研究。

第一节 WTO 成员与世界贸易：商品和服务贸易，工业制成品地位凸显

综观 1995—2014 年的 WTO，贸易受到许多因素的影响，包括：信息技术的发展、金融危机、加入 WTO 的成员、自然灾害与地缘政治紧张。这些因素导致商品价格反复无常，转变成为对领先贸易商及其贸易对象、服务贸易的重要性日益增加。这个时期，贸易成为促进提高经济增长、使数以百万计的人脱离贫困的一个重要因素。

预测未来若干年内，不久前缔结的贸易便利化协议和关于扩大信息技术协议的谈判，将有助于创造一种持续地、积极地促进提高贸易绩效的环境。此外，新的统计方法将沿着各国越来越多的全球生产网络，通过测量贸易为贸易流通提供进一步的见解。

一 WTO 成员与观察员

回顾 1995 年成立之时，有 33 个经济体加入了 WTO。而截至 2015 年 8 月，WTO 成员已增长至 162 个。新加入的成员是也门（2014 年 6 月）和塞舌尔（2015 年 4 月）。1995—2014 年，加入的 WTO 成员商品出口市

场占有率从 1995 年的 89% 提高到 2005 年的 94%，到 2014 年已提高到 97%。不包括从中国香港的重要转口贸易，中国这个发展中经济体的出口市场占有率从 1995 年占 WTO 成员总出口的 20% 上升到 2005 年的 35%，2014 年已达到 43%。

　　具有重要意义的是：2001 年 12 月，根据贸易条款，中国成为 WTO 的第 143 位成员。加入 WTO 之前，中国商品出口额占 1995 年世界出口额的 3%，2000 年增长到 4%。加入 WTO 之后，中国在出口商品中显示出强劲的增长态势，中国占世界出口额的比率从 2002 年的 5%，增长到 2003 年和 2004 年的 6%。2014 年，中国商品出口额占世界贸易商品出口额达 12%。俄罗斯这个独立国家联邦中最大的经济体于 2012 年 8 月正式加入 WTO 也具有重要的里程碑意义。

　　加入 WTO，不论其经济规模如何，对加入国家的贸易和经济增长都具有重要影响。例如，2007 年之后加入的汤加在接下来的五年中平均每年增长 13% 的出口，之前 5 年是 -10%；同时，GDP 年增长 9%。

　　直到哈萨克斯坦国内议会正式批准加入 WTO 准入条款，哈萨克斯坦成为 WTO 的第 162 位成员。2014 年，哈萨克斯坦货物出口总值 780 亿美元，而货物进口总值 410 亿美元。哈萨克斯坦是独联体国家中仅次于俄罗斯的第二大货物出口国，其在独联体中进口额位居第三，排在俄罗斯和乌克兰之后。

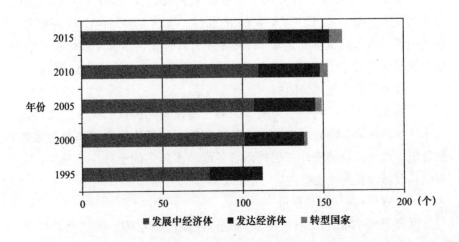

图 3-1　WTO 成员的扩大

资料来源：WTO 官方网站。如无特别注明，本书以下各图资料来源相同。

　　第二次世界大战后，有了 GATT，也就是关贸总协定。1995 年，关贸总协定停止运行，取而代之的是 WTO。截至 2015 年 8 月，WTO 成员 162个，WTO 观察员 24 个。

　　WTO 成员政府都有义务遵守 WTO 的各项多边协定。WTO/TBT 和SPS 协定允许各成员制定和实施与协定原则相一致的技术法规、标准、合格评定程序、卫生与植物卫生措施等技术性贸易措施（TBT/SPS 措施）。但明确规定，这些措施不得对国际贸易产生不必要的障碍，或变成对国际贸易进行变相限制的手段。但是一些成员，包括发达成员和发展中成员都逐渐将技术性贸易措施作为保护贸易的手段，成为影响国际贸易的重要因素之一。

二　贸易量

（一）全球贸易

1. 国际贸易增长

　　国际贸易呈现大规模增长之态势，特别是 1950—2010 年，国际贸易额从 1950 年的 579 亿美元增加到 2010 年的 189030 亿美元，之后逐年增长，2015 年略有回落。如图 3 - 2 所示。

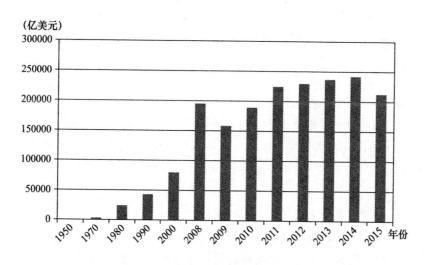

图 3 - 2　国际贸易增长

2. 世界货物贸易与服务贸易

分析 2005—2015 年世界货物贸易与服务贸易，近十年来，国际贸易中，货物贸易从 2008 年金融危机开始跌入 2009 年谷底，2010 年逐渐回升，2011—2014 年增长速度缓慢，2015 年略有下降。而服务贸易表现相对稳定，从 2005 年开始，2009 年降幅明显，2010 年以后开始持续回升，2015 年小幅下降。如图 3-3 所示。

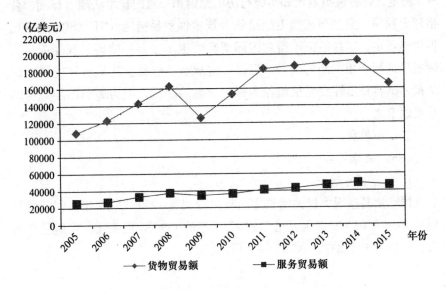

图 3-3　世界货物贸易与服务贸易（2005—2015）

3. 国际贸易增速

国际贸易的增速超过以往任何时期，尤其是 1950—2010 年，国际贸易增长率达 10%，如图 3-4（a）所示。金融危机以来，世界经济增长放缓。《2016 年世界贸易回顾》在世界选择性经济体的商品和服务贸易统计中显示，2011—2015 年，世界进口和出口的年增长率均为 1%〔见图 3-4（b）〕。

4. 中国出口贸易增长

中国出口贸易的高速增长（1995—2014 年）：剔除 2008 年国际金融危机影响，国家统计局网站发布的统计数据显示，近 20 年来，中国出口贸易呈现出指数级增长态势，出口总额从 1995 年的 1487.8 亿美元增加到 2014 年的 23422.927 亿美元（见图 3-5）。

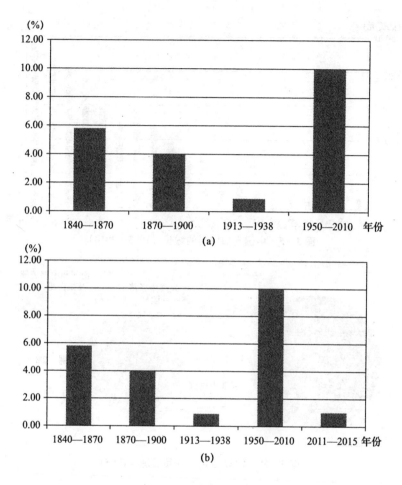

图 3 – 4　国际贸易增速

（二）WTO 成员的商品贸易

近 20 年中分别选择 1995 年、2005 年和 2014 年三个时间序列横截面数据进行分析。WTO 成员中，发达经济体的商品贸易占比为：1995 年占 80%，2005 年占 65%，2014 年占 54%。转型国家的商品贸易占比为：1995 年占 0%，2005 年占 0%，2014 年占 3%。其他经济体（包括发展中经济体——亚洲、发展中经济体——欧洲、南部和中部美洲及墨西哥、非洲、中东）的商品贸易占比为：1995 年占 20%，2005 年占 35%；2014 年占 43%；其中，发展中经济体——亚洲的商品贸易占比为：1995 年占 12%，2005 年占 21%，2014 年占 27%。如图 3 – 6 至图 3 – 8 所示。

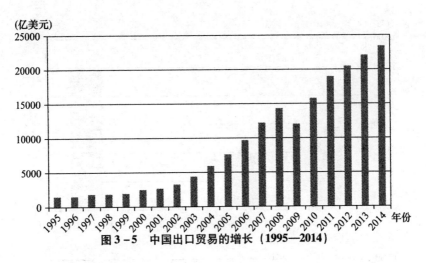

图 3 - 5　中国出口贸易的增长（1995—2014）

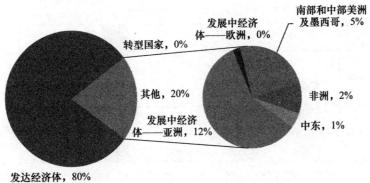

图 3 - 6　WTO 成员的商品贸易（1995）

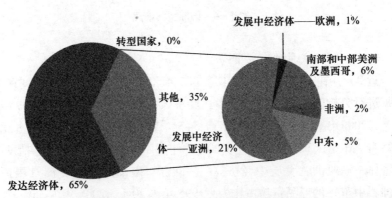

图 3 - 7　WTO 成员的商品贸易（2005）

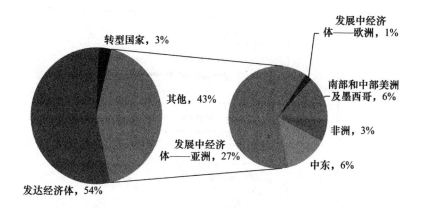

图 3 - 8 WTO 成员的商品贸易 (2014)

三 贸易与 GDP

（一）国际贸易和 GDP 的同步增长

国际贸易和 GDP 趋向于同步增长，但是，贸易经历着更剧烈的波动，尤其是下降阶段。

过去 20 年证明了全球 GDP 增长与世界商品出口步调一致，但是，出口增长比 GDP 增长更加不稳定。

1995—2000 年，世界商品出口平均每年增长 7%，而 GDP 平均每年增长 3%。2000—2005 年，出口增长更加值得注意的是平均年增长 5%，而 GDP 平均年增长 3%。

2005—2010 年，尽管受全球性的金融危机影响，世界商品出口仍比 GDP 增长要快。这期间的出口增长速度达到 3%，而 GDP 增长却降至 2%。特别值得注意的是，2009 年，商品出口增长率下降至 -12%，GDP 对金融危机的反应则下降至 -2%。紧接着商品出口又快速恢复到 2010 年的水平，即商品出口增长达 14%，GDP 增长达 4%。低迷的后危机经济扩张（2010—2014 年，GDP 以平均 2.5% 年增长率上升）伴随着贸易的平庸发展，出口平均年增长率只有 3%（见图 3 - 9）。

图 3 - 9 表明，贸易和 GDP 存在相互关系：2001 年分叉为世界商品出口 -0.5%、GDP 2% 的年增长率；2009 年衰退为世界商品出口 -12%、GDP -2% 的年增长率；2010 年恢复为世界商品出口 14%、GDP 4% 的年增长率；2014 年同等为世界商品出口 2.5%、GDP 2.5% 的年增长率。上述分析说明，全球贸易的增长快于全球生产的增长。

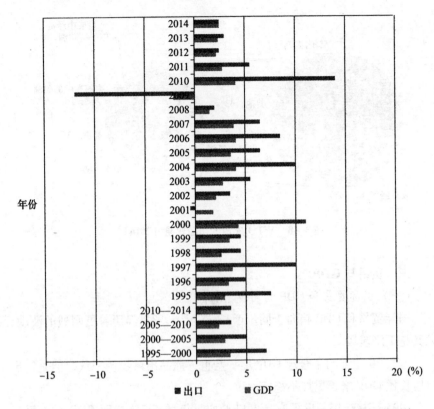

图 3 - 9　世界商品出口和 GDP 总值，全球贸易一生产的增长（1995—2014）

（二）世界商品的出口量、生产量及 GDP 增长之比较

1. 世界商品出口量和生产量的增长（2008—2014）

2008—2014 年国际统计数据表明，世界商品出口量增长快于生产量增长，生产量增长快于 GDP 增长（见图 3 - 10）。

2. 世界农产品、燃料和矿产品、工业制成品出口的增长

2008—2014 年国际统计数据也表明，世界工业制成品出口量增长快于农产品出口量增长，农产品出口量增长快于燃料和矿产品出口量的增长（见图 3 - 11）。

3. 世界农业、采矿业、工业生产的增长

2008—2014 年国际统计数据还表明，除了 2008 年、2009 年金融危机爆发时期和 2013 年，世界工业生产量增长快于采矿业生产增长，采矿业生产增长快于农业生产的增长（见图 3 - 12）。反映出工业生产全球一体

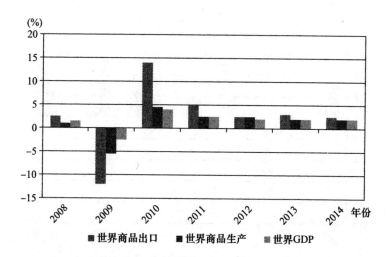

图 3 - 10　世界商品出口量、生产量和 GDP 的增长（2008—2014）

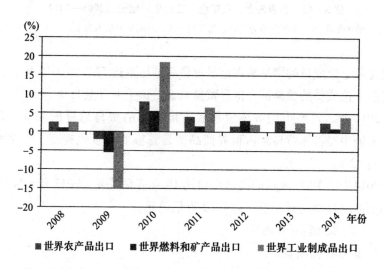

图 3 - 11　世界农产品、燃料和矿产品、工业制成品出口增长（2008—2014）

化程度较高而高度依赖国际市场。农业生产由于依附于土地而在危机中相对稳定。

四　商品贸易：工业制成品地位

（一）商品贸易经济规模

分析 2014 年 WTO 成员的商品贸易经济规模及其分布。2014 年，商

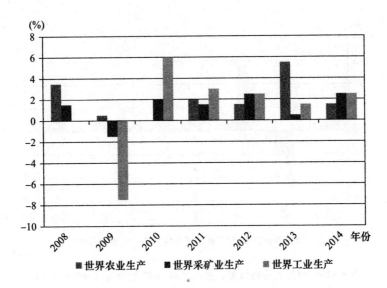

图 3 - 12　世界农业、采矿业、工业生产增长（2008—2014）

注：2008 年和 2010 年世界农业生产的增长近乎零，故图中显示不出来。

品贸易前十位成员的贸易额占世界贸易总额比重达 51%。2015 年，商品贸易前十位成员的贸易额占世界贸易总额的比重上升至 52%。

2014 年，发展中经济体贸易额占世界商品贸易总额的 41%。2015年，发展中经济体贸易额占世界商品贸易总额的比重也提高了 1 个百分点，达 42%。

2014 年，WTO 成员的商品出口达 18.0 万亿美元。2015 年，WTO 成员的商品出口额略有回落，为 16.2 万亿美元。

（二）工业制成品地位

1. 国际工业制成品

贸易分为货物贸易和服务贸易。货物贸易包括工业制成品和初级产品。图 3 - 13 反映出工业制成品已经成为国际贸易的主体。

2. 中国工业制成品

先分析中国初级产品出口比重的增长。中国初级产品出口额从 1995年的 214.85 亿美元上升到 2014 年的 1126.92 亿美元。再分析中国制成品出口比重的增长：中国工业制成品的出口额从 1995 年的 1272.95 亿美元上升到 2014 年的 22296.01 亿美元。如图 3 - 14 所示。

中国工业制成品出口额占中国出口总额的比重连年上升，从 1995 年

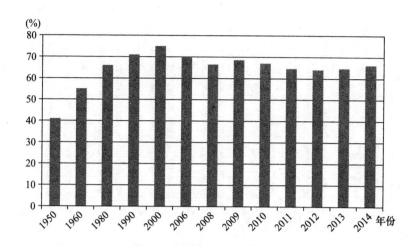

图 3－13　世界工业制成品出口占世界商品贸易的比重

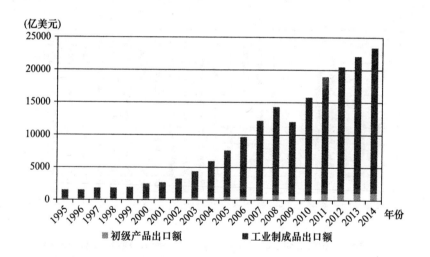

图 3－14　中国工业制成品与初级产品出口额（1995—2014）

资料来源：国家统计局官方网站。

的 85.56% 上升到 2014 年的 95.19%（见图 3－15）。

加入 1980 年、1985 年和 1990 年数据后的比较如图 3－16 所示。

五　工业制成品出口贸易赶超

（一）全球选择性经济体的商品出口市场占有率

先分析 1948 年、1953 年、1963 年、1973 年、1983 年、1993 年、2003 年

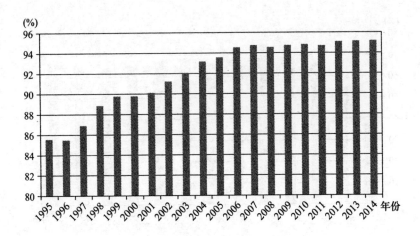

图 3 – 15　中国工业制成品出口比重（1995—2014）

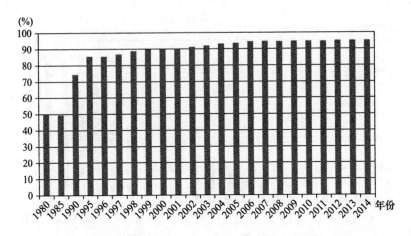

图 3 – 16　中国工业制成品出口比重（1980、1985、1990、1995—2014）

和 2014 年，世界各地区和选择性经济体 GATT/WTO 成员（GATT/WTO Members）以及美国、欧盟、德国、日本、中国的商品出口市场占有率，如图 3 – 17 所示。

再从图 3 – 18 分析中国商品出口市场占有率赶超世界发达经济体的部分国家状况。

分析可见，2014 年，中国商品出口市场占有率已超过世界发达经济体的部分国家：美国、德国和日本，成为全球第一出口大国。

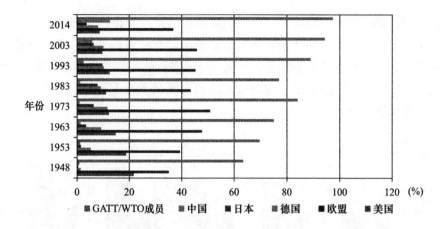

图 3 - 17　世界各地区和选择性经济体商品出口市场占有率

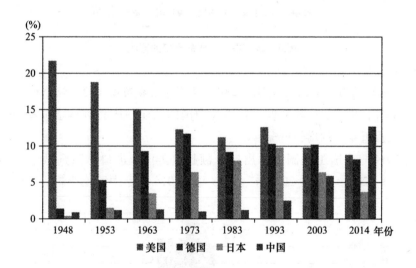

图 3 - 18　选择性国家的商品出口市场占有率

（二）金融危机之前中国工业制成品出口赶超

再由图 3 - 19 分析 2000 年、2005 年、2006 年、2007 年、2008 年中国制成品的出口赶超情况。

分析可见，在中国制成品出口的赶超中，2005 年赶超日本；2006 年赶超美国；2008 年赶超德国。

2008 年，中国赶超德国成为世界最大的工业制成品出口国，但不是出口商品额。2000—2008 年，中国工业制成品出口维持在 25.2% 的年平均值上增长，是德国的两倍。同时，欧盟出口至欧盟以外的总额仍然排列第一，与中国的差距不断缩小（从 2000 年的 67% 到 2008 年的 15%）。在进口方面，三个国家的工业制成品进口等级排列没有变化，依次为美国、德国和中国。

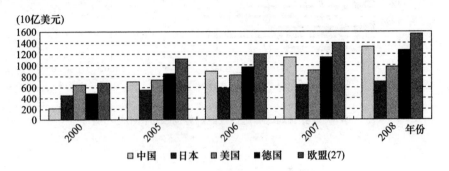

图 3-19　中国制成品出口的赶超

（三）欧盟、美国及中国工业制成品贸易总额及增长的比较分析

此外，再分析比较欧盟、美国及中国的工业制成品贸易总额及金融危机之后近年来的增长情况。

2014 年中国工业制成品出口总额超过美国，进口总额则低于美国（见图 3-20）。2010—2014 年、2013 年、2014 年，中国工业制成品出口

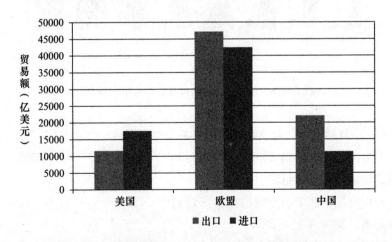

图 3-20　欧盟、美国及中国的工业制成品贸易金额（2014）

增长率均高于欧盟和美国（见图3－21）。2010—2014年、2014年，中国工业制成品进口增长率均高于欧盟和美国，而2013年高于美国，与欧盟持平（见图3－22）。

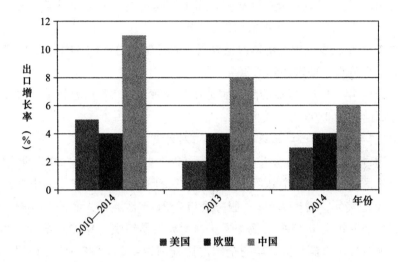

图3－21　欧盟、美国及中国的工业制成品出口增长率
（2010—2014、2013、2014）

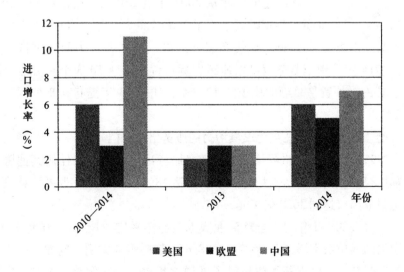

图3－22　欧盟、美国及中国的工业制成品
进口增长率（2010—2014、2013、2014）

六　商业服务贸易：服务贸易总额、增速与比重

（一）商业服务贸易经济规模

分析 2014 年 WTO 成员的服务贸易经济规模及其分布。

2014 年，在商业服务贸易中，前十位超过世界商业服务贸易总额的一半，即占 51%。2015 年增加到了 53%。

2014 年，发展中经济体占世界商业服务贸易总额的 34%。2015 年增长 2 个百分点，即增加到了 36%。

2014 年，WTO 成员的商业服务出口总额达 4.87 万亿美元。2015 年略有回落，为 4.68 万亿美元。

（二）服务进出口总额、增速及占对外贸易总额比重

2014 年，中国服务进出口总额 6043.4 亿美元，比 2013 年增长 12.6%，增速远高于全球服务贸易 4.7% 的平均水平。其中，服务出口 2222.1 亿美元，增长 7.6%；服务进口 3821.3 亿美元，增长 15.8%。服务贸易逆差扩大至 1599.3 亿美元。据世界贸易组织（WTO）统计，2014 年中国服务出口额与进口额的全球占比分别为 4.6% 和 8.1%，位居全球第五位和第二位。

随着中国经济结构转型升级，服务业规模不断扩大，带动服务贸易进入快速发展期，服务进出口额从 2007 年的 2509 亿美元攀升至 2014 年的 6043.4 亿美元，7 年时间增长了 1.4 倍。"十二五"以来，中国服务贸易在对外贸易总额（货物和服务进出口额之和）中的比重持续上升。2014 年，中国服务贸易增速高出货物贸易增速 10.3 个百分点，服务贸易占对外贸易总额的比重达 12.3%，比 2013 年提高 0.8 个百分点（见图 3 – 23）。

七　计算机服务业成为最具活力的服务出口部门

1995—2014 年，世界计算机及信息服务出口的发展比任何其他服务业都快得多，资料显示平均每年增长高达 18%。2014 年，世界计算机及信息服务出口达到 3020 亿美元。

在过去的二十年里，全球商业服务贸易年平均增长 8%。统计显示，特别强的两位数字增长是 2002—2008 年。某些服务类别，例如，计算机及信息服务、金融服务往往超过了平均增长率。一些领域，例如，建筑经历了较低的增长。

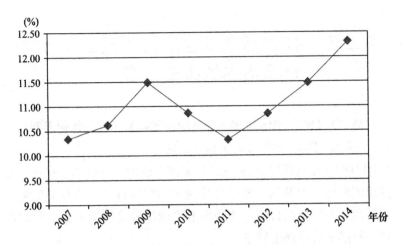

图 3 - 23　中国服务贸易占对外贸易总额比重（2007—2014）

新兴经济体，特别是亚洲，已经日益成为计算机服务的重要出口商。区域性的世界出口市场占有率从 1995 年 8% 的估计值上升到 2014 年的 29%，如印度和中国的出口成倍地增加。统计数据表明，欧洲仍然是最大的计算机及信息服务出口商，2014 年，占全球出口的 58%。

信息技术是全球经济危机中最有弹性的服务部门，因为它持续地需要成本—效益、创新软件发展，特别是制造技术，以及金融、保险和卫生保健，并上升到专注于 IT 产业安全的需要（见图 3 - 24）。

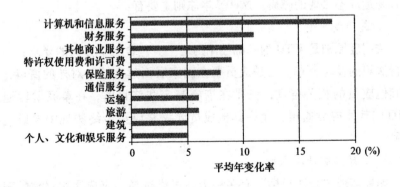

图 3 - 24　世界商业服务出口主要领域的成长（1995—2014）

第二节　技术标准日益成为制成品技术性
贸易措施的重要内容

一　WTO/TBT－SPS 协定下标准的规定以及标准的协调原则

（一）WTO/TBT－SPS 协定下标准的规定

WTO/TBT 协定规定：成员制定本国技术法规、标准和合格评定程序时，要以国际标准为基础，要尽可能地采用国际标准；成员应保证不制定、不采用、不实施在目的上或效果上给国际贸易制造不必要障碍的技术法规、标准和合格评定程序。

WTO/SPS 协定规定：成员制定卫生和植物卫生措施时，应采取协调一致、共同采用国际标准的原则，成员应将本国的措施建立在已有的国际标准、准则或建议的基础上。

2000 年 11 月，WTO/TBT 委员会作出规定：国际标准化机构在制定国际标准过程中，要保证制定过程的透明度、开放性、公平性和协商一致，要确保国际标准对全球市场的有效性和适应性。

（二）技术性贸易措施基本原则：标准的协调原则

技术性贸易措施是 WTO 各成员普遍采用的贸易规则和技术手段，因此，必须遵循其基本原则，特别是标准的协调原则，以防止技术性措施对贸易造成不必要的障碍。这些基本原则主要有：

1. 透明度原则

透明度原则是 WTO 的基础性原则之一。包含三个方面的要求：一是现行法规的及时公布；二是成员要在国家层面建立统一对外的窗口，答复其他成员的相关咨询；三是在措施制定和修订时，在草案阶段通过WTO 向其他成员通报，允许其他成员评议并应在最终法规中考虑这些意见。

2. 贸易影响最小原则

如果实现"合法目标"有多种措施可供选择，应选择对贸易影响相对较小的措施，并允许出口方采用可以达到相同保护水平的其他措施。

3. 非歧视原则

非歧视原则就是传统意义上的"国民待遇"和"最惠国待遇"原则。

即对国内外、不同 WTO 成员同类产品一视同仁，同等对待。

4. 协调原则

为减少各成员措施差异对国际贸易造成的障碍，WTO 鼓励各成员等同或等效采用相关国际标准。符合国际标准的措施可推定为符合 WTO 规则，不会受到其他成员的质疑。这也充分说明了主导国际标准制定的重要性。

5. 科学依据原则

与食品安全、动植物健康有关的措施还必须有科学依据，基于风险评估，依据风险等级制定相应的措施。众所周知，农产品进出口问题非常敏感，科学依据原则是影响食品农产品能否进口、多长时间实现贸易的关键因素。

例如，我国在允许国外农产品进口之前，均会组织专家开展市场准入风险评估，必要时还会派员赴国外进行实地检查，确定产品的疫病疫情风险及相应市场准入要求。在出口方面，我们的农产品出口也必须经过同样的风险评估程序。

以上这些原则构成了技术性贸易措施的主要规则，既是规范各国技术性贸易措施的标尺，也是我们维护自身利益的依据。掌握好技术性贸易措施的这些特点，运用好这些规则，才能为我所用、趋利避害。

二　全球玩具及儿童用品安全标准法规汇总

基于上述 WTO/TBT - SPS 协定下标准的规定以及技术性贸易措施基本原则中的标准协调原则，各国针对消费者弱势群体——儿童，制定了或修订了儿童玩具及用品的安全标准与法规，汇总如表 3 - 1 所示。

表 3 - 1　　　　　　　全球玩具及儿童用品安全标准法规汇总

序号	标准法规	主要内容
1	美国消费品安全委员会通过婴儿秋千的最终法案	美国消费品安全委员会（CPSC）于 2012 年 11 月 7 日一致投票通过一项新法规的颁布。这项新法规是根据 2008 年美国消费品安全改进法（CPSIA）第 104 部分有关规定所要求制定的新的联邦法规 16CFR 1223 婴儿秋千安全标准。该项最终条例自《联邦公报》上发布之日起 6 个月后开始正式生效
2	日本玩具原安全标准 ST2002 更新为 ST2012	新版本日本玩具安全标准（ST2012）在 2012 年 10 月 3 日出版，并于 2013 年 1 月 1 日开始生效

续表

序号	标准法规	主要内容
3	美国材料试验协会（ASTM）发布了关于恒定充气产品的新安全标准	2012 年 12 月 6 日，美国材料试验协会（ASTM）消费品委员会 F15 发布了新的 ASTM F2729—12《家用恒定充气玩耍装置的消费安全标准》
4	丹麦禁止特定消费品中使用某些邻苯二甲酸盐	丹麦批准限制室内用品和可能与皮肤或黏膜相接触的产品中 4 项邻苯二甲酸盐的政令。产品类别不同而生效日期有所不同，从 2013 年 12 月 1 日起开始实施
5	法国全面禁止与食品接触产品中使用双酚 A	法国采取措施将双酚 A（BPA）的禁令范围扩大到婴儿用瓶外并且禁止邻苯二甲酸二·辛酯（DEHP）使用于医疗设备的管子材料中。该禁令的生效日期由产品的性质决定，且最早的禁令生效日期为 2013 年 1 月 1 日
6	阿联酋发布 GCC 玩具合格评定程序更新草案	草案规定了一个适用于海湾合作委员会（GCC）统一的合格评定程序，以及玩具必须符合的基本安全要求，并且规定了将投放在海湾合作委员会市场的玩具的规则
7	欧盟玩具新指导性文件	欧洲委员会发表了新修订的指导性文件，旨在澄清玩具化装服饰范围。帮助全面阐述技术文档的技术指导性文件也进行了修订
8	儿童产品中发现高浓度阻燃剂违反加利福尼亚州法律	2012 年 12 月，加利福尼亚州环境健康中心机构（CEH）首次起诉零售商和制造商，因其不对含有有毒化学品阻燃剂的婴儿和儿童产品贴上警告标签而违反加利福尼亚州法律
9	澳大利亚发布了便携式游泳池的新安全	澳大利亚于 2013 年 1 月 4 日发布了新的《消费品（便携式游泳池）安全标准 2013》，并把该标准列入澳大利亚消费者法第 104 条的第（1）节和《竞争和消费者法案 2010》附表 2 之中。该新标准于 2014 年 3 月 30 日起生效
10	纺织品、鞋类和配饰产品系列涉及的高风险的高度关注物质	2012 年 12 月 19 日，54 种新高度关注物资被添加到 REACH 法规候选清单中，到目前为止，高度关注物资的总数增添到 138 种

续表

序号	标准法规	主要内容
11	加拿大发布 2012 版《禁止特定有毒物质法规》	加拿大政府于 2012 年 12 月 14 日发布了一份经批准的 2012 版《禁止特定有毒物质法规》。更新后的法规废除并取代了先前的法规——2005 版《禁止特定有毒物质法规》，并于 2013 年 3 月 15 日生效
12	CPSC 发布儿童玩具及儿童护理品对于邻苯二甲酸盐要求中不可触及部件的指引	2013 年 2 月，美国消费产品安全委员会（CPSC）发布了儿童玩具或儿童护理品中含邻苯二甲酸盐的不可接触部件的安全指引（16CFR part 1199）。该指引要求立即生效

三　美国、日本、欧盟对转基因食品标识的差异分析

近年来，转基因食品作为生物技术基因工程领域的重要研究成果，对于提高农作物产量、抵抗病虫灾害、减少杀虫剂的过度使用、改善食品口味、延长蔬菜水果保质期等方面均发挥了积极的作用。但是，对于人类食用转基因食品的安全问题以及所带来的生态环境的潜在风险一直都是国内外争议的焦点。因此，基于消费者保护的转基因食品标识制度被不少国家引入法律范畴进行研究。表 3 - 2 反映了美国、日本、欧盟及其他部分国家对转基因食品标识标签的规定。

表 3 - 2　美国、日本、欧盟对转基因食品标识标签规定的差异分析

国家地区	转基因食品标识标签要求
美国	美国作为全球最大的转基因作物种植国，用转基因大豆和玉米生产的食品早已遍布美国超市，也被消费者广泛食用。超市货架上的转基因食品通常并没有特殊标识。美国联邦政府监管部门支持在食品包装上标注转基因标识，但不作强制要求。美国国会参议院 2016 年 5 月明确驳回了强制标识转基因食品的要求，消费者也很少留意所购买的是不是转基因食品，唯一例外的是美国东北部的康涅狄格州。该州于 2016 年 6 月通过一项设置生效前提的法案，要求给转基因食品贴上用基因工程技术生产的标识，否则，违法卖家或分销商将面临每件商品每天多达 1000 美元的罚款，相关食品可能还会被消费者保护部门禁售。2016 年 7 月美国国会通过一项旨在强制性标识转基因食品的法案

续表

国家地区	转基因食品标识标签要求
日本	日本的态度相对严谨一些。相关的食品标识分"转基因""非转基因"和"转基因不分"。大豆、玉米、马铃薯、油菜籽、棉籽、甜菜、木瓜等8种农产品的转基因品种，以及用这些农产品为原料能检测出转基因成分的加工食品，高油酸转基因大豆和转基因玉米为原料加工的食用油等必须标识。除以上8种农产品及其加工食品外，其他农产品及其加工食品都不允许标识非转基因，因为其他农产品并没有转基因品种，擅自标识非转基因可能使消费者产生误解
欧盟	欧洲转基因作物的种植面积在全球几乎可以忽略不计，转基因食品在欧洲市场的销售也非常有限，并且严格规定转基因食品在包装上必须有转基因标识，即便是散装的转基因食品，也必须在食品旁设置标识信息。不过，对于加工非转基因食品的生产商，如果在加工流程中无意掺杂了转基因成分，可以允许不超过0.9%的含量。态度最谨慎的当数欧盟
其他国家和地区	澳大利亚、新西兰、巴西、俄罗斯、瑞士、捷克共和国、马来西亚、沙特阿拉伯等国家和地区要求对所有转基因食品进行标识管理

四　美国联邦法规（CFR）的节能标准和测试程序

我国耗能机电产品的主要目标市场——美国、欧盟、日本、澳大利亚等国家和地区均制定了能效标准（标识）。

产品能效标准是美国能源能效政策的重要组成部分，40年来美国联邦政府陆续制定并不断修订了一系列产品的能效标准，涉及多个民用产品、工业设备和商用设备。同时，美国的一些州政府也通过州法律法规的形式制定了一些产品的能效限值标准。这些美国联邦政府（包括州政府）制定的产品能效标准，作为一种强制性措施，设定了美国市场的准入门槛。

美国联邦法规（CFR）的节能标准和测试程序如表3-3所示。

五　欧盟ErP产品测试标准

为提升耗能产品的环境绩效，控制生态环境污染，完善EuP指令2005/32/EC，并进一步扩充其范围，欧盟发布了2009/125/EC《为能源相关产品生态设计要求建立框架的指令》（ErP）。ErP旨在要求生产商和进口商通过评估产品生命周期内的环境因素，优化设计方案，改善产品对环境的影响。表3-4是对欧盟ErP产品测试标准的归纳。

表 3 - 3　　　　　　　美国联邦法规（CFR）的节能标准和测试程序

序号	产品名称	节能标准	测试方法（CFR）	测试标准
1	电冰箱、冷藏箱	10CFR 430. 32（a）	10CFR 430 B 部分附录 A1、B1	ANSI/AHAM HRF1 - 2008
2	电视机	10CFR 430. 32（1）	10CFR 430 B 部分附录 H	IEC62087 IEC62301
3	洗衣机	10CFR 430. 32（g）	10CFR 430. 23（j） 10CFR 430 B 部分附录 J1、J2	AHAM HWL - 1
4	节能灯	10CFR 430. 32（n）	10CFR 430. 23（r） 10CFR 430 B 部分附录 R	IESNA LM - 9 IESNA LM - 16 CIE13. 2
5	电机	10CFR 431. 25	10CFR 431. 16 10CFR 431 B 部分附录 B	CSA C390 - 1993 IEEE112 - 1996 方法 B NEMA MG1 - 1993

表 3 - 4　　　　　　　　　欧盟 ErP 产品测试标准 *

序号	产品类别	检测标准
1	电子电气设备待关机	EN 62301
2	简单机顶盒	EN 62087：2009/IEC62087：2008
3	荧光灯、HID 及其镇流器	EN 60061：1993 及其所有修订件
4	高压钠灯	EN 60662：1993 及其所有修订件　CIE 84：1989　CIE 15：2004　CIE 13. 3：1995
5	高压汞灯	EN 60188：2001　CIE 97：2005　CIE 154：2003　CIE 15：2004　CIE 13. 3：1995
6	双端荧光灯	EN 60081：1998 及其所有修订件
7	非定向家用灯	EN 50285：1999　EN 60061：1993 及其所有修订件 EN 60064：1995 及其所有修订件 EN 60357：2003 及其所有修订件 EN 6：2006 及修订件 EN 62471：2008　CIE 84 - 1989　CIE 15：2004　CIE 13. 3：1995 CIE 97：2005

续表

序号	产品类别	检测标准
8	单端荧光灯	EN 60901：1996 及其所有修订件
9	高强度放电灯（HID）	EN 62035：2000 + A1：2003
10	公共街道照明用灯具	EN 12464 - 2　CIE 154：2003　EN 13032 - 1　EN 13032 - 2
11	金属卤化物灯	CIE 84 - 1989　CIE 15：2004　CIE 13.3：1995 IEC/EN 61167
12	电动机	IEC 60034 - 30：2008　IEC 6：2007
13	电视机	EN6 2087：2009/IEC 62087：2008　EN 62301
14	家用制冷器具	EN 153：2006　IEC 62552　（EC）No 643/2009
15	家用洗衣机	EN 60456　（EC）No 1015/2010
16	家用洗碗机	EN 50242：2008　EN 60436：2008　（EC）No 1016/2010
17	真空吸尘器	IEC 60312 - 1：2011　IEC 60312 - 2：2010
18	LED 灯	EN 50285：1999　EN 6：2006　EN 62471：2008 CIE 13.3：1995　CIE 84 - 1989　CIE 15：2004　CIE 97：2005 （EC）No 244/2009

注：＊欧盟目前实施措施中的生态设计要求主要是 ErP 的最低能源效率要求。

六　日本主要家用电器性能测试标准

日本作为能源资源极其匮乏的国家，其能源主要依赖进口，促使政府和企业更加关注节能。日本是世界上节能技术和节能政策最科学、最高效的国家之一，尤其是领跑着能效标准标识制度，近年来在推动日本单位 GDP 能耗指标上出现了前所未有的下降趋势，成效斐然。

日本主要家用电器性能测试标准如表 3 - 5 所示。

此外，东盟部分国家、韩国、澳大利亚也相继发布了重要标准作为技术性贸易措施实施。

澳大利亚能效管理机构能源理事会负责器具和设备能源标签和最低能源性能标准（MEPS），澳大利亚 MEPS 和能效标签要求如表 3 - 6 所示。

表 3-5　　　　　　　　　　日本主要家用电器性能测试标准

产品名称	检测标准号	对应的英文名称/或标准
冷藏箱、冷冻箱	JIS C 9801：2006	采用 ISO 8561 Household refrigerating appliances – Characteristics and methods
空调器	JIS B 8616：2006	采用 ISO 13253 Package air conditioners
	JIS C 9612：2005	采用 ISO 13253 Room air conditioners
	JIS B 8615 – 1：1999	采用 ISO 5151 Non – ducted air conditioners and heat pumps – Testing and rating for performance
	JIS B 8615 – 2：1999	ducted air conditioners and air – to – air heat pumps – Testing and rating for performance
洗衣机	JIS C 9606：2007	Electric washing machines
干衣机	JIS C 9608：1993	Tumbler type electric clothe dryers
电视机	JIS C 6101 – 1：1998	采用 IEC 60107 Methods of measurement on receivers for television broadcast transmissions
	IEC 62087：2008	IEC 62087：2008
荧光灯	JIS C 7601：2004	Fluorescent lamps for general lighting service

表 3-6　澳大利亚 MEPS 和能效标签要求的电器产品的能效标准（部分）

产品类型	检测标准	MEPS/或标签标准	MEPS引入时间	标签引入时间
家用电冰箱	AS/NZS 4474.1：2007 + A1：2008	AS/NZS 4474.2：2009	1999 年 10 月	1986 年，2010 年新标签
洗衣机	AS/NZS2040.1：2005 及其修订件	AS/NZS2040.2：2005 及其修订件	—	1990 年
电视机	AS/NZS62087.1：2010	AS/NZS62087.2：2011	2009 年 10 月	2009 年 10 月
线型荧光灯	AS/NZS4782.1：2004	AS/NZS4782.2：2004 及其修订件	2004 年 10 月	—
紧凑型荧光灯	AS/NZS4847.1：2010	AS/NZS4847.2：2010	2009 年 11 月	—

续表

产品类型	检测标准	MEPS/或标签标准	MEPS引入时间	标签引入时间
电动机	AS/NZS1359.102.3：2000 方法 A AS/NZS1359.102.1：1997 方法 B	AS/NZS1359.5：2004	2001 年 10 月	—
单相空调器	AS/NZS3823.1：1998 及其修订件	AS/NZS3823.2：2009 + A1：2010 AS/NZS3823.3	2004 年 10 月	1987 年，2010 年新标签
洗碗机	AS/NZS2007.1：2005	AS/NZS2007.2：2005	—	1988 年
精密控制机房空调	AS/NZS4965.1：2008	AS/NZS4965.2：2008	2009 年 7 月	—

注：MEPS 即澳大利亚能效等级标识。

　　韩国近期出台的重要技术性贸易措施有：修改了《食品法典》、食品添加剂标准、化妆品法实施细则、电磁兼容性（EMC）技术法规的草案等。

　　东盟部分国家近期出台的重要技术性贸易措施有：新加坡发布 RoHS 法规，马来西亚发布关于修订陆地移动无线电设备的技术法规草案；菲律宾发布食品和饲料中污染物及有毒物质通用标准草案；泰国拟批准几种机动车轮胎强制性工业标准；印度尼西亚发布儿童自行车标准；越南拟修订食品中兽药最大残留限量法规等。

七　欧美日对工业制成品和食品的技术性贸易措施实施

（一）欧盟 RAPEX 通报

　　2008 年以来，被欧盟 RAPEX 通报的中国工业制品占欧盟 RAPEX 通报总数的 50% 以上；其中，2014 年被通报比例为最高值，达 63.98%；2011 年被通报比例相对较低，为 53.46%（见图 3 - 25）。

（二）美国 CPSC 召回

　　2008 年以来，被美国 CPSC 召回的中国工业制品占美国 CPSC 召回总数的比例也均在 50% 以上；其中，2013 年被召回比例为最高值，达 62.68%；2015 年 1—6 月被召回比例相对较低，为 53.40%（见图 3 - 26）。

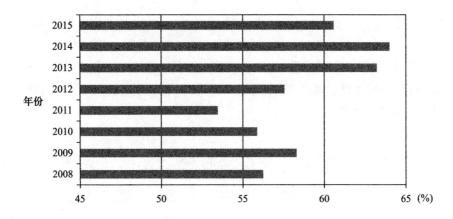

图 3 - 25　中国工业制品占欧盟 RAPEX 通报比例

资料来源：中国贸易救济信息网。

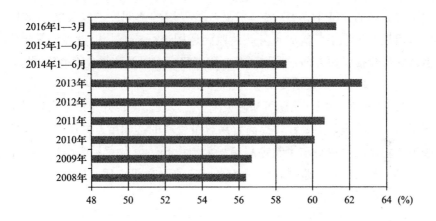

图 3 - 26　中国工业制品占美国 CPSC 召回比例

资料来源：中国贸易救济信息网。

（三）日本厚生劳动省对进口食品的命令检查

2015 年 12 月（平成二十七年十二月），厚生劳动省医药·生活卫生局/生活卫生·食品安全部发布《平成二十七年度输入食品监视指导计划监视结果（中期报告）》。该报告中的表 6 "主要检查命令对象品目及检查实效（平成 27 年 4—9 月：快报值）"显示：总检查件数：47760 件；总违反件数：116 件。

在抽检对象国中，所有出口国：抽查 17 个品种 6020 件，违反 41 件。

中国：检查 19 个品种、17719 件，违反 19 件。其次是韩国：抽查 12 个品种、485 件，违反 3 件。再次是泰国：抽查 9 个品种、1039 件，违反 0 件。印度：抽查 8 个品种、1031 件，违反 2 件。意大利：抽查 7 个品种、275 件，违反 4 件。其他 25 个国家和 1 个地区共抽查 37 个品种、21191 件，违反 47 件。①

第三节　新兴贸易保护政策的发展：技术性贸易措施目标、范围、重点及趋势

一　贸易政策发展：限制措施与促进措施

在全球贸易政策环境变化的背景下，贸易随着时间的发展而显得越发重要。因而，基于 WTO 提高贸易政策发展的透明度，以及基于 WTO 成员通报通过半年一次的贸易政策监测运用进行补充并由世界贸易组织承诺向公众提供两方面，探讨一些当前趋势亮点以及贸易政策措施概览。

（一）贸易政策发展透明度

自 2009 年，WTO 实施贸易政策趋势、发展监测，并定期公布贸易监测报告。这些报告主要针对提高贸易政策发展的透明度，并提供给 WTO 成员；它是国际贸易政策制定总趋势最新设想，以及贸易限制措施和贸易促进措施的实施。监测运行于 2008 年末金融危机之后立即开始，从那时起已经有了很大的发展。

（二）贸易限制措施

最新的监测报告显示，在 2015 年 10 月中期和 2016 年 5 月中期，WTO 成员致力于 154 项新贸易限制措施。这相当于每个月就有 22 项新措施，与先前的中期报告即平均每月 15 项措施的记录相比明显增加。同样，这也是 2011 年以来最高的月平均记录，WTO 又记录了一个新贸易限制措施月平均值的峰值（见图 3-27）。

贸易限制措施包括进出口关税或这些关税的增加，禁止或者定量采用进口，更加复杂的海关程序，本土化的措施，临时或者永久性地采用进出口税。

---

① 日本厚生劳动省网站，http://www.mhlw.go.jp。

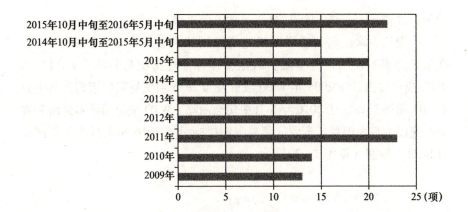

图3－27　贸易限制措施（除贸易救济措施）（月平均）

（三）贸易促进措施

同一时期，WTO 成员针对促进贸易，提出了 132 项措施，平均每月
19 项措施。最新的贸易促进措施月平均值与先前的中期报告相比显著增
加，这也比记录的贸易限制措施月平均值低（见图 3－28）。

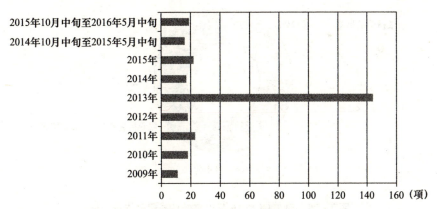

图3－28　贸易促进措施（除贸易救济措施）（月平均）

例如，贸易促进措施包括去除或者减少进出口关税，简化海关程序，
临时或者永久性地去除进出口税，以及去除进出口定量限制。

（四）WTO 对贸易措施的监测

贸易措施信息突出了由 WTO 成员和观察员或者由其他官方和公共渠
道提交的监测报告。由 70 个成员提交（欧盟及其成员国分别计数）信息的最新报告显示，43%的 WTO 成员约占世界进口总额的90%。

　　缓慢地去除先前贸易限制措施连续增长的整体存量上的限制方法。在最新的审查期间，贸易限制措施整体存量包括贸易救济，有11%的 WTO 成员提出。自2008年 WTO 成员发布2835项贸易限制措施，其中只有709项即25%已于2016年5月中旬被消除。WTO 成员消除贸易限制残余的速度太慢而浪费了资源。贸易限制措施总数2016年5月中旬仍然在2126项上徘徊（见图3-29）。

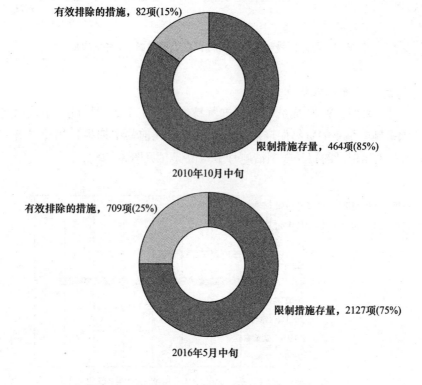

图 3-29　自 2008 年 10 月以来的贸易限制措施存量

二　WTO 成员其他贸易措施

　　WTO 成员其他贸易措施通报内容及 SPS/TBT：WTO 成员其他贸易措施通报大多数涉及 WTO 卫生和植物检疫（SPS）措施协定和技术性贸易壁垒协定（TBT）的法规和标准（见表3-7和图3-30）。在这些协定下，WTO 成员必须事先通报提出新的 SPS/TBT 措施或者改变现有措施的意图，以及使用应急措施时的紧急通报。

通过遵守 SPS/TBT 通报责任，WTO 成员可以保证其他成员完全掌握"可能明显影响贸易的新的或变化了的法规"信息。因此，通报数量的增加，意味着贸易保护主义措施不自觉地更多地出现；相反，则增加了这些措施的透明度。

通过 WTO 接收的 SPS/TBT 通报，由于没有法律义务通报所有的措施，只能估计政策措施的实数。实际上，成员没有对"完全相同的国际标准、准则及建议"履行措施通报义务。然而，成员被推荐这样做。因而，WTO 成员没有对所有的、应该向世界贸易组织报告的 SPS/TBT 措施进行通报。

表 3 - 7　WTO 成员的 SPS/TBT 措施通报（截至 2015 年 12 月 31 日）

措施类型（Type of measure）	截至 2015 年 12 月 31 日的通报措施（Measures notified as of 31 December 2015）	
	通报（Notifications）	经济体（Economies）
SPS 定期和紧急通报〔SPS（regular and emergency notifications）〕	14807	120
TBT	20459	128

资料来源：基于 WTO 成员通报的 SPS 信息管理系统、TBT 信息管理系统和综合贸易情报门户网站（I - TIP）。

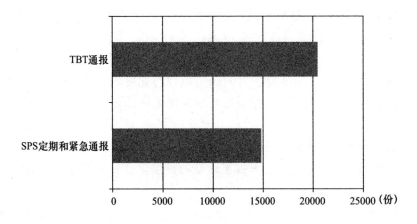

图 3 - 30　WTO 成员的 SPS/TBT 措施通报（截至 2015 年 12 月 31 日）

三　电子商务新业态下的贸易政策

（一）全球电子商务的出现：减少了贸易成本

新技术、改良的互联网接入、电子支付和传递系统创造了"贸易—电子商务—促进减少贸易成本"的新方法。

2013 年，"企业对企业电子商务"价值 15 万亿美元；"商业对消费者电子商务"价值则超过 1 万亿美元，在过去的几年里后者增长较快。根据联合国贸易与发展会议估计，这些数据代表了国内和国际交易，后者处于一个边际增长水平。在发展这类贸易时，中小型企业落后于跨国公司企业。

一个增加的跨境贸易部分的指标产生于电子商务，它是少量通过海关放行的货物。根据邮政部门提供的信息，2011—2014 年，这个范围的贸易量增长 48%。

1998 年，WTO 已经建立了致力于电子商务的工作计划。这项计划规定电子商务同样需要"生产、分销、营销、销售或送货"。商品贸易统计显示，在他们各自的服务类别中，电子商务通过给货物编号跨越国境，而服务贸易统计记录在案，收费下载产品（如电子书）。

给出有争议的国际电子商务交易总结，不可能正确无误地测度这个市场的规模使用官方（信息）来源。私营部门估计，无论如何，2014 年亚洲—太平洋区域电子商务交易最多，而中东和非洲电子商务交易较少。但是这些地区如果技术方法开发出来的话具有巨大的潜力。电子商务也能够成为创造就业的重要机会。

（二）中国电子商务：快速发展

据中国海关出版社出版的《2015 中国跨境电商发展年鉴》，"2015 年，我国跨境电商①交易额约 4.56 万亿元人民币，同比增长 21.7%，其中出口 3.99 万亿元人民币，同比增长 21.9%；进口约 5731 亿元人民币，同比增长 20.3%"。2016 年，针对跨境电商行业发展现状，相关部委相继出台了一系列管理措施，快速增长的跨境电子商务已经成为全社会关注的焦点。

四　未来数字贸易及其贸易政策

互联网技术日新月异，开辟了崭新的数字化世界，通过变革全球商

---

① "跨境电子商务"即"跨境电商"是指交易主体（法人、其他组织或者个人）以数据电文形式，通过互联网（含移动互联网）等电子技术，开展跨越关境交易的一种国际商业活动。

业模式，创造了巨大的经济效益。它与现代贸易的融合，催生了数字贸易这一新贸易业态和贸易形式，并在全球经济增长中发挥日益重要的作用。发达国家力图通过发展数字贸易为经济增长增添新动力，竞相努力突破数字贸易发展的制度障碍并取得一定成效。以美国为例，数字贸易收入占美国总收入的份额从 2002 年的 15% 提高到 2012 年的 30%，其中 2011 年美国数字贸易进出口总额达到 5774 亿美元，增长态势明显。数字贸易为推动其经济复苏、就业增加和社会福利提升发挥了巨大作用。

数字贸易属于比较新的发展领域，学界对于这一问题的研究较少，相关文献主要集中在数字贸易的定义、安全问题、知识产权、贸易规则等方面。

（一）数字贸易的内涵和界定

数字贸易是一场由数字技术不断创新主导的经济革命，是以知识为基础，在数字技术催化作用下制造领域、管理领域和流通领域以数字化形式表现的一种新的经济业态。在信息通信技术的推动下，产品和市场的数字化使数字贸易的可获得性极大提高，市场规模不断扩大，这又促进了企业组织经营模式的变革，带来新一轮的经济繁荣（李忠民、周维颖，2014）。

目前，人们对数字贸易的认识大多停留在描述阶段，尚未形成统一或标准的定义，也没有被普遍认可的内涵和外延。2013 年，美国国际贸易委员会首次在《美国与世界经济中的数字贸易》中将数字贸易定义为"通过互联网传输而实现的产品和服务的商业活动，分为国内数字贸易和国际数字贸易"。该概念明确将商业活动中的物理产品排除在数字贸易之外，即使是具有数字特性的物理商品如纸制书以 CD 或者 DVD 形式出售的软件、音乐、电影。2014 年，该机构又对数字贸易的定义进行了修正，将其定义为依赖互联网和互联网技术建立的国内贸易和国际贸易，其中互联网和互联网技术在订购、生产以及产品和服务的交付中发挥关键作用。2014 年做出修正的定义相对于 2013 年的定义，范围更广，并着重强调了互联网作为支撑技术在数字贸易中的关键作用。

数字贸易与传统国际贸易的区别主要体现在两个方面：第一，数字贸易以互联网为基础，以数字交换技术为手段，以互联网传输为媒介；第二，数字贸易为供求双方提供交互所需的数字化数据信息，实现以数字化数据信息为贸易标的的交易。依据对数字贸易的定义，美国国际贸易委员会（2013，2014）将数字贸易界定为数字内容、社会媒介、搜索引擎、其他数字产品和服务四类，具体包括数字音乐、数字游戏、数字视频、数字书、社交网站、用户评论网站、通用搜索引擎、专业搜索引擎、软件服务、通过云计算提供的数据服务、通过互联网提供的通信服务、通过云计算的计算平台服务等。

（二）数字贸易的安全隐患

在数字贸易中，交易双方的业务数据和商业秘密需要通过互联网进行传输，网络的共享性和开放性有可能会导致商业秘密的泄露或公开，这给交易双方带来了巨大的安全隐患。

杨雄文和莫秀波（2010）提出，数字贸易中的安全隐患主要有：网络黑客利用计算机技术存在的漏洞，通过拦截电子邮件、破解企业内部网络的安全系统等方式，窃取商业秘密；计算机网络病毒是商业秘密的另一大威胁；相对于传统的保密方式，数字贸易的商业秘密被窃取后，侵权主体更难以被发现。李合龙博士（2011）也认为，数字贸易数据安全方面存在很大困难，主要体现为：第一，随着金融电子化和网络化的巨大发展，传统的封闭性的业务网络将逐渐与公开网络相融合或连接。在这种情况下如何保障业务网络的安全性成为金融网络安全的重要问题。第二，随着互联网的广泛应用，为计算机网络和金融犯罪创造了更先进的技术条件，因此，原有的安全设计不能完全满足现有的需求，网络安全的风险系数增高了。第三，针对互联网的应用目前还缺乏有效的安全措施和手段，影响了数字贸易联盟企业通过互联网对外提供服务的范围和种类。通过互联网的电子支付也缺乏既方便又安全的模式，影响了数字贸易支付的广泛开展。

（三）数字贸易的知识产权问题

数字贸易对象多为知识产权密集型的产品或服务，知识产权保护不力，严重危害数字贸易健康发展。在知识产权保护措施中，数字内容盗版代表着最具破坏性的贸易壁垒（李忠民、周维颖，2014）。依靠版权、商标、专利和商业秘密保护的创新软件和数字内容公司认为，有效的知识产权保护和执法对其经济成功和增长至关重要。知识产权侵权或盗版被确定为数字贸易中"最具破坏性的障碍"，因为它削弱了合法的服务，损害了生产数字内容的投资者，欺骗了守法的消费者。同时，确定网络知识产权侵犯的规模和范围非常具有挑战性，侵权文件在线交易、提供假冒的网站每天被登录和访问无数次。互联网作为一种中介机构，不能有效地确定其不可预见的法律责任。为实施自主创新政策，根据知识产权已经开发或注册的基础情况，有些国家提出了有条件的市场准入（Mira Burri，2013），上述这些情况均对数字贸易的健康发展形成障碍和威胁。

（四）数字贸易的国际贸易规则

对互联网内容和平台的审查是世界各国的普遍做法。为了抑制和限制国际数字贸易企业在本国的发展，支持本国企业，利用如执法、网络安全和消费者保护等合法政策目标的借口，一些国家选择性地使用过滤机制降低服务，有时候甚至是彻底阻断和过滤互联网平台和内容，形成数字贸易市场准入壁垒。

数字贸易涉及数字产品服务的生产、交付、存储、使用、交易合同签订、争端解决、税收征收、商业秘密与个人隐私权保护、定价、版权保护、打击有关犯罪、审查等环节和过程。数字贸易的流行挑战着基于传统货物贸易与服务的全球贸易规则体系（Mira Burri，2013）。尽管全球贸易规则体系涉及数字贸易监管与服务，但数字贸易规则并不完整，缺乏全面、统一、规范、透明、一致的数字贸易框架，不能科学规范和指导数字贸易发展。因此，有效化解数字贸易障碍和壁垒，推进数字贸易市场开放，促进数字贸易持续健康发展，迫切需要推进数字贸易规则谈判，构建数字贸易规则体系。为了构建有利于美国等国家的贸易规则，美国正在策划建立排他性的自由贸易规则，如美国前总统奥巴马曾试图以《跨太平洋伙伴关系协定》（TPP）、《跨大西洋贸易与投资伙伴协议》（TTIP）、《服务贸易协定》（TISA）为抓手，"三位一体"推进数字贸易规则谈判，推动区域和次区域多边数字贸易国际规则的构建，从而为主导和推动全球多边数字贸易规则奠定坚实基础（Canham et al.，2013）。

五　技术性贸易措施实施的目标、范围与重点

（一）保护人类健康与安全成为措施的主要目标

技术性贸易措施以保护人类健康与安全成为主要目标。以 2015 年通报为例分析，2015 年 WTO 成员共提交了 1438 份 TBT 通报，其中，涉及保护人类健康与安全的 1027 份，占总数的 71.42%；其他 411 份，占总

数的 28.58%。

（二）措施影响范围从个别产品扩展到整个产业链

技术性贸易措施已从过去只注重对产品本身的技术要求到现在关注产地国家的设计、生产加工、包装、运输、进口、使用、报废、回收和再利用整个生命周期的全过程管理；从影响具体单个产品到影响一类产品，直至整个产业链；体系化趋势日益明显。

[案例1] REACH 法规

《欧盟化学品注册、评估、授权和限制法规》（REACH 法规），虽以化学品为规范对象，但其影响已涉及应用化学品的纺织品、医药、化工、机械、汽车、服装、玩具等众多下游行业。

[案例2] ErP 指令

从《欧盟用能产品生态设计指令》（EUP 指令）到《为能源相关产品生态设计要求建立框架的指令》（ErP 指令），对用能产品从设计、生产到报废的全生命周期规定了技术管理要求。

（三）绿色生态设计成为措施发展的重点

由于 80% 以上的环境影响取决于产品的设计阶段，因而生态设计应运而生，并成为绿色产品设计的一个核心观点。

以欧盟为例，欧盟要求各成员国最迟在 2007 年 8 月 11 日前将《能耗产品生态设计要求指令（EUP 指令）》转换成本国法律、法规。该指令首批实施法规，导致我国输欧办公设备、冰箱、空调、机电、音响等产品出口成本增加 20%。

而始于 2003 年的《关于在电子电器设备中限制使用某些有害物质指令》（ROHS 指令），据估算，从 2006 年该法令开始实施起，我国 560 亿美元的机电产品受限无法出口，且该指令提出的技术要求直接造成了我国出口欧盟机电产品生产成本的上升，对我国机电产品出口形成了长期影响。其 2011 年 7 月的新版本，更扩大了影响的产品和企业范围。

（四）碳信用认证标识成为新的手段

全球进入低碳经济时代。低碳经济发展正在成为世界经济新的增长点。低碳理念推动全球产业重构，国际贸易的产品结构将因此发生巨大变化。

碳足迹国际标准（ISO 14067）[①] 是有关碳足迹的评估、监测、报告和核查的国际通行标准，它的实施将大大增加企业的碳认证、碳标识等开支，对中小型企业的影响尤其明显。根据该标准，大国将展开新一轮碳减排博弈，不排除以后一些国际采购商会将其纳入自己的全球供应链管理体系中（见图 3 - 31）。

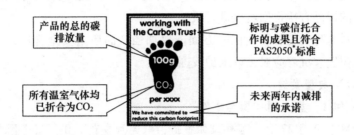

图 3 - 31 英国 CARBON TRUST（碳信用）认证标志

此外，越来越多的成员不仅通过不断更新技术法规、标准和增加进口产品检验、检测的难度来设置贸易壁垒，还将社会责任、动物福利、节能环保等纳入其中，形成道德壁垒、绿色壁垒等新的技术性贸易壁垒，如总部设在美国的社会责任国际组织（SCI）发起并联合欧美跨国公司和其他国际组织制定的社会责任标准（SA8000），一直以来都将劳工标准、保护人类健康、维护人权和社会责任打包在一起，构成技术壁垒，具有很强的隐蔽性。

（五）一些国家出台的措施针对性明显或隐蔽性

随着经济全球化下的金融危机的发生和发展，除合理的保护目的外，一些国家为了政治周期、国内大选和产业保护等不同目的需要，把产品质量与安全问题政治化、国际化，并以保证进口产品质量和食品安全为

---

① Products Carbon Footprint 产品碳足迹：ISO 14067 是为解决"碳足迹"具体计算方法，国际标准化组织（ISO）制定的标准。目前该标准已于 2013 年正式发布。标准适用于商品或服务（统称产品），主要涉及的温室气体包括《京都议定书》规定的六种气体二氧化碳（CO_2）、甲烷（CH_4）、氧化亚氮（N_2O）、六氟化硫（SF_6）、全氟碳化物（PFCs）以及氢氟碳化物（HFCs）外，也包含《蒙特利尔议定书》中管制的气体等，共 63 种气体。

*PAS 2050：2008 Specification for the assessment of the life cycle greenhouse gas emissions of goods and services 中文全称《PAS 2050：2008 商品和服务在生命周期内的温室气体排放评价规范》。

由，设置专门性或隐蔽性较强的技术性贸易措施，借机限制产品进口。

例如，一些国家针对打火机、消费类电子产品、烟花爆竹，或市场潜力巨大的禽肉等设置新的技术要求和苛刻的技术指标，限制进口。

又如，美国 FDA 在华派驻官员对向美出口食品企业进行检查（奥巴马 2012 年 2 月 13 日提出的 2013 年度联邦预算法案中，包括新增 7 名食品安全检查员到中国执行检查任务）；美国 FDA 官员提出将在华从出口企业抽取的样品直接带回美国进行检验。

针对这种新趋势，我们一方面需要加强产品质量安全管理，另一方面需要积极、沉着应对，以维护我国利益。

（六）典型案例

[案例 1]　意大利"毒鞋事件"

2008 年 9 月 27 日，国外媒体报道，意大利查获 170 万双中国制造的"毒鞋"，称其含有意大利现行法规禁止使用的六价铬化合物质和其他问题。在鞋业制造过程中，使用三价铬作为鞣剂是没有问题的。由于温度变化和运输过程的影响，三价铬自然产生六价铬，这是世界范围内面临的问题。但意大利利用六价铬事端扩大声势。主要原因在于：意大利作为传统制鞋强国和出口大国，中国作为世界第一鞋类生产和出口大国，两国制鞋业之间存在较为激烈的行业竞争。在欧盟向中国鞋类增收反倾销税到期前，意大利利用六价铬问题再次制造事端并大肆炒作，旨在欧盟准备解除对中国鞋类征收的反倾销税之前，给欧委会制造压力，以阻碍我国鞋类进入欧盟市场，从而达到保护其鞋业利益的目的。

[案例 2]　日本肯定列表制度

2006 年 5 月 29 日，日本实施食品中农业化学品残留限量"肯定列表制度"。该制度规定：15 种农药、兽药禁止使用；为 797 种农药及饲料添加剂设定了 53862 个限量标准；对无限量标准的，执行"一律标准"：0.01 毫克/千克。日本为我国食品出口最大目的国（80 亿美元左右/年，占出口食品的 1/3）。该制度一律标准缺乏科学性，其他限量标准也存在一定问题或无相应的检测方法。该制度实施使我国对日出口食品和食用农产品受限种类增加，检测工作量和检测费用大幅增加，对日出口在一定时间内受到严重制约。

2016 年 8 月 23 日，日本又将引进食品包装材料的"肯定列表制度"。

六　全球技术性贸易措施发展趋势

技术性贸易措施作为一种既具有合理性，又具有歧视性和隐蔽性的强大的非关税措施已受到人们的普遍关注。特别是在金融危机的背景下，这一隐蔽的贸易保护措施得到了广泛的应用，呈现出新的发展趋势。就目前来看，技术性贸易措施已成为一些国家限制其商品进口的重要手段，从而也引发了一些与技术性贸易措施相关的国际贸易摩擦。

（一）从自愿性向强制性技术法规转化

在技术性贸易措施领域里，有许多自愿性的措施，如 ISO 9000、ISO 14000、各种环境标志认证、有机食品认证等，以生产者自愿为原则决定是否申请认证。但 2008 年金融危机以来，自愿性措施正在与强制性措施结合并有向强制性法规方向转化的趋势。比如，美国规定进入美国的机电产品必须获得 UL 认证，药品必须获得 FDA 认证；加拿大规定进入加拿大的大部分商品须获得 CSA 认证；日本则规定进入日本的很多商品须获得 G 标志、SG 标志或 ST 标志；欧盟规定进入欧盟的产品要通过 CE、CS 等产品质量认证。对进口产品强制性要求取得相关认证的做法体现了发达国家对进口产品越来越严格的质量要求，这些措施既具有保护国内消费者的名义上的合理性，又能有效地阻止更多的国外产品进入国内市场，保护国内的生产企业。

（二）措施数量快速增长，且扩散效应日益明显

WTO 成员向 WTO 通报的技术性贸易措施呈现逐年增加的趋势，其中技术性贸易壁垒（TBT）的通报（含补遗、勘误等）数量从 2008 年的 1507 项上升到 2015 年的 1826 项，增长了约 21.17%；通报动植物卫生和检验检疫措施（SPS）也从 2008 年的 1266 项上升到 2015 年的最高点 1682 项，增长了 32.86%。其后 TBT 和 SPS 的通报数量都有相应的变化。

技术性贸易措施不仅在数量上快速增长，而且在覆盖范围上呈现出明显的扩散效应。扩散效应可分为国家之间的扩散和行业产品之间的扩散。国家之间的扩散表现为实施技术性贸易措施的国家越来越多，某一国宣布对某种产品实施禁令之后，其他国家纷纷效仿。比如，2006 年中国所产花生被欧盟以黄曲霉素超标为由通报，之后日本也以同样的标准扣留中国所产花生。行业产品之间的扩散效应表现为，技术性贸易措施从一种产品扩散到相关产品，甚至扩散到其他相关行业。例如：欧盟的生态纺织品服装指令初期只针对仅有的几种产品，现在扩大到腈纶、棉

和天然纤维素，几近囊括了全部纺织品和服装范围。欧盟对中国个别海产品的 SPS 措施，扩展到全部水产品，进而再扩展到动物源性产品。2012 年，WTO 所通报的 TBT 和 SPS 措施不仅涉及初级产品，而且牵涉所有的中间产品和制成品，几乎涵盖了所有产品类别。

（三）环保节能领域成为技术性贸易措施的热点

国际金融危机全面爆发后，一些发达国家，特别是欧美国家，以应对气候变化为名设置技术性贸易措施的步伐加快，低碳和节能环保等成为技术性贸易措施的重点。2009 年 11 月，欧盟开始针对能耗的技术性贸易措施实施新的 ErP（能源相关产品）指令，从产品设计、制造、使用、维护，直至回收、后期处理各个环节，监控除车辆以外的所有与能源相关的产品对环境的影响，使中国相关企业产品的出口成本增加了 20% 左右。2010 年 11 月 11 日，欧盟委员会公布了《委员会条例（EC）No. 1015/2010：关于家用洗衣机的生态设计要求》和《委员会条例（EC）No. 1016/2010：关于家用洗碗机的生态设计要求》实施细则，规定从 2011 年 12 月 1 日起，出口到欧盟的洗衣机和洗碗机的能源效率指数、洗涤效率指数和耗水量等一系列的能效指标必须符合相关的规定。美国众议院 2009 年 6 月 26 日通过的《清洁能源与安全议案》（又称气候法案）也规定：从 2020 年起，对不接受污染物减排标准的国家实行贸易制裁，即对未达到碳排放标准的外国企业产品进口征收惩罚性的"碳关税"。"碳关税"成为一种将气候变化环境保护问题与贸易保护问题捆绑在一起的贸易政策措施。

（四）对健康和安全问题要求更加严格

随着市场竞争的加剧，各国竞相以保护人类健康与安全为名，采用最新、最严格的技术性贸易措施。例如，日本规定出口到日本的中国大米必须经过 579 种有害物质的检测。2008 年 12 月 18 日，欧洲议会通过了新的玩具安全指令，内容涉及儿童玩具的生产材料、检测以及市场监管等问题，欧盟玩具技术性贸易措施再度升级。WTO 通报的所有技术性贸易措施（TBT）中，以"保护人类的健康安全"为由的绝对数和相对数均呈现上升趋势。

（五）技术性贸易措施越来越多地与知识产权相结合

发达国家实施的技术性贸易措施越来越多地与知识产权相结合，或直接以知识产权构筑技术性贸易措施，知识产权纠纷已成为跨国公司惯用的手法，特别在高新技术领域，如 DVD、彩电、电池、手机、数码相机等遇到的问题均反映了这种趋势。在每类产品、每项标准、每种措施背后，知识产权都成为其重要支撑。在中国制造业特别是机电行业遇到的技术性贸易措施中，这种标准名义上是保护环境或者消费者权益，但背后却往往隐藏着"专利大棒"，符合新标准的替代技术已经被发达国家申请专利，中国的产品要进入其市场必须购买受专利保护的替代技术。高昂的专利许可使用费，使中国产品的低成本优势消失。这种措施一方面阻止了发展中国家价格低廉的商品进入其市场，另一方面又从客观上促进了发达国家的先进替代技术的市场化。

（六）由对最终产品的检测为主，向对产品的生产、包装、运输、销售等全过程监督转变

国外技术性贸易措施的发展正在经历由原来的以对最终产品的检测为主，向涵盖研发、生产、加工、包装、运输、销售和消费以及处置等各个环节的全过程监督的方向转变。最典型的例子是发达国家推行的 HACCP 管理体系。起源于美国的 HACCP 体系（危害分析和临界控制点）用以控制从农场到餐桌的整个食品生产、加工、储运、销售过程中可能出现的食品安全危害。

（七）技术性贸易壁垒不断由发达国家向发展中国家扩散

由于技术性贸易措施的隐蔽性和有效性，非常容易引起他国效仿。目前尽管发达国家仍是技术性贸易措施的主要实施者，但是随着国际金融危机的不断蔓延，为保护国内同类产品企业及市场，发展中国家也在纷纷效仿，不断采用技术性贸易措施。金融危机后，在发起的贸易救济措施数量中，印度、印度尼西亚等发展中国家的增长幅度明显高于发达国家。韩国从 2009 年 1 月 1 日起对在其境内销售的电子电器产品使用强制性的 KC 标志。南非 2009 年 7 月 31 日规定，销往南非的电子电气设备应获得南非标准局的许可。2010 年，在涉及 TBT 的 41 起 WTO 争端案件中，提起争端的国家中，有 9 个发展中国家和 6 个发达国家。WTO 的 SPS 通报项目中，由发展中国家提起的 SPS 措施所占比例总体呈上升趋势，2007 年之后就超过了总数的 50%。

第四章　食品农产品技术性贸易措施

据经济合作与发展组织和美国商务部的研究表明，标准和合格评定影响了80%的世界贸易。从英特尔确立了中央处理器（CPU）标准，到微软把持了操作系统标准，再到苹果主导了手机应用标准，不难看出，这些国际商业巨头正因为掌握了标准的主导权，才牢牢地掌握住了国际市场竞争和价值分配的话语权。说明了作为国际贸易的"通行证"，标准认证是消除贸易壁垒的主要途径。

我国是传统农业大国，农产品是我国的传统产业，食品则依托农产品生产和加工而成，食品农产品进出口贸易在国民经济中占有十分重要的地位。然而，近年来，我国食品农产品频频遭遇国外技术性贸易措施，分析2005—2014年不同行业受国外技术性贸易措施影响的比例可以看出，受影响比例总体上高于平均水平的行业是食品农产品行业、机电仪器行业和玩具家具行业。其中，食品农产品行业除2010—2012年居第二位外，其余年份均为受影响比例最大的行业，最高的2008年有55.8%的企业受到影响，最低的2012年也有27.1%的企业受到影响。因而，研究国外以标准为主要内容的食品农产品技术性贸易措施及其应对意义重大。

第一节　技术法规与标准：有益物质下限和有害物质上限"阈值"

一　食品农产品的有益物质下限"阈值"

所谓食品农产品有益物质的下限"阈值"，是指某种有益物质的最低含量限值，即某种有益物质不得低于此"阈值"；对于有些有益物质又同时规定了上限值。

例如，2015年6月22日，美国食品药品监督管理局（FDA）发布一项最终法规，要求将硒增加到婴儿配方奶粉营养列表中，并规定婴儿配方奶粉中硒的最低、最高含量。该法规规定婴儿配方奶粉中硒最低含量为 2.0μg/100kcal，此即为"有益物质下限的'阈值'规制"；同时，规定了奶粉中硒的最高含量为 7.0μg/kcal。该法规还修改了婴儿配方奶粉的标签规定，要求婴儿配方奶粉标签上以 μg/100kcal 方式列明硒含量。

又如，2015 年 9 月 21 日，韩国食品与药品安全部发布 G/SPS/N/KOR/517 号通报，拟对功能性健康食品的标准和规范进行修订，内容包括：确定各种功能性成分的标准和规范，共有 26 种功能性成分，比如，沙丁肽、朝鲜当归根提取液、绿壳贝油状提取液等；同时确定各种功能性成分的检测方法，共有 33 种检测方法，如双氰胺检测方法、双氢三嗪检测方法、缬氨酸—酪氨酸检测方法等。

上述国家政府对食品农产品有益物质实施下限"阈值"的法规标准，主要是为了解决产品生命周期内对环境及消费者健康有益的正外部性问题；为了保证量值的准确性并克服信息不对称，也设置了相应的检测方法。

二　食品农产品的有害物质上限"阈值"

所谓食品农产品有害物质的上限"阈值"，是指某种有害物质的最高含量限值，即某种有害物质不得超过此"阈值"。

有害物质上限"阈值"案例首推 RoHS。RoHS 是《电气、电子设备中限制使用某些有害物质指令》（The Restriction of the use of certain hazardo us substances in electrical and electronic equipment）的英文缩写。新版 RoHS 指令（2011/65/EU）管控物质的范围未扩大，仍然维持了原有的六种物质的原限量要求，即对有害物质的最大容许含量（阈值）：Cd 阈值为 100mg/kg；Pb、Hg、Cr6$^+$、PBB、PBDE 阈值为 1000mg/kg；其测试方法需要各国协调。但是，提出了今后的审查过程中，要对包括 DEHP 等在内的物质优先进行考察等，为指令今后扩大管控物质的范围铺路。

又如，2015 年 3 月 4 日，欧盟向 WTO 提交 G/SPS/N/EU/120 通报，拟修订 1881/2006/EC 法规《部分污染物在食品中的最高残留限量》，对大米及其制品制定无机砷的最高残留限量暨对有害物质规定了上限"阈值"：①未蒸的去壳米（精米）0.2mg/kg；②蒸稻米和去壳米 0.25mg/kg；③米制品包括米饼、华夫、饼干等 0.3mg/kg；④生产婴幼儿食品的米 0.1mg/kg。

再如，2015 年 1 月，韩国食品和药品安全管理局发布 G/SPS/N/KOR/492 号通报，拟修订制定食品标准和规范，主要内容为：扩大食品中加工深海水的使用范围；制定和修改食品中农药和兽药的最大残留限量，暨设定有害物质上限"阈值"：①制定磺酰脲类除草剂 iofensulfuron、种菌唑、双唑草腈的最大残留限量，将其他杀虫剂的目标农产品范围扩大到 39 种；②制定黄豆芽中 6－BA（6－苄氨基嘌呤）的最大残留限量为 0.1mg/kg；③制定多种兽药的最大残留限量（如罗红霉素）等。

还有印度修订油脂中反式脂肪酸的限量规定。2015 年 8 月 28 日，印度食品安全标准局（FSSAI）修订 2011 年食品安全与标准（食品产品标准和食品添加剂）法规"2.2.2 酯化植物油"、"2.2.5 人造黄油及涂抹脂肪"和"2.2.6 氢化植物油"的部分内容。新法规规定，自 2016 年 8 月 27 日起，酯交换植物油、人造黄油及涂抹脂肪、氢化植物油中反式脂肪酸含量不得超过 5%。

上述国家政府对食品农产品有害物质实施上限"阈值"的法规和标准，主要是为了纠正产品生命周期中对环境及消费者健康损害的负外部性问题；同样，为了解决量值准确及克服信息不对称问题，相关国家政府也规定了对应的测试方法。

三　食品农产品的消费者安全保护及贸易成本最小化

食品农产品的消费者安全保护是基于消费者权益保护，而消费者权益保护是指国家通过立法、行政和司法活动，保护消费者在消费领域依法享有的权益。另外，经济学视角的科斯交易成本理论告诉我们，贸易的交易成本最小化，才能体现集散优势，使贸易顺畅。

例如，2015 年 11 月 13 日，美国食品和药物管理局就进口食品及农产品发布 3 项安全新规定，以减少可能出现的食品安全问题。这 3 项安全规定分别是《外国供应商验证项目》《认可第三方证明》和《农产品安全》。

又如，澳大利亚发布接受国际标准作为消费品安全标准的准则。2015 年 7 月 22 日，澳大利亚竞争与消费者委员会（ACCC）发布《国际消费品安全标准：接受准则》，表明 ACCC 接受国际消费品安全标准作为澳大利亚消费品安全标准的原则，以保护澳大利亚消费者安全，同时将贸易成本和负担最小化。根据该文件，接受国际标准作为澳大利亚消费品安全标准的准则有三个：准则 1：是否解决安全问题——能否证明该国际标准发挥了对消费者最基本的保护作用？准则2：（与澳大利亚相关部门的）管辖权是否相同——该国际标准/法规的制定或发布机构/监管部门是否具有和澳大利亚相似的监管程序？准则3：是否适用于澳大利亚（市场）环境——该国际标准在澳大利亚市场上是否适用，及对消费者保护是否充分有效。

基于消费者安全保护及贸易成本最小化的食品农产品标准政府规制，首先是解决国家公共安全问题；其次是克服消费者与生产者之间的信息不对称；最后是建立与全球生产安装基础标准相一致的标准体系，以减少贸易障碍、降低交易成本。

第二节　食品农产品的标识标签及可溯源性

食品农产品的标识与标签有所不同。产品标识是在产品或包装上标示的信息和内容，其内容应符合《中华人民共和国产品质量法》《产品标识标注管理规定》和其他相关要求。产品标签是贴在商品上的标志及标贴，有文字或图案，包括产品标志、制造日期、产品说明及图样设计等，既区别产品间的不同，又有吸引人的图样、字形，以促进销售。在有可追溯性要求的场合，生产者则应控制产品的唯一性标识标签。

据美国食品药品管理局（FDA）消息，2014年12月23日，美国食品药品管理局发布通知，修订部分啤酒产品标识要求。包括：使用非发芽大麦原料生产的啤酒产品，如使用高粱、大米、小麦生产的啤酒或不含酒花的啤酒产品。修订内容主要为产品类别、净含量、生产商/罐装商或分销商（如进口商）的名称及地址、配料名、营养成分信息等。

另据日本农业新闻网消息，日本消费者厅于2015年3月2日在东京举行了"新食品标示基准和机能性食品标示制度"说明会。同时明确了2015年4月1日开始将实施新食品标示法。新食品标示法中营养成分标示从自愿变为强制，要进行标示的营养成分为能量、蛋白质、脂肪、碳水化合物和钠，其中钠用当量食盐标示。

此外，据瑞士《每日导报》转载的瑞新社消息，欧盟于2014年12月13日实行新的食品安全规定，要求所有包装食品必须注明一个欧盟地址，这将导致许多瑞士食品企业不得不前往欧盟设立机构。

上述国家政府对食品农产品标识标签的标准规制主要是为了增加消费者知情权，保护消费者对于产品信息的相对弱势群体，解决生产者与消费者之间的信息不对称问题；提高生产者对于产品质量信誉的重视和自觉程度；落实"从农田到餐桌"的全过程监管责任和食品农产品的可溯源性问题。

第三节　转基因食品农产品的上市审批及含量"阈值"

转基因食品农产品，特指那些通过转基因技术进行栽培、育种或改良的农作物产品，如转基因大豆、转基因木瓜、转基因玉米等，以及经过加工形成的食品。全球许多国家将转基因食品农产品作为环境和健康的重要议题。

例如，美国拟对非转基因产品实施自愿标示管理措施。2015 年 5 月14 日，据美联社消息，美国农业部（USDA）拟出台非转基因产品自愿标示管理措施。该项措施属于非强制措施，各企业可以根据自己的实际情况选择使用。申请获得"农业部非转基因产品标示"需要付费。美国农业部市场管理局（AMS）将负责非转基因申请、审批工作。

又如，欧盟批准 10 种新转基因产品上市，有效期为 10 年。据中新网2015 年 4 月 27 日报道，欧盟委员会日前宣布，批准 10 种新的玉米、大豆、油菜、棉花等转基因食品或饲料在欧盟上市，有效期为 10 年。这是欧盟自 2013 年 11 月以来，首次批准新的转基因产品上市。此外，还有两种转基因鲜花获准进口，7 种上市"许可证"到期的转基因农产品获得欧盟委员会续批。欧盟委员会在声明中指出，这些转基因产品在欧盟上市之前，都通过了全面的审查流程，其中包括由欧洲食品安全局与各成员国合作实施的风险评估，证明这些产品是安全的。在此之前，欧盟已批准了 58 种转基因食品和饲料在欧盟上市，其中包括玉米、棉花、大豆、油菜和甜菜。欧洲生物产业协会相关人员称赞欧盟委员会此举是"朝着正确方向迈出一步"。他指出，欧洲畜牧从业者有望因使用转基因饲料而受益，目前还有 40 多种转基因产品等待欧盟的上市审批。

再如，13 个国家签署有关转基因产品低含量的国际声明。据国际农业生物技术周报报道，为了避免某些国家对进口农产品中转基因成分（GMOs）痕迹的严格检测而导致的贸易中断，尤其是那些 GMOs 低含量（LLP）的产品，13 个国家联合签署了一份国际声明。签署国家有：澳大利亚、阿根廷、巴西、加拿大、智利、哥斯达黎加、墨西哥、巴拉圭、菲律宾、俄罗斯、美国、乌拉圭和越南。签约国决定联合解决关于 LLP 的多个问题，目的是：①解决因为 LLP 而导致的贸易中断，通过开发实用途径促进农产品的国际贸易；②确保涉及食品和饲料；③实施构筑各签约国联合行动的"国际 LLP 行动计划"，减少与 LLP 相关的贸易风险。

另据 2015 年 12 月 14 日《中国国门时报》报道，国际上对于转基因标识管理主要分为四类：一是自愿标识，如美国、加拿大、阿根廷等；二是定量全面强制标识，即对所有产品只要其转基因成分含量超过"阈值"就必须标识，如欧盟规定转基因成分超过 0.9%、巴西规定转基因成分超过 1% 必须标识；三是定量部分强制性标识，即对特定类别产品只要其转基因成分含量超过"阈值"就必须标识，如日本规定对豆腐、玉米小食品、纳豆等 24 种由大豆或玉米制成的食品进行转基因标识，设定"阈值"为 5%；四是定性按目录强制标识，即凡是列入目录的产品，只要含有转基因成分或者是由转基因作物加工而成的，必须标识。企业须根据不同输出国家或地区的要求，合理标识转基因成分。

第四节　贸易流量与产业损害的实证检验

一　食品农产品贸易流量统计

国家统计局的数据显示，2005—2014 年，我国工业制成品出口总额占出口总额的比重从 2005 年的 93.6% 增长至 2014 年的 95.2%。初级产品的进口总额占进口总额比重则从 2005 年的 22.4% 上升至 2014 年的 33.0%；但是，初级产品的出口总额占出口总额比重则从 2005 年的 6.4% 下降至 2014 年的 4.8%。一方面，说明我国已基本形成工业制成品出口为主，初级产品进口为辅的国际贸易分工模式；另一方面，通过分析 2005—2014 年我国出口食品农产品遭遇国外以标准为主要内容的技术性贸易措施状况，对我国出口食品农产品遭遇的技术性贸易措施影响不容忽视。

二 食品农产品技术性贸易措施产业损害调查分析

据国家质检总局调查显示：

2005—2014 年受国外技术性贸易措施影响比例高于平均水平的行业是食品农产品行业、机电仪器行业和玩具家具行业。其中，食品农产品行业除 2010—2012 年居第二位外，其余年份均为受影响比例最大的行业。

2005—2014 年因国外技术性贸易措施而造成的直接损失额呈下降态势的行业有：食品农产品行业、橡塑皮革行业和木材纸张非金属行业。其中，食品农产品行业直接损失 2005—2008 年逐年递增且高于行业平均水平，2009 年开始低于行业平均水平，且震荡下降。

2005—2014 年因国外技术性贸易措施新增成本基本低于行业平均水平的有：食品农产品行业、纺织鞋帽行业、橡塑皮革行业、玩具家具行业和木材纸张非金属行业。其中，食品农产品行业新增成本的高峰是在 2011 年。

分析食品农产品企业 2005—2014 年受国外技术性贸易措施影响的程度：第一，食品中农兽药残留要求始终位居第一，且在 2011 年达到最高（15.7%），2014 年再次冲高（15.6%）；第二，食品中重金属等有害物质的限量要求，其变化趋势与食品中农兽药残留要求高度一致；第三，食品中微生物指标要求影响变化则较为稳定；第四，食品加工厂/仓库注册要求自 2007 年开始呈上升态势；第五，食品标签要求自 2012 年开始呈上升态势；第六，食品添加剂要求和食品接触材料要求呈下降态势；第七，农产品植物病虫害杂草方面的要求影响最小。

总之，食品农产品企业，虽然受影响比例居各行业之首，特别是"食品中农兽药残留要求"成为食品农产品企业受影响最大的国外技术性贸易措施。但是，无论直接损失还是新增成本均低于行业平均水平，而且总体上呈逐年降低的态势，显示出食品农产品出口结构的调整使企业具备较强的应对并跨越国外技术性贸易措施的能力。

三 食品农产品技术性贸易措施产业应对启示

借鉴国外经验，我国食品农产品标准存在的改进空间有：①消费者在消费食品农产品过程中，存在对"安全与不安全食品农产品"的信息不对称。②食品农产品安全标准体系、标准和数量与国际标准相比较存在不足。③食品农产品标准的质量有待日益完善，检测手段亟须与科技水平相协调。④对食品农产品安全标准实施监管方面存在交叉管理问题：

一是多头共管导致监管缺失；二是没有形成全国统一监管；三是切块管理造成监管链条断裂；四是缺乏监管失职责任追究制度。⑤标准制修订中的消费者参与程度不高。⑥食品农产品安全标准实施方面存在使用比例小和监测技术不高的问题，影响我国食品农产品安全标准与国际接轨。⑦环境污染，生态恶化；食品农产品标准化生产水平低；动植物疫情等问题仍是制约我国食品农产品标准化水平的关键因素。

研究表明，随着经济全球化和贸易自由化的发展，关税、配额、许可证等传统贸易保护措施逐步削弱，以标准为主要内容的技术性贸易措施日益成为现代外交政策手段或国际贸易政策工具。

信息不对称造成劣质品驱逐良品，又会造成市场萎缩或消失，还会造成不公平交易和不公平竞争。外部性使生产者的经济活动对他人和社会造成非市场化的影响。信息不对称及外部性条件下的食品农产品安全无法由市场自身发挥资源配置作用，政府食品农产品技术标准规制的介入是社会的需求和政府的逻辑选择。

借鉴国外食品农产品标准中的有益物质下限"阈值"、有害物质上限"阈值"、消费者安全保护及贸易成本最小化、产品的标识标签及可溯源性、转基因食品农产品的上市审批及含量"阈值"等特征，可以从以下几个方面完善我国食品农产品标准规制：①普及全民标准意识；②科学设置食品农产品标准"阈值"；③提高检测方法标准的科学性；④完善标准实施与监管机制；⑤吸收消费者参与标准化；⑥推进食品农产品标准与国际标准接轨；⑦实现"从农田到餐桌"的全链式管理，确保食品农产品质量的可溯源性，保护消费者的安全与健康。

第五章　机电轻工产品技术性贸易措施

机电轻工产业是我国国民经济的重要支柱产业，近年来发展迅速。2015 年，我国工业制成品出口值占出口总值的 95.43%；其中，机电产品出口值占出口总值的 57.7%；轻工产品出口值占出口总值的 20.7%。然而，分析 2005—2014 年我国出口机电轻工产品遭遇国外技术性贸易措施状况，受影响企业仅低于食品农产品，居第二位；特别是 2010 年，机电轻工出口企业受国外技术性贸易措施影响达 48.3%，居第一位。因此，研究国外以标准为主要内容的机电轻工产品技术性贸易措施及其应对意义重大。

第一节　技术法规与标准：理化性能、兼容、能效及环保"阈值"

一　机电轻工产品的功能性能要求

国外往往对机电轻工产品规定其使用功能和性能方面的技术性要求，以满足公共消费需求。特别是为了满足互联网多媒体、电力服务和信息通信技术发展产生的旨在提供公共服务的消费品：光伏逆变器、并网逆变器、储能逆变器和离并网一体机及广播 IPTV 设备等的技术性要求的标准。

例如，日本光伏发电协会（JPEA）于 2015 年 5 月 26 日公布了带输出控制功能的光伏逆变器（PCS）技术标准，这是 JPEA 与日本电机工业会（JEMA）和电气事业联合会共同制定的。标准要求：①PCS 的输出控制功能：以 30 分钟为单位，对额定输出功率以 1% 为单位设定并控制 PCS 的输出抑制功能。②标准的输出功率增减：额定输出功率从 100%—0%（或者从 0%—100%）的输出变化，要在 5—10 分钟内以 1 分钟为单位，常温时以 ±5% 为单位可调，控制量以额定输出功率的 1% 为单位等。③远程控制：需要设想到通信故障的情况，当 PCS 的内部通信发生异常时，要求在 5 分钟内停止输出。通信重启后，需要自动或手动恢复。④输出控制日程：要能以最短 30 分钟为单位更新。

又如，2015 年 7 月 1 日，韩国无线电研究所（RRA）通过 WTO 发布 G/TBT/N/KOR/590 公告，拟修订广播 IPTV 设备技术要求的标准。新标准进行了 3 条修订，以反映互联网多媒体广播业务法案的法律修订和信息通信技术（ICT）的发展：①根据修订的法案更新了引用的条款；②增加了 IEEE 802.3ab 以太网网络适配器；③IPTV 技术要求增加了互联网工程任务组（IETF）RFC 3810 MLD 标准。

再如，2015 年 10 月 9 日，澳大利亚和新西兰标准委员会联合发布了 2015 版并网逆变器强制性标准 AS4777.2，该标准取代 AS4777.2：2005 和 AS4777.3：2005，过渡期为一年。该标准适用范围为 DC1500V、AC1000V 以下并网逆变器（变流器）、储能逆变器和离并网一体机。新标准具体要求的主要变更点为：①并网逆变器需具备远程通信和控制功能；②推荐逆变器配置电能质量反应模式从而提高对电网的支撑能力；③增加了针对储能逆变器和离并网一体机的附加要求；④更新了过欠压和过欠频的保护点和保护时间；⑤并网逆变器需对电网电压连续采样并根据计算结果执行相应的动作；⑥逆变器输出功率必须随电网频率增加而等比例减少；⑦增加了多台单相逆变器并联使用或组合为三相机使用时的额外要求。

分析上述国家和地区的标准，由于作为公共消费品的机电轻工产品在资源配置中，市场机制的不足，特别是企业标准或者说私有标准的不完善，难以形成规模效应。因此，各国政府较多地对这类产品制定了技术性要求的标准；并将部分标准上升为强制性标准，作为国外产品市场准入的条件之一。

二　机电轻工产品的兼容及其测试

国外也对机电轻工产品规定传导、发射、接收及接口性能技术要求，以保证产品之间的相互兼容。例如，对通过 USB 设备进行供电的设备进行的传导发射测试、带有 2.4GHz 及 5GHz 频段的宽带接口设备技术要求，以及在 1920—1930 兆赫兹（MHz）波段使用的 LE–PCS 设备的电磁限量及测量方法和操作兼容性等的技术标准。

这类标准案例首推美国发布的助听器兼容性标准。2016 年 1 月 7 日，美国联邦通信委员会（Federal Communications Commission，FCC）发布助听器兼容性标准，提出修订助听器兼容性（HAC）规则，加强听力丧失者平等地接入国家电信网络，执行 21 世纪通信和视频无障碍法。修订提案扩大了有线 HAC 规则范围，增加了无线手持设备容量控制要求，以符合最新修订的技术标准，并且简化了采用新修订技术标准评估 HAC 符合性的流程。

其次是 FCC 发布的 AC 电源线传导发射测量。2015 年 6 月，FCC 发布了 AC 电源线传导发射常见问题释义，主要对通过 USB 设备将供电的设备传导发射测试进行了解释。如果属于 FCC part15 的设备，由计算机或者其他外部电源设备通过 USB 连接进行供电，当测试 AC 电源线传导发射时，此类 USB 供电设备需要进行测试。测试时按照 part 15 中 section 15. 107 或 15. 207 中 AC 电源线传导发射测试的方法进行，且需要符合其相关限值要求。在进行测试时，设备应充分设置或配置，使其传导发射值最大。因此，可通过计算机或其他外部电源的 USB 连接进行供电的 AC 电源线需要进行各种形式连接的测试。

再次是欧盟无线产品的新版标准。2014 年 12 月 31 日开始，凡销往欧盟市场带有 2.4GHz 及 5GHz 频段的宽带接口设备被强制要求执行新的 ETSI 测试标准 EN 300 328 V1.8.1 及 EN 301 893 V1.7.1；所有依据旧版标准出具的 EC 符合性声明不再有效、其产品不得在欧盟市场销售。①EN 301 893 标准适用于在无线局域网使用，并打算在 5150—5350 MHz 和 5470—5725 MHz 频段下运行的 5 GHz 的 WLAN 设备。V1.7.1 版 EN 301 893 概述了动态频率选择（DFS）与均匀分布的关系，或者自适应性，它允许一个 RLAN 装置检测另一个装置。新版标准的测试程序有一些变化，包括射频输出功率、功率密度和无用发射，并且增加了新的要求。②EN 300 328 标准规定了 2.4 GHz 频段的无线发射器，并影响多种无线技术，包括 Wi－Fi、蓝牙和 ZigBee。V1.8.1 版的 EN 300 328 标准旨在提高 2.4 GHz 频段的使用和数据传输的质量。它在射频输出功率、功率谱密度和介质访问测试程序上有显著的变化；还在发射器的杂散发射以及频率范围的测试程序上进行了修改。

还有加拿大发布的无线电标准规范。2015 年 4 月 13 日，加拿大工业部发布 G/TBT/N/CAN/441 号通报，通知有关 2 千兆赫（GHZ）个人免许可通信服务设备（LE－PCS）的无线电标准规范 RSS－213（第 3 版）生效，该规范对在 1920—1930 兆赫兹（MHz）波段使用的 LE－PCS 设备提出了电磁限量及测量方法和操作兼容性要求。

上述国家和地区的标准说明，由于企业标准或者私有标准在兼容性及其测试程序技术标准的竞争中，有可能产生垄断和信息不对称。因而，市场竞争的不足就需要政府对这类兼容性要求的标准作出法律意义上的规制。一方面，通过规定产品兼容性及其测试程序防止欺诈行为和保护消费者利益；另一方面，通过设置比旧版标准更为严格的新版标准抬高评估国外产品市场准入的条件。

三　机电轻工产品的最低能效规定

对机电轻工产品的能源利用效率水平或在一定时间内能源消耗水平进行规定，可为消费者以最少的能源投入提供同等的能源服务，从而提高社会和经济效益。特别是为了满足消费者日常居家使用需求的消费品：制冷、供热、吊扇、制冰机、空调、锅炉及电池充电器等所制定的最低能效技术法规标准。

例如，2015 年 9 月 23 日，美国能源部（DOE）发布一项空调及供热设备节能最终规则，为单独整体式立式空调及热泵（统称为单独整体式立式组合）制定了更为严格的最低能源效益标准。①规则宽严程度：（ⅰ）4 类单独整体式立式组合设备级别所采用的标准等同于美国国家标准学会（ANSI）、美国供暖制冷和空调工程师学会（ASHRAE）、照明工程学会 90.1－2013 标准；（ⅱ）其他两类单独整体式立式组合设备级别所采用的标准较 90.1－2013 标准更为严格。②规则生效日期及其能效要求：该规则于 2015 年 11 月 23 日起生效。不过，标准将适用于在以下日期或之后在美国生产或进口到美国的整体式立式组合：（ⅰ）2015 年 10 月 9 日或之后在美国生产或进口到美国的整体式立式组合，其制冷效能为：≥135000 及 <240000Btu/小时；（ⅱ）2016 年 10 月 9 日或之后在美国生产或进口到美国的整体式立式组合，其制冷效能为 ≥65000 及 <135000Btu/小时；（ⅲ）2019 年 9 月 23 日或之后在美国生产或进口到美国的整体式立式组合，其制冷效能为 <65000Btu/小时。③DOE 能效评估：（ⅰ）由修订标准开始实施的 30 年内购置的整体式立式组合，在其生命周期内将可以节省 0.15 千兆英制热量单位（quadrillion Btu）的能源，相对于美国制冷供暖空调工程师学会基准内的产品能源使用量可以节省 4% 能源；（ⅱ）

若以美国制冷供暖空调工程师学会的标准为基准，整体式立式组合节能标准的消费者总节省成本累计净现值介乎1.1亿美元（以7%折现率计算）至3.8亿美元（以3%折现率计算）。

又如，2015年1月28日、6月3日、9月1日美国能源部（DOE）分别发布公告，修订关于商用自动制冰机、住宅除湿机、电池充电器节能标准的技术法案。2015年9月17日，美国能源部（DOE）又发布公告，修订了小、大、特大型商用空调和暖气设备测试程序的技术法规草案。美国能源部此举是依据1975年的《能源政策和保护法案》（EPCA）对用能产品标准法规及测试程序进行的修订，范围包括各种消费类和某些商业及工业设备。EPCA要求能源部确定新制定的节能标准在技术上是否可行、经济上是否合理、能源上是否节约。特别是就节能标准执行之后对能源保护所起到的显著作用作了严格的规定。

再如，新加坡国家环境局于2015年10月20日宣布，从2016年9月1日起提高家用空调"最低能源效率标准"，规定所有进口空调能源标签至少有两个"钩"，但在此之前进口的产品暂时不受新规定的影响，不过业者须在一年内清除掉所有不符合标准的存货。据调查统计，新加坡目前一个"钩"的空调约占能源标签计划的23%，占空调总销量的6%；最耗电的空调耗电量占一般家庭总耗电量约37%，其次是电热水器（约21%）及电冰箱（18.5%）。改用至少两个"钩"的更节能空调后，每年能为每户家庭节省约100新加坡元的电费。新加坡国家环境局从2008年起即推出"强制性能源标签计划"，规定所有市面上的空调、冰箱、干衣机和电视机均须贴上能源效率标签，从一个"钩"到五个"钩"，五个"钩"的产品能效最高；2013年又推出了"最低能源效率标准计划"，进一步管制空调和电冰箱的节能效率。

从上述国家和地区的标准特征可以看出，要提高耗能设备的能源效率、缓解能源资源的矛盾约束、保护人类生存的自然环境；实现降低政府治理污染的成本、遏制自然生态资源的减少、防止人类生命健康的危害要求；克服企业标准或者私有标准竞争中产生的负外部性；政府有必要对涉及能效的机电轻工产品规定最低能效技术法规标准。从而，管控家用电器的能源效率，确保技术上和经济上可行，最大限度地节省资源；达到保护环境、节约能源、提高能效、简化程序、保护消费者权益的目的。

四　机电轻工产品的理化安全特性

国外通过对机电轻工产品的使用安全作出规定，来减少对消费者的伤害，保护消费者的生命和财产安全。例如，机动车、城市和旅行用自行车、山地自行车及比赛用自行车安全标准，户外家具安全标准等。

首先，分析欧盟公布的自行车新安全标准。2015 年 4 月 30 日，欧盟《官方公报》刊登欧洲委员会第 2015/681 号实施决议，公布标准 EN ISO 4210 第 1—9 部分（与城市和旅行用自行车、山地自行车及比赛用自行车有关），以及标准 EN ISO 8098（与儿童自行车有关）的参考编号及名称。上述新欧洲标准合计共 10 项，是在欧洲委员会第 2011/786/EU 号决议框架内并履行 M/508 标准强制命令制定的。该决议与自行车、儿童自行车及自行车行李架的安全要求有关。①第 2011/786/EU 号决议列出关于自行车的基本安全要求，包括具体的物理特性，例如操作、稳定性、耐用度、刹车系统、边缘是否锐利、是否容易卡住肢体、有没有凸出物；机械特性，例如调整和控制、折合机制和紧固件；以及化学特性和检测方法。②该决议也符合第 2001/95/EC 号一般产品安全指令订明的一般安全规定，《官方公报》刊登的该等标准编号和名称如下：（i）EN ISO 4210 - 1—9：2014—自行车—自行车的安全要求—第 1—9 部分：术语及定义；对城市及旅行、青少年、山地及比赛用自行车的要求；通用试验方法。刹车系统试验方法；转向试验方法；车架和前叉试验方法；车轮和轮辋试验方法；踏板和驱动系统试验方法；车座和座杆试验方法。（ii）EN ISO 8098：2014—儿童自行车—安全要求及试验方法。

其次，分析加拿大的机动车安全法规修订提案。2015 年 5 月 18 日，加拿大向 WTO 发出 G/TBT/N/CAN/447 通报，拟修订该国机动车安全法。①涉及内容：对一览表Ⅳ及第 1106 条噪声释放、1201 条雪地机动车、301.1 液化石油气（LPG）燃料系统完整性和 301.2 压缩天然气（CNG）燃料系统完整性进行修订。②还包括：更新对过时测试标准的引用，允许生产商利用新的测试程序；以及机动车生产商和进口商负责确保符合本法规要求。③交通部则通过审核测试文件，检验和测试开放市场上的车辆监督生产商和进口商自我认证程序。

再分析 CEN 发布的新版户外家具标准。2015 年 11 月 20 日，欧洲标准化委员会 CEN 发布新版《户外家具—机械安全要求和测试方法》（EN 581 - 2：2015），替代标准 EN 581 - 2：2009。新标准主要变化如下：

①修订参考文献；②修订躺椅（lounger）的规定；③增加躺椅要求：将躺椅的要求从附件中移至标准正文；④在表2中还规定了其他户外椅子的测试程序和参数；⑤如果躺椅带有轮子，并且不是用来载人时移动的，应使用不小于25mm的图文予以说明。

上述国家和地区的标准特征说明，为了保护消费者的权益，特别是，为了避免消费者使用产品中产生的人身意外伤害风险，保护消费者使用产品中的人身安全，保护消费者财产安全，克服企业标准或者私有标准竞争中追求的利益最大化造成的标准规制不足，政府的标准有必要对机电轻工产品的化学物理特性、安全要求及其测试方法作出相应的规定。

五　机电轻工产品的环境保护要求

对机电轻工产品环境保护作出规定，以保护地球和生命的自然生态资源，这也是各国政府标准规制的重要出发点。特别是对车辆的排放、锅炉的能耗等的要求，以保护环境。

例如，日本拟部分修订公路运输车辆安全法规。2015年1月14日，日本国土交通省发布G/TBT/N/JPN/479号通报，拟部分修订公路运输车辆安全法规（交通部法规1952 No.67）和公路运输车辆安全法规细则公告（交通部公告2002 No.619），以加强对柴油机重型车辆和两轮机动车的排放法规管理。

又如，美国发布关于修订住宅炉和锅炉测试程序的技术法案。2015年3月11日，美国能源部（DOE）发布公告，修订了住宅炉和锅炉的测试程序。技术法案履行了能源部7年修订一次测试程序的义务，提出了可参考的最新行业标准修订。新的测试程序将通过新的计算方法和设计要求来评估住宅炉和锅炉的能源消耗。

再如，亚美尼亚共和国贸易和经济发展部国家标准协会于2005年10月18日发出了G/TBT/N/ARM/22号"关于发布机动车环境安全技术法规"的通报。该技术法规公布了可接受排放级别的检测物质的生态级别要求，以及将在亚美尼亚共和国使用和已经使用的机动车排放的一氧化氮、碳氢化合物和一氧化碳的许可级别的检测物质的生态级别要求。

上述国家在环境治理中的标准理念说明了保护环境在政府标准规制中的重要性。世界银行在《1992年世界发展报告》中曾指出："在过去20年中，各国人民已经懂得了在促进经济发展方面，应该更多地依靠市场，而较少地依赖政府。但是，在环境保护领域恰恰是政府必须发挥中心作用的领域，私人市场几乎不能为制止污染提供什么鼓励性措施"。美国学者勃布·罗宾逊曾指出"市场经济并不能成功地保护环境，政府的干预是必要的"。因此，机电轻工产品能效标准规制是一种政府立法、执法与监管的大趋势。政府通过对机动车排放、锅炉能源消耗等有关环境标准的制定与实施，达到保护环境、提高能效、提升社会经济效益的目的。

六　机电轻工产品的儿童特殊保护

对机电轻工产品中的儿童用品，作出不同于成人的特别保护规定，以保护未成年消费者的特殊权益，也成为各国政府标准规制的重要内容之一。如下所述及的儿童家具：桌子、椅子、婴儿床、摇篮、摇篮车及浴盆等类似产品的标准；儿童可触及用品：打火机类防止儿童开启的产品标准。

首先，分析 ASTM 的儿童倾斜睡眠产品安全标准。2015 年 5 月 21 日，美国 ASTM 发布针对儿童倾斜睡眠产品的安全标准 ASTM F3118 - 2015，规定了儿童倾斜睡眠产品的安全和标签要求：①一般要求：任何油漆或表面涂层应符合 16 CFR 1303；无任何锋利边缘或尖端；无危险的小部件；木质部件需光滑无毛刺；无剪切、挤夹风险；刚性网格材料的开口无夹持手指的风险；裸露弹簧不得有挤夹风险；防护部件不得产生任何风险；永久警告标签要求；玩具部件的规定。②性能要求：主要有稳定性、意外折叠、约束装置、侧边高度、头部/脚部的容纳、网状/纺织面料对手指的夹持、侧面的容纳、最小/最大倾角、结构完整性等要求。③标签标识要求：婴儿倾斜睡眠产品在产品、包装及指南性文字中的警告语必须符合指定的要求。

其次，分析加拿大卫生部修订的婴儿床安全法规。为了更好地保护加拿大儿童安全，并与美国婴儿床安全要求相一致，2015 年 7 月 25 日，加拿大卫生部在其官方公报发布公告，拟修订加拿大婴儿床安全法规 SOR/2010 - 261。其主要内容为：禁止销售传统的侧拉式婴儿床；更新床垫支撑面结构完整性测试；增加婴儿床板条强度测试；增加主要结构性能要求；附属物的测试要求；睡眠附件性能要求；对网状及柔性部件的开口要求；修订婴儿床角柱要求；增加稳定性能测试；禁用儿童约束系统。

最后，分析不同于上述两个标准案例的《欧盟延长打火机 CR 禁令》。

2015 年 2 月 17 日，欧盟官方公报发布欧洲委员会第（EU）2015/249 号
实施决议，把第 2006/502/EC 号决议的有效期延长 1 年。第 2006/502/EC
号决议禁止销售某些不能防止儿童开启的打火机，以及新奇打火机。决
议规定，受管制并投放于欧盟市场的打火机，必须符合防止儿童开启的
标准。此外，新奇打火机外型似儿童喜爱的东西，例如卡通角色、音符、
食品和玩具，仍然不能在欧盟市场出售。欧盟禁止售卖及进口上述两类
打火机的命令，最初在 2006 年由欧委会决议引入，2007 年 3 月 11 日生
效，为期 1 年。2008 年 5 月 11 日起，禁令扩大至禁止售卖给消费者。其
后每年，禁令均获延续，2014 年的决议把禁令有效期延长至 2015 年 5 月
11 日。根据在 2015 年 2 月 17 日刊登的最新决议，禁令将继续有效至
2016 年 5 月 11 日，此为第九次延续，而将来大有可能再次续期。符合欧
洲标准《防儿童开启打火机安全要求和试验方法》（EN 13869：2002）的
打火机，可获推定为符合欧委会第 2006/502/EC 号决议。打火机若符合
非欧盟国家的防止儿童把玩规定，而该等规定相当于 2006 年欧委会决议
的规定（如在美国适用的规定），也会被视为符合欧委会 2006 年决议。

　　上述国家和地区的机电轻工产品标准规制体现了政府对特殊消费群
体——儿童的特殊保护。由于儿童处于人生发展进程中的幼弱时期，生
理和心理尚未成熟，缺乏自我保护意识，在消费过程中的感知不同于成
人，因此，政府对儿童用品规定了各种保护性措施，包括容易被儿童开
启的打火机等产品，这类产品的出口须持有由认可检验机构发出的防止
儿童把玩检验报告。政府通过对企业生产的产品安全性能的控制，达到
保护特殊弱势消费群体使用产品安全的社会效益。

第二节　机电轻工产品的合格评定程序

　　国外也就第三方、生产商或者进口商对机电轻工产品作出与标准法
规符合程度评定的程序规定。特别是诸如第三方对通信系统发射机和接
收机的认证要求、低压电器产品基本安全要求强制认证制度、在潜在爆
炸环境中使用的电气设备认证合格评定制度，以及生产商和进口商对机
动车等的自我认证程序。

　　例如，加拿大工业部早在 2005 年 10 月 7 日发出的 G/TBT/N/CAN/

142 号通报《加拿大无线电通讯法案》中，规定了在 824—849 兆赫和 869—894 兆赫波段应用新技术的蜂窝式通信系统发射机和接收机的认证要求。

又如，2015 年 1 月 8 日，阿拉伯联合酋长国发布《关于在潜在爆炸环境中使用的电气设备认证合格评定制度》。该制度草案适用于在潜在爆炸环境中使用的电气设备，包括发电、送电、配电、蓄电、测量、控制、处理和耗电设备及通信设备。作为电气结构一部分、不能单独在爆炸环境中使用、整合进电气结构时需要附加认证的组件或在潜在爆炸环境中使用的电气系统也包括在本制度中。文件规定了术语定义、工作范围、责任、核准标准、合格评定程序、违法和处罚。

再如，2015 年 11 月 2 日阿根廷发布了 G/TBT/N/ARG/297 号关于"在阿根廷销售的低压电器产品基本安全要求强制认证管理制度"的通报，重组和统一了关于低压电器产品认证的现行法律。主要内容为：重新规划某些要求，使制度执行合理化并适应市场变化；修订电器安全专用、属于符合安全要求替代方法的产品领域；制定产品家族标准，以便为每个家族产品颁发证明；为每种授权方式制定单一的证明格式；制定新的认证机构认证产品的监督原则。

合格评定程序作为任何用以直接或间接确定是否满足技术法规或标准有关要求的程序（TBT 协议附录 1），在乌拉圭回合中，检验、认可和批准等都被放入"合格评定程序"中加以规范和约束。上述案例也验证了出于安全、健康或环保等原因，许多国家政府针对产品制定了强制性的技术法规或推荐性标准，以及确定是否符合这些技术法规和标准的检验、认证程序。

第三节　机电轻工产品的标签要求

不少国家还对机电轻工产品标签规定了相应的要求。例如，美国 FTC 发布的修订供热制冷设备标签要求的规定、日本电器质量标签规则的修订、巴西对家用洗衣机标签的要求等。

美国联邦贸易委员会（FTC）曾发布一项最终规则，修订供热制冷设备的标签要求，于 2015 年 4 月 6 日生效。此项修订更新了熔炉和锅炉包括信息范围的标签内容，删除了有关熔炉标签地方标准的相关信息及供热制冷设备的强制性容量公开原则。FTC 还要求利益相关方就各种制冷产品的标签提出意见（现存的标签要求不在此意见范围内），包括冷藏柜、非压缩式冰箱、混合式冰箱、压缩式混合冰箱、混合式冷冻箱及家用制冰机。

2015 年 11 月 30 日，日本消费者事务署发布 G/TBT/N/JPN/507 号通报，部分修订电器质量标签规则提案。主要内容：依照日本工业标准（JIS）C 9801 - 3 修订"额定存储容量"和"功耗"测试方法，以及缩小"功耗"公差范围。产品覆盖电冰箱、组合冰箱、冰柜（装有独立的外部门）等。

巴西国家计量、标准化与工业质量协会曾于 2005 年 10 月 31 日发出 G/TBT/N/BRA/196 号《巴西家用洗衣机标签要求的部颁法案》通报，规定了家用洗衣机强制性合格评定程序，不符合该技术要求的产品将禁止进口。

作为附着于产品上用于识别产品及其质量、数量、特征、特性、使用方法、生产日期、保质期、产地、厂家联系方式、产品标准号、条形码、相关的许可证、使用方法等商品重要信息的标签，是解决生产者与消费者之间产品质量信息不对称的最有效方法之一。政府的标签规定可以克服市场产品的信息不对称，明确产品的质量要求，向消费者提供更精确的产品质量信息，帮助消费者做出购买选择；并实现产品质量的可追溯性，充分保护消费者的权益。

第四节　贸易流量与产业损害的实证检验

一　机电轻工产品贸易流量统计

根据国家统计局发布的数据分析：2005—2014 年，我国机电仪器进出口总额从 2005 年的 7209.6 亿美元上升至 2014 年的 19924.1 亿美元，增长 1.764 倍；机电仪器的对外贸易存在较大顺差。2005—2014 年，我国高新技术产品的进出口额增加 7961 亿美元，平均每年递增 19.15%。2015 年，我国工业制成品出口值占出口总值的 95.43%；其中，机电产品出口值 8.15 万亿元，占出口总值的 57.7%；轻工产品（纺织品、服装、箱包、鞋类、玩具、家具、塑料制品七大类劳动密集型产品）出口值2.93万亿元，占出口总值的20.7%。

二　机电轻工产品技术性贸易措施产业损害调查分析

对国家质检总局"技术性贸易措施影响调查"发布的数据分析则显示：

（1）影响比例：2005—2014年，我国不同行业受国外技术性贸易措施影响的比例情况，受影响比例总体高于平均水平的行业是：食品农产品类行业、机电仪器类行业和玩具家具类行业。其中，机电仪器类行业受损比例从2005年的较低值（仅高于纺织鞋帽类行业）到2010年的最高值（占48.3%而位居第一），2012年降为27.1%，之后略有起伏，2013—2014年受影响比例则略低于行业平均水平。

（2）直接损失：2005—2014年，我国不同行业因国外技术性贸易措施而造成的直接损失额呈加重态势的有机电仪器类行业、化矿金属类行业和纺织鞋帽类行业。其中，机电仪器类行业是各行业中损失金额最大的，从2005年的39.3亿美元（接近总体平均水平）飙升至2014年的311.7亿美元（达到行业平均水平的3倍），加重近7倍。究其原因，与同期美国、欧盟、日本、韩国等陆续出台的大量涉及机电仪器类产品的能效标准、排放标准和安全标准等有关，比较典型的案例有：美国的《能源政策法案》、欧盟的EuP/ErP指令、欧盟修订RoHS的指令及推出机动车"欧V"排放标准等。

（3）新增成本：2005—2014年，我国不同行业因国外技术性贸易措施而造成的新增成本基本高于行业平均水平的有机电仪器类行业和化矿金属类行业。机电仪器类行业新增成本2005—2012年处于上升态势，最高的2012年达到170.1亿美元，超过行业平均水平的4倍多，2013—2014年则有所下降，但仍比居第二位的行业高出1倍。而2014年，仅机械及运输设备出口额已占我国出口商品总额的近五成。

（4）影响种类：2005—2014年，机电仪器类企业受到国外技术性贸易措施影响最大的种类是认证要求，最高年份的2014年受影响企业约占该行业的18.9%，最低年份的2008年也占14.1%，而且呈不断上升的态势。受影响因素始终居第二位的是技术标准，2010年达到最高峰16.6%，尔后逐年下降。影响呈上升态势的措施还有标签和标志要求、包装及材料要求；其中，标签和标志要求自2011年开始稳居第三位。影响呈下降态势的措施有环保要求、产品的人身安全要求和工业产品中有毒有害物质限量要求等。说明我国出口机电轻工产品在安全、卫生、环保等方面较快地适应了国际市场之需求。

三　机电轻工产品技术性贸易措施产业应对启示

针对机电轻工产业面临的国外以标准为主要内容的技术性贸易措施，探讨应对技术性贸易壁垒策略：一是标准化战略必须从国家、企业和个人三个层次上确立；二是定期和不定期地掌握国外标准法规的变化，及时对我国标准进行风险评价，密切关注重大风险和不可接受风险；达到风险控制的目的；三是加快检验检测设备和手段与科技水平发展相协调；四是及时掌握国外以法规标准、合格评定程序及标签为主要内容的技术性贸易措施发展动态；五是提高我国机电轻工产业技术标准的自主创新水平并与国际接轨，从而提升机电轻工产业的出口竞争力。

在分析以法规标准、合格评定程序及标签为主要内容的机电轻工产品技术性贸易措施的功能性能要求、兼容测试程序、最低能效技术规定、理化特性安全规定、环境保护要求、儿童特殊保护规定等要求的产业特征基础上，本章研究了国外技术性贸易措施对机电轻工行业的影响，提出机电轻工产业应对国外技术性贸易措施的政策建议。

分析显示，机电仪器类行业受国外技术性贸易措施影响比例高于行业平均水平，受影响最大的是"认证要求"，直接损失和新增成本也居各行业之首，可谓各行业中受国外技术性贸易措施负面影响的"重灾区"，而且呈继续加重的态势。造成的原因是国外十年来陆续推出的大量能效、安全和排放等相关的技术法规、标准和合格评定程序，并且不断修订，要求日趋严苛。亟须产业界和政府相关部门共同研究应对解决、降低损失的长远之策。

第六章 纺织服装产品技术性贸易措施

纺织服装产业是我国国民经济的传统支柱产业。2015 年，我国工业制成品出口额占出口总额的 95.43%；纺织服装产品出口额占出口总额的 12.46%。其中，纺织纱线、织物及制品出口额占出口总额的 4.81%；服装及衣着附件出口额占出口总额的 7.65%。然而，分析 2005—2014 年我国出口纺织服装产品遭遇国外技术性贸易措施状况，特别是纺织鞋帽类企业（HS 编码 50—67：天然纤维、化学纤维、纺织品、服装、鞋帽类产品等），虽然 2005—2014 年因国外技术性贸易措施而新增成本基本低于行业平均水平、受国外技术性贸易措施影响的比例总体上低于平均水平，但是，因国外技术性贸易措施而造成的直接损失额呈加重态势。在纺织鞋帽类企业所受到影响的措施种类中，影响最大的是工业品中有毒有害物质限量要求 2011 年达 18.3%，随后有所回落；其次是技术标准要求、特殊的检验要求、产品的人身安全要求、标签标志和环保要求，且五者变化趋势较为一致，均在 2010—2011 年达到最高，随后回落；再次是认证要求的影响呈稳步上升态势，至 2014 年已接近第二位。因此，研究国外以标准为主要内容的纺织服装产业技术性贸易措施及其应对意义重大。

第一节 技术法规与标准：有毒有害限量物质"阈值"

一 纺织服装产品的有害物质法律管控（Toxic Substances Control Act，TSCA）

许多国家、地区政府及组织为了确保供应链上纺织服装产品的符合性，发布了有害物质管控法律。

这类案例首推 OEKO – TEX® 100 – 2016。2016 年 1 月 4 日，OEKO –

TEX 官网发布了国际环保纺织协会制定的最新版 OEKO－TEX® 100－
2016 标准，与 2015 年版相比，OEKO－TEX® 100－2016 增加的纺织服装
有毒有害限量物质主要有：①氯化苯酚：DCP/MCP；②邻苯二甲酸盐：
DCHP（CAS# 84－61－7）；③有机锡化合物：DMT、DPT、MBT、MOT、
MT、TeBT、TCyHT、TMT、TOT、TPT；④全氟化合物：PFHpA、PFNA、
PFDA 以及 PFCs；⑤紫外线稳定剂：UV 320、UV 327、UV 328 和 UV
350；⑥致癌染料：BASIC BLUE 26、BASIC GREEN 4、BASIC VIOLET 3；
⑦阻燃剂：BBMP、BIS、TBBPA；⑧"氯化苯和氯化甲苯"测试项总量
计算中：新增一氯代苯 Chlorobenzene。OEKO－TEX® 100－2016 对纱线、
纤维以及各类纺织服装有害物质限量规定是衡量纺织品中可能存在的有
害物质的评估标准，也是目前纺织服装产业共同遵守的、使用最为广泛
的生态标准。

　　其次是"欧盟拟取缔纺织服装近 300 种有害化学物质"案例。2015
年 10 月 22 日，欧委会为取缔 291 种存在于纺织服装产品的有害化学物展
开公众咨询。这项咨询是欧盟根据 REACH 法规及其附件 XVII，严格限制
存在于玩具、服装、鞋履、皮革产品以及塑料制品等常用消费品中的有
害化学物质含量。目前，受 REACH 法规限制的化学物甚多，包括邻苯二
甲酸盐、偶氮染料、镉、镍、汞及铅等，纺织服装由于消费者可能长期
或多次短时间接触其致癌、诱变或危害生殖力物质（CMR）而被列为率
先"试行个案"。未来可能引入的限制措施将涵盖以下消费品：产品或其
部件以重量计至少含 80% 纺织纤维的产品；包括不论是否经过涂层或层
压的未制成、半制成及制成品；包括服装、鞋履、配饰、室内纺织品、
纤维、纱线、布片及织片等；可能涉及的具体制品包括内衣、睡衣、泳
衣、服装、颈巾、领带、手帕、帽子、手套、袜子、若干鞋履、室内挂
饰和窗帘、地毯和其他铺地制品、餐桌垫、桌布、毛巾、床单以及枕头
套等。程序完成后，受管制的 CMR 清单会被加入现行 REACH 法规附件
XVII 的特定附录内；之后如有需要，附件可以定期更新。

　　再次是"美国服装和鞋履协会 AAFA 发布第 16 版最新限制物质清
单"案例。2015 年 6 月 15 日，美国服装与鞋类协会（AAFA）发布了第
16 版限用物质清单（RSL），包括 250 多种化学物质，涵盖了服装、家纺
和鞋类中的限用化学品，并引用了最严格的政府法规或法律。大约每隔
半年，AAFA 就会更新、发布最新版本的限用物质清单。与第 15 版相比，

此版 RSL 更新如下：①芳基胺：增加国标 GB30585—2014；②氟温室气体：增加法规（EU）No. 517/2014，移除（EC）No. 842/2006；③金属：增加国标 GB 30585—2014；④杂项：增加国标 GB 30585—2014；⑤杀虫剂：删除"比利时：公共卫生部和消费者保护部，关于禁止含有原富马酸二甲酯的物品和产品投放市场的部级令。《比利时官方日报》，2009 年 1 月 12 日。"美国 AAFA 的 RSL 更新内容来源于全球各国政府以法律法规或强制性标准形式限制的化学品在鞋类和服装产品中的要求。更新的 RSL 清单作为行业有害物质管理工具，有助于全球供应链上的美国服装与鞋类行业对生产过程中的化学品进行管理。而此前的 2014 年 12 月 9 日，美国 AAFA 曾在孟加拉国首都达卡举行的美国国际产品安全、工人安全及供应链符合性会议上发布的 RSL 中增加受限化学物质邻苯二甲酸二异己酯、氯化镉、硼酸钠、硼酸及钠盐、过硼酸钠（无水）都涉及纺织服装、鞋、旅行用品、家用纺织品和其他时尚配件；并移除了六氯环己烷。

还有"韩国纺织皮革产品新增多类限制物质"案例。2015 年，根据韩国认证（KC MARK）的要求，韩国技术标准局（KATS）制定、标准协会（KSA）发布了纺织/皮革制品中氯苯酚、致敏性分散染料和有机锡含量测定的工业标准 KS K 0733、KS K 0736 和 KS K 0737，并立即执行。①《纺织/皮革制品中五氯苯酚（PCP）、四氯苯酚（TeCP）和三氯苯酚（TriCP）的检测方法》（KS K 0733：2014）（取代 KS K 0733：2007）：试样通过超声波震荡提取法，用乙酸和三乙胺萃取；仪器分析使用气象色谱仪——电子捕获检测器（GC - ECD）或气象色谱——质谱仪（GC - MS）。②《纺织品中致敏性分散染料含量的检测方法》（KS K 0736：2014，取代 KS K 0736：2007）：试样在甲醇中通过 70℃超声波提取；仪器分析使用高效液相（HPLC）—二极管阵列检测器（DAD）/质谱分析法（MS）。标准中列出 22 种致敏性分散染料包括：分散蓝 1、分散蓝 3、分散蓝 7、分散蓝 26、分散蓝 35、分散蓝 102、分散蓝 124、分散蓝 106、分散红 1、分散红 11、分散红 17、分散棕 1、分散黄 1、分散黄 3、分散黄 9、分散黄 23、分散黄 39、分散黄 49、分散橙 1、分散橙 3、分散橙 37/76/59、分散橙 149。③《纺织品中特定有机锡化合物含量的检测方法》（KS K 0737：2014，取代 KS K 0737：2007）：试样通过酸化甲醇提取并通过四乙基硼酸钠衍生，用三丙氯化锡作为内标；仪器分析使用气象色谱—质谱仪（GC - MS）；标准中列出 8 种有机锡化合物包括：单丁

基锡（MBT）、二辛基锡（DOT）、二丁基锡（DBT）、三苯基锡
（TPhT）、三丁基锡（TBT）、三环己基锡（TCyT）、单辛基锡（MOT）、
四丁基锡（TTBT）。

上述国家、地区政府和组织基于消费者安全与社会经济影响而引入
纺织服装产品的限制措施，并从法律层面及全球范围进行宏观管控。下
面我们再对纺织服装产品中主要的有毒有害物质限制性标准作一详细
分析。

**二　纺织服装产品的偶氮染料（AZO）、甲醛（HCHO）、三苯基锡
（TPhT）和三丁基锡（TBT）化合物等限制**

在前述国家、地区政府和组织对 CMR 类物质实施法律管控的前提
下，不少国家政府还对具体的诸如 AZO、HCHO、TPhT 和 TBT 等有害物
质发布限制性标准。

例如，日本正式公布纺织品中不得使用特定偶氮染料政令。2015 年 4
月 8 日，日本厚生劳动省发布第 175 号政令，对《家居用品中有害物质
管制法》（昭和四十八年法律第 112 号）进行修订，正式把可分解致癌芳
香胺的特定偶氮染料列为有害物质，禁止在纺织品中使用，并于 2016 年
4 月 1 日正式实施。修订的内容包括：（1）将 24 种偶氮染料（AZO）列
为有害污染物，并进行管控。建议采用气相色谱—质谱联用（gc - ms）
方法检测，要求每种偶氮染料含量不得超过 $30\mu g/g$。需检测的产品：
①纺织品：尿布、尿布套、内衣、睡衣、手套、袜子、中衣、外套、帽
子、寝具、地板遮盖物、桌布、衣领点缀物、手帕、毛巾、浴室脚垫和
相关产品；②皮革和毛皮产品：内衣、手套、中衣、外套、帽子和地板
遮盖物等。（2）对家用产品中甲醛（HCHO）含量检测方法进行修订，
用醋酸—醋酸铵缓冲液替代吸光度测量过程中的纯净水。（3）对家用产
品中三苯基锡（TPhT）和三丁基锡（TBT）化合物检测方法进行修订，
用气相色谱—质谱联用（gc - ms）方法替代无火焰原子吸收光谱法和二
维层析色谱法。

又如，越南发布纺织品中甲醛和偶氮染料限量要求通告。2015 年 9
月 7 日，越南发布通告，修订关于纺织品中甲醛和偶氮染料的限量要求、
取样方法、测试方法及相关质量管理要求(2009 年 9 月 5 日，No. 32/TT -
BCT 号通告)。该通告适用于纺织产品的生产、进口、分销和零售组织及
个人，及纺织品质量检测和认证机构。

上述国家政府对纺织服装产品中的 AZO、HCHO、TPT 和 TBT 等致癌、致敏、毒性物质的含量制定了限制性的标准，并规定了相应的检测方法，以保护消费者健康。

三 纺织服装产品的重金属（Sb、As、Cd、Cr、Co、Cu、Pb、Hg、Ni 等）含量限制及测试

部分国家政府还对纺织服装产品的重金属（Sb、As、Cd、Cr、Co、Cu、Pb、Hg、Ni 等）含量进行了限制，并规定了相应的测试方法标准。

这类案例有：欧洲标准化委员会发布纺织品中金属含量测试方法标准。2015 年 9 月 5 日，欧洲标准化委员会通过了《纺织品—金属含量的测定——第 1 部分：微波消解法测定金属含量》（EN 16711-1：2015）、《纺织品—金属含量的测定——第 2 部分：人造汗液萃取金属含量》（EN 16711-2：2015）。前者规定了用微波消解法测定天然纤维和人造纺织品（包括涂层面料和服装部件，如纽扣、拉链等）中的锑（Sb）、砷（As）、镉（Cd）、铬（Cr）、钴（Co）、铜（Cu）、铅（Pb）、汞（Hg）、镍（Ni）含量的程序；后者则规定了人工汗液萃取法测定以上金属元素在纺织品中含量的程序。

还有，美国消费品安全委员会（CPSC）发布指令，详细阐明儿童用品中纺织品铅含量限值要求。美国 CPSC 发布的此项指令性决议，详细阐述了儿童用品中纺织类产品组部件的测试规则和铅含量要求适用范畴。若 2015 年 11 月 13 日之前未收到任何值得考虑的反对意见，则 2015 年 12 月 14 日正式实施。内容如下：①CPSC 在联邦法规 16 CFR 1500.91 中指明，经过测试和认证，纺织品中的固有铅含量不得超过 100mg/kg。对于儿童产品类，纺织品是可以豁免测试的。这个决议修改了 16 CFR 1500.91（d）（7）条款，判定纺织品经过完全染色后铅含量仍不得超过 100mg/kg。②如果纺织品中使用染料（无论通过染上还是印上）能成为纤维基质的一部分，可以豁免测试；如果纺织品中使用颜料或非染料类着色剂，就需要进行铅含量测试。判断标准如表 6-1 所示。

上述国家政府对纺织服装产品重金属含量进行限制主要是为了在天然植物纤维生长、印染工艺等供应链环节控制重金属的含量，保证消费者在使用纺织服装产品中的安全性。

表6-1　　　　　　　需要进行铅含量测试的判断标准

着色剂	类型	是否需要测试
染料	染料能成为纤维基质的一部分	否
颜料或非染料类着色剂	颜料或非染料类的着色剂没有成为纤维基质的一部分	是

四　纺织服装产品的阻燃剂的含量限制

有的国家则对纺织服装产品中的阻燃剂（TDCPP、TCEP、TBPH、TBB、TCPP 等）作了含量限制。

例如，美国明尼苏达州拟禁止阻燃剂在部分产品中的使用。美国明尼苏达州提出了两个内容基本相同的提案（HF1100 和 SF1215），拟禁止部分阻燃剂在儿童产品、软垫家具、家用纺织品（只在提案 SF1215 中提到）和床垫中的使用。根据提案的相关要求：自 2017 年 7 月 1 日起，任何生产商或批发商不得生产、销售或分销产品部件中含有超过 100mg/kg的下列阻燃剂的儿童产品、软垫家具、家用纺织品和床垫；自 2018 年 7月 1 日起，任何零售商不得销售产品部件中含有下列超过 100mg/kg 阻燃剂的儿童产品、软垫家具、家用纺织品和床垫（见表6-2）。

表6-2　　　　　　儿童产品及家用纺织品等阻燃剂类别

阻燃剂	CAS 号
磷酸三（1，3-二氯-2-丙基）酯（TDCPP）	13674-87-8
磷酸三（2-氯乙基）酯（TCEP）	115-96-8
四溴双酚 A	79-94-7
十溴联苯醚	1163-19-5
锑	7440-36-0
六溴环十二烷	25637-99-4
四溴邻苯二甲酸双（2-乙基己基）酯（TBPH）	26040-51-7
2-乙基己基-四溴苯甲酸（TBB）	183658-27-7
氯化石蜡	85535-84-8
磷酸三（2-氯丙基）酯（TCPP）	13674-84-5

又如，新西兰就儿童睡衣安全法规的修订征求公众咨询。新西兰商

业和消费者事务部长发布《儿童睡衣安全法规》讨论稿，以征求相关利益方的意见。该文件提议根据澳大利亚最新版/新西兰标准《低燃烧风险的儿童睡衣和某些日用服装》（AS/NZS 1249：2014）来修订《儿童睡衣安全法规》。目前该法规引用的是 AS/NZS 1249：2003。而 2014 年 6 月，AS/NZS 1249：2003 已被 AS/NZS 1249：2014 替代。相对于旧标准，新标准的变化是：简化要求；新的警告标签；文本编排的改进和简化。

上述国家政府对阻燃剂的标准规定，主要是为了在生产链中尤其是产品后整理中，防止使用过量的阻燃剂，从而危害消费者的安全与健康。另外，最新标准通常被认为是反映了最佳最新最近的实践与技术变化；因而，纺织服装行业往往恪守最新技术标准，从而降低交易成本。当现行的法规或者标准参考了过时的标准时，修订该法规标准，引用最新标准成为全球价值链上的行业治理规范。

五　纺织服装产品的洗涤剂和染色助剂壬基酚聚氧乙烯醚（NPE）等的限量

部分国家政府对纺织服装产品的洗涤剂和染色助剂也作了含量限制。

这类案例如，欧盟将在可洗涤纺织品中限制使用壬基酚聚氧乙烯醚（NPE）。2015 年 7 月 22 日，欧盟理事会公布了欧委会关于限制欧盟市场上的纺织制品含有 NPE 的草案文本，并将尽快采纳这项法例。REACH 法规修正草案规定，纺织品中 NPE 限量不得超过 0.01%（100mg/kg）；纺织制品定义为纤维含量超过 80%（重量比）的产品，与欧盟纺织品标签法规要求相一致。对未来将采用和公布的法律，欧委会建议包含如下条款：①法规生效后 60 个月，NPE 不得用于纺织品内。这项限制适用于在正常产品周期会用水洗涤的纺织制品，而 NPE 浓度以重量计，不得相当于或超过纺织制品或其部件的 0.01%。②上述限制措施并不适用于市场上的二手纺织制品或由回收纺织品加工的制成品。③纺织制品指以重量计至少含 80% 纺织纤维的任何未制成、半制成或制成品，或者任何其他产品，所附的部件以重量计至少含 80% 纺织纤维；这些产品包括服装、配饰、室内纺织品、纤维、纱线、布片及织片。欧盟 REACH 法规附件 XVII 第 46 条已有关于纺织品及皮革加工时使用 NE 及 NPE 的现行限制，因此新限制规定将列为附件 XVII 第 46a 条。

NP 和 NPE 已同时被列入 1991 年制定的《保护东北大西洋海洋环境公约》（OSPAR Convention）的第一批优先清除的化学物质。欧盟 2006 年

12 月签发的《关于化学品注册、评估、授权与限制的法规》（REACH 法规）中，则明确禁止 NPE 和 NP 在纺织生产行业中的使用。而欧盟范围内限制使用 NPE 及壬基酚（NP）的提议最早是由瑞典于 2013 年 9 月提出的，之后因 NP 并非在纺织品加工过程中有意使用而从可能实施的限制范围中剔除。目前全球各地供应商仍在使用这些物质，例如，在纺织品生产过程中将它们作为清洁剂或乳化剂使用。这些纺织制品进口到欧盟后，经过洗涤，其残留物会释放到废水中，最终污染水生环境；NPE 一旦进入环境中，就会迅速分解成毒性更强的环境激素 NP。因此，NP、NPE 是全世界公认的环境激素。由于这项环境危害涉及欧盟各成员国，必须由大家来共同面对，所以有必要在欧盟范围内限制纺织品中使用 NPE。以此避免纺织服装产品在生命周期内对环境造成的危害。

六　纺织服装产品的纤维成分含量、pH 值、色牢度等规定

有的国家、地区政府及组织则对纤维成分含量、pH 值、色牢度作了具体规定。

例如，欧盟 OEKO－TEX® 100 标准。自 1992 年 4 月 7 日正式公布第一版 OEKO－TEX® 100 标准之后，几乎每年都进行了改动，而每一次修订都反映了欧盟一些最新要求以期更加严格地制定纺织服装产品的有害物质限量标准。我国现行生态纺织品标准有 GB/T 18885—2009《生态纺织品技术要求》和 HJ/T 307—2006《环境标志产品技术要求生态纺织品》，与 OEKO－TEX® 100 标准的 pH 值、色牢度等技术指标相比较：①pH值要求。三个标准中针对四类产品的 pH 值范围一致。②色牢度要求。三个标准中对四类产品的色牢度要求基本一致，略有不同之处在于脚注，OEKO－TEX® 100 标准中脚注 21 为对于后续加工有"洗水处理"的产品没有此项要求，而 GB/T18885 与 HJ/T 307 标准中脚注是对洗涤褪色型产品不要求。③禁用纤维。OEKO－TEX® 100 与 GB/T 18885 标准中均规定不得使用石棉纤维，而 HJ/T 307 标准中没有提及此项要求。

又如，土耳其更新纺织类产品的标签和纤维成分要求。2015 年 4 月 25 日，土耳其海关和贸易服务部更新了纺织类产品的标签和纤维成分要求的法规标准，以符合欧盟法规 1007/2011。相较于之前的法规，此次更新主要针对纺织类产品中可能含有的非纺织品的动物原料（比如珍珠、真皮、皮革的领子或花边、羽毛饰品或者骨头配件）的标签和成分要求。其中新法规第 13 条规定任何纺织类产品中若含有动物原料，需在产品标签上清楚标明，如标明"包含非纺织的动物原料"（第 13 条）。新法规第 13 条（Article 13）适用于 2016 年 1 月 1 日之后投放市场的产品。其他法规条款的更新将在法规公布后生效。另外，此法规还包括了产品的市场控制和监督，且将由政府部门根据海关和贸易服务部于 2014 年 6 月 12 日在官方公报发布的市场监察与控制法规实施。若供应商的产品不符合相应规定条款，则会被给予一段纠正日期。若过了纠正日期产品仍不符合要求，则会被强制进行行政处罚。

前述分析表明，部分国家（如土耳其）对纤维成分制定了标准；特别是 OEKO – TEX® 100 标准中有害物质的限量范围正逐步与欧洲化学品管理局（ECHA）列入 REACH 法规的高度关注物质清单（SVHC）保持一致；而我国相关标准在此方面的更新还有待于进一步提高，同时应加大生态纺织品中相关项目的检测研究。

七　纺织服装产品的童装拉绳安全要求

部分国家政府则对儿童服装纺织用品作了基本安全技术要求，尤其是作为童装附件的拉绳。

这类案例主要有：欧盟发布新版童装拉绳安全标准。2014 年 12 月 31 日，欧盟发布新版欧洲标准《童装安全童装拉绳和绳带安全规范》（EN 14682：2014），于 2015 年 8 月 24 日生效。该标准为欧盟《通用产品安全指令》（2001/95/EC）的协调标准，符合该标准要求的童装，其拉绳也符合 2001/95/EC 的要求。新标准主要修改内容如下：口袋和钱包加入豁免清单；衣服上的穗状物被认为是装饰性绳带；如果经过评价后认为风险比较低，则可以使用功能性吊袢；新标准将超过 3cm 宽的腰部或胸部绳带定义为腰带；小于 3cm 宽的则被定义为装饰性拉绳；固定的蝴蝶结的自由端被认为是装饰性拉绳；新增立体装饰（three dimensional embellishments）的定义：附加在拉绳上且比拉绳宽或厚的装饰物；修订参考文献及附录 D 和附录 F 部分图片。

这类案例还有：法国公布新的国家标准 NF EN 14682，对部分技术条款进行更改。2015 年 2 月 28 日，法国标准化协会组织（AFNOR）公布了国家标准 NF EN 14682。在此之前，欧洲标准化委员会（CEN）于 2014 年 12 月 17 日颁布了 EN 14682：2014。EN 14682 覆盖所有 14 岁及以下儿童的服装，包括化妆服和滑雪服，但不适用于儿童用品和儿童护理产品、鞋、帽子、手套和围巾等。这一标准最初是响应欧盟的一个指令而制定的，于 2004 年颁布，并于 2006 年成为协调标准。2007 年，该标准进行了修改，更加清晰明确，但是没有技术上的更改，并于 2011 年成为协调标准。2014 年，该标准再次修订，进一步清晰和明确，同时也有一些技术上的修改。主要技术条款变更如下：删除了对皮带（除固定的皮带和腰带之外）的要求；将"头/颈后部"归到身体 A 区，不是 D 区；流苏花边现在被定义为一连串的装饰性绳索；固定的蝴蝶结的自由端被视为装饰性绳索。

此外，英国公布新的国家标准 BS EN 14682—2014，替代 BS EN 14682—2007。英国标准协会于 2014 年 12 月 31 日公布并实施标准《BS EN 14682—2014 童装安全童装拉绳和绳带规范》 （Safety of children's clothing. Cords and drawstrings on children's clothing. Specifications），替代原有的标准《BS EN 14682—2007 童装安全童装上的饰带和下摆束带规范》。

欧盟其他国家的公布时间均有不同。

这类标准主要是出于对消费者弱势群体"儿童"的特殊保护而制定发布，对用于儿童消费的纺织服装产业链上的设计环节提出了特殊的保护性要求。上述案例也反映了欧盟标准的协调性和同步性。

第二节 纺织服装产品的认证认可

有关纺织服装产品的认证认可典型案例是：全球有机纺织品认证（Global Organic Textile Standord，GOTS）的社会责任。GOTS 是资深标准认证机构和高科技和谐发展的结果。此认证标准的目的是确保有机纺织品从收获原材料、通过环保和符合企业社会责任方式生产，以及到最后产品包装贴标的规范性，以确保给最终的消费者带来可信赖的产品。这个新兴的、独特的认证标准要求纺织品制造商以全球公认的标准来规范其有机纺织品和服装的生产，这是实现纺织品标签协调化和透明化的一个重要措施。此外，有机纺织品认证标准涵盖了所有天然纤维种植、加工、包装、贴标、出口、进口、分销等的全过程。相关的社会责任要求包括：员工可自由选择工作，严禁强迫劳动或约束劳动；员工享有自由选择加入工会以及集体谈判的权利；企业应当采取措施，尽量减少工作环境中的危险因素，防范意外和健康伤害，给员工提供安全、卫生的环境；不得录用童工，未满 18 岁的未成年员工不得在夜间工作或从事危险工种；按国家相关法规支付员工正常（加班）工资，且需高于当地最低工资标准；员工每周工作不得超过 48 小时，且每周至少应有一天休假，加班需提供额外津贴；在雇用、薪酬、培训机会、晋升、解雇或退休等方面，不得有基于种族、阶层、国籍、宗教、年龄、残疾、性别、婚姻状况、工会成员资格或政治立场的歧视；需与员工签订正式的雇佣合同；不允许苛刻、不人道地对待员工。

上述 GOTS 认证，除对有机产品整个加工流程的数量核实、与常规纤维产品进行分隔和判别的评估、根据化学材料安全数据表对相关化学品的核查以外，企业的社会责任和员工权益也在认证的审核范围内。所有加工企业均需满足以国际劳工组织（ILO）基本标准为基础的最低社会责任标准，有机产品从纤维加工到制成服装的整个产业链中，所有从业人员均应得到尊重，由此推动积极的社会效应和社会公正性。

第三节　纺织服装产品的标签

纺织服装标签类案例则如日本修订纺织品护理标签标准。

近期，日本消费者事务厅（CAA）发布公告称，依照《家庭用品品质标示法》，为确保日常生活中使用的家庭用品的规格和品质表述更加正确，更好地保护一般消费者的利益，同时也与 ISO 护理标签系统相一致，日本消费者事务厅批准采用新的纤维制纺织品护理标签标准《纺织品—护理标签符号》（JISL0001：2014），并于 2016 年 12 月 1 日正式代替现行纺织品护理标签标准 JISL0217。新标准规定纺织品护理符号种类由原来的 22 种增至 41 种，分为洗涤、漂白、翻转干燥、自然干燥、熨烫、干洗以及湿洗七类标签符号，取代原先的水洗、漂白、熨烫、干洗、拧干以及晾晒六类标签符号。

还有，墨西哥修订纺织及成衣标签标准。墨西哥经济部实施的纺织和成衣产品标签的两项修订标准于 2015 年 9 月 9 日生效，并成为墨西哥强制性法规的一部分。并且必须符合强制性或自愿性标准要求。但是，所有超过 50% 纺织成分的成衣、成衣辅料、纺织产品以及家用纺织品，必须符合墨西哥官方标准强制性标签规定。新标准的主要改变是通用名称必须不用大写字母。此外，NMX – A – 6938 – INNTEX – 2013 "纺织品—天然纤维—通用名称和定义"取代 NMX – A – 099 – INNTEX – 2007，按照纤维结构组成或特定来源，提供最重要天然纤维的通用名称及定义。同时，该标准提供了普通名称列表，连同相关标准型号代码。重要改变是 "lana"（羊毛），及/或 "pelo"（毛发）等单词，现在可以加在某些动物纤维的通用名称之前。新标准还要求，对成衣和成衣配件，一个或多个永久性以及可阅读的标签，需要将带有西班牙文或西班牙文以外任何其他语言标签的信息附着在领口上、腰部或任何其他显眼的位置。这种标签信息必须包括商业品牌名称、纤维成分、尺寸、保养说明、原产国以及制造商/进口商的名称和地址，与自愿提及联邦纳税人登记号码。

此外，还有哥伦比亚修订服装、鞋和皮革产品标签要求。2015 年 9 月 22 日，哥伦比亚贸易、工业及旅游服务部颁布标签法案 3024 号决议，对 2008 年颁布的法案 933 号决议第 5.1 章进行修订并于 2015 年 12 月 22 日正式实施。修正要点如下：清晰阐明标签中可能用到的表达方式、缩写、符号和象形图；删除某些语言表述，如标签必须加盖、缝纫、粘贴、链接、印花或者刻录在产品上；若因产品的特殊设计或者材料使标签不能永久性加盖、缝纫、粘贴、印花或者刻录在产品上，则允许将标签信息黏附在产品包装上；阐明只有原产地和产品成分信息需要呈现在永久性产品标签上，其他信息可以呈现在非永久性的产品标签上。标签上所有信息需要使用西班牙语，除此之外，也可增加其他语言。产品标签至少包含原产地信息、产品成分信息、制造商或者进口商的注册号码或者进口商的纳税识别号。

上述国家政府对标签的规定，主要也是解决生产者与消费者之间的信息不对称，实现纺织服装产品的可追溯性，在产品生命周期内更好地保护环境与生态资源。

第四节　贸易流量与产业损害的实证检验

一　纺织服装产品贸易流量统计
根据国家统计局发布的数据分析：

在 2005—2014 年的对外贸易中，我国纺织服装出口总额从 2005 年的 1150.3 亿美元上升至 2014 年的 2984.26 亿美元，增长 159.43%；我国生丝、棉花、棉纱线、丝织物、棉机织物、亚麻及苎麻机织物、合成短纤与棉混纺机织物、地毯、非针织或钩编织物制服装、针织或钩编服装出口增长率分别为 39.10%、16.43%、47.34%、24.37%、108.87%、144.49%、134.50%、187.51%、126.41%、193.15%；数据表明，纺织服装一直保持外贸顺差并逐年递增态势。2015 年，我国工业制成品出口额占出口总额的 95.43%；纺织服装产品出口额占出口总额的 12.46%。其中，纺织纱线、织物及制品出口额占出口总额的 4.81%；服装及衣着附件出口额占出口总额的 7.65%。分析我国近十年对外贸易状况，纺织品服装进出口的贸易方式已由以加工贸易为主逐渐转向以一般贸易为主、加工贸易为辅的发展方向。伴随着产品结构的逐步优化和一般贸易的主力地位日益牢固，纺织品服装行业的增长方式也出现了转变，由于一般贸易的产业链基本都在国内，与相关产业的联系十分紧密，技术引进能够很好地发挥技术溢出效应，这必将促进纺织品服装相关产业全要素生产率的提高和整体产业结构的优化升级。然而，国际贸易实践中，纺织服装产业不断遭遇新的技术性贸易措施。

二　纺织服装产品技术性贸易措施产业损害调查分析

对国家质检总局 2005—2014 年"技术性贸易措施影响调查"发布的数据分析则显示：①影响比例：受国外技术性贸易措施影响的比例总体上低于平均水平；特别是 2010 年后受影响比例进一步低于行业平均水平。②直接损失：因国外技术性贸易措施而造成的直接损失虽然基本低于总体平均水平，但呈逐年递增的加重态势。③新增成本：因国外技术性贸易措施而新增成本基本低于行业平均水平；新增成本的高峰在 2008 年和 2013 年并超过了行业平均水平。④影响种类：在纺织鞋帽类企业受到影响的措施种类中，受到的最大影响是工业品中有毒有害物质限量要求，最高是 2011 年的 18.3%，随后有所回落；其次是技术标准要求、特殊的检验要求、产品的人身安全要求、标签和标志要求和环保要求的影响，且五者变化趋势较为一致，均在 2010—2011 年达到最高，随后回落；再就是认证要求的影响呈稳步上升态势，至 2014 年已接近第二位。⑤行业影响程度：在纺织鞋帽类企业中，受影响企业比例全国平均值为 29.2%，天津、浙江、安徽、福建、江西、河南、湖南、广东、广西、四川、陕西 11 个地区受影响的出口企业比例都高于全国平均值，其中河南地区受影响比例最高，为 63.6%，受影响比例最低的是云南地区，为 5.1%。

三 纺织服装产品技术性贸易措施产业应对启示

针对纺织服装产业面临的国外以标准为主要内容的技术性贸易措施，探讨应对技术性贸易壁垒策略：

（一）加大研发投入

纺织服装产品中的有毒有害物质将会对消费者带来安全隐患。因此，纺织服装生产企业应加大生态纺织品的研发力度，开发对人体有益的功能性纺织品，注重设计与营销能力的发展。

（二）积极与国际标准接轨

通过研发提升我国标准的国际化水平，密切关注国际先进标准动态，积极与国际标准接轨，促进我国纺织服装产业的结构调整与转型升级。

（三）提高检测水平

检测机构应及时掌握标准信息、适应科技发展，提高检测人员专业素质和检测水平，为生产企业和消费者提供可靠的检测数据，有效地解决生产者与消费者之间的信息不对称。

（四）整合资源促进产业集群升级

整合现有资源，促进我国纺织服装产业集群的升级发展是我国纺织服装产业发展的重要方向。针对产业转移、资源紧缺、成本上升现象，我国纺织服装产业应从量的扩张转向质的提高，从求大转向求强，实现产业转型升级。尤其在后配额时代应采取有力措施提高纺织品服装产业集群的水平，使我国纺织品服装产业的优势得到更好的发挥。

（五）倡导绿色环保理念

以新能源和环保为主旨的"低碳经济"正成为世界各国经济发展的目标，也必将成为纺织服装产业发展的新方向。针对纺织服装产业高污染特点，应主动跟踪国外先进的生态环境标准，通过提高我国纺织服装生态环境标准的科学性，逐步达到国际先进水平。

（六）扩大自主品牌

纺织品服装产业一般贸易份额的提高对我国纺织品服装在国际同行业的竞争能力提出了更高的要求，通过扩大自主品牌的影响力引导行业的发展是增强贸易竞争力的重要途径。我国纺织品服装企业要不断加大创新能力，逐步控制产业链上游的研发和下游的销售，努力提高产品的附加值，争取在市场上形成强有力的品牌效应。同时，纺织品服装企业不仅应注重产品质量的提高、品种的更新，更应注重品牌推广与营销，集中精力和资本，创立名牌，以一个品牌带动相关产品档次的提高，把成本优势与品牌完美结合起来，制定实施适用于国际市场实际情况的品牌设计与营销策略。

综上所述，各国对纺织服装的有毒有害物质进行了法律层面上的综合管控，对具体的有毒有害物质：偶氮染料（AZO）、甲醛（HCHO）、三苯基锡（TPT）和三丁基锡（TBT）化合物；重金属（Sb、As、Cd、Cr、Co、Cu、Pb、Hg、Ni）含量；阻燃剂（TDCPP、TCEP、TBPH、TBB、TCPP 等）含量；洗涤剂和染色助剂壬基酚聚氧乙烯醚（NPE）含量；等等，制定了限制性的标准。并对纤维成分、pH 值、色牢度，以及合格评定与标签也作了相应的标准规制。虽然我国纺织服装产业受国外技术性贸易措施影响比例、直接损失和新增成本均低于行业平均水平；但是，直接损失和新增成本呈逐年加重态势；而且，受影响最大的国外技术性贸易措施是"工业品中有毒有害物质限量要求"。这表明国外对于人类接触类材料和物品的安全要求日益提升。面对严峻的国际市场形势，技术性贸易措施倒逼我国纺织服装产业转型升级，出口企业应积极应对国外技术性贸易措施，持续优化出口产业结构，参照国际标准，完善产业链，培育自主品牌，提高产品附加值，开拓新兴市场，降低出口市场集中度，实行市场多元化战略，实现从数量规模增长向质量效益增长的转变。

第七章 化矿产品技术性贸易措施

化矿产业①在我国国民经济中占有极其重要的地位。2015 年，我国出口总值 22749.5 亿美元。我国化学品及有关产品出口值从 2005 年的 357.72 亿美元增加到 2014 年的 1345.43 亿美元，增长 276.11%。调查显示，近十年以来，化矿产业受到国外技术性贸易措施影响的直接损失额呈加重态势；特别是化矿产业受到的最主要的技术性贸易措施影响是"技术标准要求和认证要求"。因此，研究国外以标准为主要内容的化矿产业技术性贸易措施及其应对意义重大。

第一节 技术法规与标准：持续性环境污染物质控制"阈值"及高度关注物质

一 化学物质的综合管控

分析欧盟、美国、日本及土耳其对化学物质的综合管控案例。

2015 年 3 月 14 日，欧盟发布委员会法规（EU）No 2015/399—401，拟修订 1，4 - 二甲基萘、丙硫克百威、卡巴呋喃、丁硫克百威、乙烯利等 39 种物质在多种产品中最大残留限量。

美国环保局则刊登了一项对 22 种化学物质实施进口限制的最终规则，规定：任何人士有意生产（包括进口）或处理这 22 种化学物质的其中一种以进行被列为重要新用途的活动时，必须在展开该活动最少 90 日前通报美国环保局，让局方有机会评估相关的新用途，如有需要可以禁止或限制活动展开。受规则监管的化学物质是用作传热流体、工业塑料

---

① 化矿金属类企业，经营 HS 编码头两位为 25—38、72—83 的产品，主要涉及矿物产品、化学产品、贱金属及其制品等。

阻燃剂、聚合反应物、树脂涂料、净水器中间物、杀虫药和肥料制剂添加剂、电子物料的黏合树脂、工业用皮革软化剂、发光二极体晶片部件、塑料形态调节剂、工业油墨和染料成分、润滑油添加剂、用于聚合物生产的中间物以及其他用途。进口商必须证明这些进口化学物符合《有毒物质管制法》所有适用的规则及命令，包括重要新用途规定。此外，任何人士若出口或有意出口这些物质，均须遵守《美国法典》第 15 卷第 2611（b）条的出口通知规定，以及依循《美国联邦法典》第 40 卷第 707 部分 D 段的出口通知规定。意见截至 2015 年 7 月 6 日；规则生效于 2015 年 8 月 4 日。

日本《化学物质审查规制法》是世界最先进的有关化学品管理的综合性法律之一。2010 版《化学物质审查规制法》于 2010 年下半年全面实施，日本政府自 2010 年开始以法律形式要求从事化学品业务的相关企业就化学品产量、进口量以及用途等信息每年向政府报告一次。目的是对可能造成环境和健康危害的化学品进行严格管理，因而也被称为"日本版 REACH"。该制度是顺应国际上对化学品管理的潮流而实施的。

2015 年 1 月 14 日，土耳其消费品和贸易部门也发布公告 No. 29236，对某些消费品含有的有害化学物质进行市场监督和控制。受限材料及混合物主要涉及：偶氮染料、邻苯二甲酸盐、阻燃剂、镉、镍、有机锡化合物、全氟辛磺酸、壬基酚和乙氧基壬基酚/壬基苯酚/壬基酚聚氧乙烯醚、汞化合物、砷化合物；并规定了相应的限制条件及适用范围。此公告旨在对市场上某些消费品中有害化学物质的限制使用进行管控。

众所周知，欧盟、美国和日本从 20 世纪六七十年代就开始进行化学品环境管理立法，并逐步形成了比较完善的化学品环境管理法律体系。而国际社会从 20 世纪 80 年代开始订立了《关于在国际贸易中对某些危险化学品和农药采用事先知情同意程序的鹿特丹公约》等一系列协议和公约，旨在加强世界各国对化学品的环境管理。我国也制定颁布了一系列化学品环境管理法律法规，包括国务院 2002 年制定、2011 年修订的《危险化学品安全管理条例》，环保部 2003 年制定、2010 年修订的《新化学物质环境管理办法》等。但在实际执法过程中，我国化学品环境管理仍然存在有待进一步完善的空间。因此，借鉴国际化学品管理经验，完善化学品环境管理法律制度具有重要的理论意义和实践意义。

二　无机化学品的污染物控制

分析日本、加拿大及瑞典对无机化学品污染物的控制案例。

2015 年 7 月 1 日，日本向 WTO 秘书处发出通报（G/TBT/N/JPN/491），拟实施防止汞污染环境法（法案 No. 42/2015）。为确保履行关于汞的《水俣公约》①，进一步防止汞污染环境及影响人类健康和环境，日本拟实施防止汞污染环境法实施令。该法令要求政府采取措施禁止生产《水俣公约》附录 A 中列出的"规定的添加汞产品"，如按照公约允许的用途批准生产添加汞产品，及限制"规定的添加汞产品"作为其他产品成分使用。该实施令还宣布了低于公约的汞含量限制，及早于公约的淘汰日期。

加拿大则发布了《加拿大环境保护法》之下的有关汞的法规 SOR/2014 - 254，该法规已获得通过，并将于 2015 年 11 月 7 日生效。主要内容：①禁止。任何人不得生产或进口任何含汞的产品，除非该产品属于附录第一栏中的产品，产品中所含的汞含量等于或小于附录第二栏中的限值，且产品是在附录第三栏中的截止日期之前制造或进口的（如纽扣电池在 2015 年 12 月 31 日前的汞含量限值 25 毫克/电池）；或拥有符合该法规要求的许可证。②豁免。部分豁免予此法规的产品是：表面涂层材料法规定义的表面涂层材料或玩具法规规定的适用于玩具表面涂层材料；非电池产品，且产品的均质材料中的汞含量等于或小于 0.1%；非纽扣电池的电池，且产品的均质材料中的汞含量等于或小于 0.0005%；自 2016 年 1 月 1 日起，均质材料中的汞含量等于或小于 0.0005% 的纽扣电池；2016 年 1 月 1 日至 2019 年 12 月 21 日期间，安装在医疗器械中的纽扣电池，而且这些医疗器械是意图至少会留在人体内 30 天的。③标签。除某些特定产品之外，所有在加拿大生产或进口的含汞的产品需在其产品或包装上，用英语和法语，标示含汞申明、安全使用方法和应对意外泄漏的处理方法、产品处理和回收的方法、部分产品需按法规要求添加 Hg 的图标。

2015 年 7 月，瑞典化学品管理局发起了行动计划，对全氟化学品采取限制性措施，该计划将作为瑞典化学品管理局的无毒化运动的组成部

---

① 2013 年 1 月 19 日，联合国环境规划署通过了旨在全球范围内控制和减少汞排放的国际公约《水俣公约》，就具体限排范围作出详细规定，以减少汞对环境和人类健康造成的损害。

分，目的在于提高人们对全氟化学品的认识，并减少消防泡沫和防水纺织品中难以降解的氟类化学品的使用。另外，瑞典化学品管理局还计划与公司合作，逐渐用危险性较低的替代物取代全氟化学品，并对替代物的可行性进行评估。

上述国家政府为了控制与治理无机化学品污染物，发布了相应的政策法规。国际上各个国家及地区均加强对锌、锰、镍、钼、铜、铅、镉、锡、汞、钴、锆、银、铬、砷、钡、锶、锑、氟化物、氰化物、含氯化废水、含硫化废水等无机物质对环境影响的分析研究，并取得了一定的成效。我国也发布了《无机化学工业污染物排放标准》（GB31573—2015），这是我国无机化学工业一件大事，它标志着从此无机化学工业有了自己的污染物排放标准。

三 有机化学品的污染物控制

分析欧盟、美国、日本、韩国及印度等对有机化学品污染物的控制案例。

2014 年 12 月 17 日，欧盟委员会在官方公报上发布《持续性有机污染物指令》修订案（EU No. 1342/2014），主要内容：设定了溴二苯醚和全氟辛烷磺酸及其衍生物的限值标准；并在条例的控制物质清单中加入了六氯丁二烯、氯萘、短链氯化石蜡和硫丹。

2015 年 11 月，欧盟发布 EU 2015/2030 号法规，对《欧盟持久性有机污染物指令》（EC No. 850/2004）的附件 1 中有关持久性有机污染物的相关条例进行了修订，针对短链氯化石蜡（SCCP C10 – C13 chloroalkanes）的限制性措施进行了更新。具体内容如下：允许在欧盟生产、销售和使用短链氯化石蜡质量分数低于 1% 的物质或制剂；禁止在欧盟生产、销售和使用短链氯化石蜡质量分数等于或者大于 0.15% 的物品；豁免：2015 年 12 月 4 日前投入使用的矿业用传输带和大坝密封剂。

2015 年 11 月 20 日，印度食品安全与标准管理局（fssai）发布 2015 年食品安全与标准（污染物、毒素和残留物）修正案条例，修订 2.2 条有关作物污染物和自然产生的有毒物质的相关内容，污染物主要涉及：黄曲霉毒素、黄曲霉毒素 M1、赭曲霉毒素、棒曲霉毒素、脱氧雪腐镰刀菌烯醇；并规定了其在不同种类产品上的限量要求。

合成有机化学工业在原料供应、制造过程和产品运销等作业中，都可能排放出一些对环境有害的有机污染物，因此，近年来备受国际社会的高度关注。除上述案例外，美国早在 1990 年制定的《清洁空气法》中已提出对大气中有机化学品排放量进行控制的要求。美国环境保护局还以此组织研制对合成有机化学品排放的控制条例。此外，还有美国的《有毒物质控制法》、日本的《化学物质审查与生产控制法》和韩国的《有毒化学品控制法》等国外化学品管理法规；以及《关于在国际贸易中对某些危险化学品和农药采用事先知情同意程序的鹿特丹公约》（PIC 公约）、《关于持久性有机污染物的斯德哥尔摩公约》（POPs 公约）等国际公约；特别是我国的《危险化学品安全管理条例》《消耗臭氧层物质管理条例》《化学品环境风险防控"十二五"规划》《新化学物质环境管理办法》和《危险化学品环境管理登记办法（试行）》等国内重要化学品管理法规及政策文件。

四　生物杀灭剂活性物质规范

分析欧盟及南非对生物杀灭剂活性物质规范案例。

2015 年 9 月 15 日，欧委会分别发布 G/TBT/EU/311、312、313、314、315 号通报，颁布委员会执行法规草案，拟批准联苯 - 2 - 醇、C（M）IT/MIT 和拟否决三氯生、2 - 丁酮氧化物、2 - 叔丁氨基 - 4 - 环丙氨基 - 6 - 甲硫基 - s - 三嗪作为目前存在的一种活性物质用于生物杀灭剂产品中。

2015 年 2 月 13 日，欧盟委员会发布法规（EU）2015/232，修订及校正法规（EU）No. 540/2011 附件 Part A 中关于铜化合物的批准条件。所有成员国应根据法规（EC）No. 1107/2009，在 2015 年 9 月 6 日前修订或撤销现有的关于含铜化合物植物保护产品的授权；根据法规（EC）No. 1107/2009 第 46 章批准的宽限期应尽可能短并且最迟不超过 2016 年 9 月 6 日。法规（EU）No. 540/2011 附件 Part A 第 277 行活性物质铜化合物修订主要涉及"氢氧化铜、氧氯化铜、氧化铜、波尔多混合剂、三盐硫酸铜；纯度；批准日期；及其分则"。

2015 年 7 月 30 日，南非贸工部则发布 G/TBT/N/ZAF/191 号通报，提议对化学消毒剂强制性规范（VC8054）进行修订，其内容包含了用于无生命表面消毒的化学消毒剂相关要求，还包含了产品标识、产品包装上必须提供的信息以及上市前审核程序的具体要求。

回顾欧盟生物杀灭产品法规（EU，No. 528/2012），该法规是 2012 年 7 月 17 日生效、2013 年 9 月 1 日正式实施，并取代 1998 年出台、2000 年

5 月实施的生物杀灭剂指令 EU No. 98/8/EC（BPD Biocidal Products Directive），从而对欧盟市场的生物杀灭剂产品及其处理物品进行监管。BPR 法规整合了欧盟境内现存的对生物杀灭产品使用和投放市场的规则，并提出了"联盟授权"的概念（联盟授权允许通过该授权的生物杀灭产品直接投放整个欧盟市场，不需要进行国家授权后再通过相互认可）。BPR 对出口企业影响主要表现在：进口地区高度加强法规执行力度，统一标准；处理物品进入 BPR 监管目录；发布许可供应商清单，强制分担评估成本；收费高昂，对中小企业造成较大负担等。因此，授权是 BPR 法规下最主要的义务，企业向 ECHA 和成员国主管当局成功递交生物杀灭产品的授权卷宗，获得授权之后方可将该生物杀灭产品投放欧盟市场。

五　高度关注物质的发布

分析欧洲及美国发布的高度关注物质案例。

2015 年 6 月 15 日，欧洲化学品管理局正式发布第十三批高关注物质（Substances of Very High Concern，SVHC），这份清单共涉及："邻苯二甲酸二（C6 - C10）烷基酯①、（癸基，己基，辛基）酯与 1，2 - 邻苯二甲酸的复合物（邻苯的含量不低于 0.3%）②"和"2 - （2，4 - 二甲基 - 3 - 环己烯 - 1 - 基）- 5 - 甲基 - 5 - （1 - 甲基丙基）- 1，3 - 二恶烷①、2 - （2，6 - 二甲基 - 3 - 环己烯 - 1 - 基）- 5 - 甲基 - 5 - （1 - 甲基丙基）- 1，3 - 二恶烷②及①②这两个物质的任意组合"两类有毒有害化学物质；分别具有："生殖毒性（Article 57 c）"和"高持久性、高生物累积性毒性 vPvB（Article 57 e）"；分别存在于"增塑剂、润滑剂"和"香水、肥皂、洗衣粉等日化产品"中。将来有可能被列入附件 XIV 的需授权物质清单中。截至此发布，SVHCs 高关注物质清单共有 163 种物质，其中 31 种物质加入授权清单。

2015 年 8 月 14 日，美国加州环境保护局环境健康危害评估办公室（OEHHA）正式将"阿特拉津、扑灭津、西玛津、脱 - 乙烷基 - 莠去津、脱 - 异丙基 - 莠去津、2.3 - 二氨基 - 6 - 氯 - 均三嗪"六种物质列入《加州 65 号提案》的"生殖毒性物质清单"中。这是基于美国环保局的决定，科学评估认为这六种物质会造成女性生殖毒性。评估标准的依据为《加州法典》第 27 章第 25306 部分（Title 27，Cal. Code of Regs.，section 25306）。

众所周知，高度关注物质（SVHC）源自欧盟《化学品注册、评估和授权（REACH）法规》（EC）No. 1907/2006；是指：具有致癌性、诱导有机体突变和生殖系统毒性（CMRs）的物质、持久生物积聚的有毒物质（PBT）、非常持久的非常生物积聚的物质（vPvBs），以及导致内分泌失调的物质等对人类健康和/或环境造成危害的物质。SVHC 不是由其作为成分的用途来确定的，而是由其更广泛的危害分类标准来确定的。如欧洲化学品管理局（European Chemicals Agency，ECHA）所描述的授权前两个步骤是确定 SVHC 物质并把该物质加入"候选清单"，以及对加入 REACH 附件 XIV（授权使用清单）中的物质确定优先次序。按照欧洲委员会（EC）的要求，欧盟成员国主管机构（MSCA）/欧洲化学品管理局可能需要准备 Annex XV，以便确定 SVHC。根据规定，上述化学物质一旦列入高关注物质清单，物质、含物质的配制品以及物品的供应商届时将履行相应的义务，如传递 SDS 或进行 SVHC 通报等。REACH 法规第 7 条第 2 款表明，如果物品中含有 SVHC 物质，且满足以下两个条件时，生产商或进口商需根据法规第 7 条第 4 款向 ECHA 进行通报，且通报内容和格式必须符合相关通报要求：高关注物质在物品中的含量超过 1 吨/年；高关注物质在物品中的质量百分浓度超过 0.1%。符合上述要求的物品企业需要在 SVHC 物质发布之日起 6 个月内完成物品中相关物质的通报。但是，如果物质在物品中的用途已经完成注册或者物质在物品中不会发生暴露情况，那么通报可以豁免。

六　矿产品的进口植物检疫要求

分析马来西亚对进口矿产品植物检疫规定案例。

为了降低和消除动植物病、虫、害传入的风险，马来西亚自 2014 年 7 月 1 日起，对进口矿产品全面实施进口许可证制度，所有进口矿产品均需获得农业部签发的进口许可证，并提供出口国出具的植物检疫证书，没有许可证或植物检疫证书的进口货物一律做退运或销毁处理。按照马来西亚官方要求，出口国植物保护机构须参照《国际植物检疫措施标准——采用系统综合措施进行有害生物风险管理》（ISPM 第 14 号），采用系统方法对出口矿产品的来源、收集、加工、储存等各个环节进行检查，并对相关风险信息及采取的风险管理措施实施评价，保证货物不带有泥土、害虫、线虫、草籽、土壤传播类疾病、未加工的植物体、植物残体、寄生虫、鸟类、反刍动物、排泄物和其他经处理过的动物体，以及金属异物和其他污染物。

上述国家案例说明部分国家即使对矿产品也规定了开采、加工、生产等环节上的植物检疫要求，旨在保护本国的环境资源。因此，作为出口矿产品企业，要了解贸易对象国家有关进口矿产品的植物检疫要求，加强与客户的沟通，及时办理相关许可证和植物检疫证书；做好原矿收集、选矿、加工等环节的有害生物及其他污染物的风险控制；加强储存和运输环节的管理，避免产品受到二次污染。

第二节　化矿产品认证流程

分析欧盟 DEHP 和 DBP 的授权批准、REACH 注册流程变动案例。

2015 年 3 月 18 日，欧盟委员会发布了 REACH 法规附件 14 "需授权物质清单"中邻苯二甲酸二辛酯（DEHP）和邻苯二甲酸二丁酯（DBP）的授权批准决定，允许英国 Roxel 公司在以下工业用途中使用这两种化学物质：用于火箭和战斗导弹里固体推进剂的制造；用于火箭和战斗导弹的马达上的表面涂层油漆。原因是：这两种物质的风险可以得到充分控制；在火箭和战斗导弹的研发过程中，找不到合适的替代品以替代它们。

2015 年 11 月 2 日，ECHA 发布计划在 REACH 注册流程中进行一些更改的概要。这些更改将会结合 2010 年以及 2013 年注册截止日的一些以往的经验，同时也会反映出一些新的法规层面要求。更改的四个主要区域：一物质一注册；一个更新过的完整度检查过程将被实施，包括更改过的对于注册完成度的判断规则；IT 工具修正；更好地由注册卷宗的信息传播。

上述案例中，REACH 法规中的需授权物质是指从欧盟高关注物质（SVHC）中筛选出对人类健康和环境危害较大，并将其列入 Annex XIV 的需授权物质清单的有毒有害物质。对列入需授权物质清单的物质，供应链上的生产商、进口商或下游使用者必须对物质及其用途进行申请，才能获得使用或投放欧盟市场的权利。REACH 注册流程的更改则是为 2018 年注册截止日作准备；以及 IT 工具功能的提高及改善；并使所要求的信息更加明确，联合提交的概念得到加强。这些案例也值得相关出口企业进行关注。

第三节　化矿产品标签法规

分析欧盟及泰国的标签案例。

从 2015 年 6 月 1 日起，欧盟 CLP 法规（Classification, Labeling and Packaging Regulation）将会成为物质与混合物分类和标签的唯一法规。CLP 法规（Classification, labeling and packaging）即欧盟 1272/2008 号法规，全称为物质和混合物（配制品）的分类、标签和包装法规。同时，CLP 法规也是全球统一的分类与标签系统（GHS）（全球 GHS 法规介绍及相关服务）在欧盟的具体体现，已于 2009 年 1 月 20 日正式生效。CLP 法规生效后，原有的危险物质导则（DSD）67/548/EEC 以及危险配制品导则（DPD）1999/45/EC 将逐步被废止。根据 CLP 法规第 4 条规定，如果物质和混合物（配制品）不符合 CLP 法规要求，将不能投放欧盟市场。2009 年 1 月 20 日至 2010 年 12 月 1 日对于物质和混合物均必须符合 DSD；CLP 并不强制。2010 年 12 月 1 日至 2015 年 6 月 1 日对于物质必须同时符合 DSD 和 CLP；对于混合物均必须符合 DSD，CLP 并不强制必须同时符合 DSD 和 CLP。2015 年 6 月 1 日，CLP 法规将完全取代 DSD 和 DPD 成为物质以及混合物对应的唯一法规。

2015 年 3 月 11 日，泰国消费者保护委员会办公室（OCPB）发出 G/TBT/N/THA/456 号通报，发布有关含铅涂料标签控制要求通知草案，该草案包括涂料的定义及有关标签内容和字体大小。涂料是指涂于房屋或建筑物的内部或外部的一种装饰颜料。含铅涂料标签控制要求必须与委员会有关标签通知第 1 条和第 3 条相符合 [该通知于 1998 年 9 月 23 日发布，通知号为 BE 2541（1998）]，标签还必须包含如下信息：涂料中的含铅量（以 ppm 计）；如果含铅量超过 100ppm，必须附上如下警示语："铅可能对大脑和红细胞有害，禁止涂于房屋或建筑物"，字体必须用红色粗体，大小与白色背景色对比不得小于 5mm 且必须置于醒目位置。

上述欧盟法规的实施，标志着企业除应对 REACH 法规以外，同时也需要符合 CLP 法规的要求，方能顺利地实行对欧贸易。泰国的有关含铅涂料标签控制要求也是出口企业市场准入的条件之一。

第四节　贸易流量与产业损害的实证检验

一　化矿产品贸易流量统计

国家统计局发布的数据计算表明，2015 年，我国出口总值 22749.5 亿美元；其中，出口工业制品 21709.72 亿美元，占出口总值的 95.43%。工业制品的化矿产品中，出口矿物燃料、润滑油及有关原料 279.41 亿美元，占出口总值的 1.23%；出口化学品及有关产品值 1295.96 亿美元，占出口总值的 5.70%。我国矿物燃料、润滑油及有关原料出口值从 2005 年的 176.22 亿美元（占出口总值的 2.31%）增加到 2014 年的 344.46 亿美元（占出口总值的 1.47%），增长 95.47%；我国化学品及有关产品出口值从 2005 年的 357.72 亿美元（占出口总值的 4.69%）增加到 2014 年的 1345.43 亿美元（占出口总值的 5.74%），增长 276.11%。可见，我国资源型的矿物燃料、润滑油及有关原料出口占比十年间有所下降；而工业制成品的化学品及有关产品出口占比则有所上升。上述分析表明我国出口化矿产品结构正在不断地优化。

二　化矿产品技术性贸易措施产业损害调查分析

国家质检总局 2006—2015 年组织的"技术性贸易措施影响调查"发布的数据计算显示，分析不同行业受国外技术性贸易措施影响的比例，受影响比例总体低于平均水平的行业是：化矿金属类行业、纺织鞋帽类行业、橡塑皮革类行业和木材纸张非金属类行业。其中，化矿金属类行业 2006—2012 年是受影响比例最低的行业，但 2012 年达到最低点（19.5%）之后升高，并接近总体平均水平。

分析不同行业 2005—2014 年因国外技术性贸易措施而造成的直接损失额情况，直接损失额呈加重态势的有机电仪器类行业、化矿金属类行业和纺织鞋帽类行业。其中，化矿金属类行业直接损失自 2010 年开始超过行业平均水平并震荡上升，除 2013 年外，基本居于各行业第二位。

分析不同行业 2005—2014 年新增成本情况，新增成本基本高于行业平均水平的有机电仪器类行业和化矿金属类行业。2005—2007 年，化矿金属类行业新增成本位居各行业第一位，2008 年及之后则让位于机电仪器类行业，2009 年达到最低点，2010 年又升至接近机电仪器类行业的水平，随后有所下降。

分析 2006—2014 年不同行业受到技术性贸易措施影响的种类，化矿金属类企业受到影响最主要的措施是技术标准要求和认证要求，其中2012 年认证要求影响达到最大（17.7%），且呈震荡上升趋势，这与当时东盟部分国家和印度等国纷纷出台对钢铁产品的认证措施有一定关系。呈上升态势的措施还有厂商或产品的注册要求、标签和标志要求、工业品中有毒有害物质限量要求和木质包装要求。其中，厂商或产品的注册要求在 2008 年之后处于逐年上升态势，标签和标志要求则一直处于上升态势。分析原因，这应与欧盟 REACH 法规自 2008 年 6 月 1 日开始实施，以及联合国化学品分类和标签协调系统（GHS）被越来越多的国家采纳有着密切的关系。木质包装要求除 2013 年较低外，总体呈震荡上升趋势。呈下降态势的措施为特殊的检验要求。呈波动态势的措施有包装及材料的要求，且波动幅度逐年趋缓。

三　化矿产品技术性贸易措施产业应对启示

针对化矿产业面临的国外以标准为主要内容的技术性贸易措施，探讨应对技术性贸易壁垒策略：

（一）控制化学品污染

化学品已成为人们日常生活不可缺少的一部分；但是，不少化学品在生产、运输、燃烧和使用等过程中会产生有毒有害物质。因此，控制化学品的污染危害，必须采取：制定和健全环境立法，加强环境执法力度；加强对重点有害化学品的管理；推行清洁生产，严格控制有害化学物质的排放；强化危险废物管理；普及国内外化学品安全、环境保护知识。在产能相对比较过剩的重化工的某些领域实现适度的产能调整。

（二）规范生物杀灭剂活性物质出口

欧盟生物杀灭剂法规在很大程度上制约了我国出口欧洲的产品，尤其是消费品。生物杀灭剂以及将用生物杀灭剂处理过的产品投放于欧盟市场的企业应：需确保生物杀灭剂、所有被处理生物杀灭剂产品，或这些产品中含有的活性物质在该产品类型的使用，已获得批准或正在批准审核过程中；在生物杀灭剂处理过的产品的标签上添加某些特定信息，标签应该清晰、易读、持久；必须在接到顾客请求的 45 天内免费提供该生物杀灭剂处理过的产品的生物杀灭剂处理信息。

（三）明确国外对矿产品的进口要求

掌握进口国家对矿产品的植物检疫等要求。从低碳化视角优化中国矿产品贸易产品结构，提升贸易质量，在扩大矿产品贸易的同时，保护好自然生态环境，推动中国由矿产品贸易大国向矿产品贸易强国转变。充分利用技术性贸易措施的反制机制，谨防进口矿产品放射性和氟、砷、汞含量超标问题的隐患；警惕进口矿产品的质量波动，杜绝进口矿产品"粉块夹杂""以次充好"和"夹带杂物"等恶性案件的发生。

（四）有效跨越技术性贸易壁垒

针对化矿出口企业遭遇进口国设置的技术性贸易措施，应该从以下几个方面提升化矿出口产业应对能力：产品认证要求、出口厂商或产品注册、有毒有害物质的限量要求、产品技术标准的特殊要求、产品包装及材料要求、产品标签和标志要求、产品的特殊检验要求、产品的环保要求、产品的安全要求、计量单位要求、木质包装要求等。同时，出口企业必须动态跟踪国外技术性贸易措施，提高应对的针对性和适宜性，从而有效跨越国外技术性贸易壁垒。

综上所述，近十年来，我国出口化矿产品增长迅速、结构不断优化。然而，各国对化矿产品的有毒有害物质进行了法律层面上的综合管控，对具体的无机污染物、有机污染物、生物杀灭剂、高度关注物质进行了含量限制，对认证与标签制定了规定和要求。虽然化矿企业受国外以标准为主要内容的技术性贸易措施影响比例相对较低；但是，直接损失和新增成本却高于行业平均水平，直接损失呈加重态势，新增成本呈减轻态势，表明国外技术性贸易措施影响程度较深，但出口企业已经积累了一定的经验。化矿产业受影响最大的国外技术性贸易措施是"技术标准"。化矿产业应控制化学品污染、规范生物杀灭剂活性物质出口、明确国外对矿产品的进口要求，从而有效跨越技术性贸易壁垒。

第八章　美国技术性贸易措施

　　技术性贸易措施主要通过技术法规、标准、合格评定程序、卫生与植物卫生措施等加以实施，第八章至第十一章基于技术法规、标准、合格评定视角，介绍国外代表性国家和地区的技术性贸易措施体系。主要内容包括：欧盟、美国、日本和东盟等国家和地区的法律法规体系（非局限于 TBT 协定的"技术法规"）及相关政府机构、标准体系及标准制定机构、合格评定体系及相关合格评定机构，以及政府与非政府机构相互关系、具体运转等基本状况。

　　本章主要研究美国的技术性贸易措施。美国宪法决定了美国制定有关法律法规的权力在联邦和州政府之间是分散的，制定法规和进行合格评定的权力始终是和各州紧密联系在一起的。

第一节　美国的技术法规体系及有关联邦政府机构

一　美国的法律体系

　　美国是一个联邦制的国家，其法律是一个分散的体系，是由联邦法律和州法律组成的。联邦法律高于州法律，但是，联邦法律只能在联邦宪法授权的范围内规范各州的法律事务。各州都有自己的宪法和法律，州内的市镇也有自己的法令。联邦、州及地方法律都是美国法律体系的重要组成部分，在规范和管理社会生活中发挥着重要的作用。

　　美国法律体系属于英美法系（或称普通法系），法律渊源既包括判例法，也包括制定法。判例法在整个法律体系中占有非常重要的地位。19世纪后期，随着美国政治经济文化和法律发展的需要，美国国会的立法大量增加，各种配套的法律法规相继出台，都是以制定法的形式出现。

大部分制定法都属于联邦法律，而且多属于公法的范畴，各州的制定法也有不同程度的增长。虽然制定法或成文法在现代美国法律制度中占有重要位置，但判例法或不成文法仍然是美国法律的基础。

《美国法典》（United States Code，USC）是众议院法律修订委员会制定和发布的美国永久性法律汇编。除《独立宣言》《美国宪法》等少数几个宪法性质的法律文件以外，联邦国会将所颁布的法律按照主题汇编成《美国法典》，共 50 篇。1925 年，美国国会授权编纂的《美国法典》出版。每六年整理出版一次。

《美国国会法案汇编》是由国会制定通过的法律汇编。由总统签署后便被赋予一个编号被正式出版发布。由官方出版机构先行缩印的法律单行本可以作为行政和司法引用的依据。在每届国会结束后，每一届国会通过的法律由官方出版机构再编印一个官方法律汇编，称为《美国国会法案汇编》。汇编按照时间顺序编排，其中包括了有关法律修订的相关信息。由于《美国国会法案汇编》是按照每届国会通过法律的时间顺序编排的，无法了解现行有效的某一方面的法律规定的全貌，查找也比较困难。

《联邦法规汇编》（Code of Federal Regulations，CFR）是美国行政部门和有关政府机构在《联邦记事》（Federal Register）上颁布的永久性法规文件汇编，1936 年联邦政府参照《美国法典》开始进行行政法规的编纂。《联邦法规汇编》分为 50 篇，覆盖了联邦法规管制的广泛领域。50 篇的分类主题并不完全与美国法典的 50 个分类主题相对应。为编辑和查找方便，《联邦法规汇编》在一定程度上是按照不同联邦机构管理的内容进行分类的。每一篇包括不同的章，从章的标题通常可以看出发布法规的部门。章进一步细分为节，每一节都列出了 CFR 所引用的文件。与技术性贸易措施有关的 CFR 主要包括：第 7 篇农业；第 9 篇动物和动物产品；第 15 篇商业和对外贸易；第 16 篇商务行为；第 18 篇保护能源和水资源；第 21 篇食品和药品；第 24 篇住房和城市发展；第 40 篇环境保护；第 42 篇公共卫生；第 47 篇电信；第 49 篇运输等。CFR 每年修订一次，全部内容分为四部分，每季度修订一部分。技术性贸易措施领域所涉及的有关联邦政府部门颁布的强制性技术法规，都可以从中找到最新版本。

因此，美国的技术法规体系所涉及的法律法规首先是《美国法典》或《美国国会法案汇编》内包括的永久性法律及其他法律，这些文件主要是为技术法规提供一个法律基础，同时也包括一些强制执行的技术性规定。其次是《联邦法规汇编》内包括的部门法规和相关管理规定，这是联邦技术法规的主体和主要表现形式。最后是各州及地方政府从本地管理需求角度出发制定的技术法规和规范，这些技术法规与联邦法规同样重要，而且更为分散复杂。

美国制定技术法规非常注重制造商的合格声明（或自我声明）。制造商的合格声明是合格评定最古老和最简单的形式，美国市场绝大多数交易仅涉及买方和卖方，没有任何第三方的参与，不管是政府还是私人机构。这种方式之所以在美国获得成功，有以下几个方面的原因：①对于证明对公众安全或环境有危险的产品，美国立法和司法体系会给予严厉的惩罚；②相应法律保证美国消费者通过各种新闻媒体等多种途径可以获得劣质或危险产品的信息。也就是说，美国公众在消费方面的知情权是有充分的法律保障的；③美国市场庞大，消费者如果对某种产品不满意，可以选择其他有竞争力的产品；④美国法律和法规体系有很多产品标签和广告真实性的要求。

除依靠制造商的合格声明以及标签和广告真实性有关要求来有效地实现市场保护目标以外，政府常常会依靠有关行业的自我约束政策。许多私人工业或贸易协会实施合格评定制度，特别是产品认证制度来提高行业的声誉，这种制度为制造商建立产品最低程度的质量或安全要求提供了保证。

虽然美国在很大程度上依靠制造商自我声明符合强制性和自愿性要求，以及工业界自我政策约束方面的努力，但如果产品不符合要求，政府相关机构仍有权力对制造商或分销商采取强制性措施。如果制造商的自我声明或行业自我政策约束不够有效，政府机构也会直接参与产品的强制性合格评定。如果问题只限于某个地方的特定产品，将由州或地方政府负责。如果在全国范围内存在严重问题，而州和地方政府不能妥善解决，联邦政府将进行干涉。当议会通过某种法律，授予某个联邦政府机构处理全国性问题的权力时，联邦政府将制定法规对相关法律进行规制。

二　技术法规的发布

美国从法律的高度对技术法规的发布提出了具体的程序性和透明度要求。这些法律为有关利益方参与技术法规的制定提供了一个信息沟通结构和框架，特别是为联邦记事体系提供了法律基础。与技术法规制定和发布程序有关的法律主要包括：

《联邦记事法》（44USC 第 15 章）：《联邦记事》是美国联邦政府日常发布官方信息的出版物。信息包括：正式发布的法规和规章、法规草案、联邦政府部门和机构的公报，以及其他行政规章和总统行政命令等。随着美国国会授予联邦政府部门和机构越来越多的职责来发布法规，法规的数量越来越多，产生了严重的沟通和透明度问题，没有一个集中的公告体系使公众和商业机构有效地知晓影响他们的法规。议会注意到建立这样一个集中体系的需求，并于 1935 年通过了《联邦记事法》。根据法律建立了一个统一的处理各部门法规的体系，并提出如下要求：向联邦记事办公室提交法规文档；把法规提交公众评议，确定征集意见的截止日期和处理公众意见的部门；在《联邦记事》上公布文件；在联邦法规（CFR）体系中给予永久编号。

《行政程序法》（5USC551）：联邦政府只有经过广泛的公众评议程序，才能制定法规。行政程序法规定了法规制定的一般程序，美国联邦政府机构必须遵守。例如，对于实体法规的发布，行政程序法要求法规制定机构必须：①在《联邦记事》上发表一个拟议法规的公告，公告必须表明拟议法规的内容、制定法规的负责机构和公众参与的时间及地点；②给有关利益方提供充足的时间提交对拟议法规的书面意见；③在法规生效前至少 30 日发布一个最终法规公告，包括法规的依据和目的的声明及对收到所有具体评议意见的答复。法规制定程序通常情况下由一个政府机构发起，但是行政程序法规定美国政府机构应给予有关利益方提出发布、修订法规请求的权利，如果请求具有实际价值，则开始提出法规草案。有时议会也会要求政府机构开始法规制定程序。

《阳光政府法案》：为了尊重公众尽可能获得关于联邦政府决策过程信息的权利，《阳光政府法案》要求政府部门和机构的会议应向公众开放，除一些有特别规定的可以例外。该法案还要求在《联邦记事》上公布会议的时间、地点、主题、部门机构的联系电话以及说明是否对公众开放等信息。

三　有关联邦政府部门及其技术法规体系

具体法律的实施及相关技术法规的制定发布和实施总是与某类产品和某个政府部门联系在一起的，下面从几个与技术性贸易措施有关的重点产品领域和联邦政府部门的角度对美国的技术法规体系及其实施的具体内容进行介绍。

（一）美国消费品安全委员会（CPSC）

CPSC 是根据《消费品安全法》建立的一个独立的健康和安全法规机构，是确认广泛的产品危险并采取行动的联邦政府机构。

CPSC 管制的法律主要包括《消费品安全法》（15USC2051—2084）《联邦危险品法》（15USC1261—1278）、《可燃纺织品法》（15USC1191—1204）、《防止有毒包装法》（15USC1471—1476）、《电冰箱安全法》（15USC1211—1214）5 项。根据相应法律，发布了一系列的技术法规（CFR）。根据《消费品安全法》发布的技术法规包括纸板火柴安全标准（16CFR1202）、自行车头盔安全标准（16CFR1203）、香烟打火机安全标准（16CFR1210）、多用途打火机安全标准（16CFR1212）、剖草机安全标准（16CFR1205）、含铅油漆受禁条例（16CFR1303）等。根据《联邦危险品法》发布的技术法规包括：小部件受禁条例（16CFR1501）、对电动玩具或其他欲供儿童用电动商品的要求（16CFR1505）、烟火装置（16CFR1507）、摇铃要求（16CFR1510）、奶嘴要求（16CFR1511）、自行车要求（16CFR1512）等。

与消费品有关的伤害问题通常无法单纯由各州或地方解决，CPSC 作为负责健康和安全的联邦政府机构的身份非常重要。其基本使命是保护公众免受消费品的伤害，帮助消费者对产品进行评价，制定统一的消费品安全标准并尽量减少相关的州和地方法规，推动有关产品伤害的研究调查和预防。CPSC 保护美国公众避免受到 15000 类消费产品的伤害，包括玩具、电器产品、服装等。平均每年在 CPSC 管制的消费品范围内发生22000 例死亡和 2900 万以上的伤害事件，这些伤害以及相关的财产损失每年给美国公众造成的损失达 5000 亿美元以上。

CPSC 行使其管理职能和保证产品安全的途径包括：

1. 减少产品对儿童和家庭的伤害

CPSC 把危险分成儿童危险、火灾和电击危险、儿童接触的有毒物质和其他化学品危险以及家庭和娱乐危险。对每种危险，CPSC 主要采用三种措施减少伤亡：

（1）制定和强化安全标准。CPSC 对产品伤害原因进行调查，并利用得到的信息来制定和强化安全标准，CPSC 可以建议制定或修改自愿性安全标准，如果没有可行的自愿标准，可以制定或修改强制性安全标准。自愿标准不仅与强制性法规同样有效，而且实施更为快捷、成本低。CPSC 在自愿标准制定过程中，可以参与若干个环节。CPSC 向自愿标准委员会提出制定新标准和修改现有标准的建议，标准委员会对提出的要求进行讨论，完成达到要求所需要做的技术工作，公布草案供公众评论，并最终发布标准。CPSC 通过提供基于伤害事件数据分析的专家建议、技术支持和信息来参与整个过程。CPSC 的自愿标准政策并不允许他们参与对标准草案的投票，但是其意见在整个过程中都将予以考虑。

安全标准也可以通过法规的方式制定，CPSC 负责实施 5 个法律并发布了许多相应的法规。CPSC 通常与工业界合作，制定有效的自愿标准，如果他们发现自愿标准不能消除或有效地减少伤亡危险，或自愿标准不太可能被广泛地遵守，就会发布强制性法规。发布强制性法规的程序要求公众至少有一次机会进行评议。

（2）缺陷产品和违反安全标准产品的召回或维修。对违反强制性标准和缺陷产品最重要和最有利的工具就是召回或维修，虽然在产品进入市场前 CPSC 并不进行批准，一旦产品违反了强制性安全标准和存在缺陷，并有造成伤害的危险，CPSC 将与公司合作，使产品退出市场。CPSC 通过自己的调查来确认缺陷产品。另外法律要求公司向 CPSC 报告产品的潜在危险或违反标准的情况，如果评估证实需要召回产品，CPSC 就会与公司合作召回缺陷产品。若公司拒绝召回缺陷产品，可强制执行。

（3）警示公众。CPSC 通过各种媒体向公众发出关于产品危险的警告。包括报纸、电视、网络、电话等。

2. 确认和研究产品危险

包括危险的确认和分析及产品的安全研究。

CPSC 是一个靠数据说话的机构，在其对产品造成伤害的原因和范围的分析进行数据收集的基础上做出决定。这些信息可以从多种途径获得。如国家电器伤害监督系统（NEISS）从医院收集信息并对产品造成的伤害进行统计，对事件进行跟踪调查，以确定伤害的原因及涉及的产品等情况。CPSC 对这些数据进行分析确定危险的范围和性质，确定导致伤害的原因和类型，并通过技术分析和产品测试对可能减少伤害的途径进行评价。为了提高调查涉及消费品的复杂安全问题并找到解决方案的能力，CPCS 还开展产品安全方面的研究工作。

（二）联邦通信委员会（FCC）

FCC 是美国政府授权管制无线电、通信及数字设备的机构。受法规管制的数字设备只有得到 FCC 的设备授权（认证）才能销售。FCC 规定的合格评定程序包括合格声明（DOC）、FCC 认证等。所有评定合格的设备，都必须加贴规定的标识，并有规定的 FCC 合格声明。FCC 通过市场监督检查保证市场上有关设备符合相应的要求，必要时抽取样品进行测试。在美国，接入公用电话交换网络的设备在进入市场前必须经 FCC 注册。

FCC 实施的主要法律是《电信法》，其中规定了无线电、电信等设备电磁兼容、频率范围等方面的要求，还规定了对不符合 FCC 法规的惩罚规定，FCC 有权对违法者处以罚款。FCC 制定的相应技术法规包括 15 CFR，47 CFR 第 0、1、2、15、68 部分的相关内容。这些法规包含了涉及进入美国市场的无线电及数字装置的电磁干扰（EMI）以及保护电话网络免受破坏等法规。

例如，根据 47 CFR 2.909、2.931、2.953、2.1073 的规定，如果进口商和制造商在验证的或自我声明的产品上加贴了符合性标识，应保证销售的每个设备都将与测试的设备一致，除了由于批量生产和基于统计基础的测试可预期导致的差异。根据 47 CFR 2.943、2.945、2.946、2.956、15.29 的规定，FCC 实施一个市场销售设备抽样检查计划，以确定是否符合法规规定的销售要求。FCC 还保留权利，要求制造商提供一个或多个设备样品并送到 FCC 的测试实验室，费用由制造商支付。

为了有效地实施有关法规，FCC 还发布了一系列公告、规则、备忘录等，对相关法规进行解释说明，并提供指南。

FCC 建立的电信认证机构（TCB）体系，由私人电信认证机构代表 FCC 处理 47 CFR 第 15 部分要求的认证申请和 47 CFR 第 68 部分要求的注册申请。一旦建立了足够的 TCB，FCC 将不再处理个人计算机和个人计算机外围设备的认证申请。所有的申请将由 TCB 处理。TCB 将由 MTST 的国家自愿合格评定评估体系（NVCASE）或 NI 所指定的符合 ISO 指南 61 的认可机构认可。TCB 本身必须获得 ISO 指南 65 和 ISO 指南 25 认可。根据相互认可协议（MRA）的有关条款，在一定条件下，将允许美国以外的机构根据 FCC 的规定对设备授权。

如果设备需要通过合格声明获得 FCC 的设备授权，对设备进行测试的机构应该通过基于 ISO/IEC 指南 25 的实验室认可。FCC 承认的认可机构是国家标准和技术研究院（NIST）的国家自愿实验室认可体系（NV-LAP）和美国实验室认可协会（A2LA）。一旦在认可机构之间有相互认可协议（MRA），FCC 也将承认基于外国认可机构的测试实验室认可。在美国与欧盟之间的 MRA 框架下，美国将允许欧盟利用自己的国家认可机构认可的测试实验室来支持合格声明授权程序，但条件是他们已经被欧洲委员会向美国指定为合格评定机构。相应的美国 ANSI C63.4 等标准必须包括在认可范围内。

设备在提供销售的时候要以书面形式向潜在的买方说明，销售的设备受 FCC 法规管制并且在发运到买方或其他分销中心之前将符合有关的法规，对于概念性的、开发过程中的或生产前的设备，允许在 FCC 设备授权或认定合格之前向商业、工业、科学和医疗用户（但不是向位于居住环境的最终用户和其他用户）提供。

（三）美国农业部（USDA）

USDA 实施众多的与农业、农产品有关的法律，制定了许多农业政策、技术法规和标签要求，采取各种措施对农业和农产品进行干预和调节，使农业成为国民经济中受控制较严格的部门。

与农产品有关的执法主要是由以下几个机构负责：食品安全检验局（FSIS）、联邦谷物检验局（FGIS）、动植物卫生检疫局（APHIS）、农产品市场服务局（AMS）。这些机构根据有关法律法规，对农产品进行管理。

（1）食品安全检验局（FSIS）负责管理肉、禽、蛋产品，确保国内销售及出口的肉、禽、蛋产品安全、卫生、正确包装并加贴标签。

FSIS 保证肉制品（牛、羊、猪和马）的安全和准确标识。根据《联邦肉类检验法》和《禽肉产品检验法》，FSIS 负责检验所有国内和国外贸易中销售的肉类和家禽，检验员在屠宰前后检查动物，防止有病动物进入食品供应环节，并且检验畜体是否有影响安全和质量的可见缺陷。FSIS 还在处理、加工和包装过程中检验产品，以保证产品安全并正确标识，在特定情况下检验员还测试病原微生物、违禁药品和化学残留。FSIS 建立了对肉类和家禽加工厂的要求，所有屠宰场和加工厂都要求采用过程控制体系，即危险分析和关键控制点（HACCP），以消除食品安全方面的危险。

（2）动植物卫生检疫局（APHIS）负责实施进出口动植物和特定农产品的有关法规，包括动植物卫生和检疫、害虫和疾病的控制和消除等。以保护和改善动植物卫生，最终保护公众利益和环境。它保护美国领土免受国外害虫和疾病的入侵，保护濒危物种，确保兽用生物制剂安全有效并确保农业生物产品安全。

APHIS 实施的主要法律法规包括《植物检疫法》《植物保护法》《蜜蜂法》《联邦种子法》《濒危物种法》（植物）《病毒血浆毒素法》以及其他动物进出口法规。如果可行并且数量多，外国政府和出口商可以要求 APHIS 官员进行清关前产地检验或处理，这样可以减少国外害虫传入美国的危险性。

APHIS 建立了植物保护和检疫体系（PPQ），控制国外害虫的进入和传播。对于特定产品和特定产地，植物和植物产品必须附带出口国官方检疫证书，家畜和家禽也必须附带出口国官方健康证书，以证明出口国已经进行了相应的病虫害和疾病的检查。对于某些产品，没有检疫处理方法证明能有效地消除害虫和疾病，这些产品禁止进口。APHIS 的兽医服务（VS）负责保护家畜家禽和其他动物的卫生健康，为动物和动物产品的进口颁发许可。

APHIS 制定法律文件可直接引用食品法典委员会（CAC）标准、协议，也可引用其他标准及参考文件，保证制定的法律有科学依据。

（3）农产品市场服务局（AMS）依据《易腐烂农产品法》《联邦种子法》《植物多样性保护法》《蛋产品检验法》等和有关联邦法规对市场进行管理，建立了一系列体系制度以便利农产品贸易，保护消费者获得合格食品，并保证公平交易。AMS 提供以下服务：1）质量标准：AMS 与工业界合作制定和维护数百种产品的质量标准，这些产品包括新鲜水果，蔬菜，特种农作物加工的水果和蔬菜，牛奶及其他日用品，牛、猪、羊、家禽及蛋类，棉花、烟草、有机产品；2）分级和认证：根据相应标准对产品进行质量分级，通常与州政府农业部门合作进行。特定的农产品（包括新鲜西红柿、杧果、葡萄、核桃等水果、蔬菜和坚果）必须满足美国有关分级、大小、质量和成熟度的要求 ［7USC608（e）］。这些产品由 AMS 进行检验并颁发检验证书以表明符合进口要求。

（4）联邦谷物检验局（FGIS）管理全国的谷物检验，进行官方检验和称重。通过 20 个州和加拿大的地方办公室提供服务。FGIS 的地方办公室对国内谷物市场提供服务和监督。根据美国谷物标准法的要求，按等级出口的谷物须经官方检验并有称重的证明。《美国谷物检验法》规定了美国谷物检验的政策、术语、标准、官方检验和称重要求，FGIS 根据《美国谷物检验法》制定其他法规。包括行政管理、检验方法和标准等各个方面。FGLS 在每个州有技术中心，并设仲裁委员会，技术中心负责校准设备、对设备进行周期性检查。

（四）食品和药物管理局（FDA）

FDA 是美国食品和药品的联邦政府管理机构，下设食品安全和应用营养司、生物制品评估司、药物评估司、毒理学研究司、兽药司及医疗器械和放射司 6 个司。管制的产品包括食品、药品、医疗器械、生物制剂、动物饲料和药品、化妆品、发射放射线的产品等。FDA 主要通过市场进入前管理、市场管理和处罚三个环节实施管理。

FDA 实施的法律主要是《联邦食品、药品和化妆品法》，其他如《公共卫生服务法》《婴儿食品法》《茶叶进口法》《处方药品法》《受控物质法》《食品质量保护法》《卫生食品运输法》《联邦进口牛奶法》《脱脂牛奶法》《蛋产品检验法》《公平包装和标签法》等与公众健康相关的众多法律与 FDA 的执法活动密切相关。技术法规方面，2LCFR 都是食品与药品方面的法规。其中包括：颜色添加剂：在 2LCFR 第 73—74 部分和第 82 部分对可安全使用于食品、药物、化妆品和装置中的颜色添加剂规定了识别、技术要求和其他条件；食品添加剂：在 2LCFR 第 172—179 部分对可安全使用的食品添加剂规定了识别、技术要求和其他条件；食品标准：在 21CFR 第 131—169 部分对 21 种不同等级食品容器的识别、质量和装填作了规定。这些规定中大部分是规定食品基本成分的标准；化妆品：21CFR 第 70L 和 740 部分规定了化妆品标签标准；传染性疾病控制：21CFR 第 1240 部分涉及传染性疾病的控制的强制性规定；生物制品：21CFR 第 600 部分涉及可安全使用的病毒疫苗、类毒素、解毒剂、血液、血液衍生物、产生过敏反应制品及其他生物制品的标签、标准、试验和其他条件。FDA 发布的其他特别重要的法规包括《良好制造行为规范》（GMP）等，这些食品和药品法规既帮助了消费者，也帮助了工业界，告诉他们如何才能确保产品可以接受。

FDA 的主要职责是：（1）确保食品安全和卫生；（2）药物（人用和兽用）、生物制品（如注射的疫苗和输入的血液）和医疗设备的安全有效；（3）化妆品安全；（4）辐射制品不会造成不必要的放射线暴露；（5）所有产品加贴标签的内容真实，可指导消费者正确使用。

（五）美国环境保护署（EPA）

通过组织研究、监测、制定标准以及强制性执法行为，EPA 负责联邦政府保护环境方面的活动及有关协调工作。EPA 确定新的杀虫剂是否安全，制定食品中杀虫剂残留的允许值（FDA 负责具体实施），并发布杀虫剂安全使用方面的指南。EPA 还制定水质量标准，包括饮用水的化学成分。这些标准也被 FDA 采用作为瓶装饮用水方面管理的依据。

EPA 负责实施的法律包括《联邦杀虫剂、杀虫剂和鼠药法》，其中规定了杀虫剂的种类、性质、特点和使用方法。对农药杀虫剂各种数据有严格要求，包括农药、杀虫剂的成分、生产过程、杂质含量。对其成分要求有：化学成分、残留物、农药与人们健康相关的环境允许值。环保署依据《联邦农药、杀虫剂和鼠药法》制定工人安全标准，发放使用农药执照，并进行关于农药知识的培训和教育。法律规定没有 EPA 登记号的任何农药不得在美国销售使用，不按农药标签的办法使用农药被视为犯法。美国每年约登记10—15 个新药配方，若发现已登记的农药有问题，EPA 将进行专门检查。危害程度超标的农药必须设法降低农药的危害程度，否则将宣布取消登记，停止使用。EPA 确定农药残留最大允许量，FDA 检测美国消费者每天从食物中摄取的农药残留量。美国农业部食物安全和检验局对肉类、家禽产品进行农药残留监测。各州也进行食物安全监测，有的州制定了本州的农药残留规则，对本州生产和销售的食物进行监测。

EPA 实施的另一部法律是《清洁空气法》，美国的车辆排放法规就是根据《清洁空气法》制定的。清洁空气法适用于移动和固定排放源，于 1963 年生效，并多次修订，允许 EPA 设定污染物排放标准。各州对《清洁空气法》的实施负有主要责任，各州必须制订州实施计划（SIP），EPA 必须审批每个实施计划。

其他与技术性贸易措施有关的部门还包括：

劳动部职业安全健康管理局（OSHA）：负责工作场所安全和保护方面的法律法规的制定和实施，涉及的产品包括装卸搬运设备、通风、消防、劳动保护材料、生产设备等。

商务部（DOC）国家海洋大气管理局（NOAA）：负责制定和实施鱼

类、贝类产品加工的法律法规。

运输部（DOT）国家公路交通安全管理局（NHTSA）：负责制定和实施机动车辆安全性能方面的法律法规。

联邦航空管理局（FAA）：负责管制民用飞机、引擎、螺旋桨、部件及其他民用航空器材。

许多联邦和州的法律法规禁止美国国内销售的产品或服务的标签和广告的误用、误导，有时美国法律法规不仅禁止标签或广告的误用、误导，而且规定产品或服务的特定信息要让消费者知晓，其中最重要的联邦法规是《公正标签和包装法》，由联邦贸易署（FTC）实施。该法要求消费品标签要充分表明产品的名称和净含量。《纺织品、羊毛和毛皮法》也是由 FTC 实施的，保护消费者免受相关产品信息的误导。另外，FTC和能源部（DOE）联合实施的电器标签法规要求向消费者提供大多数家用电器的能耗和效率的相关信息。USDA 拥有几个标志用于陶器和肉制品的合格评定，而 EPA 利用其能源之星标志推动制造和使用更加节能的产品。

四　《美国 FDA 食品安全现代化法案》案例分析

2011 年 1 月 4 日，美国总统奥巴马签署了《美国 FDA 食品安全现代化法案》，标志着这个历时两年多的提案正式上升为法律，从而对现有的《联邦食品、药品及化妆品法（FFDCA）》做出了 70 多年来最为重大的修正，其变更内容多达 12 个方面的若干条细则，其立法之严也是前所未有的。该法律强调，在食品安全问题上应以预防为主，政府要对食品生产设备加强监管，FDA 拥有强制召回权，严格监管进口食品，食品行业对食品安全则承担更多的责任。

长期以来，美国是我国第二大出口贸易伙伴，也是我国第二大食品出口国，近年来，美国从我国进口的食品增长迅速，加上食品包装等关联产品，出口总货值、输美食品生产企业数量可观。美国在我国出口食品中占据重要地位并对我国相关产业产生重大影响。

（一）《美国 FDA 食品安全现代化法案》修改背景

过去几年来，美国频发食品安全事件，引起社会的广泛关注，土豆、辣椒、菠菜和鸡蛋等都上了有毒食品的"黑名单"。2006 年和 2007 年，加利福尼亚州相继出现"毒生菜""毒菠菜"等事件。2008 年，该州一家肉食品公司大量牛肉再次因安全问题被召回。2009 年，佐治亚州曝出

"花生酱事件"。

2010 年 8 月，爱荷华州一家农场出产的鸡蛋因存在沙门氏菌污染，致使 22 个州的 1200 名消费者患病。舆论一时哗然，人们在选购鸡蛋时也小心翼翼。在强大的社会压力下，该农场不得不主动召回配送各州的大量鸡蛋。

数据显示，美国每年有六分之一的人因有毒食品患病，其中 3000 人最终丧命。食品产业界为食品安全引发的召回、诉讼和赔付，每年要耗费数十亿美元。美国政府在相关的疾病治疗和医疗保障方面，每年的支出更高达 1500 亿美元。

民以食为天，食品安全问题的日益突出，引发民众的强烈不满。有舆论指出，美国在食品安全问题上沿用的是 70 多年前的《联邦食品、药品及化妆品法》，这既不能反映当代社会的生活状况，也无法保障人们对食品安全的需求。国会也认识到了该问题的严重性，开始着手修订相关立法，但过程却异常曲折艰难。

2010 年 3 月 18 日，美国参议院健康教育劳动保障部委员会完成并通过针对美国主要食品安全管理机构——食品药品管理局（FDA）食品安全管理授权修改的《食品现代化法》（S510）议案听证讨论，最终扫清该食品安全修正法案成为美国食品安全补充法律的主要障碍。

2010 年 7 月，众议院就以 283 票对 142 票通过了《2009 年食品安全强化法案》，但随后在参议院"搁浅"。2010 年 11 月 30 日，参议院通过了自身修订的版本，但其中涉及税收的修正内容却违反了宪法的"溯源条款"。根据美国宪法，税收方面的立法必须由众议院发起，参议院在修订食品安全法案时出现程序性错误。

几经反复之后，美国国会众议院终于在 2010 年 12 月 21 日以 215 票对 144 票，通过了悬隔一年有余的食品安全新法，即美国《食品安全现代化法案》，这是美国自 1938 年以来对相关食品安全立法的首次重大修订。

（二）《美国 FDA 食品安全现代化法案》调整要点

《美国 FDA 食品安全现代化法案》明确了预防控制措施对改善食品安全的重要性，强调了加强监管、改善食品安全事件应急反应能力、提高对进口食品安全监管的重要性。该法案涉及进口食品的主要内容有：美国进口商要确认国外出口商及出口食品的安全；FDA 可以向高风险食品索要相关证书；对于不能提交相关证书的进口食品或拒绝 FDA 检查人员检查的国外设施，FDA 将拒绝其货物入境；在该法案授权下，FDA 将对高风险企业进行年检及每 4 年进行一次检查；FDA 将拥有对问题食品进行强制召回的权力，并拥有对掺假或错误标示食品进行扣留的权力。

调整要点：食品企业登记和检查；对企业管理体系的要求；FDA 基于风险的检查计划；对审核机构的认可；与国外政府签订协议；检测实验室的认可；通报、禁止销售；进口商登记；安全可靠的进口食品计划等。

（三）《美国 FDA 食品安全现代化法案》修订启示

（1）强化官方食品安全信息发布的及时性和权威，强化官方食品安全管理部门的责任和权力，切实保护消费者利益。

（2）食品企业必须建立可追溯系统和召回制度，方能凸显食品企业作为食品安全第一责任人的社会责任。

（3）将社会上的第三方审核机构、独立的检测机构纳入官方食品安全监管体系，建立一个由食品安全管理部门和社会力量构成的综合协调、有机统一的食品安全保障系统，做到社会资源在整体框架下充分发挥各自优势，使社会资源得到合理利用和共享。

（4）建立 HACCP 体系的企业范围从原来的生产企业进一步扩展到生产、加工、包装、储藏食品的工厂、仓库或设施（包括进口商的工厂、仓库或设施）。

（5）所有食品企业必须建立防范非传统食品安全危害的防护计划，并须得到官方授权人员的评估认同。

第二节　美国的标准体系

一　自愿性和分散性的标准体系

美国的标准体系是自愿标准体系，即各有关部门和机构自愿编写、自愿采用。在自愿性国家标准体系中美国国家标准学会（ANSI）充当协调者，但 ANSI 本身并不制定标准，专业和非专业标准制定组织、各行业协会和专业学会在标准化活动中发挥主导作用。各级政府部门也可能制定其各自领域的标准，如国防部、农业部、环保局、食品与药物管理局、消费品安全委员会等，但是这些标准属于强制性标准，从《TIBT 协定》定义角度看，应该是技术法规的范畴或是技术法规的一部分。美国相关法律通常要求，制定技术法规时，鼓励引用自愿标准，一旦被技术法规引用，自愿标准就会成为事实上的强制标准。另外，制造商面临的激烈市场竞争及消费者或用户的选择也使自愿标准远非自愿采用，从而带有"准强制"色彩。

美国标准体系的优势在于它是基于动态结构的以机构为中心的分散体系，这些机构包括政府机构、公众利益机构、私人机构和公司。他们最清楚本部门需要何种标准。这种以机构为中心的体系使有关利益方关注他们自己的问题，并根据问题制订可行性计划。由于没有一个标准化体系可以满足所有的需要，不同机构的同时参与使标准制定更有效并进一步鼓励创新和竞争。如果机构之间出现交叉，或发生变化，或全国需要统一和一致，美国国家标准学会（ANSI）可以提供帮助和协调。这种基于机构的分散方式让有关部门制订自己的工作计划，由国家标准战略提供指南和引导，而不会约束其创造力和有效性。美国国家标准战略包括一系列战略目标，可以广泛应用于各机构，根据对不同机构的关系和重要性被各机构采用，同时鼓励有关利益方制定适合自己的目标。

二　标准协调机构

如上所述，美国标准体系与其他国家和地区的标准体系的区别主要表现在自愿性和分散性，政府的作用比较小，而标准制定机构很多。任何团体和个人认为有必要制定某个标准时都可以提出建议或草案，各利益相关方，包括各标准化团体对于这些跨行业的标准总是进行讨论和磋商，加以协调。美国国家标准学会（ANSI）是这一体系的协调者。这一体系既调动了各行业协会、学会的积极性，又保证了国家标准的协调一致性。美国标准技术研究院（NIST）是美国标准化领域唯一的官方机构，在各类组织的标准化工作协调管理上发挥着重要的作用，同时也为美国的标准化工作提供了坚实的技术基础。

（一）美国国家标准学会

1918 年，美国测试和材料协会（ASTM）等 5 个创始机构创立了美国工程标准委员会，该委员会后来被称为美国标准协会，接着成为美国国家标准学会（ANSI）。ANSI 目前是美国自愿性标准活动的协调机构，并且是美国国家标准的认可机构。它不是政府部门，是一个非营利的公益性机构，致力于满足各方对标准和合格评定的要求。ANSI 的主要职能有：①协调全国各种机构和团体的标准化活动；②认可美国国家标准（代号为 ANSI）；③代表美国参加国际标准化活动；④标准信息服务与交流。ANSI 召集利益相关的各方包括消费者、政府和各种组织，推进他们的合作，提高美国的全球商业竞争力和美国的生活质量，建立自愿性的协商一致的标准和合格评定体系，并保证它们的统一一致。ANSI 以美国国家委员会（USNC）的形式作为 ISO 和 IEC 的美国唯一官方代表。ANSI 同时还是国际认可论坛（IAF）的美国官方代表。

　　ANSI 工作的主要特点就是开放。任何受到影响的和利益相关的各方都可以参加到 ANSI 的工作中去。其成员包括公司，组织，专业和工程学会，标准制定者，贸易协会，联邦、州和地方政府，消费者和消费者代表，劳工，学术机构，实验室和测试机构。ANSI 自己不制定标准，而是授权有资格的组织在他们的专业范围内制定标准。ANSI 的角色是管理自愿标准体系，提供标准问题发展政策的中立论坛，作为标准制定和合格评定的协调监督组织。

　　（二）美国标准技术研究院

　　NIST 作为美国商务部下属的联邦机构，是一个官方标准化机构，在各类组织的标准化工作的协调管理上发挥着重要的作用，但不具有执法职能。

　　1901 年美国国会决定成立隶属于商业部的国家标准局（NBS），主要任务是研究与制定测量、试验和测定材料性质的方法，研究与改善用于物理测量的标准物质，以保证能准确地测定材料与物质的各项常数与性质。根据 1988 年生效的《贸易与竞争综合法》，NBS 正式更名为美国国家标准技术研究院。新机构除仍保留 NBS 的原有职能以外还致力于新技术的开发与服务；促进新技术和发明的商品化，以及技术信息的传递；建立技术转让机构。帮助中小企业发展新技术产品。

　　NIST 的标准化工作包括：①与联邦政府和地方政府合作建立统一的法制计量规范、标准、准则、规程；②编制和散发标准参考资料；③提供标准数据；④提供校准和实验室认可服务；⑤推动理解和接受米制计量单位；⑥提供 NIST 支持的技术信息，并与实验室合作提供技术服务。

　　1996 年《国家技术转让和发展法》授权 NIST 作为负责开展技术标准和合格评定活动的政府协调机构，从而有利于消除不必要的重复性合格评定活动。该法要求 NIST 与联邦其他政府机构协调，让更多的政府机构参与自愿性标准和合格评定活动，更多地采用非政府机构制定的标准。该法还要求 NIST 就标准事宜对各州及地方机构进行协调。NIST 与 ANSI 签署了备忘录，规定了 NIST 和 ANSI 在制定、实施和支持国家标准战略中的作用。

NIST 内设立了标准政策协调委员会（ICSP），它的任务是向商务部长和其他机构针对标准政策事务提出建议。ICSP 的目标是通过鼓励联邦政府、工业界和其他非政府组织在标准活动，包括相关的产品测试、质量体系注册、认证和认可等方面的合作参与，促进标准政策的有效和一致，从而促进美国在国内外的发展。ICSP 的成员由每个联邦行政机构的代表组成。

NIST 的国家标准和合格评定信息中心（NCSCI），提供除农产品以外的美国及国外标准、技术法规、合格评定方面的信息服务。NCSCI 作为美国的咨询点，履行 WTO《技术性贸易壁垒协定》（TBT 协定）、《北美自由贸易协定》（NAFTA）和国际标准化组织信息透明度的义务。

三　私人标准制定机构

美国试验与材料协会（ASTM）是美国最老、最大和影响深远的专业团体之一。道路桥梁等安全和经济的建筑结构需求导致了 1896 年建立国际测试和材料联合会，其使命是制定标准化的测试方法。两年以后，成立了该机构的美国分部并成立 ASTM。自从 1902 年该协会成为一个独立机构以来，ASTM 不断壮大，是目前在美国制定非政府、自愿标准最多的机构，主要致力于制定各种材料的性能和试验方法标准，以及有关产品、系统和服务等领域的试验方法标准。很多 ASTM 标准被采用为美国国家标准（ANSI），也在世界很多国家被广泛采用。

美国机械工程师协会（ASME）是另一个主要的标准机构，主要任务是制定机械方面的标准和规范，对产品实行认证，授予 ASME 标志。ASME 成立于 1880 年，于 1914 年第一个发布了 ASME 锅炉规范。目前这个规范不仅在美国采用，在世界许多国家都被采用。

汽车工程师协会（SAE）创立于 1910 年，SAE 的建立使美国汽车工业致力于公司间的技术标准化工作。该协会制定的标准包括公路与非公路行驶的机动车辆，以及航空、航天等方面。

其他主要标准制定机构尽管同样重要，但在非标准界并不著名，例如国家火灾保护协会（NFPA），半个多世纪以来一直致力于制定国家电气规范及其他防止火灾等危险的安全标准。美国航空工业协会（AIA）制定了航空器安全标准。美国铁路协会（AAR）和纸及纸浆工业技术协会（TAPPI）等机构都制定了相应的行业标准。

ANSI 和 ASTM 等机构主要制定标准，其他则是关心其成员各方面利益的贸易协会，如电气工业协会（EIA）自 1926 年以来一直是电气和电子产品及元器件领域的标准制定者。许多专业和技术机构也是标准制定机构，如电气和电子工程师研究院（IEEE）负责国家电气安全规范，被政府和法规机构广泛应用于电力供给和通讯安装。

其他标准制定机构主要是研究和测试机构，如国家卫生联合会（NSF）制定关于健康和卫生方面的标准。美国保险商实验室（UL）成立于 1894 年，不仅是一个非营利的测试机构，而且是一个主要标准制定者。而 FM 公司像 UL 公司一样也是标准和测试机构。另外，BOCA、ICBO 和 SACCI 等建筑规范机构也制定标准。

四　政府部门的标准制定活动

美国政府广泛地依赖和使用非政府机构制定的自愿标准，而且自愿标准一旦为政府部门的法律、法规采用，就具有强制性，必须严格遵守。联邦政府机构在自愿标准无法满足管理和采购要求时会自己制定标准。州和地方政府及机构在认为有必要时也会制定自己的标准。美国国防部是政府标准制定活动中的主角，已经制定并实施了一整套标准化方针和政策，以及规章制度和管理办法。美国军用标准曾经达到近 5 万件，在历史上发挥过重要作用。因其内容丰富、结构合理、技术先进并部分采用国际计量单位，在世界上影响很大。政府标准制定活动中其他主要部门有农业部、食品与药物管理局、环保署、消费品安全委员会等联邦政府部门。他们制定了众多的涉及保护人身生命财产安全及保护动植物、保护环境的标准。

五　美国机电产品能效标准案例分析

近年来，全球市场对于机电产品的环保要求日趋严格，以美国能源之星、欧盟 ErP 等法规或标准为代表的能效技术贸易措施的影响日益显现，已成为出口电器产品无法回避的技术门槛。而在法规框架下，美国近年来密集更新了机电产品的各类能效标准，涉及产品广泛，要求内容繁多，而美国是我国机电产品出口的首要市场，能效标准的密集升级对我国出口机电产业可持续发展的影响须引起高度关注。

现行的美国《能源政策与节约法案》（EPCA）规定了各种消费类产品及商业和工业设备的节能标准。EPCA 要求美国能源部确定各类经修订的标准是否在技术上可行、经济上合理，并能节约大量能源。能源部根据 EPCA 定期对所涵盖设备的测试程序进行审查，并据此进行修订。从美国发布的通报数据来看，其能效修订案出台频率近年来呈密集增长态势。

[案例] 美国能效法规标准频繁发布

1. 2015 年能效法规标准

2015 年，美国能源部相继对空调、荧光灯、除湿机、电源充电器等多种电器产品发布了能效标准更新及其测试程序修订的提案，仅 2015 年1—9 月，美国就发布涉及机电能效的 TBT 通报 74 项，同比增长 85%，占美国同期 TBT 通报总数的 34.4%。

2. 2016 年能效法规标准

（1）2016 年 5 月 31 日，美国能源部（DOE）发布公告，修订了商用水暖设备节能标准的技术法规草案。美国能源部根据 1975 年的《能源政策与保护法》（EPCA）对各种消费品和某些工业或商业设备的节能标准做了部分修订。范围包括商用热水器、热水锅炉和热水储蓄罐等。EPCA要求能源部对节能标准每 6 年进行一次修订，还要求 DOE 确定更严格的节能标准，以判定设备在技术上是否可行、经济上是否合理、能否节约大量能源。

（2）2016 年 6 月 8 日，美国能源部（DOE）发布公告，修订了中央空调和热泵测试程序的技术法规草案。早在 2015 年 11 月 9 日美国能源部就提出了中央空调和热泵测试程序的提案。经过半年多的试验，对其具体认证程序和执行程序做了部分修订。技术法规草案对能源效率的测定方法和终止程序做了详细规定，保证改善过的程序可降低测试负担、减少能量消耗，同时还可以降低重复性实验的次数。此举旨在保护人类生命健康，节约能源，提高效率。

（3）2016 年 6 月 17 日，美国能源部（DOE）发布公告，修订了房屋建筑节能标准的技术法规草案。早在 2007 年美国能源部就颁布了能源独立和安全法案，指导了房屋建筑的节能标准。如今对该法案做了部分修订，技术法规草案对建筑的整个生命周期、运营成本、采购价格的影响做了分析，制定了新的建设和节能安全标准。此举旨在保护环境，提高材料利用率，减少污染。

（4）美国加州能效委员会拟增加计算机、计算机监视器和显示牌的能效法规。2016 年 9 月，美国加州能效委员会（CEC）发布了针对计算机、计算机显示器和显示牌的最终分析报告。这意味着计算机、计算机显示器和显示牌将很快被增加到 CEC Title 20 的能效法规之中。①计算机包含桌面式计算机、笔记本、小型服务器、Thin - Client 端和工作站，但是不包括其他的服务器、平板、智能手机、机顶盒、游戏控制器、手持视频游戏装置、小型计算装置、智能电视和工业计算机。报告指出计算机节能的核心在于降低空闲模式的能量消耗，因为计算机的大约一半时间都运行在空闲模式。至于测试方法，将会基于能源之星计算机 V7.0 的方法进行改进。②基于节能和其他考虑，大于或等于 17 英寸的计算机显示器也将被管控。但是不包括数码相框、电子阅读显示器和电子广告牌。报告指出计算机显示器的节能核心在于降低激活模式的能量消耗，因为监视器大约 30% 的时候都运行在激活模式。目前市场上 20% 的计算机显示器能够满足能源之星计算机 V7.0 的要求，但是 CEC 的法规将更严于能源之星计算机 V7.0 的要求。测试方法则采用能源之星计算机 V7.0 版 2015 年 9 月发布的测试方法。③显示牌，例如那些可以在机场见到的显示航班信息的显示器，将会采用电视的标准和测试方法。功率要求参考 CEC Title 20 的 table V - 2。

［案例分析］

能效标准的更新升级与美国近年来制造业水平的提升和产业发展状况紧密关联，一些淘汰产品被逐步调整出目录，而一些新兴产业的产品则被纳入目录，如数字信息技术类产品。

除了涵盖产品的内容有所扩大，美国能效标准的更新还主要体现在三个方面：一是制定和修改产品最低能效要求，完善能效分级。如针对商用洗衣机、制冰机、家用洗碗机等的能源节约新标准陆续出台。目的是提高其最低能源效率标准，逐步淘汰高耗能产品，降低能耗、节约能源；但是也增加了用能产品生产企业的研发制造成本。二是制定和修改产品测试程序，综合考虑用能产品的实际使用时的能耗状况，改进检测程序，提高能效测试的有效性。三是修改产品标签要求，进一步丰富用能产品能效标签所体现的能耗信息，并将更新产品的能源指南标签的可比性和单位能源成本公开。

　　能效标准持续更新的最终目的是使能耗检测值和估算值能够更加真实地反映设备使用的实际能耗；同时，为消费者购买使用电器产品时能够更方便地进行性能和能耗的比较，鼓励消费者使用更加节能的产品。

　　能效技术措施频繁更新不仅将迫使企业对产品进行技术改造，同时还将面对烦琐的测试认证程序，大大增加企业的研发和生产投入。以修订电机能源效率测试程序的 G/TBT/N/USA/838/Add. 1 号通报为例，为了达到新要求，企业必须改良产品结构，如增加优化线圈的绕接方式和类型、选用高等级硅钢片等，导致成本增加。企业还需承担研发、第三方认证等大量工作，预计总成本将增加 30% 左右。同时，按照以往的经验，随着美国频繁升级机电产品能效标准，其他发达国家和地区如欧盟、日本、澳大利亚，甚至新兴发展中国家也会相应地升级本国能效标准，使原本依靠低成本优势的低端高能耗产品的生存空间将日益缩减。

　　能效管控已经成为各国加强环境保护的重要技术性贸易措施，出口企业应将能效控制和生产设计相结合，关注产品能效测试、权威认证和能效标识。

第三节　美国的合格评定体系

　　美国最早的合格评定制度之一是于 1870 年由美国船舶局建立的，主要是对商船的设计、结构和定期检查进行认证。另一个由贸易协会建立的非常完善的认证体系是 1925 年美国燃气协会（AGA）建立的，对燃气具、电热器具、燃油器具和部件进行测试和认证。第一个经认证的燃气加热器于 1926 年出现在市场上；1937 年，俄克拉荷马州的外科医生向美国医疗协会报告有 6 个病人死于一种磺胺类药物，最终该种药物使 107 人致死，其中大多数是儿童，这场悲剧导致了 1938 年《食品、药品和化妆品法》的实施，该法要求药品在上市前必须经食品和药物管理局（FDA）测试和批准。从那时起，政府和私人机构的认证制度在数量和复杂程度上不断壮大。

一　美国合格评定体系的特征

　　美国的合格评定体系是一种动态的、复杂的、多层次的和市场推动的体系。政府、工业界和私人机构都在一定程度上参与这个体系。这个混合的体系经常被描述为"强制性"和"自愿性"的组合，但实际上并不是十分确切。

首先，一些产品和服务必须符合相应的法律法规。根据美国的法律法规体系，可以制定国家、州或地方等各层次上的法律法规，除适用于全国的联邦法规以外，50 个州都可以根据自己的决定来制定法规。在一些州、市和更低层次的政府，还可以实施由私人机构制定的规范。因此，美国的合格评定体系的"强制性"特征更确切地说应该是"规定性"。

联邦法规的合格评定要求包括美国国家电气规范（NEC）规定的安装要求，职业安全和卫生署（OSHA）实施的工作场所安全要求，联邦通信委员会（FCC）电磁兼容及抗干扰方面的法规，食品和药物管理局（FDA）食品、药品及医疗器械方面的要求。州和地方的法规要求包括建筑、防火、电气和其他强调产品和材料在各种结构中安全安装和使用的要求。

其次，虽然许多产品没有被法规覆盖，但是未取得某种形式合格评定的产品，在开放的市场中获得成功的可能性要小得多。美国消费者重视安全，并期待得到更加安全可靠的产品。作为对这种关注的回应，私人机构制定标准、进行测试并颁发合格评定证书。从这方面来讲，满足并获得合格评定并不完全是可有可无或"自愿的"。

不同产品必须满足标准要求、通过测试或获得合格评定的程度不同，美国合格评定体系涉及与公众合作的私人机构和制定技术性安全标准的商业和工业部门。一些产品的标准是为了达到一致性而制定的工业规范，制造商可以简单地声明符合这些规范，另外采购产品的商业机构还会要求产品满足更高的质量要求，因而他们自己对产品进行评定。对高风险产品（大多数是日常消费品）和材料（如电气产品和建筑材料），买方和用户要求产品具有更高的安全性，这通常要求在产品进入市场前由独立的第三方机构进行合格评定。因此合格评定的"自愿性"特征更确切地说应该是"市场性"。

二　产品认证认可制度

（一）联邦政府认证制度

联邦政府认证制度可以分为几种类型：（1）对直接影响用户和公众健康或安全的产品进行认证；（2）为了避免地方机构或采购前重复测试，而对产品进行测试的制度；（3）通过评估产品的质量和状态为贸易提供统一依据的制度。第一种认证制度包括 FDA 和卫生部对新的药品和兽药、医疗器械、生物制品和其他产品进行评估和批准的制度。联邦航空管理局（FAA）和美国运输部（DOT）对主要的飞机零部件的认证，矿山安全和卫生管理局（MSHA）和劳动部（DOL）对矿山电气设备的认证。第二种认证的类型包括国防部（DOD）为军用的零部件材料建立的合格产品列名（QPL）制度，通过测试产品并将批准的产品列名，减少了每次政府采购前的重复测试。国防部还有一个合格供应商列名制度，制造商的程序控制和制造能力经过评估并批准后适用于所有系列的产品。第三种类型的认证制度包括美国农业部（USDA）对肉类和肉类制品分级和认证的自愿认证制度，使用统一的质量分级标准在自愿的基础上进行认证，USDA 还对日用食品、新鲜和处理过的水果、蔬菜、坚果及有关产品进行认证。

（二）各州的认证制度

各州以各种理由管理的许多认证制度覆盖着众多产品，有些是通过联邦政府的授权由各州对产品进行检验和测试，如许多州对肉类和肉制品进行检验，对符合 USDA 标准的产品进行认证。出于健康和安全的原因，各州还在自己的权力范围内制定法规，这取决于各州认为产品对健康和安全的影响程度。产品由各州自己检验测试，或由一个被认可的机构进行检验测试并认证，如国家认可实验室。例如，对建筑用电气产品，有的州要求进行检验测试并使用"国家认可实验室"标志，而"国家认可实验室"这个术语目前是由各州或市政当局定义的。各州通常对直接或间接地对当地经济有重要影响的产品制定法规，例如，佛罗里达州和加利福尼亚州，对影响其水果产业的产品进行检验；内布拉斯加州农业占主要地位，于是该州建立了测试体系对拖拉机进行测试并颁发合格证书；加利福尼亚州空气污染比较严重，因而有关汽车排放的法规极其严格。

各州还检验测试和认证其采购的材料、产品和系统，增加修路建桥所用的材料。另外，各州还制定标准让地方机构实施检验测试，通常用于建筑和结构材料。

（三）私人机构认证制度

美国私人机构第三方认证制度是由不同类型的机构运作的，包括专业或技术协会、贸易协会、独立的测试检验机构、面向产品消费者和工业用户的机构、由参与制定某一工业领域法规的政府官员组成的机构和其他机构。

例如，上述美国燃气协会（AGA）建立的对燃气具、电热器具、燃油器具和部件进行测试和认证的完善体系。最近建立的对空调器、电冰箱、除湿机和加湿器等家用器具认证的体系是由家用电器制造商协会（AHAM）运作的。空调和冰箱研究院（ARI）对空调设备、冷水机和太阳能设备等进行认证。为广大消费者熟知的认证制度是美国牙医协会（ADA）对牙医、材料、设备、器具、牙膏、牙刷等进行认证的制度。ADA 的认证制度使用 ADA 标准，要求提交详细的申请材料描述产品的规格，ADA 还要求制造商自我认证产品符合标准，ADA 在市场上抽样进行测试，一旦获得批准，ADA 授权使用 ADA 认证标识并公布获准的产品名录。在电气安全领域 UL 认证是广为人知的。许多消费者都认为从电气设备到灭火器等一系列产品都应有 UL 标志。UL 公司是一个独立的测试实验室，它不仅是一个主要的标准制定机构，而且针对产品及部件对生命和财产潜在的危险进行测试，将不存在危险的产品"列名"。FM 公司是另一个列名机构，它也是一个非营利的测试和研究机构，通过产品批准等途径最大限度地减少工业财产损失。FM 列名批准的产品包括从工业用卡车到建筑材料等一系列产品。另一个独立的检验测试机构是 ETL。ASME 对锅炉、水加热设备、压力容器和核电部件进行认证。一些建筑规范管理机构例如 BOCA、ICBO 和 SBCCI 都参与有关认证活动。这些机构制定的建筑规范由各州和地方政府采用，这些机构对产品和材料进行评估，对符合建筑规范要求的批准使用。在美国有 170 余个私人机构对各种产品进行认证和批准。

（四）产品认证的认可

认证机构参加认可体系的主要原因是要符合法规要求，议会、州和地方政府可以规定认证由认可的认证机构来实施，如 OSHA 负责所有工作场所使用的电气产品方面的法规。OSHA 法规管制的产品就要求由 OS-HA 认可的认证机构进行认证，即国家认可测试实验室（NRTL）。州和地方政府也可通过在自己权力范围内发布法规提出类似的要求。

美国的认证机构认可制度要比实验室认可制度简单，因为美国的认证机构认可体系比实验室认可体系少许多，两个最重要的认证机构认可体系是由 OSHA 和 ANSI 运作的，如前所述，OSHA 认可体系涉及工作场所使用的电气设备和材料，所有在工作场所使用的电气设备和材料必须由某个认证机构（OSHA 认可或批准的 NRTL）测试、列名或加贴标志。参加 OSHA 的认证体系是自愿的，但如果认证机构希望测试这些产品则必须经 OSHA 认可或批准。1970 年 ANSI 建立了认证机构认可制度。ANSI 的认可体系涉及许多领域，包括建筑材料、饮用水添加剂、燃气和电器用品及其部件等。ANSI 的认可制度和程序在 1992 年进行了修改，以符合国家标准和指南及 WTO 协定所规定的义务。

NITST 的国家自愿合格评定评价制度（NVCASE）也认可认证机构。这个制度的建立是为使商务部通过 NIST 来评价认可有能力的机构进行相关合格评定活动，包括认证。一些国家与美国有相互认可协议，这一认可制度使认可机构能够从事满足相应国家法规要求的合格评定活动。NIST 的评价结果为美国政府提供了一个依据，向外国政府保证美国合格评定机构有足够的能力满足外国法规要求。NIST 将利用公共制定的标准和要求进行认可活动，并最大限度地采用国际指南和标准。

美国拥有复杂且完善的系统来保证市场中销售的产品满足强制性和自愿性的标准及要求，正如美国的标准体系一样，美国的认证体系也是以一种分散的方式发展的，主要依靠制造商的合格声明和行业自我约束政策，随着联邦和州政府预算的缩减，政府机构会越来越将重点放在利用和协调私人机构的认证体系上，虽然该体系较为复杂，但是，美国的认证体系总体上是一个有效、开放、透明的体系。

三　管理体系认证认可

如其他国家一样，管理体系认证（注册）基本上是一种自愿行为。企业可能为了更好地满足某些法规要求而申请管理体系注册，如满足欧盟的协调指令及所包括的合格评定要求。也可能仅仅是为了提高竞争力，因为越来越多的企业以获得管理体系认证来证明其良好的质量管理。另外，跨国公司的全球销售和采购策略也促进其自身和有关供应商利用管理体系认证来实现其全球战略。

美国虽然目前还没有质量体系认证方面的强制性要求，但一些政府机构正在考虑如何在其法规中利用它。如 FDA 就对其良好操作行为规范（GMP）进行了修订以确保与 ISO 9001 有关质量体系的要求相一致，FDA 也开始考虑如何把 ISO 9000 系列标准有效地利用于其管制的其他产品。联邦政府机构正在考虑在政府采购领域运用 ISO 9000 标准。国防部与国家航空航天署联合探讨在 ISO 9001 二十个要素的基础上制定一套政府采用的质量体系基本要求，从而在政府采购中利用"先进的质量观念"，并与其他机构相互认可对质量体系的监督。其他联邦政府机构也加入了该计划，如联邦航空管理局（FAA）、美国海岸警卫队、国家海洋气象署等。同样，许多联邦机构也开始考虑在其法规中利用 ISO 14000 标准的可能性，设在 NIST 的部门标准政策协调委员会建立了一个 ISO 14000/EMS 工作组，提供在政府部门采用和实施 ISO 14000 标准的有关信息。另外，国家环保署（EPA）在一些环境项目中开始采用管理体系标准。

管理体系认证的认可制度包括 ANSI 的 RAB 等。

四　实验室认可

美国的实验室认可体系与大多数国家的不同，其他国家的认可机构通常是公共机构或直接参与政府管理的机构。另一种趋势是以一种协调的方式建立国家实验室认可体系，而美国实验室认可体系是由各级政府和私人机构运作的，虽然在特定的体系间或与其他有关利益方之间，例如，政府机构、贸易协会或专业协会，存在一定的协调，但是并没有集中统一的协调机构。

NIST 的国家自愿性实验室认可体系（NVLAP）和美国实验室认可协会（A2LA：American Association for Laboratory Accreditation，有时也会缩写为 AALA）是两个最大的联邦实验室认可体系，另外还有许多联邦、州和地方政府以及私人机构的实验室认可体系。

（一）联邦政府的实验室认可制度

联邦政府各种实验室认可制度的要求有很大不同。一些制度是综合性和全面性的，如 NVLAP，而其他只是包括对实验室资格的简单审查。通常各种制度的特定要求和范围都是为了满足不同机构的特定需要。

一些制度只是将认可申请限制在政府实验室，例如，NIST 重量和计量实验室认可制度，而退伍军人服务部的认可制度仅限于其医疗中心实验室，国防部的后勤机构则指定或认可实验室来进行采购产品的测试工作。这些制度仅限于向潜在的政府供应商开发。

（二）州和地方政府实验室认可制度

州政府可能出于多种原因建立实验室认可制度。大多数情况下，州和地方政府机构认可实验室测试其管制的产品，并要求这些产品由经批准的实验室检验并测试，如州和地方政府关于建筑和电气产品的法规，要求产品由认可或批准的实验室测试并加贴标志。另外，州或地方政府的认可制度认可或指定实验室为其提供产品符合性的监督测试工作。州政府出于其他的目的也会评估实验室，如帮助实施联邦法规。例如，对于国家保证公共用水系统质量，州政府负有主要责任。为了履行这一义务，州政府认可地方实验室测试饮用水。州和地方政府还认可或指定实验室对政府采购的产品进行测试。同样，州政府的实验室认可要求也有很大不同，所使用的术语也千差万别。

（三）私人机构实验室认可制度

私人认可机构出于很多原因也建立了实验室认可制度。其原因包括证明实验室进行专业测试的能力，通过自我政策约束的努力以避免政府制定相关法规。许多私人机构的实验室认可制度是其认证制度不可分割的一部分。另外，为了帮助政府机构实施法规也会建立私人机构认可制度，如建筑产品的测试。

私人机构的认可制度在规模和范围上有很大差异。美国血库协会（AABB）建立了一个血库和输送服务的认可制度，被许多州政府认可。美国病理学院的认可制度认可医院和独立的医疗实验室，其认可制度被退伍军人事务部用来确保其医疗设施的能力。A2LA 的认可制度涉及很多测试领域的实验室认可。

正是由于政府部门和私人机构所涉及的广泛领域，美国的技术法规、标准和合格评定体系是世界上最复杂的体系之一。大量的联邦、州和地方政府的标准化和合格评定及专业和非专业组织、各行业协会和专业学会自我约束活动，产生了数目庞大的技术法规、标准、合格评定和采购要求，构成一个紧密联系的复杂的技术性贸易措施体系（曹雅斌，2016）。

五　美国修订能源标签、食品标识案例分析

选择 2016 年美国对认证标签的规定进行分析。

[案例 1] 美国修订冰箱、吊扇及其他产品的能源标签规定

美国联邦贸易委员会发布公告、修订其能源标签规则，涉及冰箱、吊扇、中央空调器和热水器等能源标签。

[案例分析]

规则表明，自 2017 年 9 月 15 日起，生产商必须为每项受规管的产品提供相应的能源指引标签或照明资料标签的网上联结。生产商可以经联邦贸易委员会的一般通报程序，向能源部的合格认证管理系统呈交联结。

此外，生产商可以通过三种方式呈交标签资料：直接通往标签的网址联结、通往 PDF 档案下载区的联结、通往一个网站的联结。照明产品不受上述规定规管。相关产品分析：

（1）吊扇：吊扇标签必须根据能源指引标签的模式，披露估计每年能源成本。标签必须印在黄色或其他中性色调的背景上。生产商必须在 2018 年 9 月 15 日前，在包装上附上新标签；但当生产商根据能源部的新测试程序测试产品后，应尽快使用新标签。标签不适用于大直径吊扇（直径达 84 英寸或以上的吊扇）及高速小直径吊扇。

（2）冰箱：规则把冰箱比较范围按产品结构分组，其中冰箱分为 8 个独立组别，而冰柜则分为 3 个独立组别。比较范围显示各个组别中能源效益最高和最差的型号，方便消费者比较同类型产品的能耗。生产商必须于 2017 年 6 月 15 日前使用经修订的标签。

（3）双制式冰箱及冰柜：可以用作冰箱或冰柜的冰箱型号，其标签必须按其最大耗能结构提供所需资料。

（4）供暖及制冷设备：规则作出多项修订，涉及中央空调器的区域标准标签、组装式屋顶系统（包含一个气体暖气炉和空调器组合或一个气体暖气炉和热泵组合）的单一标签、生产商名称披露、多型号披露以及零售商披露规定。

（5）热水器：联邦贸易委员会已修订热水器标签，纳入新的资料。这些新资料须符合经修订的能源部测试程序。在 2017 年 6 月 15 日前，生产商必须使用新标签。为方便比较，电热水器及热泵热水器将合成一组。日后，该委员会将就可联网家用电热水器的特别标签征询公众意见。

［案例 2］美国转基因食品标识规定

（1）美国国会通过转基因食品强制标识法案

美国国会 2016 年 7 月 14 日通过一项旨在强制性标识转基因食品的法案，这意味着将来美国消费者能知道他们的食品中是否含有转基因成分。

（2）美国农业部发布自愿标注转基因原料使用情况管理规定

据美国农业部食品安全检验署（FSIS）消息，2016 年 8 月 19 日美国 FSIS 发布《有关肉类、禽类、蛋品中没有使用生物工程、转基因成分动物饲料的自愿性标示声明》通报（编号 54—16）。在肉类、禽类及蛋制品产品生产过程中，相关企业可以选择自愿标注相关产品的转基因原料使用情况。

[案例分析]

首先，分析美国国会通过的转基因食品强制标识法案。按照这项法案的规定，食品生产商可自主选择标识形式，可以使用文字、符号或由智能手机读取的二维码。一些消费者权益组织强烈反对使用二维码方式，认为这给生产商提供了隐藏转基因信息的机会，因为许多低收入人群没有智能手机。这项法案阻止美国各州自行颁布转基因食品标识法案，这意味着美国佛蒙特州 2016 年 7 月 1 日生效的更加严格的转基因食品强制标识法案无效。美国农业部将有两年时间制定具体的标识方案，包括决定含多少生物工程成分构成转基因食品以及相关执法程序等。该项法案很具体也很模糊。比如，关于"生物工程"的定义是包括涉及 DNA（脱氧核糖核酸）重组技术的遗传修改，因此一些新兴基因编辑技术，如 CRISPR 将不包括在转基因技术之内。此外，根据食品的定义，一些从转基因作物提取的成分可能被排除在转基因食品之外，包括从转基因甜菜提取的糖、用转基因玉米生产的玉米糖浆、转基因菜籽生产的油等。

美国是全球转基因作物种植和消费第一大国。2012 年，转基因棉花、大豆和玉米在美国的种植面积分别占总种植面积的 94%、93% 和 88%。美国市场上 70%—80% 的加工食品含转基因成分。但美国政府此前并不要求给转基因食品贴上标识，理由是转基因食品与传统食品"实质等同"。

其次，分析美国农业部发布自愿标注转基因原料使用情况管理规定。农业部规定明确指出：执法人员无须对所标示的转基因使用情况进行确认。尽管如此，FSIS 要求相关企业在自愿标示转基因原料使用情况时，遵循第三方机构规定的标准程序。此外，FSIS 还提供下列 3 种标示声称范例供参考：①单一原料不含转基因原料；②多种原料不含转基因原料；③有机标识加"饲养过程中使用不含转基因饲料的植物原料"。

第四节　美国技术性贸易措施实施分析

一　美国技术标准或技术法规集中点分析

（一）美国《2008 年消费品安全改进法》及其政策指引

2008 年 8 月 14 日，美国正式颁布并实施了《2008 年消费品安全改进法》（CPSIA），其主要内容包括：进一步规范含铅玩具；玩具上加贴可追溯性标签；将自愿性标准 ASTMF963 转化为强制性标准；对某些儿童产品实行强制性第三方检测；对玩具中的 6 种邻苯二甲酸盐实施控制等。2010年，美国继续出台 CPSIA 的政策指引：发布豁免某些电子装置的最终规定；确定"儿童产品"定义的最终规则；全尺寸及非全尺寸婴儿床安全标准的最终规则；婴儿学步车安全标准的最终规则；婴儿沐浴椅安全标准最新规则等。

（二）玩具强制性标准（ASTMF963）

2009 年 2 月 17 日，美国发布了最新版玩具安全标准 ASTMF963 – 08《玩具安全标准消费者安全规范》，包括对于吞入磁性部件、嵌塞危险、声音、阻燃性和其他许多部分的修订。2011 年 7 月 20 日，美国消费者安全委员会（CPSC）毫无异议地投票通过批准强制第三方测试以确保儿童玩具的安全。美国玩具业已从 2009 年 2 月起就被要求遵从强制第三方测试，但委员会考虑到预留时间便于生产商、进口商及自有品牌商实行玩具第三方测试和认证，所以，将强制第三方测试及认证要求推迟至 2011年 12 月 31 日开始执行。

（三）玩具安全认证

2009 年 10 月 1 日，美国玩具工业协会（TIA）启动了 TSCP 玩具安全认证（TSCP）工作，所有玩具制造商可使用 TIA 电子认证系统（ESC）对进入美国市场的玩具产品进行安全认证。TSCP 对玩具产品认证的技术要求包含三大要素，即玩具设计危害分析和/或风险评估、工厂过程控制审核以及生产样品测试。玩具产品如符合所有规定的认证要求，就可以加贴 TSCP 标志，标志的使用权将由美国国家标准学会（ANSI）认可的产品认证机构颁发和管理。

（四）有毒物质控制法

美国《有毒物质控制法（TSCA）》于 1976 年开始实施，涵盖了工业化学品及其在生产和流通过程中的管理，建立了商用化学品报告、记录、跟踪、测试和使用限制等要求在内的一整套化学品管理制度。经过多次修改，2007 年 1 月 7 日，美国颁布了 TSCA 修订法案，并于同年 2 月 6 日起生效。2011 年 3 月，在美国联邦化学品控制法案听证会上，来自美国立法机构、美国环保署、工业集团和其他利益相关方的代表就修订 TSCA达成一致。之前的现行的 TSCA 将美国境内的化学物质分为已列入 TSCA名录的"现有物质"和未列入的"新物质"进行管理。截至 2010 年年底，最新 TSCA 现有物质名录已多达 83000 种，平均每年新增 700 多种新化学物质。2016 年 6 月，美国国会通过了对《有毒物质控制法（TSCA）》的更新，它赋予了美国环保署（EPA）用于监管生活消费品和工业中使用的化学制品的权力。

（五）食品标签

美国关于食品标签的规定众多，其中尤以《联邦食品、药品和化妆品法》《合理包装和标签法案》《1990 年营养标签和教育法案》《1994 年饮食补充剂健康和教育法案》以及《2004 年食品过敏原标签和消费者保护法》最为重要。近年来，美国食品药品监督管理局（FDA）适时根据食品标签的发展状况对标签法规屡次作出修改和补充。2008 年 5 月 1 日，FDA 发布了法规《食品标签：健康声明、源于某些食品的可溶性纤维及冠心病风险》，免除了对某些食品的"低脂肪"营养成分的要求；2008 年 5 月 27 日，发布了最终规则《食品标签：健康声明；饮食中不含龋齿的碳水化合物甜味剂和龋齿》，将三氯蔗糖作为符合健康声明的物质；2008 年 9 月 29 日，公布了最终法规《食品标签：健康声明、修改钙和降低骨质疏松风险》，对原"钙和降低骨质疏松风险"健康声明作了修改。2016 年 7 月 14 日美国国会通过了转基因食品标识法案。

（六）"能源之星"标识

1992 年的美国《能源政策法》要求针对各类办公设备制定自愿性的节能方案，美国 EPA 创立了自愿性保证标识制度"能源之星"，为促进能效产品和减少温室气体排放，开始涉及的产品只有计算机和显示器。2005 年，美国根据《2005 年能源政策法》，对相关产品制定了新的能效标准，修订了产品的最低能效性能，扩大促进高能效产品的"能源之星"计划。2009 年，美国 EPA 先后发布了商用电冰箱和冷冻柜能源之星标准（2.0 版）、新版能源之星电视机标准（4.0 版和 5.0 版）、音频产品能源之星标准（2.0 版）、地热热泵能源之星标准（3.0 版）、轻型商用暖通空调能源之星标准（2.0 版）以及最终版的 LED 光源灯具能源之星标准（1.0 版）。2010 年 4 月 14 日，美国国家环境保护局和能源部联合宣布对"能源之星"产品认证程序进行修改，"能源之星"认证程序更加严格，且产品类别扩大到 60 多个。全新的"能源之星"第三方认证流程已于 2011 年 1 月 1 日启动。2016 年美国联邦贸易委员会修订能源标签规则。

（七）杀虫剂许可限量

据中国贸易救济信息网统计，美国 EPA 共对腈嘧菌酯、玉米除草剂、甲氧毒草胺、S 异丙甲草胺、联苯肼酯、噻嗪酮、福美双、唑菌胺酯、氯吡嘧磺隆、噻虫嗪、多杀菌素、嘧啶肟草醚、甲氧虫酰肼、喷达曼萨林肼、乙草胺、阿灭净、双苯三唑醇、叶菌唑等上百种杀虫剂及其成分的许可限量作了规定。

二　美国技术性贸易措施的实施特点及变化趋势

（一）食品安全是美国关注的重中之重，对进口食品的要求日趋严格

美国对食品安全始终给予高度关注，有关食品安全的法律法规非常繁多，如《联邦食品、药品和化妆品法》《合理包装和标签法案》《营养标签和教育法案》《食品质量保护法》和《公共卫生服务法》等。2011年1月4日，美国总统签署了《食品安全现代化法案》，赋予主管机构更大的权限，并提高了对进口产品的要求，即进口食品需要达到食品安全全程控制的高标准，这为对美出口食品设置了极高的门槛。

（二）标签标识规则众多，对食品标签的要求尤为严格

《强制性原产地标签》《美国汽车标签法》《2010 年毛皮真实标签法》《有关电灯产品标签的最终规定》《电视机能耗指南标签标识要求》《便携式发电机标签规定的最终规则》《家用电器能源标签新规》《有关吊扇的电器标签规则》《关于短袜包装的原产地标签最终规定》以及《有关生鲜肉及禽肉的新标签法规》等，美国近年发布的关于标签的技术法规、标准众多。其中，对涉及食品标签的要求尤为严格。美国海关对标签不符合要求的进口食品，无论其质量如何，均以违反食品标签法规为由自动扣留。同时，美国要求所有包装食品应有食品标签，强化食品还要有营养标签，必须标明至少 14 种营养成分的含量；要求所有进口食品都必须有英文商标，并贴在显著位置等。

（三）认证制度复杂，且高度依赖第三方合格评定

美国的认证、认可体系较为分散和复杂。目前，美国有 55 种认证体系，但尚无统一的质量认证管理机构；在合格评定程序上，美国高度依赖第三方合格评定。比如，电子电气产品进入美国市场必须通过 UL 等第三方认证；通信设备在其研发和生产过程中必须接受持续的检测和评定；尽管美国联邦通信委员会（FCC）已经开始逐步放宽管制，但仍要求对无线电设备进行第三方认证等。美国有 2700 个州级、市级政府机构制定

法规要求对产品进行安全认证，这些要求缺乏一致性，部分缺乏透明度。美国的 EPA 认证不仅要求对一系列产品进行认证，而且要求对每一个型号的产品进行认证，且认证周期长达半年至一年之久。

（四）制定和修订化学物质残留限量标准的频率较高

美国对农产品施加极其严格的农药、兽药及重金属残留限量检测，这些残留限量不但经常变更，而且往往在正式批准实施后才向 WTO 通报。2005 年，美国共向 WTO 提交了 35 项关于葡萄、番茄、小麦等农产品中化学物质残留限量标准的最终法规；2006 年，美国共对 43 种农药的残留限量作出修正和新增，涉及肉类、蔬菜、水果、咖啡、谷物等农产品；2007 年，美国陆续对杀扑磷、乙烯磷、多杀菌素等多种农药残留限量作出修正和新增；2008—2010 年，美国继续向 WTO 提交此类限量标准的最终法规，而且其中许多标准比国际标准更加严格。

（五）节能、环保法规和标准渐成主流，强制性覆盖范围进一步加大

目前，随着全球能源供应的日趋紧张，各国对产品节能要求更加严格。在美国，诸多耗能和能效标准存在于不同层次的法案或行动计划中，各自对不同的产品产生不同程度的约束力。影响较大的主要有能源之星、1W 待机法令（13221 号行政法令）、80Plus 计划以及加州能源法案。其中，最典型的当属能源之星，它虽为自愿性认证标准，但却影响着美国甚至全球节能标准的发展趋势，其覆盖的产品类别不断增加，认证程序日益严格。加州能源法案是美国唯一可以影响非政府消费行为的强制性能耗法规，其全称为"加州能源委员会电器效率法规"，涉及的产品以家用电器、照明设备为主。此外，2007 年 12 月，美国还颁布了《2007 年美国能源独立与安全法案》，该法案包含了产品能效要求，为电器及照明产品制定了第一个强制性的联邦能效标准。

（六）玩具和儿童产品标准多且严，甚至达到极其苛刻的程度

美国高度重视玩具和儿童产品的安全，有关此类产品的规定众多，且在 2008 年 8 月 CPSIA 正式颁布后，更多更严格的州级规定陆续出台。2007 年 1 月，美国 CPSC 就是否需要禁售含铅量按重量在 0.06% 以上的儿童金属性珠宝饰品，发布《有关含铅儿童饰品法规制定的预发公告》；2008 年，先后有缅因州《防止玩具及儿童产品中的有毒化学物质损害儿童健康和环境法案》、密歇根州《含铅物质，2007 年公共法案161》等多项法案出台；2009 年，CPSIA 修订且发布最新版玩具安全标

准 ASTMF963 - 08《玩具安全标准消费者安全规范》；2010 年，CPSIA
继续修订，发布了关于确定"儿童产品"定义的最终规则、婴儿学步
车安全标准的最终规则以及婴儿沐浴椅安全标准最新规则等。此外，还
发布了有关儿童产品镉含量的限制规定以及部分州禁售含双酚 A 儿童
用品的相关规定。

第五节　美国技术性贸易措施调查分析

一　美国技术性贸易措施类别影响分析

根据国家质量监督检验检疫总局 2006—2015 年调查发布的《中国技
术性贸易措施年度报告》，2005—2014 年（部分数据因缺少可比较的数据
而只有九年），在出口美国企业总样本 17482 例中，工业品企业样本量为
15503 例，农产品企业样本量为 1979 例。分析工业品和农产品分别受美
国不同种类技术性贸易措施影响状况。

（一）工业品受美国不同种类技术性贸易措施影响

国家质检总局调查显示，2006—2014 年，工业品受美国不同种类技
术性贸易措施影响排列分别为认证要求、技术标准要求、工业产品中有
毒有害物质限量要求、包装及材料的要求、标签和标志要求、环保要求
（包括节能及产品回收）、产品的人身安全要求、特殊的检验要求（如指
定检验地点、机构、方法）、厂商或产品的注册要求（包括审核）、木质
包装的要求、计量单位要求、其他；在总样本 15503 例企业数量中，分别
有 2171 例、1985 例、1815 例、1589 例、1469 例、1460 例、1329 例、
1279 例、1045 例、945 例、341 例和 75 例企业。如图 8 - 1 所示。

（二）农产品受美国不同种类技术性贸易措施影响

国家质检总局调查显示，2006—2014 年，在总样本 1979 例企业中，
农产品受美国不同种类技术性贸易措施影响样本企业的排列分别为：食
品中农兽药残留要求 263 例、加工厂/仓库注册要求 261 例、食品中重金属
等有害物质的限量要求 235 例、食品微生物指标要求 229 例、食品添加剂要
求食品 199 例、食品标签要求 198 例、食品接触材料的要求 145 例、木质包
装的要求 127 例、植物病虫害杂草方面的要求 119 例、动物疫病方面的要求
99 例、化妆品中过敏原的要求 66 例、其他 38 例。如图 8 - 2 所示。

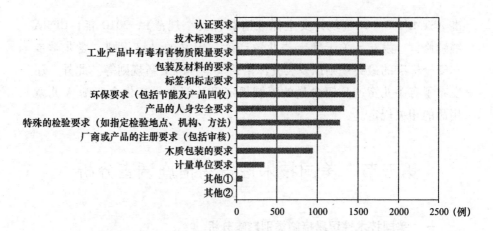

图 8-1 工业品受美国技术性贸易措施影响种类数量（2006—2014 年）

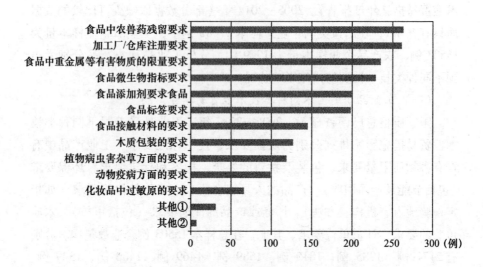

图 8-2 农产品受美国不同种类技术性贸易措施影响
种类数量（2006—2014 年）

二 美国技术性贸易措施对贸易损失形式的分析

国家质检总局调查显示，2006—2014 年，在出口美国的 3239 个企业样本中，美国技术性贸易措施对贸易损失形式大小排列依次为：丧失订单 1702 例、退回货物 390 例、降级处理 333 例、其他 251 例、扣留货物 170 例、口岸处理 161 例、销毁货物 144 例、改变用途 88 例样本企业。如图 8-3 所示。

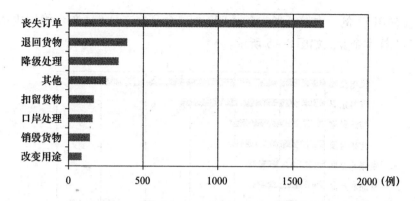

图 8 - 3　美国技术性贸易措施对出口企业贸易损失形式（2006—2014 年）

三　美国技术性贸易措施对产业损失额分析

（一）不同类别企业遭遇美国技术性贸易措施企业数（2005—2014 年）

国家质检总局调查显示，2005—2014 年，在 17460 个出口美国的样本企业中，遭遇美国技术性贸易措施企业数为：

（1）大型企业 9045 例样本中，受美国技术性贸易措施影响的主要产业样本数：机电仪器 1989 例、纺织鞋帽 1585 例、玩具家具 1553 例、食品农产品 1078 例、木材纸张非金属 1009 例、橡塑皮革 994 例、化矿金属 837 例样本企业。如图 8 - 4 所示。

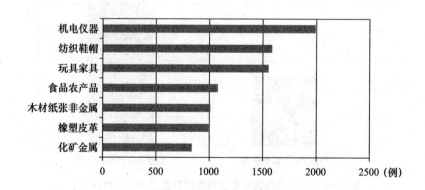

图 8 - 4　大型企业遭遇美国技术性贸易措施企业样本调查统计

（2）小型企业 8415 例样本中，受美国技术性贸易措施影响的主要产业样本数：机电仪器 2460 例、玩具家具 1611 例、纺织鞋帽 1063 例、化矿金属 1027 例、木材纸张非金属 882 例、食品农产品 831 例、橡塑皮革 541 例样本企业。如图 8 - 5 所示。

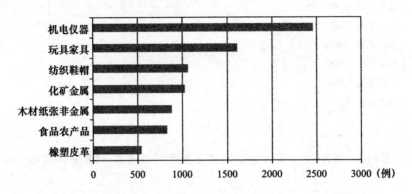

图 8 - 5 小型企业遭遇美国技术性贸易措施企业样本调查统计

（二）出口到美国遭受直接损失估算值（2005—2014 年）

国家质检总局调查显示，2005—2014 年，出口美国企业遭受直接损失估算值 1586.63 亿美元，其中，大型企业直接损失额 496.58 亿美元，小型企业直接损失额 1090.05 亿美元。如图 8 - 6 所示。

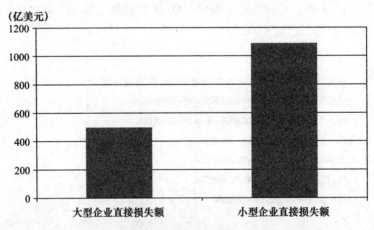

图 8 - 6 出口美国遭受直接损失估算值（2005—2014 年）

（三）不同类别、不同规模企业出口美国的产业损失额（2005—2014 年）

（1）大型企业出口美国的产业损失额 496.58 亿美元依次为化矿金属 156.39 亿美元、食品农产品 70.95 亿美元、机电仪器 69.37 亿美元、纺织鞋帽 56.01 亿美元、玩具家具 51.67 亿美元、橡塑皮革 47.84 亿美元、木材纸张非金属 44.36 亿美元。如图 8 - 7 所示。

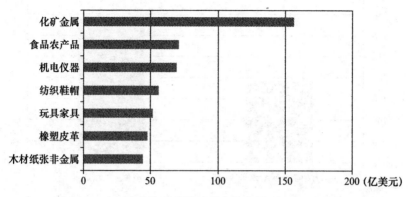

图 8 - 7　大型企业出口美国的产业损失额（2005—2014 年）

（2）小型企业出口美国的产业损失额 1090.05 亿美元依次为机电仪器 344.22 亿美元、玩具家具 233.46 亿美元、纺织鞋帽 137.78 亿美元、化矿金属 116.86 亿美元、木材纸张非金属 98.59 亿美元、橡塑皮革 84.90 亿美元、食品农产品 74.24 亿美元。如图 8 - 8 所示。

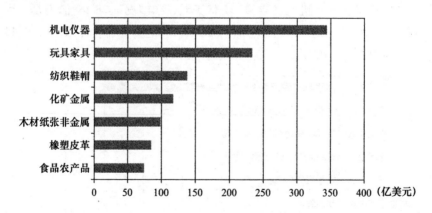

图 8 - 8　小型企业出口美国的产业损失额（2005—2014 年）

四　美国技术性贸易措施对出口企业新增成本分析

（一）出口到美国新增成本估算值（2005—2014 年）

国家质检总局调查显示，2005—2014 年，出口美国新增成本估算值中大型企业新增成本 192.26 亿美元，小型企业新增成本 339.22 亿美元；新增成本总额 531.48 亿美元。如图 8 - 9 所示。

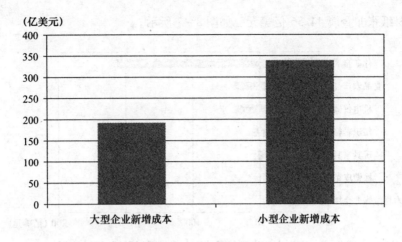

图 8 – 9   出口美国新增成本估算值（2005—2014 年）

（二）不同类别、不同规模企业出口美国新增成本（2005—2014 年）

1. 大型企业出口美国新增产业成本

大型企业出口美国新增产业成本依次为化矿金属 62.31 亿美元、纺织鞋帽 32.05 亿美元、机电仪器 31.31 亿美元、橡塑皮革 28.99 亿美元、玩具家具 17.90 亿美元、木材纸张非金属 10.27 亿美元、食品农产品 9.44 亿美元。如图 8 – 10 所示。

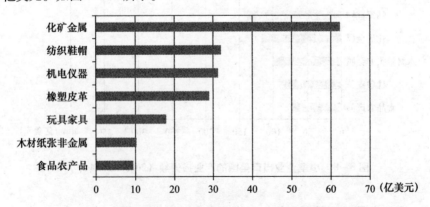

图 8 – 10   大型企业出口美国新增产业成本（2005—2014 年）

2. 小型企业出口美国新增产业成本

小型企业出口美国新增产业成本依次为机电仪器 152.17 亿美元、玩具家具46.09亿美元、纺织鞋帽46.06亿美元、化矿金属38.12亿美元、橡塑皮革29.08亿美元、食品农产品18.00亿美元、木材纸张非金属9.70亿美元。如图8－11所示。

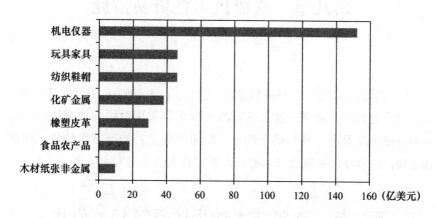

图8－11　小型企业出口美国新增产业成本（2005—2014年）

综上所述，美国的技术法规存在于美国的行政法规中，尽管技术法规是美国法律法规体系中的一部分，但在美国的法律体系中并没有独立的技术法规类别。美国的自愿性标准一般由私有部门在政府部门代表的参与下制定，供民间或政府的任何人和组织使用。美国国会通过颁布一系列相关法律推动在技术法规中采用自愿性标准，并以法律强制为基础，加强实施中的协调与引导。美国联邦政府机构为确保法规所涉及的产品安全可靠，在其制定的技术法规中都对合格评定程序提出了相关要求。

美国联邦技术法规体系运行具有以下特点：制定技术法规的联邦政府机构或独立机构得到法律的明确授权；得到授权的行政机关制定的技术法规必须以法律为依据，与法律规定对应；充分发挥自愿性标准的技术支撑作用；在发布法律文件的《联邦注册》和《联邦法规法典》上公之于众；充分发挥合格评定程序的质量保证作用；由联邦政府承担部分技术法规的执行职责。

美国技术性贸易措施对中国的启示：必须强化全局意识，坚持国际贸易利益对等原则；必须改善产品质量，提高各产业质量供给水平；必须加强贸易预警，提高企业的自我保护能力；必须善用各种资源，充分利用国际规则，提高中国的影响力。

第九章　欧盟技术性贸易措施

《欧洲联盟条约》(《马斯特里赫特条约》) 于 1993 年 11 月 1 日生效，标志着欧盟的正式建立。加入欧盟的欧洲国家采用欧盟的协调法律、标准和合格评定程序，只有瑞士例外。欧盟的成立及协调技术法规、标准和合格评定程序的实施使进入欧洲市场的技术性要求大大简化。

第一节　欧盟技术法规体系及相关机构

一　欧盟法律法规的主要种类

根据欧盟法律的渊源，欧盟法律主要可以分为主要渊源和次要渊源两大类。主要渊源的法律包括建立欧盟的基本条约，包括对之进行修改补充的条约。次要渊源的法律指根据条约制定的条例、指令和决议等。另外，欧盟法律的渊源还可能包括国际法、国内法等。

欧盟法律的种类很多，主要种类规定在《欧洲共同体条约》第 189 条中，包括以下几类：

(1) 条约：具体指的是《欧洲煤钢共同体条约》(《巴黎条约》)、《欧洲经济共同体条约》(现改名为《欧洲共同体条约》)、《欧洲原子能共同体条约》《单一欧洲法案》和《欧洲联盟条约》，以及其他特殊条约，如关于接收新成员的条约、关于预算的条约等。欧盟条约的地位相当于宪法，是有最高法律效力的欧盟法律。

(2) 条例：对所有成员国直接适用，不需要再由国内立法制定具体的执行措施。自动在各成员国生效，并且成为成员国法律体系的一个组成部分。

(3) 指令：指令对所有成员国有约束力，但实施指令的方式和手段可以由成员国机构做出选择。

（4）决议：是具有特定接收对象的单独法令，对其所通知的对象具有全面的约束力。可以对个人发出，也可以对成员国发出。

（5）建议和意见：都没有法律约束力，它们不是严格意义上的法律，建议和意见可由包括欧洲委员会在内的许多机构通过。

条约是欧盟的基础。它们不仅是建立欧盟有关机构的法律依据，同时在规定的领域内把立法、行政和司法权力授予了这些机构，为条例、指令、决议等法律的立法提供了法律依据。《单一欧洲法案》第100a条关于保障产品安全的条款，第118a条保障人体健康的条款，第130条保护环境的条款，是欧盟技术法规的重要法律基础。而《欧盟条约》第95条，《欧洲共同体条约》第251条对技术法规的立法程序做出了规定。

欧盟技术法规的主要形式是指令，也有以条例或决议形式发布的。指令规定的是应当取得的目标，对每个成员国指令都具有约束力。各成员国有义务使该项指令的规定成为国内法规并且实施，但是，指令在实现该结果的方法上给有关成员国留有一定程度的自主权（在实践中，这种自主权是十分有限的）。

一个成员国通常需要采取特定的法律措施来实施指令。国内法律措施必须非常清楚明确地表述出指令的条文内容，以保证有关各方清楚地了解各自的权利范围。用发布行政管理通知的形式来保证指令实施的做法并不等于是对指令的正确实施，因为行政管理通知对行政管理机构或者第三方不具有约束力，可以被有关机构随意修改或者任意采纳实施。

二　欧盟有关机构及职能

《欧洲联盟条约》规定，欧盟承担的任务应当由欧洲议会、欧盟理事会、欧洲委员会、欧洲法院和欧洲审计院5个机构来完成。此外，还有经济与社会委员会和区域委员会为欧盟理事会和欧洲委员会提供咨询性意见。

（一）欧洲议会

欧洲议会有626名议员，每五年普选一次。主要的职能包括与理事会分享立法权以保证立法的民主性、与理事会分享预算权、任命欧洲委员会委员、对欧洲委员会进行监督并可提出谴责性动议等。

（二）欧盟理事会

欧盟理事会由成员国从其政府中选出的部长级代表组成。欧洲联盟理事会是共同体中拥有最大立法权的组织，在通常情况下被授权在欧洲委员会议案的基础上通过立法。主要职能包括制定法律、协调成员国经济政策、签署国际协议、与欧洲议会一起制定财政预算、在欧洲理事会的指导下做出制定和实施共同外交和安全政策方面的决定、在有关犯罪的司法合作方面协调成员国的活动。欧盟内的主要政治提议来自欧洲理事会（这是欧盟国家首脑的一种定期会晤机制），而通过立法的权力几乎都属于欧盟理事会。

（三）欧洲委员会

欧洲委员会有 20 名委员（包括一名主席，两名副主席），任期 5 年，由各成员国提名经欧洲议会批准。其职能包括提出法律草案并参与通过法律、执行并管理欧盟政策、与欧洲法院一起实施欧盟法律、作为欧盟的代言人并在贸易和合作等领域进行国际谈判，在少数规定的领域内有通过法律的权力。

欧洲议会的例行全体大会在议会所在地法国斯特拉斯堡进行，议会各委员会的大部分会议和额外的全会在欧盟总部布鲁塞尔进行，而欧洲议会总秘书处设在卢森堡。欧盟理事会的部长会议除 4 月、6 月和 10 月是在卢森堡进行之外通常都在驻地布鲁塞尔进行。欧洲委员会每周举行一次会议，通常星期三在布鲁塞尔举行，而在欧洲议会全会期间则是在斯特拉斯堡。欧盟相关机构工作人员和办公文件不得不在两地之间穿梭。虽然欧盟一体化尤其是经济一体化步伐加快，但成员国的各自利益体现在各个方面。

三　欧盟的立法程序

欧盟有立法的权力，但是这种立法权与国家立法权不同，仅仅是一种派生性的权力，立法权的范围仅限于各成员国建立共同体及欧洲联盟签订的条约中所规定的领域。具体的立法过程中，什么样的法应当通过什么样的程序来制定，是由条约规定的。欧盟法律主要是由以下四种程序产生的：咨询程序、合作程序、共同决策程序和同意程序。

总的来说，欧洲委员会是处在负责提出议案的地位，欧洲议会是处在被咨询的地位，欧洲联盟理事会处在最后做出决定的位置。欧洲委员会、欧洲联盟理事会和欧洲议会这三个机构在欧盟法律的立法过程中的相互关系，基本上是通过欧洲委员会修改或撤回议案，欧洲联盟理事会修改欧洲委员会的议案，以及欧洲议会参与立法过程这三个方面来体现的。

相对而言，咨询程序在欧洲议会中是一种"一读程序"，合作程序是一种"二读程序"，而共同决策程序是一种"三读程序"。其法律基础是《欧盟条约》第95条，具体的程序在《欧洲共同体条约》第251条。

共同决策程序的主要步骤如下：

（1）欧洲委员会把议案送交欧洲议会和欧洲联盟理事会征求意见，这就是欧洲议会一读。欧洲联盟理事会在得到欧洲议会的意见后，经多数同意合格，通过一项对议案的"共同立场"。

（2）欧洲议会在得到欧洲委员会和欧洲联盟理事会的意见后，有3个月的时间做出决定，即二读程序。根据欧洲议会的不同态度，议案可能朝不同的方向发展。

（3）必要时，欧洲议会在调解委员会的工作之后进行三读。

我们最常见的新方法指令是通过共同决策程序制定的。曾经备受关注的《转基因生物（GMO）食品和饲料》及《转基因生物的可追溯性和转基因食品和饲料产品的可追溯性和标识》两个技术法规也是通过共同决策程序制定的。2001年下半年，欧洲委员会提出的两个法规议案在欧盟理事会成员国间进行了广泛的讨论。根据TBT协定有关透明度的规定，2001年10月31日欧盟将这两个技术法规向WTO/TBT委员会进行了通报。

四　欧盟机电产品技术法规与标准案例分析

机电产品是我国对欧盟出口的第一大类产品，欧盟制定了针对机电产品的安全、电磁兼容、能耗以及环保方面的诸多技术法规要求，并制定了大量的安全、能效及环保标准等，对中国机电产品出口欧盟市场影响值得重视。

［案例］欧盟机电产品技术法规与标准

（1）主管机构：欧盟委员会和各成员国的职责分工

目前，欧盟委员会在机电产品质量安全管理方面的职责主要是对新法规的立法、司法、协调以及推动各项法规的实施。

立法：即起草制定法规并报欧盟议会和理事会通过，实施消费品安全的新法规，目标是协调各成员国利益，使各国关于消费品安全的技术法规尽可能趋于一致。

司法：即督促各成员国有效执行一般产品安全指令（GPSD，2001/

95/EC)、部门指令等产品安全法规，组织开展执法活动，并负责相关法律解释。

协调：即组织欧盟范围内产品安全风险信息交流，协调各国开展风险产品控制和查处。

推动：以资金投入和人员培训等方式，推动欧盟各国加强消费品安全管理机构建设，同时支持欧盟和各成员国消费者保护组织的发展。

（2）技术法规和标准

对于欧盟机电产品来说，经过多年的不断发展与完善，欧盟逐步形成了主要针对机电产品的安全、电磁兼容、能耗以及环保方面的诸多技术法规要求。机电产品方面的技术法规主要有《通用产品安全指令》《低电压指令》《电磁兼容指令》《RoHS 指令》《包装与废弃物指令》《医疗器械指令》《ErP 指令》及其相关实施措施等，这些技术法规是强制的。

机电产品涉及的协调标准有数千个，主要是欧盟官方发布的《低电压指令》《电磁兼容指令》《机械指令》《能效指令》及其实施条例中所列的协调标准，涉及低压开关和控制装置、电机装置、照明装置、电缆、家用电器、机械设备等多类产品。

（3）标准与法规的关系

欧盟采用的是技术法规与标准、合格评定程序相结合方式。技术法规和标准对产品提出强制性和非强制性的技术要求，而合格评定程序则规定了如何确定产品符合要求，它是检查产品是否符合欧盟技术法规和标准的具体操作方法。欧盟技术法规是由欧盟理事会、委员会和欧洲议会等立法机关制定的，是强制性的。标准是由民间、非营利性的标准化组织制定的，是自愿性的。标准在技术法规中起到了重要作用，如果立法机关在技术法规中引用某些标准，或者以某种方法采用该标准，该标准就成为法律体系中的一部分。

［案例分析］

欧盟制定了一系列严谨的立法规则，并且形成了一套科学有效的技术法规运行的模式，保证欧盟法规体系的高效规范有序地运作。对于我国机电产品法规体系建立来说，有一定的借鉴意义。

（1）欧盟机电产品的技术法规主要针对涉及保护人身健康或安全、保护环境等的技术要求，对于其他方面的技术要求不制定技术法规，而由社会或市场参与者指定或选择所需要的技术要求。技术法规是欧盟理事会、委员会和欧洲议会等立法机构制定的，其性质是强制性法律法规。欧盟新方法指令是一种比较灵活的技术协调措施，立法者只需要制定技术法规，而标准由欧盟标准化组织来完成，这样充分利用技术标准制定人员的技术专长，同时又节省了大量经费。由于标准组织在制定标准时建立在协商一致的基础上，具有公开和透明性，因此得到了广泛承认；按照欧洲标准化组织的章程规定，每五年要对标准进行修订，使标准反映了最新的技术发展现状。我国已经建立了较完善的市场经济体制，政府应逐步放开对企业经营活动的过度管理；技术法规的范围也应限制在国家安全、保护人身健康或安全、保护环境等，对于企业的技术活动不作过度干预，用标准去规范具体的生产经营活动。

（2）欧盟企业界人士在制定标准方面非常积极，有强烈的标准化意识，都力图将先进的技术成果转化为标准。而中国企业由于自身技术和资金条件的限制，在标准制定方面缺乏带头的作用，不得不由政府制定一些强制性的标准。中国国家标准化机构属于政府机构，与市场的关联度较弱。我国应密切跟踪国际贸易发展的趋势，在制定国家标准时，更多地以市场为导向，发挥企业的能动作用。

（3）合格评定是市场经济中必不可少的环节，是市场准入的验证条件。欧盟为保障投放市场后的机电产品符合技术法规的要求，在技术法规中对合格评定程序做出了明确规定。目前我国的强制性国家标准较多，但是用于强制性认证中的标准较少，有大批的强制性产品标准在规范产品质量过程中没有起到应有的作用。强制性标准与合格评定程序相脱节，强制性标准中未对合格评定程序做出相关规定，从而导致我国的强制性标准无法发挥技术法规应有的作用。

（4）由于机电产品随着科技飞速发展而大量增长，更新换代速度加快，导致产生大量废弃物；同时机电产品本身就含有大量的有害物质，对环境产生巨大影响。在此背景下，欧盟的 WEEE 和 RoHS 指令出台，并且向世界各国扩散，各国纷纷制定针对机电产品的各项环保法规，有关电子废弃物回收和有害物质控制的标准因此应运而生。在环保方面，国家统一推行的电子信息产品污染控制还属于自愿性认证，对企业没有强制的约束力。因此，尽快将废弃物回收和有害物质控制纳入强制性管理范畴，将有利于机电行业向更加环境有利化的方向发展。

（5）随着节能低碳日益成为各国最为关注的热点话题，欧盟越来越重视机电产品的节能环保设计和能效指标。欧盟率先推动了机电产品的环境化意识设计工作，发布了 ErP 能源相关产品的生态设计指令，规定了电视机、洗衣机、冰箱、空调及办公类电子电气产品等十多种机电产品的最低能效要求。而中国目前对于能效的强制要求只有能效限定值和能效标签，且其最低能效要求都较欧盟要低，也与中国目前的机电产品能效水平有关。因此，尽快地将机电产品的能效水平与国际接轨，不仅可以倒逼企业转型升级，提升其技术研发实力，还可以促进我国机电产品朝着绿色节能方面顺利发展。

第二节　欧盟技术协调和标准化的新方法指令

一　指令概述

欧盟理事会于 1985 年 5 月批准了关于《技术协调与标准化新方法》（以下简称《新方法》）的决议，并于 1989 年对新方法决议进行了补充，批准了《全球符合性评定方法》（以下简称全球方法）的决议。自 1987 年，依据这一新方法和全球方法制定的若干个新方法指令逐步生效。

《新方法》指令是欧盟统一大市场的重要措施，也是使用最多的法律形式。《新方法》指令是由欧盟委员会提出，欧盟理事会经过与欧洲议会协商后批准发布的一种用于协调各成员国国内的法律形式，旨在使各成员国的技术法规趋于一致。《新方法》明确规定了欧共体（EC）立法机构与欧洲标准组织：欧洲标准化委员会（CEN）、欧洲电工技术委员会（CENELEC）和欧洲电信标准学会（ETSI）为使产品在欧盟市场自由流通应承担的责任。欧洲法律只负责规定产品投放市场时应达到的健康和安全的基本要求，而将达到这些基本要求目标的技术解决方案交给欧洲标准组织完成。从而使欧洲标准成为支持法律、消除贸易技术壁垒的一种重要工具。

为解决在实施新方法指令中提出的问题，1994 年欧盟委员会编制了第一个实施指南文件——《基于新方法和全球方法的指令实施指南》（以下简称《新方法指令实施指南》），并于 1999 年对其进行了修改。

《新方法指令实施指南》的原则：立法的协调仅限于基本要求，即安全、健康、消费者保护和环境保护；制造商可以自由地选择技术方案来保证产品符合基本要求；为制造商提供可选择的合格评定程序来评定产品符合指令；只有那些符合指令要求的产品才可投放欧洲市场并加贴 CE 标志（指令要求加贴的）；成员国有义务控制和监督在市场上流通的产品。

《新方法指令实施指南》的目的：旨在让人们更好地理解新方法指令，使不同部门、整个市场在采用新方法指令时更协调、更统一。

《新方法指令实施指南》的主要内容：全面地介绍了《新方法决议》和《全球方法决议》产生的背景、原则，重点分析了新方法指令的标准要素，并就如何实施这些要素和实施环节作了详细、实用的说明。此外，在附录中给出了一些补充文件和具体实施程序。尤其是附录 7 以列表形式给出制造商、指定机构和制造商授权代表在进行符合性评定程序中的责任；附录 8 给出指令中规定的各种产品符合性评定程序流程图，即产品加贴 CE 标志流程图。

《新方法指令实施指南》将新方法指令定义为规定了 CE 标志的指令。除此之外，有些指令虽然遵循新方法或全球方法的原则，但是，指令中没有规定 CE 标志。在实施指南中以表格形式列出规定 CE 标志的新方法指令和符合新方法和全球方法原则但未规定 CE 标志的指令（见表 9 - 1 和表 9 - 2）。

表 9 - 1   新方法指令（规定"CE"标志的指令）

序号	指令名称	指令或修订指令编号	实施日期	过渡期终止日期
1	低压设备	1973/23/EEC	19/8/1974	
		1993/68/EEC	1/1/1995	1/1/1997
		2006/95/EC	27/12/2006	16/1/2007
		2014/35/EU	29/3/2014	20/4/2016
2	简单压力容器	1987/404/EEC	1/7/1990	
		1990/488/EEC	1/7/1991	1/1/1992
		1993/68/EEC	1/1/1995	1/1/1997
		2006/95/EC	27/12/2006	16/1/2007

续表

序号	指令名称	指令或修订指令编号	实施日期	过渡期终止日期
3	玩具	1988/378/EEC	1/1/1990	
		1993/68/EEC	1/1/1995	1/1/1997
		2009/48/EC	1/7/2011	1/7/2013
		2014/79/EU	20/6/2014	
4	建筑产品	1989/106/EEC	27/6/1991	
		1993/68/EEC	1/1/1995	1/1/1997
		305/2011/EU – CPR	3/9/2011	1/7/2013
5	电磁兼容	1989/336/EEC	1/1/1992	
		1992/31/EEC	28/10/1995	
		1993/68/EEC	1/1/1995	31/12/1995
		[98/13/EC]	6/11/1992	1/1/1997
		2004/108/EC	4/3/2008	20/7/2009
		2014/30/EU	29/3/2014	20/4/2016
6	机械	1998/37/EC	1/1/1993	31/12/1994
		1998/79/EC	1/1/1995	31/12/1996
			1/1/1995	1/1/1997
			7/6/2000	
		2006/42/2	9/6/2006	29/6/2006
7	人身保护设备	1989/686/EEC	1/7/1992	30/6/1995
		1993/68/EEC	1/1/1995	1/1/1997
		1993/95/EEC	29/1/1994	
		1996/58/EC	1/1/1997	
8	非自动衡量器	1990/384/EEC	1/1/1993	31/12/2002
		1993/68/EEC	1/1/1995	1/1/1997
		2009/23/EC		
		2014/31/EU		
9	有源移植医疗设备	1990/385/EEC	1/1/1993	31/12/2002
		1993/42/EEC	1/1/1995	14/6/1998
		1993/68/EEC	1/1/1995	1/1/1997
10	燃气用具	1990/396/EEC	1/1/1992	31/12/1995
		1992/68/EEC	1/1/1995	1/1/1997

续表

序号	指令名称	指令或修订指令编号	实施日期	过渡期终止日期
11	热水锅炉	1993/42/EEC	1/1/1994	31/12/1997
		1993/68/EEC	1/1/1995	1/1/1997
12	民用炸药	1993/15/EEC	1/1/1995	
		2014/28/EU	31/12/2002	
13	医疗设备	1993/42/EEC	1/1/1995	14/6/1998
		1998/79/EEC	7/6/2000	30/6/2001
14	潜在的爆炸环境	1994/9/EC	1/3/1996	30/6/2003
15	汽艇	1994/25/EC	16/6/1996	16/6/1998
16	电梯	1995/16/EC	1/7/1997	30/6/1999
		2014/33/EU		
17	制冷设备	1996/57/EC	3/9/1999	
		2005/32/EC		
		2009/125/EC	31/10/2009	20/11/2009
18	压力设备	1997/23/EC	29/11/1999	29/5/2002
		2014/68/EU	27/6/2014	28/2/2015
19	电信终端设备	1998/13/EC	6/11/1992	
			1/5/1992	
			1/1/1995	
20	诊断医疗设备	1998/79/EC	7/6/2000	7/12/2003
				7/12/2005
21	无线电及电信终端设备	1995/5/EC	8/4/2000	7/4/2001
				7/4/2000
		2014/53/EU	22/5/2014	13/6/2017

注：过渡期是指各国转换为国家法规的最后期限。

《新方法》指令的批准程序：新方法指令的基础是 EC 条约的 95 条，它是根据 EC 条约 251 条提供的共同决策程序而被采用的；被采用的新方法指令在欧盟委员会的官方杂志的 L 系列上公布，委员会建议的新方法指令在 C 系列上发布。

采用指令的流程图如图 9-1 所示。

表9–2　　　　　基于新方法和全球方法但未规定 CE 标志的指令

序号	指令名称	指令编号	实施日期	过渡期终止日期
1	包装及包装废弃物	1994/2004/EC	30/6/1996	31/12/1999
		2004/12/EC	18/8/2005	
2	高速铁路系统	1996/48/EC	8/4/1999	
		2008/57/EC	17/6/2008	
		2009/131/EC	16/10/2009	
		2011/18/EC	1/3/2011	
		2014/38/EC	10/3/2014	
3	航海设备	1996/98/EC	1/1/1999	

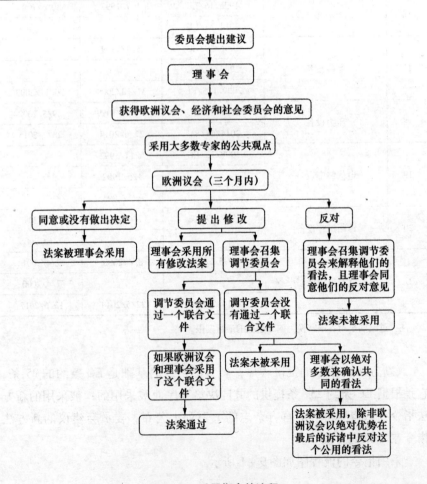

图9–1　采用指令的流程

二　适用产品范围

新方法指令适用于准备首次投放欧盟市场（或交付使用）的产品，也适用于新产品以及从第三国进口的新的、旧的和二手产品；新方法指令中产品的概念各不相同，制造商有责任验证其产品是否属于一个或多个指令管制的范围；凡有重大变化的产品，应被视为新产品，视具体情况进行评定，除非另有规定。军用、警用产品不受新方法指令约束。只有当产品符合所有相关指令的规定，且依据所有相关指令进行合格评定后，产品才能投放市场或交付使用。

新方法指令涉及非常广泛的产品，指令相互重叠并相互补充，这通常要求对产品进行危险分析，或对产品的可能使用进行分析。在确定产品相关危害，对相关产品的协调标准有疑问时，制造商可在标准和合格评定机构的帮助下，对相关产品进行危险评估。

产品首次投放欧盟市场和交付使用时，必须符合相关新方法指令。成员国不得阻止、限制或妨碍符合相关新方法指令的产品投放市场和交付使用。新方法指令的目的就是在欧盟的层次上协调技术法规以建立统一市场，消除产品自由流动的障碍。

根据欧盟条约第28条和第30条规定，成员国不能采取数量限制或类似的方式来阻碍产品的自由流动。但是，在没有欧盟协调法规，或指令未包括特定的危险的情况下，成员国在措施必要、目标合理的前提下可以制定自己的法规。

下列产品不属于投放市场的产品之列：由第三国制造商转移给其欧盟内授权代理的产品，该授权代理受制造商聘用，其目的是确保产品符合相关指令；因后续工作转移给其他制造商的产品；未经海关准许自由流通的产品，包括处于其他报送程序中，或正在免税过程中的产品；为了向第三国出口而由成员国制造的产品；在商品交易会、展览会或展示会上陈列的产品；除非相关指令中已有规定，贮存在制造商或其欧盟授权代理处的库房中的产品，且这些产品还未交付。

三　有关各方及职责

制造商：指设计、生产产品，并将产品投放欧盟市场的责任人。

授权代理：制造商可以驻欧盟国家或其他地方，可以任命驻欧盟的授权代理，代理自己的利益完成相关指令要求的某些任务。新方法指令要求授权代理必须驻欧盟才能代表制造商行使权力。授权代理可以是分包商，同时也可以是进口商/产品投放市场的责任人。

进口商/产品投放市场的责任人：必须能够为市场监督当局提供产品的 EC 合格声明副件以及相应的技术文件。进口商承担此职责仅适用于制造商不驻欧盟和没有驻欧盟授权代理的情形。进口商可以是授权代理，承担制造商的职责。

销售商：新方法指令中一般不包括有关销售的条款。销售商被认为是产品进入欧盟市场后销售链中采取相应商业行为的自然人或法人。销售商应对产品予以应有的关注，将明显不符合指令要求的产品拒于欧盟市场之外。

装配和安装方：已投放市场产品的装配和安装方，应采取必要的措施保证产品首次在欧盟使用时符合基本要求。

用户（员工）：新方法指令没有规定用户的职责，与交付使用有关的除外。涉及工作场所健康和安全的欧盟法规影响新方法指令中涉及用于工作场所产品的维护和使用。

四 对指令的符合性

（一）基本要求

指令附件中规定的基本要求确定了保护公众利益的基本要素，新方法指令的一个基本原则就是仅限于针对与公众利益有关的基本要求制定协调法规。

基本要求是强制性的，只有满足基本要求的产品方可投放市场和交付使用。基本要求主要是针对产品的特定危险（如可燃性、电气或生化性能、卫生、放射性等）、与产品或其性能有关的要求（如材料、设计、结构、制造过程、产品说明等）或提出基本的保护目标。制造商需要通过危险分析来确定产品必须满足的基本要求。这些分析应该包括在技术文件中。

基本要求定义了要达到的结果或要避免的危险，但是并未规定达到目标需采取的措施。制造商可以选择达到要求的方式。

（二）协调标准

根据指令所确定的基本要求，协调标准提供一定的保护水平。相关的产品必须符合标准规定的要求，并且如果产品符合所提供的协调标准，就可推断该产品满足相应基本要求。

协调标准是欧洲标准，根据欧盟委员会和欧洲标准化组织制定的通用指南制定的，由欧盟委员会提议制定并发布。根据 98/34/EC 指令的定义，欧洲标准是欧洲标准化组织为满足重复或持续使用的目的而制定的非强制性技术规范。欧洲标准必须在国家层次上进行转换，以代替相应的国家标准。协调标准不是欧洲标准体系中的特殊类别，新方法指令中采用的这个术语是为了给作为技术规范存在的欧洲标准赋予一个法律地位。

欧洲委员会通常书面要求欧洲标准化机构提交欧洲标准。标准的起草和发布是根据欧洲标准化机构与欧洲委员会在 1984 年签署的合作通用指南进行的。欧洲标准化机构负责确定并起草协调标准，而后提交欧洲委员会。标准的技术性内容完全是由标准机构负责的。在特定的领域，如环境、卫生及安全，政府权力机构在技术层次上参与标准制定过程是非常重要的。欧洲标准化机构可以自己决定或在欧洲委员会的要求下对协调标准进行修改。

（三）符合性推断

协调标准对于制造商不是强制性的，制造商可以选择其他手段来证实其与标准的符合性。如果协调标准已经在欧盟公报上公布并转换为国家标准，那么采用协调标准就可以推断符合指令规定的基本要求，即"符合性推断"。

并不是所有的欧盟成员国都必须转换协调标准。由于欧洲标准的转换是一致的，制造商可以采用任何转换的国家标准，在此基础上做出符合性推断。制造商也可以选择不采用协调标准（比如采用美国标准），但是采用其他标准给制造商带来额外的义务，就是制造商必须证明使用其他选择也可以满足指令规定的基本要求。证明途径可以通过技术文件，或第三方的测试，或二者兼有。

新方法指令规定，如果欧洲委员会证实协调标准不能满足指令规定的基本要求，可以撤销基于协调标准的符合性推断。

五　合格评定

1989 年理事会决议《关于认证和测试的总体方案》陈述了下列欧共体合格评定政策的指导原则：通过把合格评定程序的不同阶段设计成不同的模式、制定采用这些评定程序的准则、指定实施程序的机构及规定 CE 标志的使用，从而以法规的形式制定协调一致的合格评定方法；推广使用有关质量保证体系的欧洲标准（EN ISO 9000 系列）和保证合格评定机构正常运行的体系标准（EN 45000 系列）；在成员国和欧盟层次上促进认可体系的建立；推动非强制领域测试和认证的相互认可协议；减少成员国和工业部门有关体系结构的差异（如校准和计量、测试实验室、认证和检查机构以及认可机构）；通过相互认可、合作和技术援助推动成员国之间及与第三国的贸易。

（一）合格评定模式

合格评定是以第一方（制造商）或者第三方（指定机构）为基础进行的。涉及产品的设计阶段、生产阶段。理事会决议完成了总体方案（Global Approach）的制订，为新方法指令中的合格评定制定了通用指南和详细程序；总体方案引入了模块化的合格评定方法，把合格评定分为几个操作模式。这些模式随产品开发和生产阶段（如设计、原型、批量生产）、评定的类型（如文件检查、型式试验、质量保证）和执行评定主体（如制造商或第三方）的不同而不同。合格评定是基于：

（1）制造商的内部设计和生产控制活动；

（2）第三方的型式检查与制造商的内部设计和生产控制活动的结合；

（3）第三方的型式或设计检查与第三方产品或生产质量保证体系的批准或第三方产品验证的结合；

（4）设计和生产的逐个验证；

（5）全面质量保证体系的第三方批准。

合格评定的单元模式虽然数量有限，但适用的产品范围很广。八个基础模式及其可能的变型模式之间可以以各种方式相互组合。不同模式为立法者针对产品类别和所涉及的危害确立合格评定程序提供了工具。每一指令都对可能的合格评定程序的内容和范围作了陈述，对相关产品提供了必要的保护水平。制造商可选择相关指令规定的各种合格评定程序。

（二）管理体系标准的采用

在模式 D、E、H 及其变型中描述了质量保证体系在指令规定的合格评定程序中的应用。如果制造商的质量体系表明产品满足指令规定的基本要求，那么符合以标准 EN ISO 9000、EN ISO 9002 和 EN ISO 9003 为基础的质量体系就可以做出符合相关质量保证模式的合格推断。这意味着制造商为了符合新方法指令的要求而实施和采用质量体系时，必须特殊考虑法规要求，特别是：

（1）质量目标、质量计划、质量手册和控制文件必须明确规定符合基本要求的产品才能交付使用的目标；

（2）制造商必须把产品有关的基本要求、采用的协调标准或保证产品满足基本要求的其他技术文件化；

（3）确认的标准或其他技术方案必须作为设计输入及设计输出的验证，以确保满足基本要求；

（4）控制生产的机构所采取的措施必须确保产品符合确认的安全要求；

（5）生产过程和最终产品的检验和控制机构必须确认并使用与标准规定一致的方法或其他适当的方法，以确保符合基本要求；

（6）检验报告和测试数据、校准数据、有关人员的资格记录等质量记录必须确保满足基本要求。

符合上述模式不一定要求质量保证体系获得认证，制造商可以采用其他不是基于 EN ISO 9000 的质量体系模式以符合合格评定模式的要求。制造商有责任建立并保持质量体系，以满足相应的法规要求。指定机构必须在其评定、标准和后续监督中确保制造商切实要履行的责任。

（三）技术文件

制造商必须起草技术文件，包括表明产品符合相应要求的信息。新方法指令规定，从完成产品制造最后之日起，技术文件的保存期至少是10 年，除非指令中对保存期另有明确规定，这是制造商或授权代理的职责。一般技术文件应包括设计、制造和产品的操作，其目的是为了声明产品与相关指令基本要求的符合性。

（四）合格声明

制造商或制造商在欧盟内授权的代理必须起草 EC 合格声明，EC 合格声明是新方法指令所规定的合格评定程序的一个组成部分。从完成产品制造最后之日起，合格声明至少应保存 10 年，除非指令中对保存期另有明确规定。

合格声明至少应提供以下信息：制造商或者授权代理的名称和地址；产品信息（包括名称、型号、批号等）；产品涉及的有关指令及应符合的相关法规和标准。EC 合格声明中包括的其他信息还有指定机构的名称及其他可能要求的信息。

六 指定机构

指定机构负责承担有关新方法指令中要求第三方参与的合格评定活动。各成员国负责指定这些机构，并对机构的能力负责。只有设立在成员国内的法律实体才有资格成为指定机构。指定机构被指派评价产品对基本要求的符合性，并确保按相关指令中有关程序在技术上实施这些要求的一致性。

成员国通知欧洲委员会和其他成员国符合要求的某个机构被指派按照指令要求实施合格评定。欧洲委员会在欧盟官方公报上公布指定机构名录。当指定机构不能继续满足要求或履行其义务时，由指定机构的成员国负责撤销公告。

EN 45000 系列标准覆盖不同类型的合格评定机构（认证机构、测试实验室、检验机构和认可机构）。建立和保持成员国之间有关指定机构评定的相互信任，仅采用同一评定准则是不够的。对指定机构进行评定的机构可以证明其具有评定能力并按照同一准则运作也是非常重要的。这些要求在 EN 45003 和 EN 45010 标准中有规定，大多数成员国的国家认可机构按照这些标准的要求实施，加入同行评审制度，以达到认可结果的多边互认。

指定机构的责任包括：应向他们的主管公告当局、市场监督当局和其他机构提供有关信息；应以能胜任的、无歧视的、透明的、中立的、独立的和公正的方式运作；必须是独立于委托方或其他利益相关方的第三方；必须具备相应设施以保证其开展与合格评定相关的技术和管理任务。

指定机构可以在成员国之外甚至欧盟之外从事工作，以指定机构名义发放证书。制造商可以自由选择被指派按照相关指令要求执行合格评定程序的任何指定机构。

为保证公正性，明确区分合格评定和市场监督是非常重要的。因此，指定机构负责履行市场监督职能是不适当的。

七 CE 标志

CE 标志表示产品制造商符合欧盟指令中加贴 CE 标志的全部必要条件。某产品一经加贴 CE 标志，则表示加贴 CE 标志或对加贴 CE 标志负有责任的自然人或法人声明该产品符合所有必须遵循的法规和标准，并且已通过了必要的合格评定程序。

CE 标志是强制性标志，要求加贴该标志的产品在投放市场和进入服务之前必须先加贴 CE 标志，特殊指令另有要求的情况除外。CE 标志必须由制造商或其在欧盟内设立的授权代理加贴。

八 市场监督

成员国必须任命或设立主管当局负责市场监督。市场监督是实施新方法指令的基本手段，主要是通过采取措施检查投放到市场的产品是否符合有关指令的要求，是否采取措施使不合格品转化为合格品，是否遵守相关的法律法规。新方法指令规定的保护水平要求成员国采取所有必要措施确保投放到市场或交付使用的产品不危及人身安全和健康，不损害相关新方法指令所涵盖的其他利益。

新方法指令包括保护条款，限制或禁止危险产品或不合格的产品投放市场和交付使用，或者使其撤离市场。因此，新方法指令要求成员国允许符合指令要求的产品在其领域内自由流通的同时，成员国有权制止不合格产品的自由流通。成员国之间在市场监督的法律、法规和行政管理结构方面不尽相同。欧盟法律的有效实施依赖成员国良好的行政合作，这可以确保法律法规能在所有成员国中统一有效地实施。成员国市场监督主管当局限制或禁止产品投放市场或交付使用，或使产品撤离市场时应将有关情况通告相关方。

如果第三国制造商欲将其产品投放到欧盟市场或在欧盟市场交付使用，则该制造商应与进口成员国制造商的责任相同，按照所有可采用的新方法指令设计和制造产品，并履行所要求的合格评定程序。

制造商可在欧盟内指定一家授权代理，代表其履行欧盟法规。如果制造商不在欧盟内，而且也没有在欧盟内指定代理，那么向欧盟市场投放产品的进口商或责任人在一定程度上要承担欧盟法律、法规责任。

如果发现产品某些特性显示这些产品极有可能存在随时引发对健康和安全产品严重危害的风险；如果发现产品未按相关产品的安全规定携带文件或加贴标志，海关当局应中止商品放行。对于新方法指令所覆盖的产品，海关当局会注意其 CE 标志。

海关当局和市场监督主管当局必须互通信息，并根据所接收的信息采取适当措施。

九 与新方法指令有密切关系的指令，其他有关指令和决议

（一）与新方法指令有密切关系的指令

《关于通用产品安全要求的理事会决议》：确保投放市场的消费品在

正常使用状况下或可合理预期的使用状况下不会产生风险。

《通用产品安全性指令中建立了关于消费品危险的快速信息交换系统》：适用于在正常或者合理的可预见环境使用过程中，消费品或有可能被消费者使用的产品可能产生的对消费者健康和安全的危险，也适用于新方法指令所涉及的消费品。

《关于在技术标准和法规领域制定信息规则程序的欧洲议会和理事会指令》：规定的程序可以防止因各国技术标准和法规的不同而产生的新的贸易壁垒。

《关于合格评定程序各阶段模式和 CE 标志加贴和使用规则的理事会决议》。

《关于成员国有缺陷产品责任所涉及的法律法规和管理规则一致性的理事会指令》。

《关于当产品从第三国进口时的产品安全合格检验规则》。

（二）其他有关指令和决议

1. 汽车

《关于协调各成员国有关机动车及其挂车型式认证法规的指令》规定了对按照有关汽车认证各单独指令所提出的技术要求制造的车辆、部件和技术总成进行型式认证的规程。

2. 食品

欧盟理事会、委员会制定发布了一系列监管食品生产、食品进口与投放市场的卫生规范和要求，以确保食品的安全卫生。欧盟的卫生规范要求通常在欧盟官方公报以欧盟指令或决议的形式发布，通常包括以下几类：

（1）对动物疾病控制规定。规定各成员国与欲出口食品到欧盟的第三国必须按欧盟指令要求建立严格的动植物疫病监控体系。

（2）对食品中农、兽药物残留进行控制的规定。规定欧盟成员国及欲出口动物源食品到欧盟的第三国必须建立并实施有效的动物源食品残留物监控计划。

（3）对食品生产、投放市场的卫生规定。主要有：《关于对原料奶、热处理奶和奶制品生产和上市的卫生规定理事会指令》《关于人类消费用水的质量的理事会指令》《关于活双壳贝类和产品投放市场的卫生条件理事会指令》《关于水产品生产和投放市场的卫生条件的理事会指令》《关于对水产品做自我卫生检查的规定的委员会决议》。

（4）对检验实施控制的规定。主要有：《关于煮甲壳类和贝类产品生产的微生物指标的委员会决议》《关于水产品中寄生虫感官检查详细规定的委员会决议》《关于水产品中汞的分析方法、取样方案和最高限量的确定的委员会决议》《关于良好实验室规范（GLP）的检查和验证的委员会决议》。

（5）对第三国食品准入的控制规定。主要有：《关于欧盟授权可进口奶与奶制品的第三国名单的委员会决议》《关于允许水产品进口的第三国名单的委员会决议》《关于许可欧盟成员国临时性从第三国工厂进口动物产品、水产品和活双壳贝类的条件的委员会决议》《关于对从第三国进入欧盟的产品实施兽医检查的机构予以管理的原则委员会决议》。

（6）对出口国官方兽医证书的规定。主要有：《关于从第三国进口新鲜禽肉公共卫生证书和卫生标准要求的理事会决议》以及《关于从不包括在特定决议内的第三国进口水产品的卫生证规定的委员会决议》。

（7）对食品的官方监控规定。主要有：《关于食品的官方监控理事会指令》《关于官方控制食品的附加措施问题理事会指令》（曹雅斌，2016）。

十　欧盟玩具安全标准案例分析

在欧盟市场上销售的玩具产品都要符合《玩具安全指令》的安全要求。该指令规定了玩具的一般安全要求，其协调标准 EN 62115 和 EN 71 系列标准则详细规定了各类玩具的安全要求及测试方法。

［案例］欧盟《玩具安全指令》协调标准 EN 62115 和 EN 71

（1）EN 62115 标准

适用于所有电动玩具，还适用于电器结构装置（Electric Construction Sets）、电器功能玩具（Electric Functional Toys）、电气实验装置（Experimental Sets）以及视频玩具（Video Toys）。EN 62115 的主要内容包括：测试条件；减免试验的原则；标识和说明；输入功率；发热和非正常工作；工作温度下的电气强度；耐潮湿；室温下的电气强度。

（2）EN 71 系列标准包括 14 个标准，分别是：

EN 71 - 1：物理和机械性能

EN 71 - 2：阻燃性能

EN 71 - 3：特定元素的转移

EN 71 - 4：化学和相关活动的试验装置

EN 71 - 5：化学玩具（试验装置除外）

EN 71 - 6：年龄标志的图形表示

EN 71 - 7：指画颜料的要求和测试方法

EN 71 - 8：供室内和户外家庭娱乐用的摇摆、滑动和类似玩具

EN 71 - 9：玩具中有机化合物通用要求

EN 71 - 10：有机化合物的样品制备和提取

EN 71 - 11：有机化合物的分析方法

EN 71 - 12：N - 亚硝胺和 N - 亚硝基化合物

EN 71 - 13：嗅觉板、化妆品玩具套装和味觉板玩具

EN 71 - 14：家用蹦床

[案例分析]

出口欧盟玩具必须符合《玩具安全指令》协调标准 EN 62115 和 EN 71 要求。欧盟 RAPEX 通报显示，玩具或儿童用品"小部件"或"小部件"脱落引起的窒息风险、儿童用服饰上绳子勒扼的风险仍然占中国玩具产品被通报数量的第一位；邻苯二甲酸脂类增塑剂造成的化学危害占第二位。通报原因主要是玩具或儿童用品制造业市场准入门槛低、从业人员缺少专业技术知识、原材料把关不严、有害成分超标、产品检测不严格。为此，出口企业应加强相关技术性贸易措施信息的收集，密切关注研究欧盟有关儿童玩具产品的检测指标和法规；强化风险评估研判，增加研发投入，做好产品设计评审和功能安全评估；针对敏感产品加强增塑剂、阻燃剂和双酚 A 等检测。

第三节　欧洲认证认可和标准化相关机构

在新的协调指令体系下，欧盟指定三个主要的区域性标准化组织制定协调标准，它们作为欧洲标准化机构被列在指令 98/34/EC 的附件中，即欧洲标准化委员会（CEN）、欧洲电工委员会（CENELEC）和欧洲电信标准协会（ETSI）。它们不仅为欧盟起草标准，还为各成员国的有关机构起草标准。通过欧洲标准化机构与 ISO 和 IEC 的两个关于技术合作的协议，即 ISO 与 CEN 的 1991 年维也纳协议及 IEC 与 CENELEC 的 1996 年

德累斯顿协议，CEN 和 CENELEC 将尽可能采用和执行国际标准，只有在国际标准不存在或不适用于欧盟时，才制定自己的标准，从而在满足欧盟标准制定工作需要的同时避免不必要的重复劳动。

一　欧洲标准化委员会（CEN）

CEN 成立于 1961 年，是一个非营利性的区域性标准组织，负责除电工和电信领域的其他欧洲标准制定。CEN 的目标是消除由于国家标准差异而导致的贸易壁垒，推动欧洲标准化工作，促进工业和贸易发展。CEN 在下述领域制定自愿性的欧洲标准（EN）：机械工程、建筑和市政工程、健康技术、信息技术、生物技术、质量认证和测试、环境、工作场所健康和安全、燃气及其他能源、运输和包装、消费产品、运动、休闲、食品、材料和化学。

1991 年，CEN 的管理委员会与 ISO 在维也纳签署了一个技术协议，以确保欧洲标准与国际标准最大限度地保持一致，避免重复的标准化工作。根据 1991 年维也纳协议，CEN 将与其国际伙伴协作，在其负责的领域内协调欧洲和国际标准，ISO 可以指定代表参加 CEN 的技术委员会。CEN 的成员由欧盟成员国和欧洲自由贸易区成员及捷克和马耳他的国家标准机构组成。这 20 个正式成员有义务采用欧洲标准作为国家标准，不做任何修改并废除任何有冲突的国家标准。CEN 的联系成员包括申请加入欧盟的国家的标准机构，鼓励联系成员采用欧洲标准作为国家标准，但是没有义务废除其有冲突的国家标准，不允许联系成员更改欧洲标准。协会成员包括欧洲标准化消费者代表合作协会（ANEC）、欧洲机械工具工业合作协会（CECIMO）、欧洲化学工业理事会（CEFIC）、欧洲医疗器械协会联合会（EUCOMED）、欧洲建筑工业联合会（FIEC）、欧洲贸易联盟健康安全技术委员会（TUTB）等。

二　欧洲电工委员会（CENELEC）

CENELEC 成立于 1972 年，目的是制定一系列的电工技术协调标准，包括支持欧盟指令的标准。CENELEC 制定所有电工和电子工程领域的标准，只要不存在相应的 IEC 标准。

CENELEC 与 IEC 有非常紧密的合作关系，可完全转化 IEC 的标准或稍做修改。1991 年，CENELEC 与 IEC 签署了合作协议，1996 年修订后称为德累斯顿协议。协议的目标是加快国际标准的发布及共同采用，保证资源的合理利用，根据市场需求加快标准制定程序。CENELEC 成员作为

IEC 成员直接参与 IEC 的标准计划工作，双方承诺交换信息以协调欧洲和国际标准，同时一些 CENELEC 标准被 IEC 采纳。CENELEC 有 18 个成员，联系成员包括波兰、罗马尼亚、斯洛伐克和斯洛文尼亚。

三　欧洲电信标准协会（ETSI）

ETSI 是一个非营利性机构，其任务是确定和制定电信标准以增强欧盟成员国之间的合作和联系。它成立于 1988 年，承担了欧洲邮政和电信联合会（CEPT）的标准制定工作。ETSI 为公共和私人电信系统和设备、局域网络和其他电子设备制定标准。ETSI 制定的推荐性标准常被欧洲委员会作为指令和法规的技术基础而采用并被要求执行。ETSI 是一个开放的论坛，有正式成员、候补成员、观察成员和顾问，来自 47 个国家的 457 名成员包括各国的电信行政管理部门、国家标准化组织、设备制造商、公众网络运营商、用户、研究机构等。

四　欧洲测试和认证协会（EOTC）

EOTC 是于 1990 年根据欧盟委员会、欧洲自由贸易联盟（EFTA）、CEN、CENELEC 签署的备忘录建立的，是解决欧洲合格评定相关问题的中心。根据备忘录的规定，EOTC 为合格评定方面的非法规性问题提供一个合适的框架，从而为欧盟和 EFTA 的合格评定相关立法提供技术支持。

五　欧盟纺织生产认证案例分析

[案例] STep by OEKO – TEX – 2016 可持续纺织生产认证新标准

STep by OEKO – TEX 是专门针对纺织领域，采用全球统一标准，同时考察质量管理、环境管理、化学品管理、环境绩效、安全和社会责任六大方面，认证全方位地衡量与剖析企业在各个层面的可持续发展程度，透明展示企业的优势及薄弱环节。从 2016 年 2 月 1 日起，针对环境友好且负有社会责任的生产工厂的认证 STep by OEKO – TEX 采用最新标准。

[案例分析]

2015 年 11 月更新版的 STep 标准中列出的制造过程的受限物质清单 MRSL 已经符合 ZDHC 有害化学物质零排放的要求，其获得 STep 认证的生产工厂也已符合 ZDHC 相关规定，即 2020 年之前在纺织品生产过程中逐渐淘汰使用特定化学品。在上述日期之前获得 STep 认证的工厂将在下次审核后遵循 ZDHC 的 MRSL 标准。此外，现行的 STep MRSL 也涵盖了于 2016 年 1 月发布的 OEKO – TEX Standard 100 的最新要求。

在"环境绩效"模块中，STep 标准新增了对废水处理中产生的污泥的处理要求。根据新规定，获得 STep 认证的公司必须将污泥存放在安全地点，以防止公司地面受到污染，尤其是当中残留了染色工艺中的重金属时，更应安全存放。尽管世界各地许多地区将污泥用作肥料，但是 OE-KO－TEX 建议，此类水处理残留物应始终交由专业公司根据环保法规进行专业处理。

在"社会责任"模块中，STep 新标准针对进一步改善员工的作业环境有少许改动。第一，鼓励公司投资当地项目。第二，公司必须遵守所有适用的生育保障法定标准。若没有相关法定要求，鼓励公司自行制定公司规则，以符合 ILO 核心劳工标准 183 项的带薪产假要求。第三，获得 STep 认证的公司必须为员工购买意外保险，或采用其他方式来确保员工在发生劳动事故和受到工伤时能获得赔偿。另外，除基本的平等待遇外，STep 标准还明确规定公司必须同工同酬，不得性别歧视、年龄歧视、种族歧视或其他个人特征方面的任何歧视。STep 还要求公司制定长期薪酬监督制度，确保公司基于合理的薪酬协商持续提高员工薪酬。

在 STep 标准附录 C 中提及的 OEKO－TEX 认可的第三方认证部分，新增了道德标准部分。该部分明确列出 STep 认证企业可以使用责任羽绒标准 RDS 作为依据，以证明其采购的羽绒羽毛的生产过程符合相关规定。

为了进一步扩大 STep 认证的适用范围，将纺织品供应链的各类生产要素纳入其中，标准新增了针对海绵和床垫生产商的规定。这类生产工厂也可以获得 STep 认证，且即刻生效。

STep 标准附录 M 中规定的排除项也新增了部分内容。例如，工厂必须提供生产场所的地图，注明所有化学品运送、存储和/或使用的区域，此规定即刻生效。另外，经过认证的公司必须每年检测其应急设备至少一次，原标准的要求是每两年检测一次。如果公司使用了 STep MRSL 中列出的物质，则不得让员工接触，也不得暴露于环境中，除非相应责任机构明确地书面指出或批准了相关物质可暴露于环境中。

STep 标准附录 G 中，关于燃气轮机装置排放废气的规定，更新了一氧化碳（G3）、二氧化硫（G5）和氮氧化物（G6）排放量的限值。

另外，STep 标准中新增了预防环境污染事故的要求。生产工厂必须提供化学品安全运输证明和相应的员工培训证明方可通过认证。

为了确保能够按照合约对 STep 合规情况进行突击审核，获得 STep 认证的公司必须提供公司高级管理团队签署的文件，允许 OEKO－TEX 审核人员随时进入获得认证的生产工厂进行审核。

经过 STep 标准的规范与指导，能够进一步加强企业的内部管理，促进企业设定年度环保目标，减少有害物质的使用量，真正贯彻落实节能减排工作，帮助企业建立健全安全生产环境，最大限度地保障员工的健康与安全，促使企业加强对员工的培训与再教育工作，提升员工的企业归属感，促进基层员工与中高层管理人员的沟通与交流。

第四节　欧盟技术性贸易措施实施分析

作为最先认识到国际贸易中技术性贸易壁垒的区域性组织，欧盟自 20 世纪 60 年代起，就已经开始协调技术法规、技术标准及合格评定程序的制定工作。进入 21 世纪，欧盟技术性贸易措施实施范围不断扩大，并开始引领国际标准的制定。

一　欧盟技术标准或技术法规集中点分析

（一）化学品管理体制——REACH 法规

2007 年 6 月 1 日，《关于化学品注册、评估、许可和限制法规》（简称 REACH 法规）正式实施，并成为欧洲化学品监管的"基本法"，覆盖了从原料到成品的各类产品，其主要内容包括注册、评估、许可和限制 4 个方面。

1. 注册

欧盟于 2008 年完成化学品预注册，于 2010 年 11 月 30 日完成第一阶段注册；并修正了 REACH 法规附录Ⅳ和附录Ⅴ关于豁免物质的规定，以及 REACH 法规附录Ⅺ第 3 段关于如何判定可豁免某些测试要求的规定。REACH 法规所带来的主要成本之一就是注册成本费用，高昂的注册及相关费用必定给企业造成沉重负担。此外，在注册中，信息共享及注册产品机密信息泄露也应引起关注。

2. 评估

包括档案评估和物质评估。此外，依据 REACH 法规第 54 条，欧洲化学品管理局（ECHA）将于每年 2 月在其官方网站上发布前一个日历年履行其与评估义务有关职责的进展报告。2010 年 3 月 1 日，欧洲化学品管理局首次发布了评估报告。

3．许可

对具有一定危险特性并引起人们高度重视的化学物质的生产和进口进行授权，包括 CMR、PBT、vPvB。2017 年 1 月，ECHA 官网将正式发布第 16 批 4 项 SVHC；自此，REACH 法规授权候选清单（即 SVHC 清单）上共有 173 项物质。根据 REACH 法规，如果产品含有候选清单中的高度关注物质，该物质质量百分浓度大于 0.1%，并且在物品中的总含量超过 1 吨/年/公司，则此类物品的制造商或进口商必须向欧洲化学品管理局通报。因此，欧盟 REACH 法规中的许可制度将会增加上中下游相关企业的检测成本。

4．限　制

2010 年 1 月 22 日，欧盟委员会发布了第二版指南性文件"涉及 REACH 法规附录 XVII 实施的问题和答案"，第一次对限制实施过程中遇到的某些问题作出具体回答。2016 年 12 月 12 日，REACH 最新修订附件 X、VII，增加双酚 A 限制条款。根据 REACH 法规，如果限制物质在产品中的含量超标，导致对人类健康和环境的风险不能被充分控制，将限制其在欧盟境内生产和进口。

（二）耗能产品指令

2007 年 8 月 11 日，《耗能产品生态设计框架指令》（以下简称 EuP 指令）正式实施；2009 年 11 月 20 日，欧盟颁布了《确立能源相关产品生态设计要求的框架》（2009/125/EC，简称 ErP 指令），替代了 EuP 指令。截至 2011 年 10 月，欧盟共颁布了 12 项 ErP 指令/EuP 指令下针对具体产品的实施条例。

ErP 指令将环保因素融入产品设计之中，企业在设计新产品的时候，不仅要考虑功能、性能、材料、外观、结构等因素，还要考虑整个产品生命周期对能源、环境、自然资源的影响程度。由于我国出口产品大多以价格优势占领市场，出口的耗能产品总体上价格偏低，产品附加值低，ErP 指令将会对我国部分企业产生巨大影响。

（三）玩具安全新规

2011 年 7 月 20 日，《欧洲议会和理事会关于玩具安全的第 2009/48/EC 号指令》（以下简称玩具安全新规）正式实施。这是继美国《消费者安全法案》之后，对我国玩具企业提出的又一严峻挑战。欧盟玩具安全新规主要在化学性能、物理和机械性能、电器性能、卫生要求等方面作出了严格的规定。

（四）修订 WEEE 指令和 ROHS 指令

2005 年 8 月 13 日，《欧盟关于报废电子电气设备指令》（以下简称 WEEE 指令）正式实施。2011 年 2 月 3 日，欧洲议会以大比数通过 WEEE 指令修订案。修订后的指令适用于所有电器及电子设备，且列出不受指令规管产品的清单；新指令将进一步提高成员国回收产品的目标，增加生产商（欧盟进口商及制造商）的回收成本。

2006 年 7 月 1 日，《欧盟关于在电子电气设备中限制使用某些有害物质指令》（以下简称 ROHS 指令）正式实施。2011 年 7 月 1 日，欧盟委员会发布修订后的新版 ROHS 指令（2011/65/EU）。修订后的新版 ROHS 指令扩大了产品范围，不仅涵盖了所有的电子电气产品，而且新加入第 8 类医疗器械和第 9 类监视和控制仪器（包括工业监控仪器），并针对上述两类产品列出了 20 项豁免。

二 欧盟技术性贸易措施的实施特点及变化趋势

（一）着力建立欧洲标准体系，并推向全球

1999 年 10 月 28 日，欧盟通过了欧洲理事会的"欧洲标准化的作用"战略决议，核心是建立强大的欧洲标准化体系，对国际标准化产生更大的影响，努力将欧洲标准推荐为国际标准，力争国际贸易的主动权。2004 年 10 月 21 日，欧盟委员会在提交给欧洲议会和理事会的《欧洲标准化在欧洲政策和立法框架下的角色》通告中，再次肯定了欧洲标准化在提高企业竞争力和消除技术性贸易壁垒方面的作用，明确了其在全球化经济中的重要性。

近年来，除制定相关战略外，欧盟还积极实践将欧盟标准向全球推行。其中包括：（1）加强与国际或区域标准组织的合作，以扩大欧盟标准化组织在国际上的影响；（2）加强在互认领域的合作，以便允许依据相同目标但不同法规生产的产品可以自由流动，扩大国际市场份额；（3）加强在标准化领域的技术援助。

（二）技术性贸易措施越发复杂和严格

近年来，欧盟不但广泛采用技术性贸易措施，而且制定比国际标准更为苛刻的技术标准、技术法规和认证制度。同时，技术性贸易措施的表现形式多样化，涉及的领域不再局限于传统的有形物质产品，而是扩大至金融、服务、劳工标准等各个领域。目前，欧盟的绿色壁垒主要体现在绿色生产、绿色技术标准、绿色环境标志、绿色包装制度、绿色卫生检疫制度 5 个方面。

（三）不断更新和整合技术标准和法规，在国际市场的扩散效应不断增强

自 20 世纪 80 年代以来，欧盟一直把技术标准作为国际经济竞争的首要战略，通过技术标准战略的实施，成功地将欧洲技术标准向全球推行，并获得了巨大的经济利益。随着国际战略的成功实施，欧盟技术标准和法规带来的扩散效应不容小觑，主要体现在：（1）申请加入欧盟的国家都须将欧盟的技术法规和标准转化为国内法，欧盟借此将其标准体系扩散至整个欧洲经济区；（2）通过签订互认协议来扩大其技术标准在国际上的影响；（3）发展中国家争相效仿欧洲标准，使欧洲标准成为全球标准的"代名词"。例如，欧盟玩具安全新规推出后，印度宣布对中国玩具实施为期 6 个月的禁令，并着手制定一系列针对玩具的卫生标准；巴西也针对玩具、鞋子、服装和照相机等 24 种产品启动了一项新的进口许可证制度。

第五节　欧盟技术性贸易措施调查分析

一　欧盟技术性贸易措施类别影响分析

根据国家质量监督检验检疫总局 2006—2015 年调查发布的《中国技术性贸易措施年度报告》，2005—2014 年（部分数据因缺少第一年的可比较数据为九年），在出口欧盟总样本企业 21288 例中，工业企业样本量为 18794 例，农产品企业样本量为 2494 例。分析工业品和农业品分别受欧盟不同种类技术性贸易措施影响状况。

（一）工业品受欧盟不同种类技术性贸易措施影响

国家质检总局调查显示，2006—2014 年，在工业品总样本 18794 例企业数量中，工业品受欧盟不同种类技术性贸易措施影响排列分别为：认证要求 2609 例、工业产品中有毒有害物质限量要求 2406 例、技术标准要求 2310 例、环保要求（包括节能及产品回收）2135 例、包装及材料的要求 1905 例、标签和标志要求 1710 例、特殊的检验要求（如指定检验地点、机构、方法）1567 例、产品的人身安全要求 1546 例、厂商或产品的

注册要求（包括审核）1176 例、木质包装的要求 981 例、计量单位要求
350 例、其他 99 例企业。如图 9-2 所示。

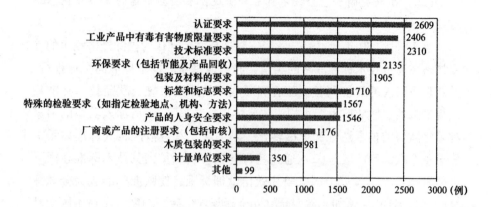

图 9-2　工业品受欧盟技术性贸易措施影响种类数量（2006—2014 年）

（二）农产品受欧盟不同种类技术性贸易措施影响

国家质检总局调查显示，2006—2014 年，在农产品总样本 2494 例企
业中，农产品受欧盟不同种类技术性贸易措施影响样本企业的排列分别
为：食品中农兽药残留要求 354 例、食品中重金属等有害物质的限量要求
323 例、加工厂/仓库注册要求 277 例、食品微生物指标要求 258 例、食
品添加剂要求食品 229 例、食品标签要求 228 例、食品接触材料的要求
212 例、木质包装的要求 153 例、植物病虫害杂草方面的要求 148 例、动
物疫病方面的要求 131 例、化妆品中过敏源的要求 85 例及其他 96 例企
业。如图 9-3 所示。

二　欧盟技术性贸易措施对出口企业贸易损失形式的分析

国家质检总局调查显示，2006—2014 年，在 4010 个企业样本中，欧
盟技术性贸易措施对贸易损失形式大小排列依次为：丧失订单 2080 例、退
回货物 492 例、降级处理 464 例、其他 330 例、扣留货物 184 例、销毁货物
169 例、口岸处理 161 例、改变用途 130 例样本企业。如图 9-4 所示。

三　欧盟技术性贸易措施对产业损失额分析

（一）不同类别企业遭遇欧盟技术性贸易措施企业数（2005—2014 年）

国家质检总局调查显示，2005—2014 年，在 21265 个出口欧盟的样本
企业中，遭遇欧盟技术性贸易措施企业数为：

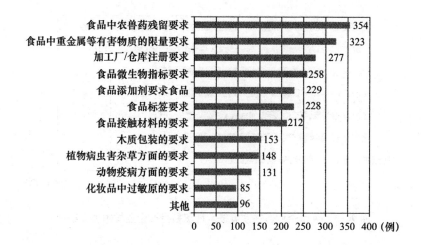

图 9 - 3　农产品受欧盟不同种类技术性贸易措施影响种类数量（2006—2014 年）

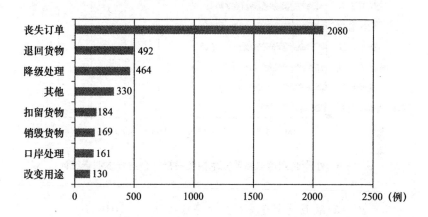

图 9 - 4　欧盟技术性贸易措施对出口企业贸易损失形式（2006—2014 年）

（1）大型企业 10672 例样本中，受影响的主要产业样本数：机电仪器 2317 例、纺织鞋帽 1916 例、玩具家具 1608 例、食品农产品 1361 例、橡塑皮革 1350 例、化矿金属 1203 例、木材纸张非金属 917 例样本企业。如图 9 -5 所示。

（2）小型企业 10593 例样本中，受影响的主要产业样本数：机电仪器 3416 例、玩具家具 1679 例、纺织鞋帽 1563 例、化矿金属 1361 例、食品农产品 1070 例、橡塑皮革 756 例、木材纸张非金属 748 例样本企业。如图 9 -6 所示。

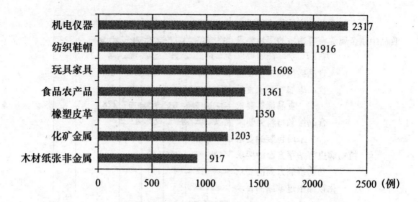

图 9 - 5　大型企业遭遇欧盟技术性贸易措施企业样本调查统计

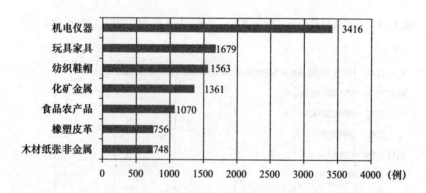

图 9 - 6　小型企业遭遇欧盟技术性贸易措施企业样本调查统计

（二）出口到欧盟遭受直接损失估算值（2005—2014 年）

国家质检总局调查显示，2005—2014 年，出口欧盟遭受直接损失估算值 1868.89 亿美元，其中：（1）大型企业直接损失额 526.27 亿美元；（2）小型企业直接损失额 1342.61 亿美元；（3）在全部直接损失额中所占比例为 33.77%。如图 9 - 7 所示。

（三）不同类别、不同规模企业出口欧盟损失额（2005—2014 年）

大型企业出口欧盟的产业损失额 526.27 亿美元，其中，依次为化矿金属 165.44 亿美元、机电仪器 99.97 亿美元、纺织鞋帽 80.02 亿美元、玩具家具 64.85 亿美元、橡塑皮革 58.85 亿美元、食品农产品 30.86 亿美元、木材纸张非金属 26.28 亿美元。如图 9 - 8 所示。

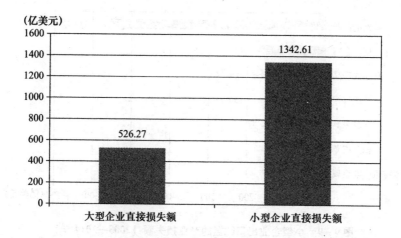

图 9 - 7　出口欧盟遭受直接损失估算值（2005—2014 年）

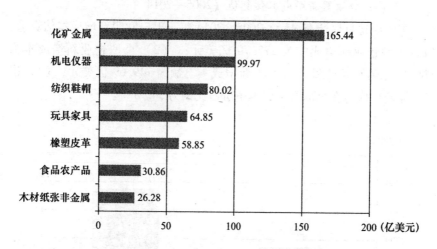

图 9 - 8　大型企业出口欧盟的产业损失额（2005—2014 年）

　　小型企业出口欧盟的产业损失额 1342.61 亿美元依次为机电仪器 577.72 亿美元、化矿金属 173.96 亿美元、食品农产品 164.77 亿美元、纺织鞋帽 136.40 亿美元、玩具家具 128.87 亿美元、橡塑皮革 92.71 亿美元、木材纸张非金属 68.18 亿美元。如图 9 - 9 所示。

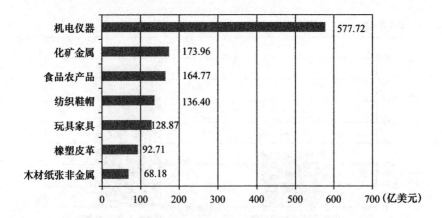

图 9 - 9 小型企业出口欧盟的产业损失额（2005—2014 年）

四 欧盟技术性贸易措施对出口企业新增成本分析

（一）出口欧盟新增成本估算值（2005—2014 年）

国家质检总局调查显示，2005—2014 年，出口欧盟新增成本估算值：（1）大型企业新增成本为 272.70 亿美元；（2）小型企业新增成本为 476.99 亿美元（见图 9 - 10）；新增成本总额为 749.69 亿美元；（3）出口欧盟新增成本在全部新增成本中所占比例为 34.21%。

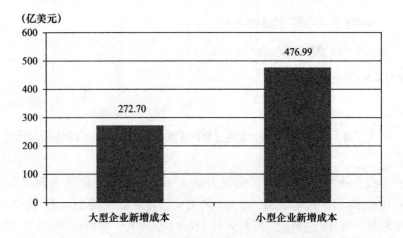

图 9 - 10 出口欧盟新增成本估算值（2005—2014 年）

（二）不同类别、不同规模企业出口欧盟新增成本（2005—2014 年）

1. 大型企业出口欧盟新增产业成本

大型企业出口欧盟新增产业成本依次为：机电仪器 89.98 亿美元、橡塑皮革 60.89 亿美元、化矿金属 60.87 亿美元、纺织鞋帽 28.39 亿美元、玩具家具 17.16 亿美元、木材纸张非金属 10.11 亿美元、食品农产品 5.30 亿美元。如图 9－11 所示。

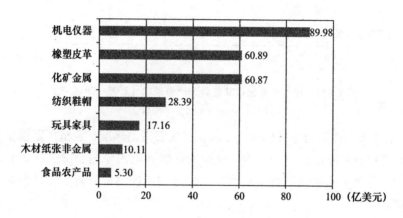

图 9－11　大型企业出口欧盟新增产业成本（2005—2014 年）

2. 小型企业出口欧盟新增产业成本

小型企业出口欧盟新增产业成本依次为：机电仪器 201.56 亿美元、化矿金属 97.88 亿美元、纺织鞋帽 66.14 亿美元、玩具家具 61.18 亿美元、橡塑皮革 21.65 亿美元、食品农产品 20.28 亿美元、木材纸张非金属 8.30 亿美元。如图 9－12 所示。

综上所述，欧盟技术法规的法律基础是欧盟的基础条约及后续条约。新方法指令是欧盟技术法规体系的主要组成部分。尽管欧盟技术法规的法律效力低于《欧洲共同体条约》，但它们都属于法律范畴，是法律体系的重要组成部分，并且发挥着保证国家安全、保护人类健康和卫生的重要作用。欧洲标准是自愿性的，是由《欧洲议会和欧盟理事会关于在技术标准和法规领域提供信息程序的 98/34/EC 指令》认可的欧洲标准化委员会、欧洲电工标准化委员会和欧洲电信联盟三个标准化组织制定的。欧盟技术法规十分强调欧洲标准的支持，新方法指令是一种特殊的法律形式，它只规定产品的"基本安全要求"，而欧洲标准化组织为实现这些

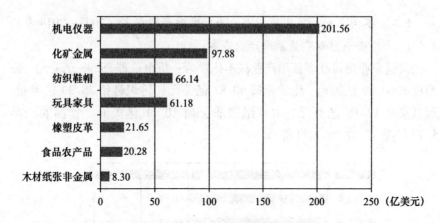

图 9-12　小型企业出口欧盟新增产业成本（2005—2014 年）

"基本要求"制定自愿性标准。欧盟正在朝着借助标准、合格评定程序等要素支持技术立法的方向发展。欧盟的合格评定程序主要围绕新方法指令的"基本安全要求"涉及的产品，以体现或证明符合新方法指令的基本要求。

欧盟技术法规体系的运行具有以下特点：依据《欧洲共同体条约》第 95 条规定制定技术法规（条例、指令、决定）；技术法规得到自愿性标准支持；用合格评定程序保证技术法规的有效实施；指定机构（合格评定机构）根据每个新方法指令中规定的程序进行合格评定；使用唯一的"CE"标志；用市场监督机制保证投入市场后的产品符合新方法指令的基本要求，从而保证消费者的健康和安全。

欧盟技术性贸易措施分析表明，在一个有效的技术性贸易措施体系中，技术法规、标准与合格评定程序三要素相互关联，相互支撑，协同作用，缺一不可，共同构成一个综合、立体的技术性贸易措施体系。但是，WTO 各成员由于经济技术发展水平不平衡，政治、历史、文化传承方面的差异，很多成员尚未形成完整的技术性贸易措施体系，或者在构建的过程中没有达到各要素的相互配合、协调发展。而欧盟的技术法规体系以其结构上的完整性、发展上的成熟性、各要素间的协调性等特征，为 WTO 各成员构建自己的技术性贸易措施体系起到了良好的示范作用。

第十章　日本技术性贸易措施

日本的法律体系是大陆法系，日本政府和法律制度与美国和欧盟有很大的差别，同时又深受美国法律体系的影响。第二次世界大战后，日本受美国"三权分立"思想的影响，实际上从以天皇为中心的君主立宪制转变为以议会为中心的多党议会制，并且政府大规模地定制经济贸易政策，以调控经济运行。除进口许可和数量限制以外，还有众多的技术法规、技术标准及认证认可规定，对产品的市场准入进行限制。

第一节　日本的技术法规体系及有关政府部门

一　法律法规体系

日本的技术法规构成体系如下：

《工业标准化法》通过制定和采用日本工业标准（JIS），实施 JIS 标志制度和实验室认可制度，推动日本的工业标准化，从而提高工业产品的质量，促进生产合理化，推动公平商业行为和产品的合理使用与消费。

《计量法》规定了量值的基础，保证有效的计量，推动经济和文化的发展。

《家用产品质量标签法》通过要求供应商提供适当的标识，以方便消费者正确地了解商品，从而保护消费者免予遭受因信息不对称而导致的损失。

《消费品安全法》限制销售特定的产品以防止对消费者的生命或人身造成危害，还规定了私人机构采取自发的行动来确保消费者安全的有关措施，最根本的目标是保护消费者的利益。

《食品卫生法》规定了食品和食品添加剂等产品的规范和标准，还规定了食品和相关产品进口到日本的程序。具体内容包括：食品和添加剂的销售及规格标准；处理设备和包装容器要求；标签和广告要求，包括标准、检验；食品卫生监督等规定。

《电气用品和材料安全法》，1999年8月，日本通商产业省公布了《电气服务器取缔法》修正案，将电气用品取缔法的名称更改为《电气用品安全法》，2001年4月1日，日本对部分电气用品（包括所谓的"特定电气用品"和"非特定电气用品"）开始实施新的《电气用品安全法》。另外，经济产业省（通产省）还发布了相关法规，规定了合格评定准则、技术性要求（包括相关标准与国际标准的差异）、测试结果和证书的相互认可要求（包括与欧盟的相互认可协议）等要求。

《道路车辆法》《道路车辆安全法规》《空气污染控制法》《噪声控制法》等，是日本主要的有关车辆安全和环境保护的法律法规，涉及的政府部门有运输省道路交通局、环境省空气质量局等。

《植物保护法》规定了植物检疫要求及程序。

《国内动物传染病控制法》《狂犬病预防法》和《预防传染和传染病人医护法》是日本动物检疫主要涉及的几项法律。

针对特定的产品，如化学产品、塑料橡胶、木材、纺织品、机械、电气设备、医疗设备、车辆、飞行器和船舶等、房屋产品、流量计等，也有相关法律法规，规定了程序性和标准及合格评定方面的要求。

二　相关政府部门

上述法律法规涉及的主要政府部门包括：经济产业省（METI，由原通商产业省改组后组成，负责有关贸易政策和技术法规的制定和实施）、厚生劳动省、农林水产省等。

（一）日本经济产业省

日本经济产业省隶属于日本中央省厅，前身是通商产业省。它负责提高民间经济活力，使对外经济关系顺利发展，确保经济与产业得到发展，使矿物资源及能源的供应稳定而且保持效率。日本经济产业省首长为经济产业大臣，其次依次为产业副大臣、大臣政务官、事务次官、经济产业审议官。办公地址在东京都千代田区霞关1-3-1。日本经济产业省设有10个厅局，2个地方分支局，1个经济研修所。主要负责日本的经济、产业、企业、通商、贸易、产业技术、制造产业、商务情报、资源能源和特许等职责。

日本的经济产业省组织如图10-1所示。

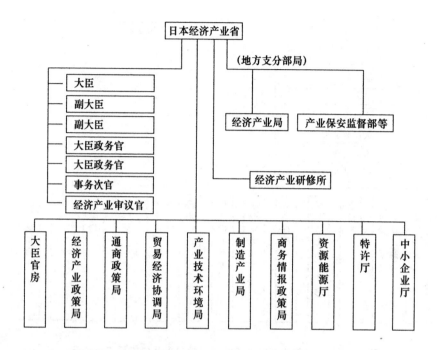

图 10 - 1 日本经济产业省组织（平成二十八年六月十七日）

资料来源：日本经济产业省，http：//www. meti. go. jp/intro/data/a210001j. html。

（二）日本厚生劳动省

日本厚生劳动省是日本负责医疗卫生和社会保障的主要部门，办公地址在东京都千代田区霞关 2 丁目。日本厚生劳动省设有 13 个局，主要负责日本的国民健康、医疗保险、医疗服务提供、药品和食品安全、社会保险和社会保障、劳动就业、儿童及家庭、老年人、弱势群体社会救助、保险和年金等职责。

日本厚生劳动省隶属于日本中央省厅的部门，首长为厚生劳动大臣，其次依次为产业副大臣、大臣政务官、事务次官、厚生劳动审议官。

在卫生领域，日本厚生劳动省涵盖卫生、食品药品监管、医疗服务和药品价格管理、医疗保险、医疗救助、国境卫生检疫等部门的相关职能。这样的职能设置，可以使主管部门能够通盘考虑卫生系统的供需双方、筹资水平和费用控制、投资与成本等各方面的情况，形成整体方案。

日本厚生劳动省组织如图 10 -2 所示。

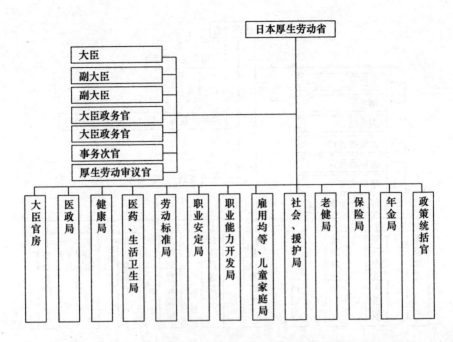

图 10 - 2　日本厚生劳动省组织（平成二十八年三月三十一日）

资料来源：日本厚生劳动省，http://www.mhlw.go.jp/kouseiroudoushou/saiyou/ikei/pages/what03.html。

（三）日本农林水产省

日本农林水产省，简称农水省，隶属于日本中央省厅。其首长是农林水产大臣，其次依次为产业副大臣、大臣政务官、事务次官、农林水产审议官。

农林水产省主要管辖：农业畜产业、林业、水产业、食物安全、食物稳定供应、振兴农村等。食品安全则由内阁府食品安全委员会、厚生劳动省医药食品局所管理。

日本的农林水产省组织业务运营体制和组织如图 10 - 3 和表 10 - 1 所示。

三　日本肯定列表制度案例分析

［案例］食品中农业化学品残留肯定列表制度

《肯定列表制度》的实施反映了日本从 2003 年以来修订《食品卫生法》后，全面系统地加强了本国食品安全管理的基本策略，即由以往单个或局部化学品残留标准调整转化为全方位系统的指标。因此，从日本食品安全管理的角度辩证分析，肯定列表的实施具有一定的合理性和科学性。

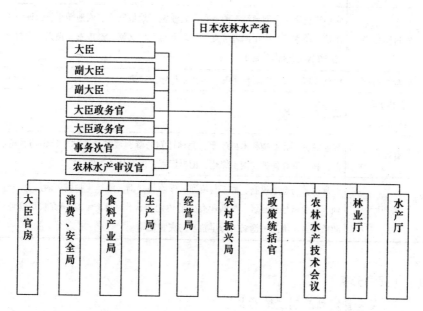

图 10-3　日本农林水产省组织（平成二十八年四月一日）

资料来源：日本农林水产省，http://www.mhlw.go.jp/kouseiroudoushou/saiyou/ikei/pages/what03.html。

表 10-1　日本农林水产省组织运营体制（平成二十八年四月一日）

内设机构	组织职能
大臣官房	整个省内事务综合调整、政策评估、会计、信息公开、人事、福利、环境、国际、统计、检查
消费、安全局	消费者保护、表示和规格、食品安全、在农林水产物生产阶段的风险管理（农药、肥料、饲料、动物、医药品等）、防止土壤污染、风险沟通、监管大米流通
食料产业局	6次产业化、知识产权、种苗、品种登记、区域品牌化、地产地消、促进输出、生物量、食品产业政策
生产局	农业生产资材、农业技术、普及、蔬菜、果树、花卉、工艺农作物、环境保全型农业、地力完善、家畜饲料、食肉鸡蛋、乳制品、赛马
经营局	农协、经营改善、税制、灾害对策、女性、新规就农、高龄者、农业改良资金、农地制度、农地流动化、改善农业结构、农业委员会、农民养老金、保险、金融、农村福利

续表

内设机构	组织职能
农村振兴局	农山渔村和中山间地域等的振兴、农业振兴地域制度、农地转用、保证农业用地、用水等、中山间直接支付、都市与农村交流、都市农业振兴、农村环境、农业农村作配备工
政策统括官	粮食政策、大豆、砂糖类等、经营所得稳定政策
农林水产技术会议	试验研究政策
林业厅	林业经营、林产物和木材产业、森林计划与森林经营、造林·治山与林道、保安林、森林保护与国土绿化、山村振兴、国有林业工作
水产厅	经营改善与金融税制、加工与流通、保险与互助、海洋生物资源的保存与管理、渔业指导与监督、与渔业有关的协定与合作、水产试验研究栽培渔业、渔场保全、渔港·渔场·海岸整修与灾害复原

[案例分析]

1. 实施肯定列表制度的背景

（1）食品安全事件频繁，日本安全意识加强。按照日本之前的有关规定，对于没有制定限量标准的农兽药，允许其在日本销售。日本60%左右的农产品依靠进口，而且近年来频繁出现的食品安全事件导致本国消费者对食品安全性极度不信任。为了从根本上解决食品安全问题，日本厚生省于2005年6月7日正式发布了食品中农用化学品临时标准的最终草案，即《食品中农业化学品残留肯定列表制度》（以下简称肯定列表制度），并于当年6月21日正式向WTO秘书处与各成员组织通报了"临时最大残留量标准"、"统一限量标准"及"豁免物质"三项草案，最终于2006年5月29日实施。

（2）日本经济衰退，贸易保护趋势明显。为了使经济恢复景气，日本政府希望扩大出口贸易，以促进国内企业的发展及就业率的提升，因而采取了一系列有利于出口的措施。同时，日本国内贸易保护主义纷纷抬头，试图通过构筑贸易壁垒来限制国外农产品进入日本市场，保护国内农产品生产经营者的利益。

（3）保护日本农民的利益。日本农业资源匮乏，农产品生产成本高，但是由于农民在日本政治、经济生活中具有重要地位，日本通过提高进口农产品的卫生检疫标准，达到对农业的保护目的。

2. 日本《肯定列表制度》的内容

《肯定列表制度》全称为《食品中农业化学品残留肯定列表制度》，即禁止含有未制定最大残留限量标准，且含超过一定水平（一律标准）农业化学品的农产品、食品销售，只有符合《肯定列表制度》的食品、农产品才能进入日本市场。它共分为五类：①"现行标准"即沿用原限量标准而不重新制定标准，共涉及农业化学品63种、农产品食品175种、残留限量标准2470条；②"豁免物质"指在通常使用条件下其在食品中的残留不会对人体健康产生不良影响的农业化学品，共68种，日本对这部分物质没有限量要求；③"暂定标准"涉及农业化学品734种，农产品食品264种，暂定限量标准51392条；④"禁用物质"包括在任何食品中不得检出的农业化学品15种；在部分食品中不得检出8种，涉及84种食品；⑤"一律标准"则将上面四种类型没有涵盖的，以及今后新生产的农业化学品或其他农产品都包罗在内，最高限统一为0.01ppm。《肯定列表制度》的核心，也是其与以前管理制度的本质区别就是"一律标准"。

3. 日本《肯定列表制度》的特点

同日本以前的农业化学品管理制度相比，《肯定列表制度》有以下特点：①检测项目成倍增加，限量标准苛刻。标准限量"阈值"极低，而且食品的检测项目也成倍增加；②涵盖范围扩大，限量指标增多。《肯定列表制度》涵盖了所有农业化学品和食品，仅"暂定标准"一项涉及的农业化学品、限量标准、涵盖的食品品种就分别是过去全部规定的2.8倍、5.6倍和1.4倍；③执行的随意性较大，贸易壁垒程度加深。按此制度，日本在抽查频率、比例和项目上有很大的弹性，这就给日本相关部门留出了很大的执法空间，增加了不公平竞争的可能性和国别的歧视性，由此形成新的贸易壁垒。

4. 日本拟制定食品容器包装相关肯定列表制度

2016年8月23日，日本称还将引进食品包装材料的肯定列表制度。以前厚生劳动省对超市或便利店等销售食品或食品添加剂的包装材料只管制了其中的有毒物质。

据厚生劳动省称，《食品卫生法》中所规定的《器具或容器包装相关规格基准》只限制了有毒物质含量或溶出量，原则上所有的物质都可以作为容器包装的原材料使用。日本行业自主基准中虽然规定了可使用原料目录，但该自主基准对没加入行业团体的企业和进口食品没有效力。厚生劳动省还称，虽然目前还没有食品容器或包装材料所造成的严重健康危害报告，但进口食品数量每年都增加，家庭中利用微波炉加热的食品种类也不断增多，因此如何管理不受行业自主基准管制的企业已成为重大的课题。而且制定食品相关包装材料肯定列表制度是目前世界的潮流，美国、欧洲、中国都制定了相关肯定列表。厚生劳动省称，2016 年内将重新评估确立食品容器包装肯定列表的方向。

第二节　日本的标准体系

一　日本工业标准（JIS）

日本工业标准（Japanese Industrial Standards，JIS）是日本国家级标准中最重要、最权威的标准。由日本工业标准调查会（JISC）制定。

（一）概况

JIS 涉及各种工业及矿产品，但是药品、农用化学品、化学肥料、丝织品和食品及农林产品除外。具体产品领域分别以一个英文字母代表，包括：A 土木及建筑；B 一般机械；C 电气电子；D 汽车；E 铁道；F 船舶；G 钢铁；H 非铁金属；K 化学；L 纤维；M 矿山；P 纸浆，纸；Q 管理系统；R 炉业；S 日用品；T 医疗安全用具；W 航空；X 信息处理；Z 其他。

（二）JIS 制定程序

（1）提出草案：有关工业协会或研究机构等利益方在相关部门的要求下或自己主动提出并向 JISC 提交一个标准草案，通常设立一个包括制造商、消费者、用户等方面代表的委员会完成标准的草案。

（2）JISC 研究草案：JISC 草案提交到相关部门后，有关部门会要求 JISC 对标准草案进行评价，如果 JISC 认为草案合理即向主管部门提交相应的报告。

（3）标准的发布：如果主管部门认为标准草案未对任何利益方造成歧视，就会决定正式采用此标准作为日本工业标准并在官方公报上公布。

（三）日本国家标准（JIS）与自愿性工业标准

在日本，工业标准化在国家、工业行业部门和公司三个层次上进行推动，JIS 是自愿采用的国家标准，就像美国的 ANSI 和英国的 BIS 一样。简单地说，同一个行业的公司的共同需求会导致建立工业协会标准，而更广泛的需求会推动 JIS 的制定。许多基于保护人身健康和环境的技术法规都采用 JIS 标准，被技术法规采用的 JIS 标准达数千项。

二 日本农林标准（JAS）

JAS 是日本农林标准（Japanese Agriculture Standard，JAS）被用于表示整个农林标准制度，日本农林标准通称为 JAS 标准。

（一）JAS 制度组成

JAS 制度由两个制度组成，一个制度是 JAS 标准制度。该制度是根据"农林物资的标准化以及质量表示的适当化有关法律（JAS 法，1950 年第 175 号法）"，以进行农林物资的质量改善、生产的合理化、交易的简单化、公正化、使用或消费的合理化为目的，对通过农林水产大臣制定的日本农林标准（JAS 标准）、检查合格的制品贴附 JAS 标志的制度。另一个制度是质量表示标准制度，规定所有的制造业、后销售业者须按照农林水产大臣制定的质量表示标准进行表示，以帮助消费者进行选择。

（二）JAS 标准制定

由农林水产大臣指定农林物资的种类（品种）来制定 JAS 标准。此外，利害关系人也可向农林水产大臣申请制定 JAS 标准。制定标准时，须通过由消费、生产、流通方面的代表、有学识、有经验的人员等组成的"农林产品标准调查会（JAS 调查会）"做出决定。

JAS 法规定每 5 年应重新研究现有的 JAS 规格是否适当，进行确认或废除。此外，还规定了在重新研究时，除考虑生产、交易、使用或消费的现状和将来的可能性以外，还须考虑国际标准（FAO/WHO 食品法典委员会标准等）的动向。

（三）标准的对象品种

在 JAS 法上，农林物资范围包括除酒类、医药品等以外的：①饮食品以及油脂；②农林作物、畜产品、水产品以及以其为原料或材料来制造或加工的物资（①除外），并在政令上所规定的物资。只要属于该范围的物资，无论在国内还是国外生产和制造都是 JAS 标准制定的对象。

（四）标准的内容

JAS 标准的内容包括品质、成分、性能等与质量有关的标准或与生产方法有关的标准。此外，对质量表示标准所规定以外的事项也规定了追加的有关质量的表示标准。在 JAS 标准中，与生产方法有关的标准被称为"特定 JAS 标准"。

三 有关标准制定机构

日本工业标准协会（JISC）隶属于经济产业省，所制定的日本工业标准是日本国家标准的主体。JISC 包括许多国家委员会，在日本的标准化活动中处于中心地位。JISC 的任务是建立和维护 JIS 标准体系，管理认证认可工作，参加国际标准化活动，建立计量标准和标准化的技术体系结构。

日本规格协会（JSA）则是公益性民间组织，1945 年成立。主要任务是推行工业标准化和质量管理，出版发行标准及有关资料，组织培训和进行标准化理论研究。1985 年建立了 JSA 信息标准化研究中心，从事信息技术领域标准化调研工作，并加强与欧美等有关团体的联系。JAS 的活动有效地推动了日本的标准化与质量管理工作。

农林产品标准调查会负责制定日本农林标准（JAS）。

根据消费品安全法于 1973 年建立的消费品安全协会（CPSA）是一个特殊授权的非政府机构。CPSA 主要负责消费品安全标准的起草、发布和实施工作。例如，家具、运动产品、儿童用品等。CPSA 还进行合格评定活动。

日本建筑机械化协会（JCMA）的标准化活动与建筑机械化有关，如机械测试方法、设计、性能准则和规范；机械操作和维护准则；机械安全、人身安全、可靠性、耐久性；采用国际标准等。

日本环境协会（JEA）制定生态、环境方面的标准，并有生态标签制度。

日本海洋标准协会（JMSA）的标准化活动主要是：起草相应的 JIS 标准；发布日本海洋标准（JMS）；承担 ISO/IEC 部分分委员会秘书处的工作。

其他标准制定机构包括：日本轴承工业协会（JBIA）、日本钢铁联合会（JISF）、日本汽车工程师协会、日本机械工程师协会（JSME）等。

四　日本纺织品、食品标准案例分析

［案例 1］ 日本实施纺织品偶氮限量标准

日本厚生劳动省（MHLW）发布的第 175 号政令，对现行的《家居用品中有害物质管制法》（1973 年第 112 号政令）进行了修订，正式把偶氮化合物列为有害物质，并禁止在家居用品中超标使用，政令于 2016 年 4 月 1 日生效。

［案例分析］

此前的 2015 年 7 月，日本厚生劳动省发布的部长政令（第 124 号）包括详细的技术要求。该项法案将偶氮化合物列为有害物质，并限制二十四（24）种特定芳香胺不得超过 $30\mu g/g$（mg/kg）。法案规定，禁用特定偶氮染料的家居产品范围为：尿布、尿布覆盖物、内衣、睡衣、手套、袜子、中衣、外衣、帽子、床上用品、地毯、桌布、领饰、手帕、毛巾、浴垫及皮革等相关产品。

案例说明了日本的纺织品有害物质管控已与国际接轨。

［案例 2］ 日本修订食品及添加剂等规格基准

2016 年 6 月 8 日，日本厚生劳动省发布生食发 0608 第 5 号通知，修订《食品、添加剂等规格基准》。

［案例分析］

规格基准的主要修订内容包括：

①根据食品卫生法第 1 条第 11 款，修订生吃新鲜的鱼、生蚝及冷冻食品的规定；允许使用二氧化碳被用作次氯酸钠的 pH 调节剂使用于新鲜的鱼或生蚝加工，但不得直接使用于新鲜的鱼或生蚝加工。

②修订硫酸锌在发泡酒中的使用限量。

案例说明了日本的食品及添加剂的管控严格。

第三节　日本的合格评定制度

一　JIS 标志

JIS 标志制度是一个自愿性认证制度，目的是推动工业产品标准化，提高产品质量，保证公平竞争和便利贸易。JIS 产品标准覆盖的产品被经济产业省指定使用 JIS 标志。对于制造产品的工厂，如果有关部门或 JIS

标志认证机构认为其公司标准和质量管理控制能保证产品持续符合 JIS 规定，就可以使用 JIS 标志。

（一）JIS 标志产品认证机构认可体系（JASC）

JASC 的引入考虑了各方面的需求，如私人认证机构能力的增强、减少法规管制《TBT 协定》的要求等。任何机构包括根据有关法律建立的私人公司都有资格申请作为 JIS 标志认证机构。认可的认证机构可以颁发 JIS 标志证书，这些认证机构互相竞争以满足 JIS 标志的市场需求。JASC 基于 ISO/IEC 指南 65，并且对外国认证机构开放。

（二）日本国家实验室认可体系（JNLA）

JNLA 的建立增强了制造商合格声明信心，并帮助建立一种体系结构以推动在此领域减少法规管制，JNLA 体系的建立提高了认可实验室测试结果的可靠性，同时由于其基于 ISO/IEC 指南 58 和 17025，也代表了此领域国际化和减少重复测试的发展趋势。

二　电气用品安全认证

1999 年 8 月，日本通商产业省公布了《电气用品取缔法》修正案，将电气用品取缔法的名称改为《电气产品安全法》，2001 年 4 月 1 日，日本对部分电气用品（包括所谓的"特定电气用品"和"非特定电气用品"）开始实施新的《电气产品安全法》。日本新一届政府也将通商产业省更名为经济产业省。随着新的《电气产品安全法》的实施和政府改组，日本从法律法规和政府机构角度对包括电气产品认证制度等一系列标准、认证和监督体制进行了彻底的变革。2011 年 7 月 1 日，日本内阁会议通过《关于修订电气用品安全法施行令的部分内容的政令》，追加了 LED 灯、LED 电灯器具，并于 2012 年 7 月 1 日实施。

（一）对电气用品安全管制制度产生的主要变化

（1）在过去"法律管制"为主要手段的法规体系基础上，推行了法规制度向民间的"确保安全体系"转移；同时，废除了依据电气用品取缔法规定的政府直接管制，外国制造商在向日本出品特定电气用品时，不再要求制造商办理各种手续，必要的手续均可由日本国内的进口商办理。

（2）型式审批试验也变为合格检查，敞开了民间检查机构参与实施检查的大门。

（3）在向日本出口非特定电气用品时，对日本国内的进口商新增加了确认型式划分、编制保管检查记录的义务。

（4）无论是对特定电气用品还是非特定电气用品，均负有满足技术标准要求的义务，并且要求进口商具有确保其所经手的产品遵守这些标准的义务。

（5）规定了新的标记。

（6）强化了对日本国内进口商的处罚条例。

（二）出口特定电气用品时的规定和手续

（1）申报：当外国制造商准备向日本出口特定电气用品时，对日本国内的进口商施加了需向经济产业大臣申报下述规定事项的义务，申报应包括电气用品的各个不同型式划分。

申报人应接受由经济产业省认定的国内认定机构或审批的外国审批机构（以下简称"检查机构"）的合格检查，并取得合格证明书。

（2）符合技术标准的义务：申报人在进口已经取得了合格检查证书的特定电气用品时，应确保该电气用品符合经济产业省法规所规定的技术标准。

（3）检查等义务：申报人负有检查其所进口的特定电气用品是否符合技术标准的义务。同时有义务编制并保管该检查记录。检查时，应委托外国制造商来进行检查并获得检查记录。特定电气用品检查内容包括制造程序、成品检查、试验材料的检查。

（4）标记的义务。

（三）出口特定电气用品以外的电气用品时的规定和手续

当外国制造商欲向日本出口特定电气用品以外的电气用品时，应履行下列义务。

（1）事业的申报

应对电气用品的每个部分向经济产业大臣进行申报。

（2）符合技术标准的义务

申报人负有确认其电气用品符合技术标准的义务。

（3）检查等义务

申报人的检查义务与上述相同。此外，检查内容将按特定要求内容进行。

（4）标记义务

申报人的标记义务与上述相同。

三 机动车辆安全和环保要求

根据《道路车辆法》的规定，《道路车辆安全法规》以政府条例的形式规定了车辆的安全标准要求，除非机动车的结构和装置符合有关的技术法规，否则不允许上路行驶。其内容包括：技术标准——用于评估机动车是否符合道路车辆安全条例规定的具体性能标准；型式批准测试标准——用于对车辆进行型式批准；型式批准测试程序——用于进行型式批准测试的程序，以确认是否符合道路车辆安全条例。安全控制项目包括：①事故避免措施（灯光、信号、可操作性等）；②伤害避免措施（乘员保护、车辆结构要求等）；③火灾预防措施；④其他（尺寸、车速表等）。

根据《基本环境控制法》，环境省对各种空气污染物和噪声制定了环境质量标准。另外，根据《空气污染控制法》和《噪声控制法》，环境省规定了机动车排放和噪声的限值。交通省在实施《道路车辆安全法规》的，同时也实施机动车排放控制法规以保证符合《空气污染控制法》和《噪声控制法》规定的限值。

日本的汽车认证体系是政府为确保每辆机动车在销售前符合有关安全、环保等技术法规要求而建立的体系。这包括三种型式认证制度：机动车型式指定制度、机动车型式通知体系和进口机动车特殊处理体系。对于型式指定体系，在收到申请后对申请资料和具有同样结构、装备和性能的批量生产机动车进行检查，在通过下述检查后，申请人被授予机动车型式指定：机动车符合安全法规、质量保证体系保证机动车的一致性、机动车的完成检验体系。

型式通知体系广泛用于多种系列型号的大型卡车、客车。这个体系与型式指定体系的最大不同就在于前者不要求车辆一致性的检查和完成检验体系等。

《道路车辆法》第五章规定了道路车辆的检验，以确认机动车辆符合法规的要求。机动车通过了检验并获得有效的机动车检验证书才能上路使用。下述车辆必须进行检验：①普通型机动车；②小型机动车；③三轮和四轮微型机动车；④大型特殊机动车。除了微型机动车，其他三种机动车的检验由全国各地陆上交通办公室执行。微型机动车的检验由专门的轻型机动车检验机构执行。

四　JAS标准的认证

JAS标准制度涉及的相关产品经过认证（检查生产品、制品是否符合JAS标准）的结果，判定是否符合JAS标准，就可以附上认证标志（JAS标志）。

制造业者等可以自由决定是否接受这种认证，对JAS标志的制品也没有流通上的限制。因此，JAS标志能否普及和推广，基本上是由JAS标志所表示的质量保证制品是否在市场上被消费者等接受和选择。

认证有两种方法：

（1）通过登记认证机构、都道府县或农林水产省机构（认证机构）的检查，进行制品认证。

（2）接受认可机构或农林水产大臣（认可机构）认可的制造业者或生产过程管理者自己进行制品和生产过程的检查并进行的认证。

之前，以JAS标准进行认证的方法只有由第三方机构进行认证。JAS法修改以后，建立了由制造业者等自己进行认证的制度。

五　食品卫生注册及检验

日本是一个重要的食品进口国，日本进口食品主要由日本厚生省与农林水产省根据本国《食品卫生法》与《家畜传染病防治法》进行检验检疫。

（一）注册规定

为确保进境畜禽产品的安全，日本厚生省要求进境的畜禽产品与日本国内产品有相同的卫生条件，为此，日本厚生省对其他国家的检验检疫系统逐个进行等同性评价，以确定它们的检验检疫系统是否与日本等同。日本厚生省根据日本《食品卫生法》规定，制定了对进口食品的注册体系。

（二）注册要求

（1）产品的规格和标准必须符合日本《食品卫生法》的要求。

（2）食品加工车间的卫生与产品标准必须符合该体系的要求。

（3）不得违反日本《食品卫生法》第43条的规定。

日本《家畜传染病防治法》对世界上欲出口到日本偶蹄动物及其产品的国家分为四类。

（三）进口检验

日本厚生省"进口体系"食品检验的规定：

（1）进口商向日本厚生省提交进口通知，标明出口工厂注册号，并随附出口国政府签发的卫生证书；

（2）厚生省对进口商提交的有关文件进行审核；

（3）厚生省对进口产品实施抽查检验。抽查检验结果出来前可先予放行；

（4）厚生省免除抽查检验，实施批批检验：厚生省抽查检验发现问题后，追回已放行产品，并对后面的进口产品扣留，实施批批检验；

（5）对非动植物或动植物源的食品，日本厚生省检验合格后即通关放行。

六　进口检疫

日本制定了一系列法律法规，对自海外进入其境内的动植物及食品实行严格的检疫和卫生防疫制度。相关法律有《食品卫生法》《植物防疫法》《家畜传染病预防法》等。

（一）动物检疫

日本从国外进口动物以牛、马、猪、兔等家畜及各种家禽为主。

日本动物检疫的指导原则是《家畜传染病预防法》，以及依据国际动物卫生组织（OIE）等有关国际机构发表的世界动物疫情通报制定该法的实施细则（即禁止进口的动物及其产地名录）。凡属该细则规定的动物及其制品，即使有出口国检疫证明也一概禁止入境。如牛、羊、猪等偶蹄动物，因易感染口蹄疫，日本对其进口十分警惕。

日本进口商自海外进口动物及其产品，须提前向动物检疫所申报。一般牛、马、猪等需提前90—120天申报，鸡、鸭、狗等提前40—70天申报。动物进口时，由检疫人员登船检查确认，检查无问题后，检疫所发给进口商《进口检疫证明书》，作为进口申报书的附件办理进口申报手续。

（二）植物防疫

植物检疫机构包括在一个港口的总部，以及14个分部和56个分支机构。在主要的港口和机场大约800名植物检疫官员负责植物检疫网络的运作。对进口植物检疫主要采取以下措施：禁止入境，指定港口进口，确认由出口国政府颁发的植物检疫证书，进口时检验，进口后隔离检验以及检疫处理。

日本进口植物防疫的指导原则是《植物防疫法》。与动物检疫类似，日本依据有关国际机构或学术界相关报告了解世界植物病虫害分布情况，制定《植物防疫法实施细则》（即禁止进口的植物及其产地名录）。凡属日本国内没有的病虫害，来自或经过其发生国家的有关植物和土壤均严禁进口。

货物经植物防疫所检查确认无病虫害后，颁发《植物检查合格证明书》。进口商进行进口申报时将此证明作为进口申报书的附件。

禁止进口植物获得农林水产大臣特别许可也可以进口。获准进口时，日本进口商须将进口许可书寄送给出口商，令其粘贴在该商品上。入境时，与一般植物同样办理检疫。

对于某些仅凭进口时的检疫无法判断病虫害的植物，日本要求置于专门场所隔离栽培一定时间接受检查。

（三）食品卫生防疫

日本的进口食品卫生检疫主要有命令检查、监测检查和免检。

命令检查即强制性检查，是对于某些易于残留有害物质或易于沾染有害生物的食品要逐批进行 100% 的检验。

监测检查是指由卫生检疫部门根据自行制订的计划，按照一定的时间和范围对不属于命令检查的进口食品进行的一种日常抽检，由卫生防疫部门自负费用、自行实施。若在监测检验中发现来自某国的某种食品含有违禁物质，以后来自该国的同类食品有可能必须接受命令检查。

进口食品添加剂、食品器具、容器、包装等也须同样接受卫生防疫检查。

七　日本强制使用标签案例分析

[**案例**] 日本对 27 种化学物质发布强制性标签制度、对加工食品实施原产地标识制度

（1）日本厚生劳动省要求 27 种化学物质强制使用标签和安全数据单

日本厚生劳动省发布决议，将 27 种化学物质纳入《工业安全与健康法案》（ISHL）附表 9 中。在 2017 年 3 月 1 日前，这些物质将被强制使用标签，提交安全数据单（SDS）并进行风险评估。日本市场上已存在的相关产品则需要在 2017 年 8 月 31 日前使用标签（见表 10 - 2）。

表 10 - 2 　　　　日本厚生劳动省要求强制使用标签和安全
数据单的 27 种化学物质

序号	名称	CAS 号	限量值	
			标签	SDS 和风险评估
1	Isobutyl nitrite	542 - 56 - 3	<1%	<0.1%
2	Acetylacetone	123 - 54 - 6	<1%	<1%
3	Aluminum	7429 - 90 - 5	<1%	<1%
4	Ethylene	74 - 85 - 1	<1%	<1%
5	2 - Butoxyethyl acetate	112 - 07 - 2	<1%	<0.1%
6	Chloroacetic acid	79 - 11 - 8	<1%	<1%
7	Coumaphos	56 - 72 - 4	<1%	<1%
8	Aluminium fluoride （AlF3）	7784 - 18 - 1	<1%	<0.1%
9	N, N - diethylhydroxylamine	3710 - 84 - 7	<1%	<1%
10	2 - （2 - Butoxyethoxy） ethanol	112 - 34 - 5	<1%	<1%
11	Dichloroacetic acid	79 - 43 - 6	<1%	<0.1%
12	Dimethyl 2, 2, 2 - trichloro - 1 - hydroxyethylphosphonate （a. k. a. DEP）	52 - 68 - 6	<1%	<0.1%
13	Sodium bis （2 - methoxyethoxy） aluminum hydride	22722 - 98 - 1	<1%	<1%
14	Tetrahydromethylphthalic anhydride	11070 - 44 - 3	<1%	<0.1%
15	N - Vinyl - 2 - pyrrolidone	88 - 12 - 0	<1%	<0.1%
16	Butene	25167 - 67 - 3 107 - 01 - 7 590 - 18 - 1 624 - 64 - 6 106 - 98 - 9 115 - 11 - 7	<1%	<1%
17	Propionaldehyde	123 - 38 - 6	<1%	<1%
18	Propene	115 - 07 - 1	<1%	<1%
19	1 - bromopropane	106 - 94 - 5	<1%	<0.1%
20	3 - Bromo - 1 - propene （a. k. a. allyl bromide）	106 - 95 - 6	<1%	<1%
21	Trisodium hexafluoroaluminate	13775 - 53 - 6	<1%	<1%
22	Hexafluoropropene	116 - 15 - 4	<1%	<1%

续表

序号	名称	CAS 号	限量值	
			标签	SDS 和风险评估
23	Perfluorooctanoic acid	335 - 67 - 1	<0.3%	<0.1%
24	Methylnaphthalene	90 - 12 - 0 91 - 57 - 6	<1%	<1%
25	2 - Methyl - 5 - nitroaniline	99 - 55 - 8	<1%	<0.1%
26	N - Methyl - 2 - pyrrolidone	872 - 50 - 4	<1%	<0.1%
27	Iodide	7681 - 11 - 0 及其他	<1%	<1%

资料来源：商务部官方网站。

(2) 日本拟要求所有加工食品进行原产地标识

2016 年 10 月 5 日，据日媒报道，日本将对日本国内生产的所有加工食品的主要原材料执行原产地标识制度，2016 年完善细节，2017 年开始执行新制度。

[案例分析]

上述案例分析表明，日本针对 27 种化学物质发布强制性标签制度是为了将化学物质危害控制到最低程度。

而日本针对加工食品实施原产地标识制度则是为了实现产品的溯源管理，减少消费者因信息不对称造成的影响。

日本以往只对 2% 左右的加工食品进行原产地标识，为了保证消费者的知情选择权利，拟将标示范围扩大至所有加工食品。在消费者厅和农林水产省制定的草案中，要求对食品中含量最高的原材料强制进行原产地标识，其含量不足 50% 的也要求进行标识。原材料来自多个国家时，按照含量顺序可标示前三个国家。比如酱油，目前没有要求进行原产地标识，但新草案中规定对酱油原材料中含量最高的大豆要求进行原产地标示，而且所使用大豆来自多个国家时按照含量顺序可标记为"美国、加拿大、巴西"。

第四节 日本技术性贸易措施实施分析

日本的技术性贸易措施主要包括技术法规和技术标准、产品质量认证制度与合格评定程序、绿色技术壁垒、动植物卫生检疫措施以及近年来逐渐增多的"蓝色贸易壁垒"等。

一 日本技术标准及技术法规的集中点分析

（一）分级的、严格的技术标准

日本的标准按照制定部门可以分为国家级标准、专业团体标准、政府部门标准以及企业标准4个类别。除政府在标准化活动中扮演重要角色外，日本的标准化体制充分发挥了专业团体的作用，这种机制确保在发挥政府主导作用的同时也体现了"专家制定"的原则，能够保证所发布的标准符合行业发展要求。

1. 日本工业规格

日本工业规格（JIS）是日本国家级标准中最重要、最权威的标准，几乎涉及各个工业领域。主要包括：产品标准（产品形状、规格、质量、性能等）、方法标准（试验、分析、检测与测量方法和操作标准等）、基础标准（术语、符号、单位、优先数等）。《日本工业标准法》于2004年6月修订，并于2008年10月1日起全面实行新的JIS标志认证制度。修改的主要内容有：将原来的国家认证变更为由第三方民间机构（登录认证机构）进行认证；废除指定商品制（即政府指定可以标注JIS标志的产品范围）、扩大认证对象产品至JIS定义的所有工、矿业产品及其加工技术；扩大申请者范围，从仅限于日本国内外的制造商或加工业者增加至商社、进口商以及海外的出口商。

2. 日本农业标准规格

日本的农业标准化管理制度（JAS）是对日本农林产品及其加工产品进行标准化管理的制度。任何在日本市场上销售的农林产品及其加工品（包括食品）都必须接受JAS制度的监管。其内容一般包括：使用范围、用语定义、等级档次、测定方法、合格标签、注册标准及生产许可证认定的技术标准等。近年来，JAS标准体系不断调整和扩充。2006年3月1日，修订后的《日本农林物资标准法》开始实行，其中对JAS制度进行的修改包括：增加了有关流通方法的标准、把注册认证机构移交给第三方民间机构、扩大能够加贴 JAS 标志的范围等。

3. 遍及各行业的民间标准

JIS 和 JAS 是典型的日本政府部门制（修）订的标准，除这两个最基本的标准外，日本的民间标准几乎遍布各个行业甚至精确到产品，其中，最具代表性的就是日本钢铁协会（ISIJ）的标准和日本汽车工业协会（JASO）的标准等。

（二）日本的产品安全标志

日本的产品安全标志认证（PSE）是日本的一项强制性认证，就如同我国的 CCC 认证。日本的《电气装置和材料控制法》（DENTORI）规定，498 种产品进入日本市场前必须通过安全认证。其中，165 种 A 类产品应取得 T‐MARK 认证，333 种 B 类产品应取得 S‐MARK 认证。其中，B 类产品分为简单布线套管和接线盒、100—300V 的简单单相马达、家用电热产品、家用电动或电玩产品、使用光源的民用或家用产品、家用及商用电子产品以及其他 100—300V 的电器产品 7 个部分。从 2001 年 4 月 1 日起，日本 DENTORI 正式更名为《电气产品安全法》（DENAN）。新的体系将由非官方机构来保证产品的安全性，不但替代了原来的"T"标志，而且还加强了对进口商的惩罚措施。

（三）复杂的检验检疫程序

日本凭借其先进的技术水平和较高的生活标准，对进口工业产品和农产品在安全、卫生方面提出严格的要求和审核程序。所有进口食品都必须通过日本厚生劳动省管辖的食品检疫所的检查和海关手续之后才能够进入日本国内市场流通。日本检验检疫程序严格，如果企业被发现一次违反农残标准，厚生劳动省就会将对该产品的检验频度提高到 30%，12 个月内如果再次违反，厚生劳动省将对整个国家同一产品的检验频度提高到 100%。这些要求表面上对本国产品、进口产品一视同仁，但由于执行过程中手续繁杂，并在做法上具有歧视性，因而对进口商品形成了贸易障碍。近年来，日本不断加大对于进口食品的监视检查力度、设立更多的检验项目及更高的检验标准。

（四）日本的《肯定列表制度》

2006 年 5 月 29 日，日本有关部门对所有进口农产品实施《肯定列表制度》。该制度涉及 302 种食品、799 种农业化学品、54782 个限量标准，涉及全部农产品、全部农兽药和饲料添加剂，涵盖了肉类、水产品、蔬菜、水果等几乎所有日本从中国直接进口的农产品。该制度也被视为日本最为典型的技术性贸易措施。在这个制度实施之前，日本若限制某国农产品的进口，必须先制定相关的检测标准，之后向各 WTO 成员提出申请，征得所有成员相关机构审议通过后方可实施，前后需要约两年时间。但根据《肯定列表制度》，日本避开了复杂的 WTO 申请程序，对没有参照标准的农药残留均可执行"统一标准"，从而最终达到非关税贸易壁垒的目的。

（五）对于"指定添加剂"的管理制度

日本对食品添加剂实行极其严格的限制。部分食品添加剂虽已经联合国粮农组织及世界卫生组织的认可且被广泛应用，但日本未将其列入获批准的食品添加物清单，或者是即使批准也设定较高的标准，含该类添加剂的产品在对日出口时依然可能受阻。日本通常将某一种食品添加剂的允许使用范围仅限定于本国生产的传统食品，从而对进口食品形成阻碍。此外，日本食品添加剂的检验程序价格昂贵而且费时，也不利于外国食品进入日本市场。经过多次修订，截至 2011 年 3 月 15 日，日本"指定添加剂"名单上的安全添加剂已达 413 种。

（六）日本版"REACH"加强对化学品的管理

2008 年 11 月，日本政府表示，将在 2010 年以法律形式要求从事化学品业务的相关企业就化学品的产量、进口量以及用途等每年向政府报告一次，目的是对可能造成环境和健康危害的化学品进行严格管理。这项制度被称为日本版"REACH"。日本版"REACH"对两万多种化学品规定报告义务。政府通过对企业报告资料的汇总分析来把握化学物质总量，并监督其不会对环境和国民健康造成损害。同时，政府还将公布危险性较高的"优先评价物质"，并把有害化学品由 354 种增至 462 种，对危险化学品将实行从供货商到生产的全过程管理。该项制度的实施涉及日本包括化学品生产、汽车、电器等数千家企业。2009 年 7 月 30 日，日本经济产业省、厚生劳动省、环境省联合发布通报《修订关于化学物质控制法的内阁法令》，共有 12 种化学物质的生产或进口须经授权，有 11 种则禁止进口；2010 年 2 月 5 日，日本经济产业省发布 G/TBT/N/JPN/325 号通报，将润滑油、液压油、黏合剂（源自植物和动物的介质除外）等 12 种化学物质指定为禁止进口产品。

二　日本技术性贸易措施的实施特点及变化趋势

（一）日本农产品 TBT 通报、SPS 通报数量占比明显加大

日本国内 60% 以上的农产品依赖进口，因此对于进口农产品的管理几乎涵盖了从添加剂、农药及兽药残留，到标签标志、环保标准，甚至劳工标准等生产和销售的一系列环节。除 SPS 通报以外，日本提交的 TBT 通报中，涉及食品、动植物产品等农产品的通报数量占比较高。此外，日本对于进口食品的监管体系极其严格，对于以食品为主的产品扣留通报体系也较为完善。针对进口食品农药及兽药残留标准的《肯定列表制度》被视为日本技术性贸易措施体系的核心。

（二）凭借所拥有的技术垄断地位，实施越来越多的严格的强制性技术限制及"绿色壁垒"

日本的技术标准只有极少数与国际标准一致，当外国产品进入日本市场时，不仅要求符合国际标准，还要求与日本的标准吻合。日本的科学技术水平较高，且在某些领域居于技术垄断的地位。因此，日本既可以促进本国低标准的产品出口，又可以通过严格的强制性技术限制有效地阻止外国产品对本国市场的冲击。2005 年，日本公布了《提高资源有效利用法实施令》修正案。该修正案涉及多类电子、电器产品，对销售数量、环保要求、化学物质使用信息等方面提出了多项严格的要求。

日本还利用环境标志对进口产品进行限制，不仅要求产品质量达标，而且产品生产、运输、销售和消费的全过程都要有利于环境，对人体健康无害。2011 年 4 月，中日签署《中国环境标志与日本生态标签互认协议》，标志着中日两国在环境认证领域的合作进入一个新的发展阶段，也有利于消除双方的非关税"绿色壁垒"。

（三）通过苛刻繁杂的标签标准和包装要求限制进口产品

日本对于消费品的标签标志要求颇为复杂，有的一种产品需要具备数个标志，有的一种标志覆盖近百种商品，其中只有极少数标志与国际标准相一致。JAS 修正案规定，自 2002 年 4 月 1 日起，在日本市场上出售的所有进口农产品、水产品和畜产品必须清楚地标明原产地；自 2002 年 7 月 1 日起，在日本市场上出售的各类进口新鲜水产品、肉类和新鲜蔬菜类产品必须实施明确的标识制度。

2008 年，日本内阁通过了《建设低碳社会行动计划》，并于 2009 年

4 月开始在国内试行碳足迹标签制度，并不断扩大碳足迹标签制度的产品范围。碳足迹标签制度可能会导致消费者优先选择日本本土农产品，从而对我国输日农产品的销售构成影响。

（四）技术性贸易措施与关税保护交替并用

日本为了保证粮食安全，对大米进口进行全方位限制：实施 400% 的高关税，使进口大米完全丧失价格优势；实施进口配额招标，在招标中存在国别歧视；实施技术性贸易措施限制，20 世纪 90 年代初，日本对大米进口仅实行少数几项农残检测指标，1994 年为 56 项，1998 年增至 104 项，2012 年已有近 150 项。①

第五节　日本技术性贸易措施调查分析

一　日本技术性贸易措施类别影响分析

根据国家质量监督检验检疫总局 2006—2015 年调查发布的《中国技术性贸易措施年度报告》，2005—2014 年（部分数据因缺少前一年数据无法比较而只有九年），在出口日本企业总样本 9076 例中，工业企业样本量为 6444 例，农产品企业样本量为 2632 例。分析工业品和农业品分别受日本不同种类技术性贸易措施影响状况。

（一）工业品受日本不同种类技术性贸易措施影响

国家质检总局调查显示，2006—2014 年，在出口工业品总样本 6444 例企业数量中，工业品受日本不同种类技术性贸易措施影响排列分别为：技术标准要求 882 例、工业产品中有毒有害物质限量要求 798 例、包装及材料的要求 722 例、认证要求 716 例、环保要求（包括节能及产品回收）635 例、标签和标志要求 616 例、产品的人身安全要求 573 例、特殊的检验要求（如指定检验地点、机构、方法）491 例、木质包装的要求 462 例、厂商或产品的注册要求（包括审核）375 例、计量单位要求 152 例、其他 22 例企业，如图 10 - 4 所示。

---

① 国家食品质量监督检验中心，www.cfda.com.cn；转载《国际商报》，发布时间：2012 年 8 月 3 日 T10：03：00。

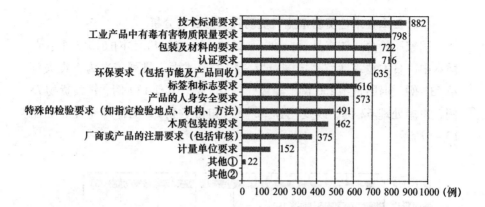

图 10-4　工业品受日本不同种类技术性贸易措施影响种类数量（2006—2014 年）

（二）农产品受日本不同种类技术性贸易措施影响

国家质检总局调查显示，2006—2014 年，在总样本 2632 例企业中，农产品受日本不同种类技术性贸易措施影响样本企业的排列分别为：食品中农兽药残留要求 507 例、食品微生物指标要求 339 例、食品中重金属等有害物质的限量要求 316 例、食品添加剂要求食品 290 例、加工厂/仓库注册要求 236 例、食品接触材料的要求 209 例、食品标签要求 204 例、植物病虫害杂草方面的要求 158 例、动物疫病方面的要求 158 例、木质包装的要求 115 例、化妆品中过敏原的要求 69 例、其他 31 例。如图 10-5 所示。

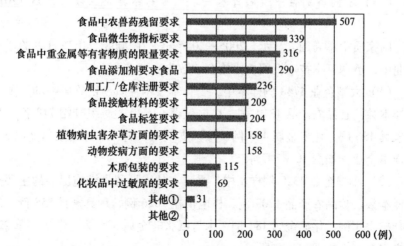

图 10-5　农产品受日本不同种类技术性贸易措施影响种类数量（2006—2014 年）

二　日本技术性贸易措施对贸易损失形式的分析

国家质检总局调查显示，2006—2014 年，在出口日本的 1543 个企业样本中，日本技术性贸易措施对贸易损失形式大小排列依次为：丧失订单 733 例、退回货物 250 例、降级处理 183 例、其他 139 例、销毁货物 73 例、口岸处理 62 例、改变用途 52 例、扣留货物 51 例样本企业。如图 10 - 6所示。

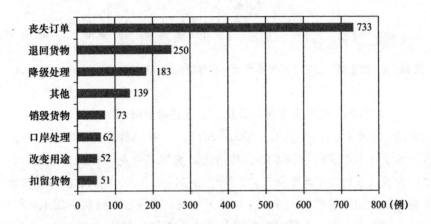

图 10 - 6　日本技术性贸易措施对出口企业贸易损失形式（2006—2014 年）

三　日本技术性贸易措施对产业损失额分析

（一）不同类别企业遭遇日本技术性贸易措施企业数（2005—2014 年）

国家质检总局调查显示，2005—2014 年，在 9068 个出口日本的样本企业中，遭遇日本技术性贸易措施企业数为：

（1）大型企业 4748 例样本中，受日本技术性贸易措施影响的主要产业样本数：食品农产品 1314 例、机电仪器 936 例、纺织鞋帽 718 例、玩具家具 486 例、化矿金属 466 例、橡塑皮革 456 例、木材纸张非金属 372 例样本企业。如图 10 - 7 所示。

（2）小型企业 4320 例样本中，受日本技术性贸易措施影响的主要产业样本数：食品农产品 1203 例、机电仪器 1026 例、玩具家具 555 例、纺织鞋帽 498 例、化矿金属 484 例、木材纸张非金属 325 例、橡塑皮革 229 例样本企业。如图 10 - 8 所示。

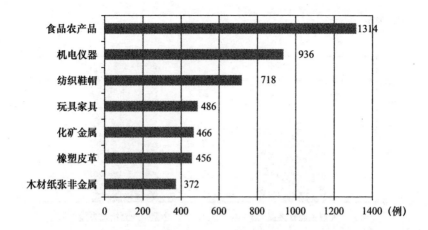

图 10 - 7　大型企业遭遇日本技术性贸易措施企业样本调查统计

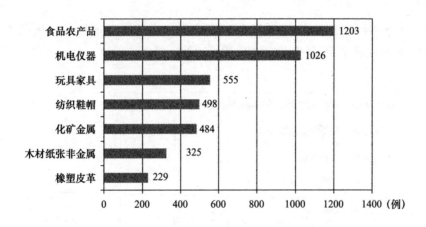

图 10 - 8　小型企业遭遇日本技术性贸易措施企业样本调查统计

（二）出口日本遭受直接损失估算值（2005—2014 年）

国家质检总局调查显示，2005—2014 年，出口日本企业遭受直接损失估算值 429.18 亿美元，其中：（1）大型企业直接损失额 142.31 亿美元；（2）小型企业直接损失额 286.87 亿美元；（3）在全部直接损失额中所占比例为 7.76%。如图 10 - 9 所示。

（三）不同类别、不同规模企业出口日本损失额（2005—2014 年）

（1）大型企业出口日本的产业损失额 142.31 亿美元依次为：食品农产品 83.42 亿美元、化矿金属 21.24 亿美元、纺织鞋帽 17.71 亿美元、橡

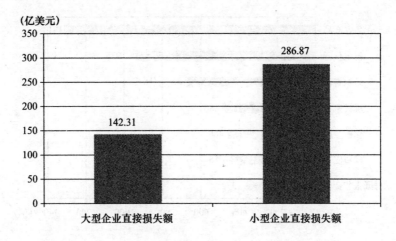

图 10 – 9　出口日本遭受直接损失估算值（2005—2014 年）

塑皮革 9.89 亿美元、机电仪器 5.22 亿美元、木材纸张非金属 3.28 亿美元、玩具家具 1.55 亿美元。如图 10 – 10 所示。

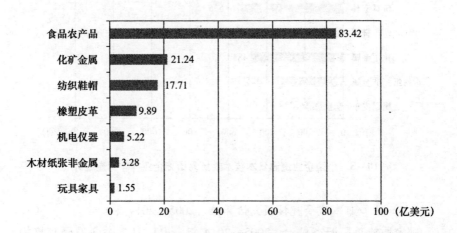

图 10 – 10　大型企业出口日本的产业损失额（2005—2014 年）

　　（2）小型企业出口日本的产业损失额 286.87 亿美元依次为：食品农产品 124.96 亿美元、机电仪器 55.11 亿美元、化矿金属 37.10 亿美元、纺织鞋帽 34.69 亿美元、玩具家具 18.32 亿美元、木材纸张非金属 11.27 亿美元、橡塑皮革 5.42 亿美元。如图 10 – 11 所示。

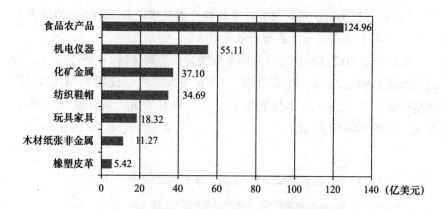

图 10 – 11　小型企业出口日本的产业损失额（2005—2014 年）

四　日本技术性贸易措施对出口企业新增成本分析

（一）出口日本新增成本估算值（2005—2014 年）

国家质检总局调查显示，2005—2014 年，出口日本新增成本估算值：（1）大型企业新增成本 38.98 亿美元、小型企业新增成本 98.79 亿美元；（2）新增成本总额 137.77 亿美元；（3）出口日本新增成本在全部新增成本中所占比例为 6.29%。如图 10 – 12 所示。

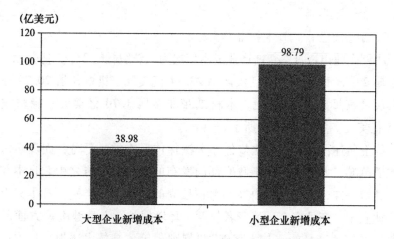

图 10 – 12　出口日本新增成本估算值（2005—2014 年）

（二）不同类别、不同规模企业出口日本新增成本（2005—2014 年）

1. 大型企业出口日本新增产业成本

大型企业出口日本新增产业成本依次为：纺织鞋帽 11.49 亿美元、食品农产品 9.94 亿美元、化矿金属 5.97 亿美元、机电仪器 5.84 亿美元、橡塑皮革 3.46 亿美元、木材纸张非金属 1.38 亿美元、玩具家具 0.91 亿美元。如图 10－13 所示。

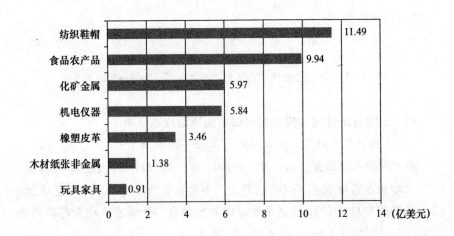

图 10－13　大型企业出口日本新增产业成本（2005—2014 年）

2. 小型企业出口日本新增产业成本

小型企业出口日本新增产业成本依次为：纺织鞋帽 23.35 亿美元、化矿金属 23.29 亿美元、食品农产品 23.14 亿美元、机电仪器 20.79 亿美元、玩具家具 4.88 亿美元、木材纸张非金属 1.70 亿美元、橡塑皮革 1.65 亿美元。如图 10－14 所示。

综上所述，日本技术法规体系为法律体系中的一部分，而属于法律法规的范畴，大部分存在于政府部门发布的省令和通告之中。日本和美国、欧盟一样，法规体系中并不存在独立的技术法规类别。日本只有按照工业安全、产品安全、消费者权益、环境保护、人类健康等方面的法律制定的有关产品的"技术基础""规则"等才是技术法规。日本标准由隶属于经济产业省工业技术院的"工业标准调查会"（JISC）负责技术标准的起草、制定、修订、确认和废除。技术法规只是对产品规定的基本要求，而产品的具体指标和性能等则由技术标准调查会规定，技术法

规引用标准或直接采用标准。为确保技术法规的有效实施，日本设置了
大量的认证制度和合格评定程序。强制性认证和合格评定程序是保证技
术法规有效实施的重要手段。

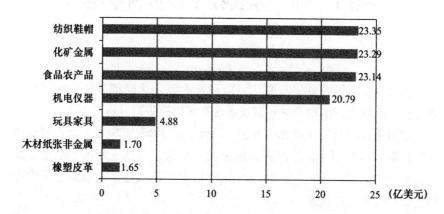

图 10 - 14　小型企业出口日本新增产业成本（2005—2014 年）

　　日本技术法规体系运行具有以下特点：法律层次明晰；由政府行政
机构根据法律授权制定和发布技术法规；标准制定分工明确；合格评定
工作由政府严格管理；实施技术法规与标准的有机结合；日本技术法规
全部编入《现行法规总览》。

　　日本技术性贸易措施对中国的启示：加强我国技术标准的研究制定，
有利于完善我国的技术法规、标准和认证体系；发挥政府及行业协会、
企业、消费团体等非政府组织的作用，有利于构建多方联动的技术性贸
易措施体系；加快信息网络建设，有利于建立健全技术性贸易措施预警
机制；利用《技术性贸易壁垒协议》相关条款，有利于诉诸 WTO 争端解
决机制，保障中国对外贸易的健康发展。

第十一章 东盟技术性贸易措施

在第八章至第十章对欧盟、美国和日本等发达经济体技术性贸易措施分析的基础上，本章再对东盟技术性贸易措施进行分析。

东南亚国家联盟（简称"东盟"）成立于 1967 年 8 月 8 日，包括印度尼西亚、马来西亚、菲律宾、新加坡、泰国、文莱、越南、老挝、缅甸和柬埔寨十国。2010 年，中国—东盟自贸区正式建成，东盟已成为中国重要的外贸合作伙伴。

根据美国政府问责办公室（GAO）报告，2014 年中国与东盟国家（ASEAN）的商品贸易额达 4800 亿美元，远远超过美国与东盟商品 2200 亿美元的贸易额，中国与东盟服务贸易额与美国相当。另根据有限的数据显示，2011 年，美国、中国与东盟服务贸易均大约为 370 亿美元。[①] 但是，随着发达国家频繁使用技术性贸易措施，包括东盟等国家也不断地使用技术性贸易措施，对我国出口东盟市场产生进入壁垒。

而当前中国对技术性贸易措施的研究绝大部分集中在欧盟、美国、日本、韩国等发达国家，涉及东盟的研究少之又少，与其贸易地位极不相称。[②] 随着"一带一路"战略的实施，东盟市场的重要性将日益凸显。加强东盟技术性贸易措施的研究，有助于开拓东盟市场，促进我国外贸健康持续发展。

第一节 东盟技术法规、标准、合格评定制度及机构

近年来，随着中国与东盟国家贸易往来日益频繁，掌握东盟国家的

[①] 驻牙买加经商参处：《中国与东盟的商品贸易额已超过美国》，商务部网站，http://www.mofcom.gov.cn/article/i/jyjl/l/201508/20150801081580.shtml。

[②] 技贸网，http://www.tbtsps.cn。

技术法规标准及合格评定程序、减少技术性贸易壁垒、促进产品出口东盟市场显得尤为重要。

但是，由于长期以来对东盟国家技术法规和标准的研究相对缺乏，以及中国—东盟尚未建立正式官方标准信息通报机制，因此，东盟国家技术法规、标准及合格评定程序研究与前述欧美日比较有待进一步拓展。

一 新加坡技术法规、标准、合格评定程序及相关机构

（一）新加坡主要贸易政策，技术法规

新加坡贸易工业部负责制定整体贸易政策。新加坡国际企业发展局（International Enterprise Singapore，简称企发局或 IE Singapore），是隶属于新加坡贸易工业部的法定机构，是新加坡对外贸易主管部门。

1. 进口政策

新加坡早在 1984 年已成为 WTO 前身关贸总协定《进口许可程序协议》的缔约国，它承诺将进口许可证数目保持在最小限度，并且不把数量限制作为进口许可证的一部分，因此对大多数进口商品没有配额限制，也不需要进口许可证。只有当出于公众健康、公共安全以及环境卫生方面的考虑时，才会对少数商品实行进口许可，而其他大多数商品均可自由输入。

2. 出口政策

新加坡严格限制出口的商品数目极少。根据新《进出口管理法》的规定，只有当出于安全或者卫生方面的要求时，才会对部分商品的出口要求具有许可证。此外，对于某些农产品，新加坡也会采取严格的出口限制和管理，以期达到共同防治病虫害的目的。

3. 通关政策

新加坡电子政务建设具有相当高的水平，涉及通关的诸多环节均实现了无纸化、自动化和网络化，为商家节省了宝贵的时间、人力和物力。

4. 技术法规

新加坡国内技术法规由政府按英文字母的顺序将所有法律条文公布在政府网站上。技术法规是由政府制定的强制要求，是必须遵守的技术规则，由政府有关职能部门管理，它包含诸如产品安全、操作者或使用者、环境影响、检疫要求、消费者保护、包装和标识以及产品特性等内容。符合新加坡政府的法规要求是产品进入新加坡市场的先决条件，也就是说，销售不符合法规的产品将是违法的。对于进口受到控制的产品，均有相应的管制部门负责管理，这些部门会根据法律法规对每一项产品提出具体的要求，满足条件后才可以进口到新加坡。

（二）新加坡标准化现状

新加坡是 WTO 成员，也是东盟国家中市场化最成熟、最彻底的国家。自 1993 年 1 月以来，新加坡参加了东盟自由贸易区（AFTA）的共同优惠关税计划（CEPT）。这项计划包括东盟国家原产地产品在区内享受优惠关税待遇。在这项规则中，产品应被确信来自东盟的成员国，或其不低于 40% 的原料来自任何一个东盟成员国。

新加坡标准与生产力创新局（PSB）是国家标准和检测权威机构，主要负责电子、卫生、建筑等产品的国家标准的发布，还管理着良好的生产实施计划，以及认证标志方案。他们褒扬保证产品质量、ISO 9000 系列达标以及合乎相关新加坡标准的生产商。

新加坡制定的国家标准共 700 多项，均属于推荐性标准，企业自愿采用。但涉及人身和动植物安全与健康以及防欺诈、环境保护等产品问题，则通过有关法律法规的规定，将标准确定为技术法规，以法律制度的形式强制采用。每一项新加坡标准的发布或废除，均由 PSB 以公告的形式刊登在政府公报上，其目的是通过这种形式提高标准的透明度，促进标准的采用，提高新加坡产品的质量，提高产品的竞争力，扩大产品的出口。新加坡非常注重本国标准与国际标准的接轨，尽可能鼓励企业和政府采用国际标准和国外先进标准。目前，约有 80% 的新加坡标准与国际标准是一致的，很大程度上提高了产品的竞争力，促进了产品的出口和国际贸易的便利。

新加坡还出台了一种叫作技术参考的技术文件。技术参考是一种没有形成标准的技术文件，它虽然没有标准的地位，但对企业生产具有技术指导的作用。它是由于某一产品没有可供参考的标准或由于制定标准时很难达成统一意见，而临时制定的过渡性文件，文件使用期一般不超过两年，旨在通过试用，积累技术经验，当技术成熟便转化为新加坡国家标准。技术参考不用通过政府公报的形式来征求一致性意见。两年期满后，技术参考被重新评估以决定是否适合上升为新加坡标准，或者继续作为技术参考，或者因不适用而废除。技术参考作为国家技术文件形式，可为企业及时提供技术性指导，极大地提高了政府对产品质量管理的效能。

（三）新加坡认证认可

SISIR 认证标志计划是新加坡国家认可的产品认证体系。贴有这种标志的产品即表明该产品在质量稳定性、可靠性以及在某些安全性方面达到了要求。凡是有资格使用 SISIR 标志的企业，其产品质量须达到新加坡标准、国际标准或可接受的国外标准，其质量管理体系上经证实达到了新加坡标准 SS308 的有关要求（该标准系等同采用 ISO 9000 系列）。新加坡标准与工业研究院定期对取得认证证书的企业进行质量抽查。认证标志计划用于基本商品和工业品方面。新加坡还对那些获得认证证书的质量管理优秀企业颁发优良经营证书。

自 1986 年以来，新加坡在全国范围内对一些具有工业产品测试能力的实验室进行了评估和认可工作。这些测试实验室涉及化学与生化、机械测试、校准与测量、无损检验与电气测试等领域。新加坡实验室认可活动是以自愿的形式进行的，有效期为三年，期满后必须重新申请。

二　马来西亚技术法规、标准、合格评定程序及相关机构

（一）马来西亚相关法规

马来西亚对部分产品制定了技术法规。

马来西亚于 1976 年发布《马来西亚植物检疫法》。

马来西亚对化妆品的监管则主要依据两部法律：一部是马来西亚 1984 年颁布的《化妆品和药品监管条例》，另一部就是东盟化妆品指令（ACD）。

在马来西亚，版权分别受到 1969 年、1975 年和 1979 年修改的版权法保护。新版权法于 1985 年实施。1985 年 4 月，最高法院颁布了一项具有历史意义的决定，外国著作如果第一次在马来西亚出版，其出版物就当然享受马来西亚版权法保护。1990 年，马来西亚通过了版权法修正案。

在马来西亚，商标需根据 1950 年商标法注册。该法于 1976 年进行修改。目前，政府正制定新商标法，以保护商标所有人权益。根据马来西亚商标法，在英国注册的商标可自动取得马来西亚商标法的保护。

（二）马来西亚标准化现状

马来西亚是世界贸易组织的签署国，也是国际标准组织理事会和国际标准组织技术管理局的成员、国际合格评定委员会、合格评定发展委员会和合格评定咨询委员会的参与成员。马来西亚将国际标准认同为国内标准，把相关国际组织提出的标准作为本国标准的起点。马来西亚采用的标准体系和程序都参考了国际标准组织、国际电子技术委员会、国际药物食品法典委员会、国际认证论坛等国际性组织所制定的国际标准有关准则。

马来西亚标准工业研究院（SIRIM）是政府的非营利机构，负责管理国家的工业标准和合格评定工作。目前，马来西亚制定的大部分国家标准都采用了国际标准组织和国际电工委员会所制定的标准。马来西亚所公布的标准均为推荐性标准，可供政府和企业采用，有关管理职能部门可以提出采纳这些标准的强制性规定，管理部门既可以发布他们自定的标准，也可以完全采纳国标或采纳规定的部分标准。

在马来西亚，凡是制定各项标准，只要可行，就会考虑采用国际标准。其目的是：提高本国产品质量，打造国际品牌，增强在国际上的竞争力，扩大本国产品向周边国家和地区出口。马来西亚采用国际标准的另一个目的是：履行其在 WTO《技术性贸易壁垒（TBT）协定》和《实施卫生与植物卫生措施（SPS）协定》中的责任。马来西亚出口产品有 50% 是电器、电子产品和棕榈油，另外还出口石油和天然气，因此，这类产品的技术要求较高，电子、电气产品全部采用国际电工委员会（IEC）制定的标准。马来西亚还根据本国以及宗教的习惯，制定了马来西亚国家标准，如《MS1500：2004 伊斯兰教肉食品牲畜屠宰和储藏通则》（第一册），并向国际有关组织申报将这项标准作为国际认证标准。马来西亚又制定了本国的瓷器等产品标准，企业产品要想出口到马来西亚就必须符合马来西亚本国的国家标准，并经马来西亚标准工业研究院进行鉴定。

目前马来西亚国家标准的制定过程公开，且每两个月就出版公布所建议的标准，这使马来西亚的标准化制度对参与者而言开放且透明。其中大部分标准都采用国际标准化组织和国际电子技术委员会的国际标准，有关认证的国际准则已经被马来西亚认证系统采用以维持其国际水平。在马来西亚，凡是采用的标准，只要可行，就会考虑将本国的标准与国际标准组合。

（三）马来西亚认证及标识标签要求

同样，马来西亚合格评定程序也采用了国际标准，并由马来西亚标准工业研究院（SIRIM）负责管理。此外，近年来，马来西亚国内贸易、合作社及消费部规定：从 2010 年 8 月 1 日起，所有新进口的玩具必须取得检验报告并贴上安全标签（MC 标贴），才能在市场出售。马来西亚农业部则规定：2012 年 5 月起，马来西亚养燕业者需获得兽医局的健康认证（VHM）、卫生局认证，以及"无线射频识别系统证书"。

三 印度尼西亚技术法规、标准、合格评定程序及相关机构

（一）印度尼西亚与贸易有关的法律

印度尼西亚与贸易有关的法律主要有《1934 年贸易法》《海关法》《建立世界贸易组织法》《产业法》。与贸易相关的其他法律还涉及《国库法》《禁止垄断行为和不正当贸易竞争法》《外国投资法》和《国内投资法》等。值得注意的是，2014 年 2 月，印度尼西亚国会通过一项"全面贸易法案"，该法案将允许印度尼西亚政府通过限制进出口方式保护本国产业和市场。印度尼西亚技术法规由政府各部门及印度尼西亚国家标准技术委员会共同制定、颁布，BSN 负责协助政府有关部门起草技术法规，政府机构配合 BSN 设立法规技术委员会，完善技术委员会各项职责功能。

（二）印度尼西亚标准化现状

印度尼西亚国家标准化机构（BSN）负责发展和促进国家标准化，负责组织制定国家标准（SNI），标准由 BSN 负责发布。管理者将 SNI 采编入技术法规，由 BSN 通报机构查询点通报，相关部门执行。SNI 的应用基于自愿原则，由市场接受，而将 SNI 采编入技术法规成为一种一般惯例。印度尼西亚的标准发展非常重视市场化和国际化，政府强化印度尼西亚标准协会（MASTAN）的建设，通过 MASTAN 来调查了解标准制定的可行性。并把有关标准的制修订任务交由 MASTAN 来承担，以促进采用国际标准和对现有的及发展中的新的 SNI 进行修订；促进对国际标准制定过程的参与。

（三）印度尼西亚产品质量认证制度

印度尼西亚产品质量认证制度规定适用于所有规范内国产及进口产品，未通过国家标准认证 SNI 的产品，将予禁售，已流入市面之产品将予强制下架撤出。2010 年 9 月 1 日，印度尼西亚一项强制在多种商品上加贴标签以便向消费者提供准确信息的法规生效。所有在印度尼西亚市场上交易的管制商品的制造商或进口商，必须在产品上加贴此印度尼西亚语的标签。印度尼西亚贸易部于 2009 年 12 月 21 日颁布了 2009 年第 62 号贸易部长条例（编号为 62/M – DAG/PER/12/2009）规定，无论是进口

还是本地的非粮食产品，均必须加贴印度尼西亚文说明。2010 年 5 月 21 日公布了 22/M – DAG/PER/5/2010 对上述法规进行了修订。

1. 认证原则

印度尼西亚国家标准（简称 SNI）是唯一在印度尼西亚国内适用的标准，SNI 标准由技术委员会制定并由印度尼西亚国家标准局定义。印度尼西亚国家标准 SNI 中，有 90% 为推荐性标准，10% 为强制性标准。

2. 认证范围

标签法规涵盖的产品分为四类，分别在法规的附录 I—IV 列出了各类产品清单：

（1）附录 I：家用电子电器产品（46 项）。

（2）附录 II：建筑材料和产品（8 项）。

（3）附录 III：机动车辆材料（备件及其他）（24 项）。

（4）附录 IV：其他商品（25 项）。

3. 认证机构

BSN 所有关于认可和认证的活动都是由印度尼西亚国家认可委员会（KAN）去执行。KAN 的主要任务是负责认可认证机构（如质量体系、产品、公司、培训、环境管理体系、HACCP 体系、森林保护管理体系）、实验室和其他符合要求的认证监管认可机构，并协助 BSN 对认可和认证体系的建立和完善。KAN 被授权根据 BSN 评估认证申请来指导所有政府和非政府机构进行认证。KAN 也负责对其认可的实验室和认证机构颁发的证书进行国际认可。

4. 认证标识及产品标签说明

通过 SNI 认证后可加贴 SNI 标识。SNI 要求产品标签需使用印度尼西亚语，并且以容易理解的方式表达，如果没有适当的等同的印度尼西亚用语，允许使用阿拉伯数字和拉丁字母。产品标签还应包含产品的名称或品牌名称；制造商的名称和地址（对于当地生产）；进口商的名称和地址（对于进口商品）；原产国；印度尼西亚 SNI 标识。

5. 认证流程和时间

（1）制造商或进口商在印度尼西亚进行产品商标注册；

（2）向 SNI 认证机构提出申请；

（3）制造商，进口商，以及 SNI 签署协议；

（4）SNI 派官员对制造商工厂进行初次审查、抽取样品；

（5）产品送至印度尼西亚国家实验室完成测试；

（6）初审和产品测试通过后，提交相关技术文件，审核；

（7）SNI 颁发证书；

（8）SNI 授权制造商在其认可产品上加贴标签；

（9）监督，定期抽检；

（10）认证周期约需 3—4 个月。

6. 需要提交的技术文件

（1）申请表；

（2）证明公司成立的文件，比如注册证；

（3）工艺流程图，说明产品制造的全过程；

（4）质量控制体系；

（5）如果有的话，提供产品或者体系认证的其他详细资料；

（6）在认证前提供用于产品制造的元件或原材料的详细资料；

（7）生产制造设备清单；

（8）测试过程中的试验设备清单；

（9）产品设计图；

（10）实验室主管，技术和 QC 职员的资格证书以及经历的详细细节；

（11）来自认可的独立实验室或者工厂自己的实验室的测试报告（ISO 17025）；

（12）厂房的布局示意图，清楚地显示出主要的生产设备、实验室等；

（13）公司介绍，包括具体地址、历史、能力等。

7. 国际互认体制

印度尼西亚通过应用 SNI 技术标准，政府逐步开始接受并采用国际上 ILAC、APLAC 和 IAF/MRA、PAC/MRA 认证体系。

四 菲律宾技术法规、标准、合格评定程序及相关机构

（一）菲律宾贸易法规及机构

菲律宾贸工部（DTI）是菲律宾负责管理和指导全国工商业发展、对外贸易和利用外资的主要政府部门，其主要职能包括贸易促进、投资促进、提供培训服务、提供权益保护、有关业务的许可和登记注册等。

菲律宾涉及贸易和投资的法律法规主要包括：《税收法》《有关从事零售业的规定》《外国投资法》《特别经济区法》《出口发展法》《有关推

动外国投资商业的规定》《放宽外国企业在菲投资零售业的规定》和《广泛提高对产品的环保要求的规定》等。

（二）菲律宾标准化现状

菲律宾国家标准化组织是菲律宾产品标准局（BPS），其主要职能是制定菲律宾国家标准，促进标准化在各行业的推广，为企业提供认证服务，代表菲律宾政府参与各种区域性或国际性标准化组织并出席各种标准化活动等。

在最新制定的菲律宾国家标准化法中，要求化妆品、医疗器械、照明器材、电线、电缆、水泥、轮胎、卫生器具、家用电器等 75 种商品原产地检验标准必须与菲律宾国内标准相一致。菲律宾农业部还使用动物检疫证书和进口检验来限制禽肉进口，且动物检疫证书只发放给最低量进口配额证书的持有者。由于一些产品的最低进口量在逐渐增加，导致许可证的发放常常具有不可预测性，这使一些进口商不愿意申请进口许可证。这种做法对中国相关产品的进入造成了阻碍。

（三）菲律宾标签标识要求

对于进口纺织品、衣料、亚麻制品和衣物配件，菲律宾强制要求加贴标签。

此外，自 2005 年 6 月以来，菲律宾全面执行《国际贸易中木质包装材料管理指南》，根据这一标准，所有进入菲律宾的木质包装材料均应按该规定进行处理并加贴标识。

五　泰国技术法规、标准、合格评定程序及相关机构

（一）泰国技术法规

1. 植物检验检疫法

为了防止植物病虫害的传播，保证国内农业安全和消费者健康，泰国在 1964 年颁布实施了《植物检验检疫法》，授权农业部具体执行。1999 年对《植物检验检疫法》进行了修改，农业部根据该法先后推出了植物检验检疫法规、部令和措施等，形成一套完整的植物健康检验检疫法律体系。

2. 食品法案

《食品法案》B. E. 2522（1979）是泰国食品安全控制的主要法律，旨在保护消费者健康，防止消费者受到来自食品消费的健康危害。根据《食品法案》，卫生部被指定负责该法的实施与执行。该法同时也授权卫生部颁布部级条例委派指定食品委员会和有能力的官员，以及组织其他活动以便使《食品法案》各条款得到充分的执行。而泰国的食品安全控制则由卫生部、农业部等几个独立部门共同负责；这些部门从相关法律法规的制定到食品上市前的把关、上市后的质量监督以及受理消费者投诉有一套自成体系的完整做法。此外，《食品法案》还说明了生产许可证、进口许可证的申请/应用程序，和包括收费率、执行官员的身份证明标识卡、出口食品产品标签等在内的注册程序。

（二）泰国标准化现状及合格评定

泰国国家标准化组织是泰国工业产品标准局（TISI），TISI 通过制定强制性和推荐性工业标准以适应泰国的工业、贸易和经济发展的需要。泰国的标准化管理职能分别由国家工业部、农业部、卫生部等部门负责，泰国蔗糖、大米、水果等农业标准化工作基础扎实。国家消费者委员会负责产品质量、法制、计量等综合执法职能，且直属国务院领导、具有独立执法权力。泰国标准化管理部门非常重视对中小企业和家庭作坊生产的扶持。泰国标准化以打造品牌、扩大出口为指导思想，以发展"一区一品（OTOP）"为战略目标，选择一到两种产品进行全方位的帮扶，完善各项技术标准，打造国家级品牌，提高产品竞争力，走向国际市场，促进当地经济的发展。例如，为了培育"泰国香米"这个品牌，扩大出口，泰国制定了专门的"香米"标准。这种做法得到了国家政府的充分肯定，并在资金上给予大力支持。在泰国各地的机场、酒店、商场等大型公共场所，到处都可以看到关于 OTOP 的宣传和介绍。OTOP 如今已经打造成为著名的品牌，成为高质量的泰国制造商品的代名词。任何商品只要是带有 OTOP 标签，就证明它是泰国制造的高品质产品。

为了加强贸易和工业的发展及在技术领域上的合作，TISI 参加了很多区域性和国际性水平的标准化活动。例如，国际标准化组织、国际电子技术委员会和联合国粮食与农业组织、世界卫生组织（FAO/WHO）联合食品标准计划。通过多个有关饮料、食品和农产品新标准的制定工作，不断加强对食品安全的管理。泰国政府于 2004 年就提出了"让所有人享用安全健康食品"的食品安全政策，要求在国内生产消费或出口的食品质量一律达到国际标准。此外，根据泰国内阁的决议，TISI 还实行产品注册作为还没有制定标准的产品的一种临时认证。TISI 的情报中心还为厂商和感兴趣的组织或个人提供标准化方面的服务，内容包括国内、国外和国际的标准、技术法规、合格评定程序等方面的信息。

泰国的工业标准局、泰国工业标准协会还作为泰国具体负责机构，通过 WTO 发布 TBT/SPS 通报，向成员公告泰国技术法规的制定、修订与撤销等。

六　越南技术法规、标准、合格评定程序及相关机构

（一）越南技术法规

越南颁布的强制执行的专业技术法规（QCVN）涉及产品、商品、服务、执行过程和环境等。越南与贸易相关的主要法律及技术法规有：

（1）综合：《商品产品质量法》《商品质量法》《越南商检法规》《对进出口商品品质进行国家检查的规定》《商品包装和标签规定》；

（2）食品：《食品安全法》《转基因食品卫生与安全管理法规》《关于对进口动物食品进行食品卫生安全检查的第 25 号通知（25/2010/TT－BNNPTNT）》《关于颁布进口和在越南国内市场生产流通的动物食品卫生安全指标和限额目录的第 29 号通知（29/2010/TT－BNNPTNT）》；

（3）植物及其植物产品：《保护国内改进新植物品种法令》《越南植物检疫及其植物产品和植物保护法》《越南植物检疫条例》；

（4）其他消费品《玩具安全国家技术法规》等。

（二）越南标准化现状

越南国家标准化管理机构是越南标准计量质量总局（STAMEQ），隶属于越南国家科技部，领导和管理越南国内各省市的标准化及相关工作。根据法律规定，其职能是承担国家标准化、计量、产品和货物质量等方面的管理工作。其中包括：

（1）研究越南关于标准化及与标准化相关事项的学科；

（2）制定越南国家标准（TCVNs）、国际性和区域性标准的发展和采用的纲要和计划；

（3）组织 TCVNs 的发展和参与国际标准的发展；

（4）建立和监督越南的技术委员会和附设委员会；

（5）发行和分发与标准化相关的 TCVNs 和其他文献；

（6）举办标准化领域的报道、宣传、培训和咨询活动，提供与地方标准、企业标准和标准采用及其他活动发展有关的咨询服务；

（7）在 STAMEQ 的授权下与区域性和国际性的标准组织及其他国家在标准化领域进行合作。

越南标准有国家标准、部门标准、公司标准，并分为强制性标准和推荐性标准。越南制定的国家标准中，97%是推荐性标准，强制性标准只占3%。国家机关的有关部门颁布的标准超过了50%。STAMEQ目前已经获得18个国际性和区域性组织的成员资格，为企业开展ISO 9000、ISO 14000、HACCP、SA 8000等认证活动。越南农产品、食品、机电产品等领域的标准水平较高。但越南的国内标准体系比较复杂，缺乏透明度，导致出口商不易了解相关信息，给产品出口越南造成了障碍。

（三）越南合格评定程序

1. 认证制度

越南标准计量质量总局是越南认证注册及审批机关。目前越南科技部指定5家机构开展认证业务。认证机构的主要工作是对产品、商品的评估及合格认证。认证类型分为管理体系认证和产品认证两种。产品认证依据各类别产品分类标准进行，包括自愿性认证（自愿参加）和合格认证（根据相应的专业技术标准强制执行）。合格认证的技术标准有国家技术法规（QCVN）和地方专业技术标准（QCDP）。强制认证的产品包括电器产品（热水器、热水壶、吹风机、美发用具、电风扇、电饭锅、咖啡机、干手机等）、机电—电子设备、石油气、燃料、儿童玩具、建筑材料、车辆（发动机及其他零部件）、通信产品等。目前我国与越南在机电领域的部分产品已经实现了互认合作。中国出口越南的摩托车、摩托车发动机和头盔产品经过中国强制性产品认证并加贴"CCC"认证标志，越南标准计量质量总局（STAMEQ）予以免检放行。其他摩托车零部件通过CQC认证，并加贴标志也准予放行。这些零部件包括后视镜、车速表、操纵拉索、蓄电池、轮辋、手制动操纵杆、制动踏板、链条、轮辐条、滚筒式链条及连轮、排气管、停车支架、轮胎、油箱、乘员扶手、车架16种。电子电气产品、车辆、其他产品和农产品的互认合作还在进一步交流和探讨中。

2. 认可制度

越南科技部质量认可局是越南认可机关，主要负责实验室、鉴定机构和认证机构的认可。截至2010年3月，越南质量认可局认证范围涵盖了食品、化工产品、建材、电器、日用品、机械。2009年7月，越南发布的G/TBT/N/VNM/5号WTO/TBT通报中，规定生产、进口和贸易的电器及电子设备供应商必须具备由第三方认证机构颁发的合格证明，执行电器及电子设备检测或认证的检测实验室或认证机构应由越南国家认可机构认可。

（1）实验室认可。实验室认可标准为《ISO/IEC l7025：2005 检测和校准实验室能力的通用要求》、《ISO 15189：2003 医学实验室质量和能力的特殊要求》。认可领域包括机械、生物学、化学、建材、抗破坏性、药品、检定与校准、化验、三级生物安全实验室等。

（2）鉴定机构的认可。越南质量认可局下属的鉴定办公室（VIAS）所实施的认可领域包括农产品、水产品、食品（由农产品和水产品加工而成）、动物饲料、工业机器和设备、工业品、油气和石油提炼的产品（化肥和化学药剂除外）、煤、交通工具、建筑工具、建筑工程、环境等。

在研究上述新加坡、马来西亚、印度尼西亚、菲律宾、泰国和越南等主要东盟国家技术法规、标准、合格评定及相关机构的基础上，再对缅甸、文莱、柬埔寨和老挝等国家的技术法规、标准及相关机构进行研究。

七　缅甸技术法规、标准、合格评定程序及相关机构

（一）缅甸贸易法规

1. 贸易主管部门

缅甸贸易主管部门为缅甸商务部，负责办理批准颁发进出口营业执照、签发进出口许可证，管理举办国内外展览会、办理边境贸易许可、研究缅甸对外经济贸易问题、制定和颁布各种法令法规等。下设贸易司和边贸司，边贸司在各边境口岸设有边境贸易办公室，负责办理边境贸易各种事务。缅甸私商从事对外贸易须通过进出口贸易注册办公室领取营业执照，申领进出口许可证，在国家政策许可范围内自由从事对外贸易活动。

2. 贸易法规体系

现行与贸易管理相关的法律和规定有：《缅甸联邦进出口贸易（临时）管理法》（1947 年）《缅甸联邦贸易部关于进出口商必须遵守和了解的有关规定》（1989 年）《缅甸联邦关于边境贸易的规定》（1991 年）《缅甸联邦进出口贸易实施细则》（1992 年）《缅甸联邦进出口贸易修正法》（1992 年），等等。

3. 贸易管理的相关规定

1988 年以来，缅甸政府实行市场经济，允许私人从事对外贸易，对

外贸易实行许可证管理制度。1989 年 3 月 31 日，缅甸政府颁布《国营企业法》，宣布实行市场经济，并逐步对外开放。缅甸政府放宽了对外贸的限制，允许外商投资，农民可自由经营农产品，私人可经营进出口贸易，并开放了同邻国的边境贸易。

　　自 2006 年以来，在中缅边境地区出口的木材及矿产品贸易，需获得缅甸商务部、林业部木材公司出具的证明及中华人民共和国驻缅甸联邦大使馆经济商务参赞处的证明。

　　4. 进出口商品检验检疫（植物）

　　缅甸进出口植物检验检疫工作由农业部主管。《缅甸植物检疫对外投资合作国别（地区）指南法》（1993 年）规定禁止有害生物通过各种方法进入缅甸；切实有效抵制有害生物；对准备运往国外的植物、植物产品，必要时给予消毒、灭菌处理，并发给植物检疫证书。无论是从国外进口的货物，还是旅客自己携带的物品入境时，都必须接受缅甸农业服务公司的检查、检疫。

　　（二）缅甸标准化及其组织机构

　　1. 国家标准化管理机构

　　为了提高科学技术的发展，加强国家法律和秩序，根据《宣言》的第 33/96 号文件，缅甸建立了科学技术部（Ministry of Science and Technology，MOST）。MOST 负责科学技术发展法律的制定、符合性评估和计量、国家基础设施的质量等职能。

　　MOST 有 6 个部门，缅甸科学与技术研究院（MSTRD）是其中之一，MSTRD 主要是进行分析和测试原材料和成品，并实现工业产品的质量控制和制定标准。

　　缅甸标准研究所是 MSTRD 下属的机构，其主要职责是：起草相关的标准法、规则及法规；制定国家标准；与国际标准化团体合作；关注国际标准信息、国外标准；提供标准化技术信息；在工业行业组织标准化活动的通报研讨会；为实验室及相关机构校准测量仪器。

　　在缅甸，标准化工作由隶属于缅甸工业发展工作委员会（MIDWC）的标准化与质量促进助理委员会执行，MIDWC 由缅甸工业发展委员会（MIDC）监管。在工作委员会下有 9 个助理委员会和 18 个工业化区域。标准化助理委员会负责按一定比例在标准与鉴定领域里任命技术委员会成员。

　　缅甸技术委员会有 19 个，包括电子电器技术委员会、食物供给人员技术委员会、自动移动产品技术委员会、管理系统技术委员会、化妆品产品技术委员会、药物技术委员会、农业基础技术委员会、医疗器械技术委员会、建筑与建设技术委员会、传统的医学技术委员会、橡胶产品的技术委员会、通信和信息技术委员会、化学制品技术委员会、机械技术委员会、能源技术委员会、木质产品技术委员会、畜牧业和渔业技术委员会、环境保护技术委员会和锅炉技术委员会。

2. 缅甸国家标准化组织框架

缅甸国家标准化组织框架如图 11 - 1 所示。

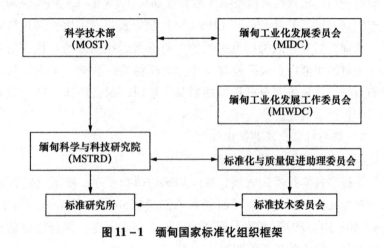

图 11 - 1　缅甸国家标准化组织框架

八　文莱技术法规、标准、合格评定程序及相关机构

（一）文莱食品卫生及进出口产品法规

1. 文莱公共卫生（食品）条例

文莱公共卫生（食品）条例规定，所有食品无论是进口产品还是本地产品，都要安全可靠，具有良好品质，符合伊斯兰清真食品的要求，尤其对肉类的进口实行严格控制的清真检验。

2. 进出口检验检疫

进口检验：有关部门在接到货物申报单并收缴税款后开始进行。

进口检疫：植物，由文莱农业部强制检验后签发特殊进口许可证；禽类和畜类，由文莱兽医人员签发兽医检验证书；非食用脂，需要签发灭菌证书。

出口检验：出口物资的检验在工作时间进行。货物应放在规定的进、出口港或海关指定的其他地方。检验结果必须达到海关当局的要求。在海关进行检查时，申报人必须在场。

（二）文莱标准化及合格评定

文莱国家标准化管理机构：

文莱达鲁萨兰国发展署负责文莱国内标准化（包括标准的制、修订，出版发行等）与合格评定工作。建筑规划与研究机构（CPRU）（Construction Planning & Research Unit），隶属文莱达鲁萨兰国发展署，职责是：

（1）负责发展署实验室认可计划（MODLAS）；

（2）标准制定；

（3）质量管理体系咨询和培训注册登记计划；

（4）负责产品认可计划；

（5）国际标准化活动；

（6）测量和计量。

九 柬埔寨技术法规、标准、合格评定程序及相关机构

（一）柬埔寨食品安全管理与动物产品卫生检疫法规

1.《食品质量安全管理法》

《食品质量安全管理法》于 2000 年 6 月 21 日实施，是柬埔寨实施食品管理的框架性法律文件。还有其他相关法律如《标准法》《计量法》等。另有一系列法规，如部颁第 91 号令（2007 年 8 月 1 日），明确了商务部的组织机构与职能，并由商务部授予柬埔寨进出口检验与反欺诈局如下职能：与海关和税务部门联合履行边境管理职责；市场监管（消费者保护）；出口检验和官方认证等。第 108 号令（2007 年 8 月 24 日），对屠宰场的管理以及对肉及肉制品的卫生监管。第 47 号令（2007 年 6 月 12 日），对人类食用食品的卫生管理。第 15 号令（2003 年 3 月 13 日），对植物卫生检疫的规定。第 16 号令（2003 年 3 月 13 日），对动物及动物源产品的卫生检疫和监管的规定。

2.《动物和动物产品卫生检疫法》

在动物生产和运输过程中使用本法，使用兽医监测手段，在国内外运输动物及动物产品时预防疾病在动物及动物产品和人类之间相互传播，保障动物和人类健康。

（二）柬埔寨标准化及合格评定

1. 国家标准化管理机构

柬埔寨的标准主管部门是柬埔寨工业标准协会（Industrial Standards

of Cambodia，ISC）。ISC 隶属工业矿能部，旨在管理国家标准化和交易便利化的国家标准和合格评定机构，其主要工作有四项：

（1）发展国家标准；

（2）开展合格评定；

（3）提供以上工作的培训、咨询服务和必要信息；

（4）关注认证认可。

柬埔寨国家标准委员会（NSC）是一个由农业部、卫生部、外交部、消费者协会、皇家金边大学、皇家农业大学等 20 个部门代表组成的委员会，隶属工业矿能部。其主要职责有：

（1）在工业矿能部部长签署的范围内，进行监督和协调标准开发；

（2）对 ISC 管理标准和标准的准备、批准、认可和筛选的相关程序提供建议；

（3）对 ISC 准备和推荐的标准进行审议和批准；

（4）审议批准 ISC 提交的标准发展的财务建议；

（5）成立技术委员会以发展柬埔寨标准；

（6）审议批准 ISC 优先推荐年度标准开发项目；

（7）建议和推荐工业矿能部部长批准柬埔寨标准草案；

（8）建议和推荐工业矿能部部长批准与标准推广和消费者保护相关的项目、计划和其他活动；

（9）在其范围内监督和协调柬埔寨参与区域和国际标准化活动。

2. 柬埔寨国家标准化组织框架

柬埔寨国家标准化组织框架如图 11 - 2 所示。

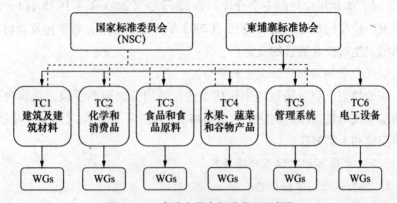

图 11 - 2　柬埔寨国家标准化组织框架

由柬埔寨国家标准化组织框架图可以看出，国家标准委员会（NSC）和柬埔寨标准协会（ISC）在管理上属于同一层，其下为依照行业进行分类的六个技术委员会，委员会下面又有各自的工作组。柬埔寨标准协会（ISC）下辖包括建材、化学、食品等在内的 6 个技术委员会，而国家标准委员会（NSC）负责除电工设备技术委员会外的其他 5 个技术委员会。

十　老挝技术法规、标准、合格评定程序及相关机构

（一）进出口贸易相关法规

老挝政府自 1986 年执行革新政策以来，始终以吸引外资，利用外国先进的科学技术发展本国经济为宗旨，特别是 20 世纪 90 年代后，出台了许多有利于老挝吸引外资和利用外国先进科技的法律法规和优惠政策。虽然在不断完善经济投资的法律，但面对国际经济发展一体化进程和在中国—东盟自由贸易区开始启动的新形势下，老挝法律和司法体系仍存在许多问题和不足。1994 年 3 月 21 日颁布《老挝人民民主共和国促进和管理外国在老挝投资法》。1994 年 4 月 21 日颁布《老挝人民民主共和国劳动法》及《关于输入和使用外国劳务的管理规定》。

进出口商品检验检疫规定：老挝对各类动植物产品的进口有检疫的要求，要求对进口产品的特征及进口商的相关信息进行检查。（1）动物检疫，即活动物、鲜冻肉及肉罐头等进口商须向农林部动物检疫司申请动物检疫许可证。商品入境时由驻口岸的动物检疫员查验产地国签发的动物检疫证和老挝农林部签发的检疫许可证。（2）植物检疫，即进口植物及其产品须在老挝的边境口岸接受驻口岸检查员检查并出示产品原产国有关机构签发的植物检疫证。老挝农林部负责植物检疫工作。

（二）老挝标准化及合格评定

1. 国家标准化管理机构

老挝标准化管理部门是标准化和计量司（DSM），成立于 1993 年，属于政府机构，隶属于科学技术部，负责开展老挝国内关于质量、标准、检测、管理（认证）体系（QSTM）等标准化工作领域中的各项工作。DSM 旨在成为一个提供标准服务、合格评定、全面质量管理和一致性的区域和国际性公认的机构。DSM 以为国家标准的发展和实施提供一系列可靠的服务，助力于促进国家经济发展、环境改善、健康安全和提高老挝人民的生活水平为使命。DSM 主要职能是改进老挝国家标准，开展各项质量工作，建立完善的标准体系，在政府支持下建立质量检测部门。

老挝成立有6个技术委员会，包括食品和农业产品技术委员会、建筑材料中心委员会、电气和电子设备技术委员会、化学和消费产品技术委员会、汽车技术委员会和产品认证技术委员会。

2. 老挝国家标准化管理组织框架

老挝国家标准化管理组织框架如图11－3所示。

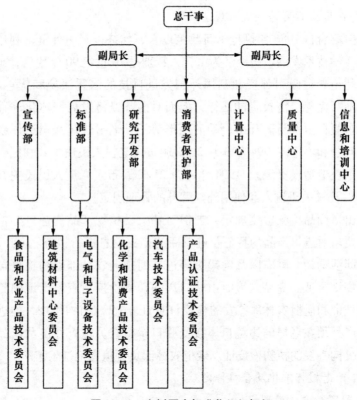

图11－3　老挝国家标准化组织框架

第二节　东盟标准与质量协商机制、技术法规和标准案例分析

东盟各国尽管组建了标准与质量协商委员会（ACCSQ），但由于经济技术、风俗习惯等差异，引用和采纳国际标准的情况也存在较大的差别。

一　东盟十国标准与质量协商机制

1992 年 10 月 22—23 日，东盟各国经济部长在菲律宾马尼拉的第 24 次会议上组建了东盟标准与质量协商委员会（ACCSQ），负责消除包括标准、质量检测和技术法规等形式在内的非关税壁垒。该组织是一个地区性的标准化组织，但没有制定自成一体的东盟标准，这也是与欧盟标准体系差别较大的地方，欧盟有欧洲标准化委员会（CEN）、欧洲电工标准化委员会（CENELEC），发布有本组织的标准，在欧盟范围内共同遵守；而东盟标准与质量协商委员会（ACCSQ）是一个松散型的组织，主要是进行成员国之间生产标准的协调和技术法规一致性的协调。

（一）成立原因

东盟组织中各个国家经济、技术水平发展不平衡，相同的产品，对国际标准的引用和采纳也存在很大差异。主要有以下原因：

（1）经济基础雄厚、工业化程度高的国家，如新加坡、马来西亚等国家，对于进口产品、设备的要求较高，越来越多地在其国家标准中采用国际标准（采标程度高）；

（2）经济基础较差的国家，如缅甸、老挝和柬埔寨等国，没有能力按照统一的、高水平的技术标准组织生产；

（3）不同的国家对产品进口的市场准入规则不同，某些东盟国家规定不接受中国的产品检验报告，从中国进口的产品必须在当地按照东盟成员国技术标准方法进行检验；

（4）某些国家长期沿用英国标准，习惯上使用英制计量单位；

（5）由于东南亚国家民族众多，习俗不同，信仰各异，一些习俗以及宗教信仰也不同程度地体现在市场准入的技术标准和技术法规之中。

（二）运作准则

在组织运作过程中遵循以下两个准则：

（1）ISO 标准和指南：运用 ISO 标准和指南，并尽可能以 ISO 标准和指南为基础进行协调。

（2）WTO/TBT 协议的原则：即标准协调原则、正当目标原则、避免不必要的贸易壁垒原则、等效和相互承认原则、非歧视原则、对发展中成员国的特殊和差别待遇原则、透明度原则。

（三）具体措施

成立 ACCSQ 的主要目标是在以下几个方面的措施下推动各成员国之

间消除技术性贸易壁垒（TBT），避免 TBT 对成员国之间贸易往来的负面影响。具体措施有：

（1）通过国际标准协调各国标准及技术法规；

（2）在合格评定方面制定并执行共同承认的协议（MRA）；

（3）提高技术基础设施和能力，在实验室试验、定标、证明和检定方面，依据国际上被接受的规程和指南；

（4）加强信息网络建设，及时通报 WTO 有关协议、TBT 贸易壁垒和 SPS 关于卫生和植物卫生措施等方面的要求。

二 东盟国家玩具产品技术法规和标准案例

（一）东盟国家对玩具类产品的技术法规、标准及合格评定要求

目前，菲律宾、马来西亚、泰国、新加坡、越南和印度尼西亚 6 国对进口玩具产品有强制性法规要求（王璨，2015），见表 11 -1。

表 11 -1　　　　　　东盟国家对玩具类产品法规性要求一览

国家	产品	技术法规	项目	检测方法标准	合格评定要求
1. 越南 （TCVN）	玩具	《玩具安全国家技术法规》	机械物理	TCVN 6238 -1：2011	符合相关要求
			燃烧性能	TCVN 6238 -2：2008	
			特定元素迁移	TCVN 6238 -3：2011	
			化学实验玩具	TCVN 6238 -4：1997	
			非实验用化学玩具	TCVN 6238 -5：1997	
			与年龄组有关的警告说明图标	TCVN 6238 -6：1997 TCVN 6238 -9：2010	
			有机化合物	TCVN 6238 -10：2010 TCVN 6238 -11：2010	
			甲醛（纺织品）	TCVN 7421 -1：2004	$\leqslant 30mg/kg$
			甲醛（纸）	引用国际标准 （EN 645/EN 1541）	$\leqslant 30mg/kg$
			甲醛（树脂黏合木材）	引用国际标准 （EN 717 -3）	$\leqslant 80mg/kg$
			玩具含有的液体 pH	引用国际标准 （ISO 787 -9、10）	pH 限值：玩具中液体 $3.0 \leqslant pH \leqslant 10.0$

续表

国家	产品	技术法规	项目	检测方法标准	合格评定要求
1. 越南（TCVN）	玩具	《玩具安全国家技术法规》	芳族胺	引用国际标准（EN 7110 – 11）	联苯胺，2 – 萘胺，4 – 氯苯胺，3，3'－二氯联苯胺，3，3'－二甲氧基联苯胺，3，3'－二甲基联苯胺，邻甲苯胺，邻甲氧基苯胺，苯胺≤5mg/kg
			技术法规合格标志		加贴 Q
		RoHS 指令	镉、六价铬、铅、汞以及对溴联苯和多溴联苯醚	引用欧盟危害物质限用指令（RoHS 指令）	指令规定：这6种物质中，除了镉含量限制为 0.01% 外，其他5种有害物质的含量不得超过 0.1%
2. 泰国（TIS）	玩具	《工业产品标准法》	通用要求	TIS 685 – 1 – 2540：1997	符合相关要求
			包装和标签	TIS 685 – 2 – 2540：1997	符合相关要求
			测试和分析方法	TIS 685 – 3 – 2540：1997	符合相关要求
			玩具中的漆	TIS 684 – 2549：2006	符合相关要求
			塑料玩具中的铅总量	TIS 122 – 1 – 2518：1975	铅总量≤0.5%
			电动玩具安全性	TIS 2236 – 1 – 2548：2005	符合相关要求
3. 印度尼西亚（SNI）	玩具	G/TBT/N/IDN/64 号通报、条例 24/M – IND/PER/4/2013	机械物理性能	SNI ISO 8124 – 1：2012	符合相关要求
			燃烧性能	SNI ISO 8124 – 2：2012	
			特定元素的迁移	SNI ISO 8124 – 3：2012	
			活唛头	SNI ISO 8124 – 4：2012	
			电性能	SNI IEC 62115：2011	
			邻苯二甲酸盐	2005/84/EC 指令	邻苯二甲酸盐≤0.1%
			偶氮染料、甲醛	SNI 7617：2010	禁用偶氮染料，甲醛≤20mg/kg
		22/M – DAG/PER/5/2010	法定标签		在印度尼西亚销售附录中所列商品的生产商和进口商应在商品上粘贴印度尼西亚语标签

续表

国家	产品	技术法规	项目	检测方法标准	合格评定要求
4. 新加坡（SS）	玩具	《消费者保护（消费品安全）条例 2011》（CCSR）	儿童玩具类安全要求	SS 223：1979	符合相关要求
			机械和物理性能	SS 474 – 1：2000	
			燃烧性能	SS 474 – 2：2000	
			特定元素的转移	SS 474 – 3：2000	
			化学实验玩具	SS 474 – 4：2000	
			非实验用化学玩具	SS 474 – 5：2000	
			年龄警告标签的图形标志	SS 474 – 6：2000	
			玩具枪		需要由新加坡警察局开具许可证明后方可进口
			玩具纸钞和硬币		禁止进口
5. 马来西亚（MS）	玩具	《消费者保护法案 1999》、《消费者保护（玩具安全标准）法规 2009》及其 2010 年 7 月 29 日对其所做的修订、《消费者保护（安全标准的符合性证书和符合性标志）法规 2010》	机械和物理性能	MS ISO 8124 – 1：2011	符合相关要求
			易燃性	MS ISO 8124 – 2：2008	
			特定元素的转移	MS ISO 8124 – 3：2002	
			化学实验玩具	MS 1774 – 4：1998	
			非实验用化学玩具	MS 1774 – 5：1998	
			年龄警告标签的图形标志	MS 1774 – 6：1998	
			电动玩具安全	MS IEC 62115：2008	
			合格标志		加贴 MCMC
			包装标记		在玩具或其包装上标明生产商、进口商或分销商的名称和地址

续表

国家	产品	技术法规	项目	检测方法标准	合格评定要求
6. 菲律宾 (PNS)	玩具	《菲律宾消费者法案》（公共法案第7394号）、《2013年菲律宾玩具和游戏用品安全法案》（公共法案第10620号）、《国家玩具安全标准》	包装和标签安全要求	PNS 137：1988	符合相关要求
			油漆和清漆	PNS 365：1991	
			漂、浮玩具和儿童用游泳辅助物	PNS 830：1993	
			易燃性	PNS 1408-2：1996	
			特定元素的迁移	PNS 1408-3：1998	
			化学实验玩具	PNS 1408-4：1996	
			非实验用化学玩具	PNS 1408-5：1996	
			年龄警告标签的图形标志	PNS 1408-6：1996	

（二）出口东盟国家的玩具没有技术标准要求的建议参考标准

其他东盟国家（柬埔寨、缅甸、老挝、文莱）4 国对进口玩具产品没有强制性法规要求，一般建议参考表 11-2 标准要求。

表 11-2　　　　　出口东盟国家的玩具没有法规性
要求的建议参考安全项目及限量要求

国家	产品	技术法规	项目	检测方法标准	合格评定要求
柬埔寨缅甸老挝文莱	玩具	GB 5296.5—2006	使用说明	—	规定了玩具使用说明的基本原则、标注内容和标注要求
		GB 6675—2003	机械和物理性能	GB 6675—2003 附录 A	符合相关要求
			燃烧性能	GB 6675—2003 附录 B	符合相关要求
			特定元素的迁移	GB 6675—2003 附录 C	符合相关要求
		GB 19865—2005	电性能		符合相关要求

三 东盟国家植物产品检疫技术法规案例

（一）法律法规

东盟涉及植物检验检疫的法规有《文莱农业有害生物和有害植物法令》（1992）、《柬埔寨植物检疫条例》（1983）、《马来西亚植物检疫法》（1976）、《新加坡植物进口检疫规则》（1936）、《越南植物检疫和植物保护法》（1992）、《老挝植物检疫条例》（1992）、《缅甸植物防疫法》（1993）、《泰国植物检疫法》（1964）等。

近年来，为了适应 WTO/SPS 协议的需要，泰国、越南、马来西亚、菲律宾等东盟国家，也在进行检验检疫的机构调整与改革，主要依据 WTO/SPS 协议的原则和相关国际组织的标准，调整检验检疫的标准和政策，使企业的产品能符合国际市场的质量要求。国家质检总局与东盟国家检验检疫机构保持着友好往来，根据 WTO/SPS 协议、TBT 协议和国内的法律法规，双边签署了多项检验检疫协定和检验检疫合作备忘录，如《中国与泰国植物检疫协定》（1995）、《关于中国与泰国 SPS 协议谅解备忘录》（2004）、《中国与缅甸植物检疫协定》（2002）、《中国与越南植物检疫谅解备忘录》（2004）等。

（二）植物检疫要求

（1）检疫许可：禁止检疫性有害生物、土壤、带土植物及其包装物进境。因科研或国际展览需要，需经农林部门许可。农林部门可组织专家开展有害生物风险评估工作，提出风险管理的措施。

（2）植物检疫证书：所有进境植物及其产品，必须附有输出国官方《植物检疫证书》或《植物熏蒸证书》，表明未发现限定性有害生物。

（3）报检与检疫：货主或代理人应主动申报，并接受植物检疫机关的检疫。

（4）隔离观察：对于繁殖用的种子、苗木及其繁殖材料，应在检疫机关指定苗圃隔离种植，观察是否传带限定性有害生物。

（5）检疫处理：对无输出国签发的《植物检疫证书》，或检疫发现限定性有害生物的植物及其产品，检疫人员根据有害生物风险分析结果，责令货主或代理人必须按要求进行消毒、退货或销毁处理。因消毒、销毁所引起的货物品质伤害、药害或其他损失由货主或代理人承担。

第三节　东盟技术性贸易措施实施分析

一　东盟技术法规和标准集中点分析

(一) 电子电器产品安全、能效及认证

首先，越南发布信息与通信局 (MIC) 锂电池技术标准。MIC 针对锂电池 (含单独锂电池和安装在主机的锂电池) 制定技术标准：QCVN 101：2006/BTTT，该技术标准依据国际电工委员会发布的标准 IEC 61960：2011 和 IEC 62133：2012 制定，于 2016 年 10 月 1 日开始强制执行。

其次，泰国发布工业标准协会 (TISI) 音视频和类似电子设备工业标准的技术法规修订草案，发布工业标准局管状荧光灯镇流器能效要求工业标准，还修订了 TISI 商用热轧钢板标准。

(二) 纺织品重金属、甲醛和芳香胺限量标准法规

印度尼西亚颁布纺织品甲醛重金属含量新法令草案。特别是印度尼西亚更新了婴儿服装认证要求。印度尼西亚国家标准要求对婴儿服装进行强制性检测。且从 2016 年 5 月 18 日开始，所有的认证测试必须在经批准的当地实验室完成。所有在印度尼西亚进口或生产、分销和销售的婴儿服装必须贴有 SNI 认证标识 (SNI 标签产品认证，SPPT SNI)。证书必须证明产品符合 SNI 7617：2013 要求，SNI 标识必须贴在每个产品易于接触的区域。具体要求：①致癌物质偶氮染料不能使用；②甲醛含量不得检出；③萃取重金属含量：镉含量 ≤ 0.1mg/kg、铜含量 ≤ 25mg/kg、铅含量 ≤0.2mg/kg、镍含量 ≤1mg/kg。

此外，越南发布对纺织品中甲醛和芳香胺含量执行新标准的公告，即从 2016 年 7 月 1 日起，供 36 个月以下儿童使用的纺织品，甲醛残留量应 ≤30mg/kg；与皮肤直接接触的纺织品，甲醛残留量应 ≤75mg/kg；非皮肤接触的纺织品，甲醛残留量应 ≤300mg/kg；纺织品中芳香胺的残留量不得超过 30mg/kg。但是，2016 年 10 月 12 日，越南却又发布通报废止该项公告，原因是越南纺织和服装协会 (VITS) 声称该要求对于企业来说耗时且成本高昂，因此，2016 年 11 月 26 日起，越南市场上销售的纺织品不再要求检查甲醛残留量及芳香胺残留量。

（三）进口玩具标准

印度尼西亚将对进口玩具实施国家标准。根据印度尼西亚工业部2013年第24号条例，为保护消费者权益，特别是儿童使用玩具安全，印度尼西亚政府于2014年4月30日起，对儿童玩具实施印度尼西亚国家标准（SNI），即凡市场流通的儿童玩具，无论是自产还是进口，产品标准须符合SNI，否则将强制从市场收回或禁止进口。

此外，越南的玩具中重金属检测方法引用了欧盟的RoHS指令。

还有，印度尼西亚的玩具中邻苯二甲酸盐检测方法引用了欧盟的2005/84/EC指令。

（四）轻工产品性能、安全及标签控制要求

2016年9月16日，泰国发布轮胎工业标准通知草案：①泰国机动车及挂车充气轮胎工业标准［TIS 2718 - 2558（2015）］；②泰国商用车辆及挂车充气轮胎工业标准［TIS 2719 - 2558（2015）］；③泰国摩托车和助力车充气轮胎工业标准［TIS 2720 - 2558（2015）］。分别包括：①M1、N1、01和02类车辆的新充气轮胎（不适用于古董车和赛车设备的轮胎）；②M2、M3、N、03和04类车辆的新充气轮胎（不适用于按速度分类的速度低于80km/h的轮胎）；③L1类车辆的新充气轮胎［不适用于标明"非公路使用"（NHS）的"越野"用轮胎和竞赛用轮胎］。泰国还发布了含铅涂料标签控制要求通知草案，规定了涂料、涂料含铅量及其标签的要求。这些要求均依据TBT协定第10.6条。草案目标是保证产品的性能和安全。

（五）食品技术法规与标准

2014年2月14日，新加坡公布2014年《食品法规修正草案》，由新加坡农食兽医管理局（AVA）审议了的食品法规，提议对含有植物甾醇、植物甾醇酯、植物甾烷醇和植物甾烷醇酯的食品上的强制性声明做出补充修订。

此外，2014年8月25日，越南公布关于部分食品调味剂的国家技术法规；2010年7月28日，为确保柬埔寨食品安全，柬埔寨发布辣椒酱工业标准；2011年4月8日，为确保肉禽制品符合马来西亚清真要求、无虚假清真食品，马来西亚发布清真食品规程草案。

这些食品技术法规与标准均从法规和强制性角度确保食品安全；清真食品规程则同时反映了伊斯兰教习俗。

（六）产品安全认证计划规定及标准适应市场、与国际接轨

2015 年 3 月 12 日，菲律宾发布关于产品安全认证计划规定（G/TBT/N/PHL/190）的通报，撤销并代替 DAO No. 4/2008 和 DAO No. 5/2008。做出的技术修订为：①计划将两个行政命令合并简化成一个技术法规；②计划的重点是安全参数：产品安全认证计划的目的是通过确保技术法规指定的产品符合规定的安全标准保证消费者利益；性能则作为竞争优势留给市场；③减少商业成本（即等待时间成本和处理成本）；④撤销有条件地放松；⑤程序和要求完全透明；⑥强化产品和市场监督。计划规定了供应商必须承担上市产品的责任，无论是进口产品还是国产产品。标志和标签需符合适用标准。还规定了产品和负责产品上市的供应商之间的追溯链。总之，产品安全认证计划的目的是确保技术法规指定的产品符合规定的安全要求，与 ISO 17065 的保证公平机制相一致。

此外，新加坡推出新的食品安全认证标准（SS 590：2013），新认证标准是由新加坡标准理事会（Singapore Standards Council）属下的食品标准委员会制定，涵盖食品生产链的材料来源、处理、加工、制造、包装、储藏、运输、分销和售卖等各个环节。新标准是针对所有基于"危害分析和关键控制点"（Hazard Analysis and Critical Control Points，HACCP）国际认证的食品安全管理系统，它将取代较为过时的"新加坡认可理事会 HACCP 二号文件"（SAC HACCP Document No. 2）。与"二号文件"相比，SS 590 参照的是更先进的 ISO 22000 国际食品安全标准。随着新标准的推出，新加坡认可理事会（Singapore Accreditation Council）要求所有获得 HACCP 认证的机构最迟必须在 2016 年 1 月 10 日，从"二号文件"提升至 SS 590 认证标准。

（七）产品信息标签制度

2014 年 8 月 5 日，菲律宾发布食品企业和预包装食品监管制度，目的是对食品企业和预包装食品提供连贯性的食品药品管理局的监管制度。随着预包装食品贸易在菲律宾的增长，必须在任何时候都保证其安全性。一个有效的国家食品安全和控制系统是通过其标签将相关食品的信息提供给消费者。因此，该项制度是为了保护消费者健康和安全，提供产品信息和教育，促进消费者在正确行使自己的权利中做出良好的选择，颁布经修订的预包装食品标签指南的规则和法规；此外，按照贸易惯例，对在最初加工或包装的企业之外的公司大量加工、贴标签，或重新包装

的预包装食品，制定了从预包装食品标签要求中免除的规定。

2015 年 3 月 27 日，马来西亚发布认证通信产品自贴标签（SL）认证标志指南（第 2 版），该计划将修改标签认证标志程序，大大减少认证持有人或委托人/生产商的商业成本。自贴标签方法可能是电子标签或表面标签的形式。通过监控国际移动设备识别码（IMEI）或产品序列号认证持有人和委托人的 SLP（自标签计划）认证标志能够确保认证通信设备的可追溯性，SLP 将导致市场上的认证通信产品比例更高，减少非法和不合标准产品的倾销。

二 东盟技术性贸易措施的实施特点及变化趋势

（一）技术标准逐步与国际接轨

实施等同于 IEC 的产品基本性能与安全标准，旨在保护人类健康和安全。例如，2014 年 4 月 7 日，菲律宾发布 G/TBT/N/PHL/177 通报《菲律宾国家标准草案（DPNS）/IEC 60601 - 2 - 54：2009—医疗电气设备 - 第 2 - 54 部分：放射线照相术和放射线透视用 X 射线设备基本安全和基本性能特殊要求》。等同国际电工委员会 IEC 标准的菲律宾国家标准将由放射卫生和研究设备监管中心（以前的名称：卫生设备和技术局）用于在菲律宾管理放射线设备的使用。

（二）技术法规与欧盟保持协调

为了与欧盟化妆品法规更新文件（EU）No. 358/2014 保持一致，东盟更新《东盟化妆品指令》，禁用尼泊金酯类物质（Isopropylparaben，Isobutylparaben，Phenylparaben，Benzylparaben，Pentylparaben）在化妆品的使用。该 5 种物质将会被列入《东盟化妆品指令》的禁用物质清单里。同时，东盟还修订了三氯生（Triclosan）在化妆品中的最高允许使用浓度，在漱口水中是 0.2%，在其他化妆品产品中是 0.3%。

（三）利用自贸协定机遇修订产业规划

鉴于全球纺织服装业正在向劳动力资源丰富和成本低的生产地区转移，而越南适龄工作人口超过需赡养人口的两倍，这种人口结构是扩大纺织业发展的一大优势。有关政策应适时调整以抓住自贸协定签署国带来的机会。因此，越南纺织服装协会向政府及有关部门建议修订并调整现行的产业规划。

此外，为确保本国和进口建筑材料的质量标准，2012 年 1 月 24 日，马来西亚发布建筑材料质量标准法案，即《马来西亚建筑发展局（修订）

法案 2011》。

（四）建立产品生命周期内的标准规范，保护人类健康安全

为了保护人类健康安全，2014 年 5 月 16 日，菲律宾贸易与工业部产品标准司发布《菲律宾国家标准草案（DPNS）2104：2014 氧化和生物降解组合环境中塑料降解的标准规范》。旨在制定材料和产品标签要求，包括"氧化式生物降解"塑料包装；确定塑料和塑料制品是否能通过氧化和生物降解组合环境降解；建立适当的安全和健康规范。

（五）推行强制性排放标准，降低环境 PM2.5 水平

2012 年 9 月 21 日，新加坡根据 TBT 协定第 10.6 条发布 G/TBT/N/SGP/14 通报，即 2012 年的环境保护和管理（非道路柴油发动机排放）法规，以执行进口供新加坡使用的非道路柴油发动机强制性排放标准。从 2012 年 7 月 1 日起，所有进口供在新加坡使用的 ORDE 必须遵照美国第 II 层目标、欧盟第 II 阶段目标或日本第 I 层目标的排放标准。这项措施的目标是为了环境保护和节约。逻辑依据：PM2.5（2.5 微米以下的颗粒物）是在新加坡值得关注的污染物。2011 年的环境 PM2.5 水平高于世界卫生组织（WHO）关于 PM2.5 的准则。ORDEs 是环境 PM2.5 的促成因素。通过关于 ORDEs 的强制性排放标准将降低环境 PM2.5 水平。

（六）依据环境保护与管理法，实施最低能效标准

非能效空调和电冰箱消耗更多能源导致更高的温室气体排放。为了实现环保节能，2011 年 4 月 1 日，新加坡根据 TBT 协定第 10.6 条发布 G/TBT/N/SGP/12 通报：①环境保护与管理法；②环境保护与管理（节能）条例。提出了新加坡注册空调及电冰箱最低能效标准。

第四节　东盟技术性贸易措施影响分析

一　东盟技术性贸易措施类别影响分析

根据国家质量监督检验检疫总局 2006—2015 年调查发布的《中国技术性贸易措施年度报告》，2006—2014 年（部分数据因缺少前一年数据而只有九年），在出口东盟企业总样本 3876 例中，工业企业样本量为 3209 例，农产品企业样本量为 667 例。分析工业品和农业品分别受东盟不同种

类技术性贸易措施影响状况。

（一）工业品受东盟不同种类技术性贸易措施影响

国家质检总局调查显示，2006—2014 年，在总样本 3209 例出口工业企业数量中，工业品受东盟不同种类技术性贸易措施影响排列分别为：认证要求 511 例、技术标准要求 421 例、标签和标志要求 338 例、包装及材料的要求 327 例、产品的人身安全要求 270 例、特殊的检验要求（如指定检验地点、机构、方法）258 例、木质包装的要求 257 例、工业产品中有毒有害物质限量要求 251 例、厂商或产品的注册要求（包括审核）248 例、环保要求（包括节能及产品回收）229 例、计量单位要求 78 例、其他 21 例企业。如图 11 - 4 所示。

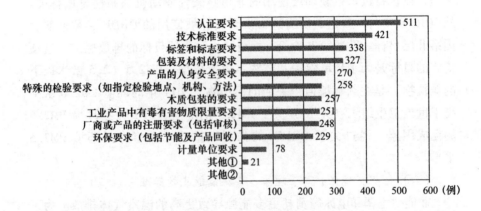

图 11 - 4　工业品受东盟不同种类技术性贸易措施影响种类数量（2006—2014 年）

（二）农产品受东盟不同种类技术性贸易措施影响

国家质检总局调查显示，2006—2014 年，在总样本 667 例企业中，农产品受东盟不同种类技术性贸易措施影响样本企业的排列分别为：食品中农兽药残留要求 96 例、食品中重金属等有害物质的限量要求 85 例、食品微生物指标要求 74 例、食品标签要求 67 例、加工厂/仓库注册要求 67 例、食品添加剂要求 65 例、食品接触材料的要求 50 例、植物病虫害杂草方面的要求 47 例、动物疫病方面的要求 42 例、木质包装的要求 34 例、化妆品中过敏原的要求 20 例、其他 20 例（含图 11 - 5中的其他①和其他②）。如图 11 - 5 所示。

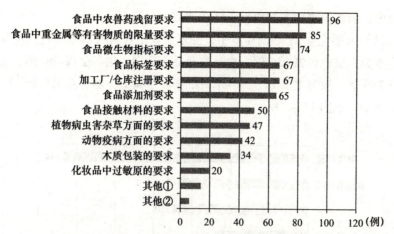

图 11-5　农产品受东盟不同种类技术性贸易措施影响种类数量（2006—2014 年）

二　东盟技术性贸易措施对贸易损失形式的分析

国家质检总局调查显示，2006—2014 年，在出口东盟的 729 个企业样本中，东盟技术性贸易措施对贸易损失形式大小排列依次为：丧失订单 353 例、退回货物 83 例、降级处理 82 例、其他 60 例、口岸处理 51 例、改变用途 45 例、扣留货物 41 例、销毁货物 14 例样本企业。如图 11-6 所示。

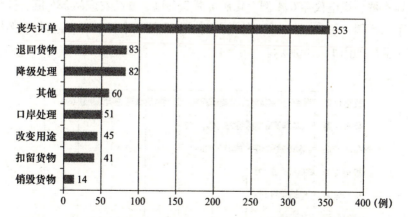

图 11-6　东盟技术性贸易措施对出口企业贸易损失形式（2006—2014 年）

（一）不同类别企业遭遇东盟技术性贸易措施企业数

国家质检总局调查显示，2005—2014 年，在 3873 个出口东盟的样本企业中，遭遇东盟技术性贸易措施企业数为：

（1）大型企业 2136 例样本中，受东盟技术性贸易措施影响的主要产业样本数：机电仪器 634 例、食品农产品 377 例、化矿金属 350 例、玩具家具 239 例、橡塑皮革 227 例、木材纸张非金属 157 例、纺织鞋帽 152 例样本企业。如图 11-7 所示。

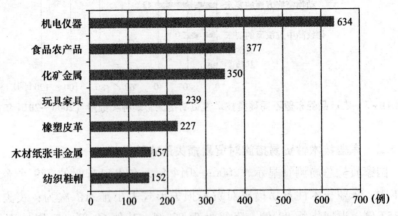

图 11-7　大型企业遭遇东盟技术性贸易措施企业样本调查统计

（2）小型企业 1737 例样本中，受东盟技术性贸易措施影响的主要产业样本数：机电仪器 694 例、化矿金属 332 例、食品农产品 285 例、橡塑皮革 135 例、玩具家具 128 例、纺织鞋帽 97 例、木材纸张非金属 66 例样本企业。如图 11-8 所示。

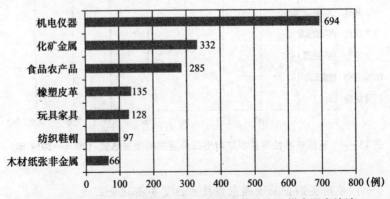

图 11-8　小型企业遭遇东盟技术性贸易措施企业样本调查统计

（二）出口东盟遭受直接损失估算值

国家质检总局调查显示，2005—2014 年，出口东盟企业遭受直接损失估算值 206.35 亿美元，其中：（1）大型企业直接损失 83.13 亿美元；（2）小型企业直接损失 123.22 亿美元；（3）在全部直接损失额中占 3.73％。如图 11 - 9 所示。

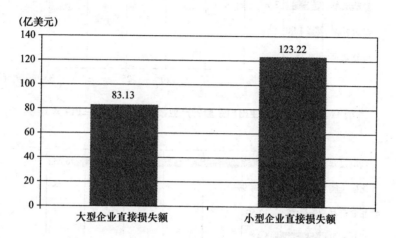

图 11 - 9　出口东盟遭受直接损失估算值（2005—2014 年）

（三）不同类别、不同规模企业出口东盟损失额

（1）大型企业出口东盟的产业损失 83.13 亿美元，其中，化矿金属 33.19 亿美元、机电仪器 29.37 亿美元、食品农产品 8.19 亿美元、木材纸张非金属 5.75 亿美元、橡塑皮革 3.90 亿美元、纺织鞋帽 1.98 亿美元、玩具家具 0.75 亿美元。如图 11 - 10 所示。

（2）小型企业出口东盟的产业损失 123.22 亿美元。其中，机电仪器 63.52 亿美元、化矿金属 14.99 亿美元、食品农产品 12.59 亿美元、玩具家具 11.43 亿美元、纺织鞋帽 8.80 亿美元、木材纸张非金属 8.30 亿美元、橡塑皮革 3.59 亿美元。如图 11 - 11 所示。

三　东盟技术性贸易措施对出口企业新增成本分析

（一）出口东盟新增成本估算值

国家质检总局调查显示，2005—2014 年，出口东盟新增成本估算值：

（1）大型企业新增成本 68.28 亿美元、小型企业新增成本 90.51 亿美元；（2）新增成本总额 158.79 亿美元；（3）出口东盟新增成本在全部

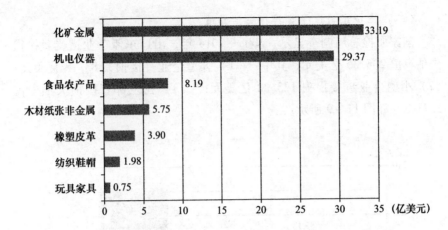

图 11 –10 大型企业出口东盟的产业损失额（2005—2014 年）

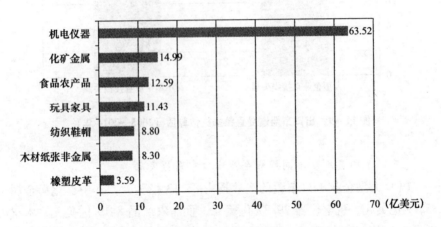

图 11 –11 小型企业出口东盟的产业损失额（2005—2014 年）

新增成本中占 7.25%。如图 11 –12 所示。

（二）不同类别、不同规模企业出口东盟新增成本

1. 大型企业出口东盟新增产业成本

大型企业出口东盟新增产业成本依次为：化矿金属 28.56 亿美元、纺织鞋帽 11.20 亿美元、机电仪器 9.22 亿美元、木材纸张非金属 6.50 亿美元、橡塑皮革 6.28 亿美元、玩具家具 3.34 亿美元、食品农产品 3.18 亿美元。如图 11 –13 所示。

2. 小型企业出口东盟新增产业成本

小型企业出口东盟新增产业成本依次为：机电仪器 37.13 亿美元、纺

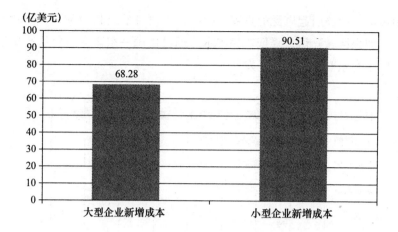

图 11 - 12　出口东盟新增成本估算值（2005—2014 年）

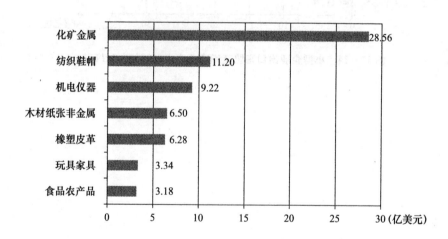

图 11 - 13　大型企业出口东盟新增产业成本（2005—2014 年）

织鞋帽 14. 96 亿美元、化矿金属 13. 40 亿美元、玩具家具 12. 81 亿美元、食品农产品 5. 99 亿美元、橡塑皮革 5. 11 亿美元、木材纸张非金属 1. 11 亿美元。如图 11 - 14 所示。

综上所述，东盟的技术法规、标准及合格评定程序特点和发展趋势表明，近年来，东盟各国仿效欧盟、美国和日本等发达经济体技术性贸易措施的趋势渐渐明显，诸如家用洗衣机强制性用水效率标签计划等反映出部分技术性贸易措施甚至超出了中国强制性规定的范围。东盟市场不再是一个市场准入要求宽松的市场，而东盟市场却是我国重要的产品输出市场，应该引起广泛的重视。因此，必须科学地利用 WTO 争端解决机制，加强区域互认，降低贸易成本，通过中国—东盟自由贸易区建设，促进中国对东盟贸易的长足发展。

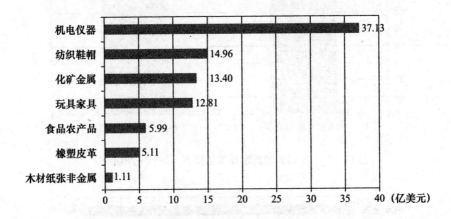

图 11 –14　小型企业出口东盟新增产业成本（2005—2014 年）

第十二章 WTO/TBT 协定实施与运行：技术性贸易措施全球宏观统计

本章为了准确地掌握各种各样错综复杂的涉及 TBT 协定的地区间共性与差异，基于 WTO/TBT 协定实施与运行，对全球技术性贸易措施进行宏观统计。

总体来看，2015 年通报比 2014 年减少 12%（通报总数 1988 个）。然而，自 2005 年以来，发展中成员成为通报数量增长的驱动力。2015 年，发展中成员持续提交的重要新通报比发达成员更多，不发达经济体（LDCs）通报数量同样也增长。其次，2015 年共有 86 条特别贸易关注（STCs）被讨论，总量位居 1995 年以来的第二位。49% 的 STCs 经讨论后成为通报（远低于长期平均水平 68%）。

第一节 技术法规及合格评定程序的通报

一 新通报及其补充（补遗/勘误/修订）趋势

2015 年，成员提交 1438 份技术规程及符合性评价程序的新通报；此外，还提交了 27 份修订、476 份补遗和 47 份勘误通报（见图 12 - 1）；2015 年，73 个成员合计提交了 1988 份 TBT 通报。自 1995 年以来，2014 年成为通报最多的年份；而 2015 年的通报数目减少了 12%。尽管如此，2015 年仍然是自 1995 年以来通报量第四高的年份。自 2007 年起，成员新通报每年超过 1000 条；紧接着，自 2012 年起成员新通报每年增长到超过 1500 条。自 TBT 协议生效，直至 2015 年 12 月 31 日，128 个成员提交了共 25390 份通报。2015 年，增加了 2 个通报成员数量，即苏里南和也门首次提交了通报。

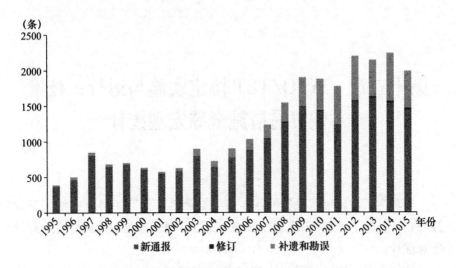

图 12 – 1   TBT 通报总数（1995—2015 年）

资料来源：WTO 官方网站。

最近十年，补遗和勘误逐渐地被较多使用，2014 年高达 675 条；2015 年则减少到 523 条补遗和勘误。自 1995 年以来，补遗和勘误通报最多的成员是：美国（1200 条）、巴西（533 条）、厄瓜多尔（529 条）、哥伦比亚（323 条）和欧盟（307 条）。

新通报、补遗、勘误和修订比率如图 12 – 2 所示。2014 年，WTO/TBT 委员会采用"通报使用的一致性"指导意见，推荐成员将新通报朝着"技术法规及合格评定程序建议通报起草文本"；补遗朝着"通报附加说明叙述的通报措施通告或文本"；勘误朝着"纠正较少的行政或者文字上的错误（内容不需要任何变化的意思）"；以及修订朝着"表明通报信息本质上是采用或推行之前修订"方向发展。

修订数目已经成熟，这种形式已较少应用，自 1995 年以来，修订通报最多的成员是：中国（31 条）、巴西（20 条）、加拿大（16 条）、南非（14 条）、多米尼加共和国（10 条）和韩国（9 条）。

二 成员参与通报

2015 年，提交 TBT 通报最多的十个成员如图 12 – 3 所示。它们分别是美国、厄瓜多尔、巴西、中国、乌干达、沙特阿拉伯、韩国、欧盟、埃及和阿联酋。

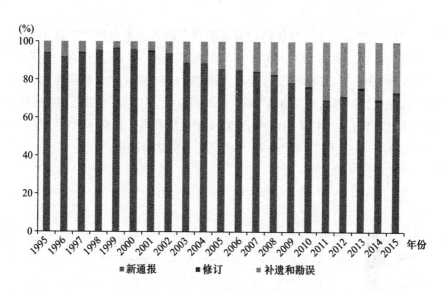

图 12 - 2　通报比率、类型（1995—2015 年）

资料来源：WTO 官方网站。

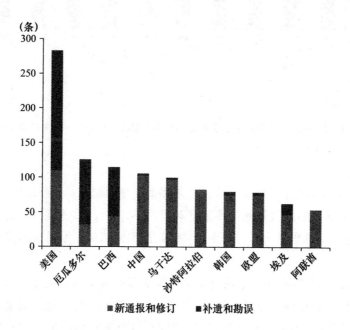

图 12 - 3　最活跃的通报成员（2015 年）

资料来源：WTO 官方网站。

2014 年曾显示出一种新的趋势，即很多的通报来自历史上并不积极地参与的成员。观察 1995—2014 年（见图 12 - 4），可见，这在一定程度上持续到 2015 年。2015 年，美国以新通报（283 份）这一数量上的优势再次领先；紧随其后的是厄瓜多尔（126 份）（2014 年通报最多的成员）和巴西（115 份）。中国 2015 年比 2014 年更加积极，提交了 106 份通报；2014 年时只有 49 份。乌干达 2015 年提交了 100 份通报。

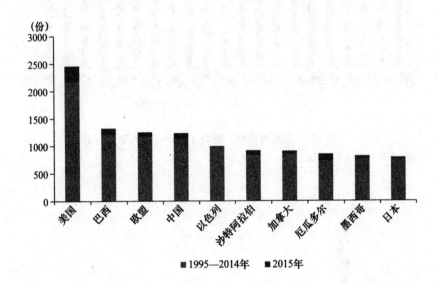

图 12 - 4　最活跃的通报成员（新通报、修订和修改）（1995—2014 年和 2015 年）
资料来源：WTO 官方网站。

1995—2015 年，提交 TBT 通报最多的十个成员中，三年连续积极地、有意义地通报的成员是厄瓜多尔（2015 年 126 份；2014 年 420 份；2013 年 103 份）。韩国退出了"前十"；接着是日本，2015 年通报总数累计已达 788 个。

聚焦于自 2006 年以来最近十年通报最多的四个成员美国、欧盟、巴西和中国，值得注意的是，2006—2015 年，美国所有类型通报增长率占 190%。其间也因为欧盟（130%）、巴西（123%）和中国（60%）的增长率，而使通报量呈渐进式的增长，尽管 2008—2009 年中国通报异常的高。

综上所述，由于不同成员的通报习惯做法不同，2006—2015 年成员通报提交数量表明成员间的不同通报偏好设置。例如，美国提交最多的是补遗和勘误（1056 份）；中国提交最多的是新通报（996 份），而中国提交的补遗和勘误形式已较少使用，过去十年的补遗和勘误总和是 29 份。欧盟新通报占欧盟通报总量的 2/3 以上。巴西新通报量与补遗和勘误基本持平。

三　基于经济发展状况的通报

自 2005 年起，通报量增长主要源于发展中成员参与的增长。这种趋势持续到 2015 年，发展中成员 2015 年提交的值得关注的新通报超过了发达成员（见图 12 – 5）。但是，发展中成员与 2014 年的 80% 相比，新通报比率下降到 69%（见图 12 – 6）。最不发达国家成员持续地不经常性通报，但是，2015 年由于乌干达通报得异常积极，使不发达经济体的通报轻微地增长。

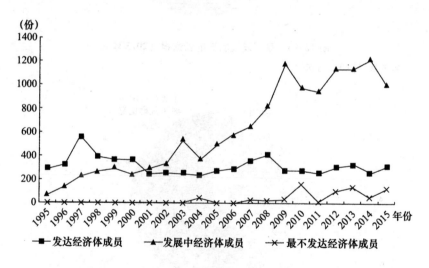

图 12 – 5　基于发展状况的新通报（1995—2015 年）

资料来源：WTO 官方网站。

四　基于区域的通报

基于区域成员新通报提交的数量进行的分类如图 12 – 7 和图 12 – 8 所示。2015 年大部分新通报是由中东和亚洲区域提交的。与上一年度相比，2015 年的南部美洲、中部美洲和加勒比海地区减少了新通报数量，特别是厄瓜多尔通报数量减少。自 2009 年以来的新通报中，由中东地区成员

提交的新通报增长总量是通报总量增长的首要驱动力。其间，自 2013 年
的最高点（489 份），中东地区通报比率又有所减少。图 12 - 7 和图12 - 8
同样表明了亚洲地区的增长作用，亚洲追赶上中东地区；2015 年，两者
都占 26% 的通报率。

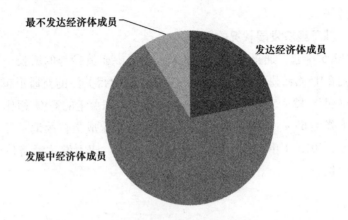

图 12 - 6　基于发展状况的新通报（2015 年）

资料来源：WTO 官方网站。

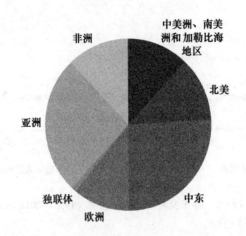

图 12 - 7　基于区域的新通报分布（2015 年）

资料来源：WTO 官方网站。

1995—2015 年，各成员区域性组织如中美洲、南美洲和加勒比海地
区、北美、中东、欧洲、独联体、亚洲、非洲，提交的新通报如图 12 - 9
所示。

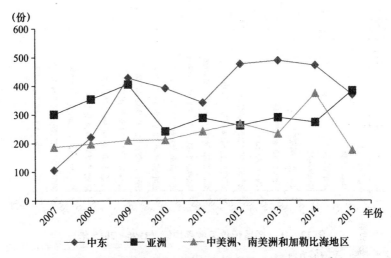

图 12 - 8 基于选择性区域的新通报成员（2007—2015 年）

资料来源：WTO 官方网站。

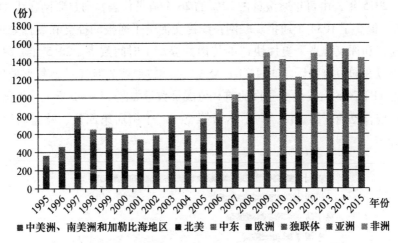

图 12 - 9 各成员区域性组织提交的新通报（1995—2015 年）

资料来源：WTO 官方网站。

五 通报提供的评议期

WTO/TBT 委员会推荐的正常的技术规程及符合性评价程序通报报告的评议期限是 60 天，一些成员能够提供比 60 天更长的期限（如 90 天）。2015 年，在 1329 个案例中，自通报提出说明起，成员平均提供 59.6 天评议期限（见图 12 - 10）。但是，有 113 份通报则没有明确提出评议期限，按照规定这是不适当的或者评议期限失效。

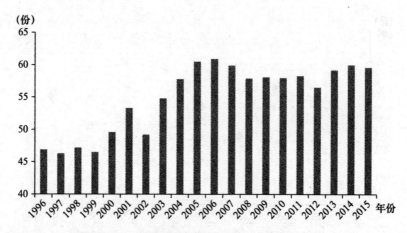

图 12-10　预留评议天数平均值（1996—2015 年）

资料来源：WTO 官方网站。

六　通报联网在线提交（TBT NSS）

2015 年，由每年通报量占 52% 的 26 个成员代表，通过联网在线 TBT NSS，提交了 1034 个通报。联网在线提交促进了通报的提交和数据处理，给通报和评议带来了更加快速的传递并提高了时间效率。2015 年，秘书处可以在通报收到后，通过 TBT NSS，持续按照优先顺序进行数据处理。通过 TBT NSS 在线提交通报的前 9 位成员数量如图 12-11 所示。美国居第一位，巴西居第二位，乌干达居第三位、中国居第四位、欧盟居第五位等。

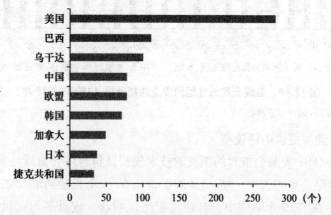

图 12-11　通过 TBT NSS 提交通报的前 9 位成员（2015 年）

资料来源：WTO 官方网站。

七 通报规定的目标

图 12-12 表明，在 2015 年收到的 1438 份新通报中，以人类健康或者安全保护政策为目标的通报占支配地位（1027 份）。其次为反欺诈和消费者保护（343 份）、质量要求（299 份）、环境保护（236 份）等。自 1995 年以来，质量要求目标增加显著，时间虽不长但与 1995 年以来综合趋势一致（见图 12-13）。

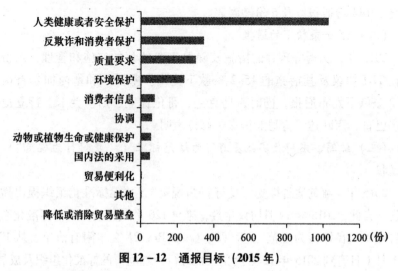

图 12-12 通报目标（2015 年）

资料来源：WTO 官方网站。

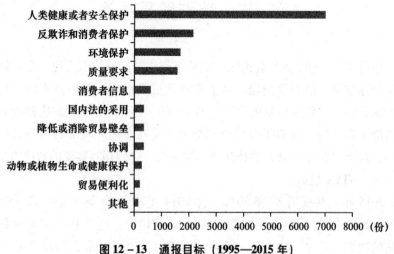

图 12-13 通报目标（1995—2015 年）

资料来源：WTO 官方网站。

"其他"部分概述了节约成本和提高生产率的目标范围，国家安全以及不特定的目标都一起在这四个部分中被提出。

八 特殊条款下的 TBT 通报

（一）10.7 条款下的通报

2015 年，有五个协议分别由美国和瑞士、日本、加拿大、韩国和欧盟在 10.7 条款下被通告。自从推行 TBT 协议以来，成员在 10.7 条款下提交了 144 份通报以及 6 份勘误表。

（二）15.2 条款下的通报

2015 年，为遵守现存的措施及确保 TBT 协议的实施和管理，八份通报在 TBT 协议及其措施的 15.2 条款下提出。塞舌尔和塞内加尔首次在 15.2 条款下发布通报，同时，乌克兰、哥伦比亚、斯里兰卡、特立尼达和多巴哥、卢旺达、肯尼亚提交了修订声明。

（三）编写、采用及实施良好行为规范标准（"良好行为规范"）下的通报

2015 年，缅甸通告接受"良好行为规范"，并无标准化组织提出撤回通告。自此，2015 年 12 月协议生效，来自 126 个成员的 165 个标准化组织通告接受"良好行为规范"。G/TBT/CS/2/Rev.21 文本附有清单：从 1995 年 1 月 1 日直到 2015 年 12 月接受"良好行为规范"的标准化组织及成员。

第二节 特别贸易关注

运用 WTO/TBT 委员会论坛，成员充分地讨论与技术法规、合格评定程序和标准有关的贸易问题，并依靠其他成员编写、采用及实施。这些讨论既有涉及"特别贸易关注"（STCs）的，也有与已提出的措施或者现行的措施有关的。而 TBT 委员会则努力推动在多边环境下利用成员回顾 STCs，从而寻找相应措施的补充资料和说明，达到相互接受的解决方案。

一 STCs 趋势

2015 年，共提出 37 条 STCs，比 2014 年减少 10 条（见图 12 - 14）。此外，2015 年内有 49 条事先提起的 STCs 被讨论，这是 1995 年以来的第二高的数据。总之，2015 年，有 86 条 STCs 被讨论，除了 2012 年位列第二，2012 年有 94 条 STCs 被讨论。

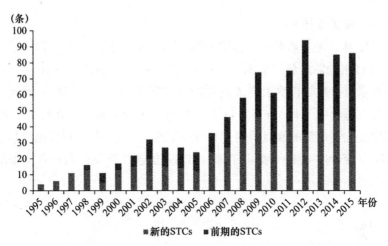

图 12－14　STCs 的提起（1995—2015 年）

资料来源：WTO 官方网站。

图 12－15 说明，在过去的十年里，各次委员会会议以不同的方式讨论 STCs 的数量。图 12－15 的数据比图 12－14 的数据大，这是由于后者只计算一次"以前提出的"STCs，即使在计算年内的三次例会上还会被提起。图 12－15 显示了所讨论的 STCs 总数从 2006 年的 63 条到 2015 年的 161 条，增长显著。这种增长的趋势意味着委员会增加了会议讨论 STCs 的时间（2006 年 STCs 讨论会议只有 21 次，2015 年则有 54 次）。总之，自 1995 年以来，2015 年是讨论 STCs 最多的一年（包括新提出的和以前提出的）。

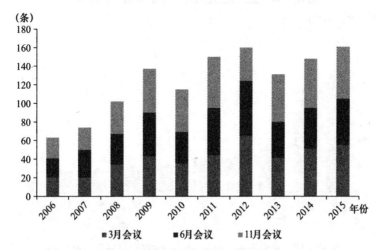

图 12－15　每个委员会会议讨论的 STCs（2006—2015 年）

资料来源：WTO 官方网站。

二　成员参与 STCs

2015 年，成员最频繁地提出 STCs 的是美国、加拿大和欧盟，下面是 1995 年以来的总趋势（见图 12 – 16 和图 12 – 17）。在图 12 – 16 中，以前关注标示所有次数再次引发成员关注（与图 12 – 15 相一致）。因此，关注可以在每年的 3 月、6 月、11 月三次会议上重新提起。2015 年，欧盟和美国提起最多新的和以前的 STCs 各 82 条。一些成员更积极地提起以前的 STCs，例如，墨西哥提出了 33 条以前提起的 STCs，而只有 1 条新的 STCs。

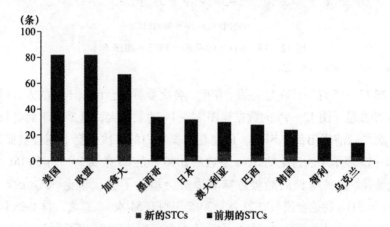

■ 新的STCs　　**■** 前期的STCs

图 12 – 16　最频繁地提起 STCs 的成员（2015 年）

资料来源：WTO 官方网站。

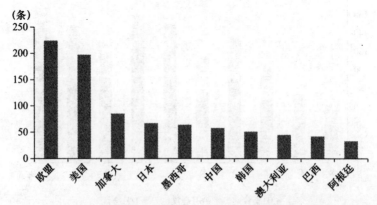

图 12 – 17　最频繁地提起新 STCs 的成员（1995—2015 年）

资料来源：WTO 官方网站。

三　受到特别贸易关注（STCs）的成员

1995—2015 年，欧盟、中国和美国最频繁地受到其他成员的关注。这标志着相对于前期的变化，2015 年又接近于前期的趋势（见图 12 - 18 和图 12 - 19）。

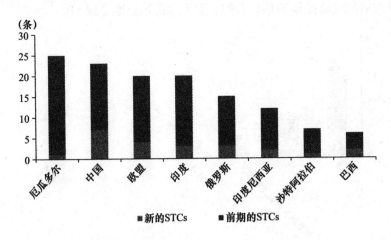

图 12 - 18　最频繁地受到 STCs 的成员（2015 年）

资料来源：WTO 官方网站。

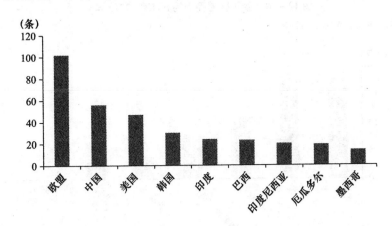

图 12 - 19　最频繁地受到 STCs 的成员（1995—2015 年）

资料来源：WTO 官方网站。

四　基于区域及经济发展状况的 STCs

在 TBT 委员会按照区域和发展状况分类的、提起或者受到 STCs 的情况如图 12 - 20 至图 12 - 23 所示。从亚洲到北美地区成员提起最多的

STCs；反之，从南部中部美洲、加勒比海地区以及欧洲一直是最经常收到 STCs 的区域。2015 年，亚洲成员受到 17 条 STCs，是所有地区分类当中最多的。非洲、北美、独联体（CIS）和中东地区则较少受到 STCs，而非洲、独联体相对积极地提起 STCs。从历史的角度观察，北美洲、欧洲和亚洲最积极地提起 STCs；其间，亚洲也最频繁地受到 STCs。

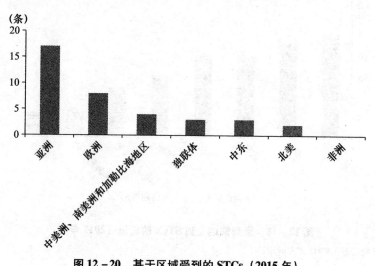

图 12 - 20 基于区域受到的 STCs（2015 年）
资料来源：WTO 官方网站。

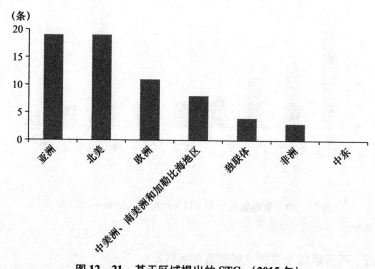

图 12 - 21 基于区域提出的 STCs（2015 年）
资料来源：WTO 官方网站。

　　1995 年以来，发达成员提起的 STCs 占多数。2015 年也同样（见图 12 - 22）。1995 年以来，以及在 2015 年，发展中成员更频繁地受到 STCs（见图 12 - 23）。最不发达成员（LDC）1995 年以来提起 STCs 共 8 条；没有最不发达成员（LDC）的措施受到 STCs（见图 12 - 23）。

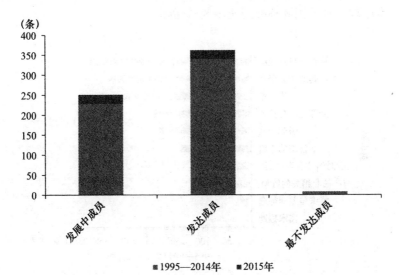

■1995—2014年　■2015年

图 12 - 22　基于发展状况提起的 STCs（1995—2015 年）

资料来源：WTO 官方网站。

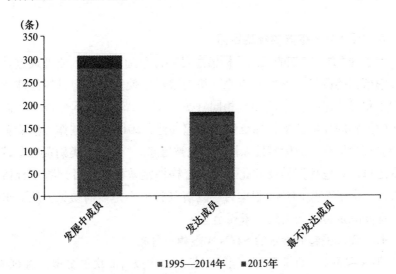

■1995—2014年　■2015年

图 12 - 23　基于发展状况受到的 STCs（1995—2015 年）

资料来源：WTO 官方网站。

五　STCs 中关注提起的类型

2015 年，成员在他们的声明中最频繁地提起关注的透明度，略微不同于长期趋势（见图 12 - 24）。涉及提请补充有关审议措施的资料或者说明、不必要的贸易壁垒废除的 STCs 也频繁提起关注。同时，还关注措施的基本原理、有关国际标准的使用及其问题。

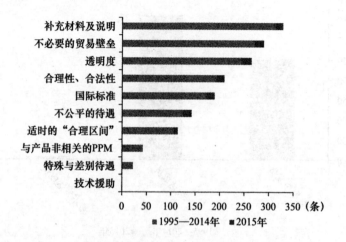

图 12 - 24　关注提起的类型（1995—2014 年和 2015 年）

资料来源：WTO 官方网站。

六　受 STCs 措施的既定目标

关于受 STCs 措施的既定目标信息可以源于通报本身，或者通过委员会详细措施的讨论。1995 年以来，措施最经常使用的既定目标是涉及人类健康和安全保护；2015 年也相同（见图 12 - 25）。1995 年以来，许多措施中提到的环境保护目标也经常提起关注；2015 年反欺诈、消费者信息相对较少提起；而标签目标较频繁地被提起。"其他"类别覆盖了较大的既定目标，包括贸易便利化、提高合格评定效用，或者预防不合格产品进入。由于有些 STCs，根据讨论发现其目标不是显而易见，从而未通报；这些既定目标归类到"未规定"中。

七　会议提起的确定的 STCs 次数频率分布

STCs 在 WTO/TBT 委员会会议上提起 1 次或者 2 次的最多，占 60%；在委员会会议上提起 3 次和 5 次的大约占 26%；在委员会会议上提起 6 次或者更多次的为少数占 14%（见图 12 - 26）。

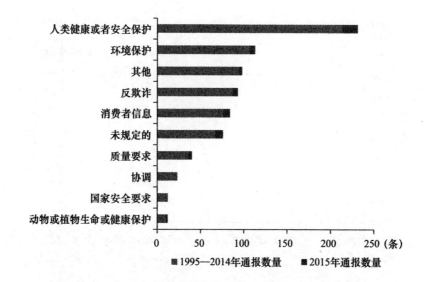

图 12 - 25　STCs 措施提起的既定目标（1995—2014 年和 2015 年）

资料来源：WTO 官方网站。

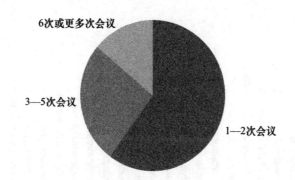

图 12 - 26　STCs 频率分布（会议提起数目）（1995—2015 年）

资料来源：WTO 官方网站。

八　通报和 STCs 的关系

图 12 - 27 表明了新通报和新 STCs 之间每年的关系。2015 年，部分 STCs 虽然提出了措施，但是并未通报；只有占 49％ 的 STCs 讨论后与通报措施相关。这远不如 1995 年以来的 68％ 的总比例（见图 12 - 28）。

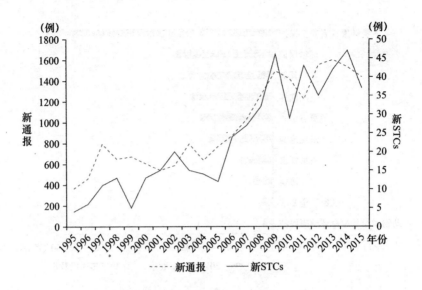

图 12－27　通报和 STCs 趋势

资料来源：WTO 官方网站。

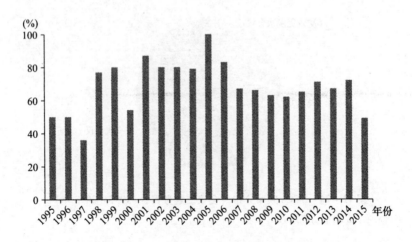

图 12－28　新 STCs 讨论后涉及通报措施

资料来源：WTO 官方网站。

　　涉及通报措施的 STCs，如技术法规（第 2.9.2 条）最频繁地被提起讨论，占总频次的 72%。其次，合格评定程序（第 5.6.2 条）被提起讨论频次占 16%（见图 12－29）。

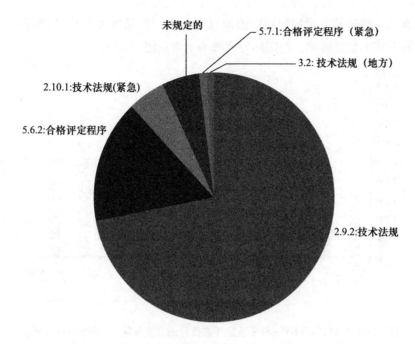

图 12 - 29　STCs 措施提起（1995—2015 年基于频率分布）

资料来源：WTO 官方网站。

第三节　选择性区域及产品 TBT – SPS 通报和中国 TBT – SPS 通报与评议

一　WTO/TBT – SPS 通报中的 SPS 措施占比

2005—2015 年统计资料表明，技术性贸易措施总体上呈现出"量增面扩，影响加剧"之趋势。而且 TBT 和 SPS 均呈现出逐年增加的态势。

图 12 – 30 反映出 WTO 成员每年新制修订的技术性贸易措施呈现快速增加的趋势，包括 TBT 和 SPS 在内的技术性贸易措施通报数量（包括补遗、勘误等），从 2005 年的 1718 项增加到 2015 年的 3508 项，增长了 104%，2005—2015 年包括 TBT 和 SPS 在内的技术性贸易措施累计数量达 32538 项。特别是 2009 年国际金融危机之后，平均每年新实施的措施都在 3000 项以上。技术性贸易措施涵盖范围包括食品农产品、工业产品、消费品、信息产品、生物制品等，影响第一、第二、第三产业。由于技

术性贸易措施具有累加效应，因而这些年来，数量庞大的技术性贸易措施所造成的贸易影响，给国际贸易带来了重重阻碍。

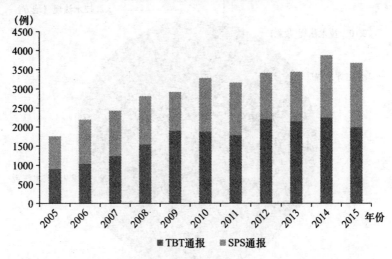

图 12 – 30   WTO/TBT – SPS 通报（包括补遗、勘误等）（2005—2015 年）
资料来源：根据 WTO 官方网站相关资料整理而成。

这其中，SPS 技术性贸易措施也从 2005 年的 853 项增加到 2015 年的 1682 项，增长了 97%。

二   WTO/TBT – SPS 通报中的经济体占比

前述 WTO/TBT – SPS 通报还反映出采用技术性贸易措施的经济体"普遍运用，发展中经济体国家比重明显上升"之趋势。即不仅发达国家善用技术性贸易措施，而且越来越多的发展中国家也开始主动应用技术性贸易措施手段来调控进口，从而频繁地制修订标准等相关措施。

图 12 – 31 显示，根据 WTO 通报，近年来，发展中国家新出台的技术性贸易措施数量已经远远超过发达国家，呈现明显的上升趋势。

我们也看到，尽管发展中成员通报的措施数量较多，但这些措施大多是针对单一产品对象提出的单项措施，影响和威力相对有限。而发达成员的措施，往往一条措施就包括多种技术手段，覆盖多类产品范围；例如，欧盟的"化学品注册、评估、授权与限制"（REACH 法规）、日本的《肯定列表制度》等。

分析表明，发达国家的技术性贸易措施所产生的市场准入作用更强，技术含量更高。发展中国家的技术性贸易措施技术含量相对较低，如印度尼西亚对水果、蔬菜的措施，要求调换入境港口等。中国的技术性贸易措施也基本如此。

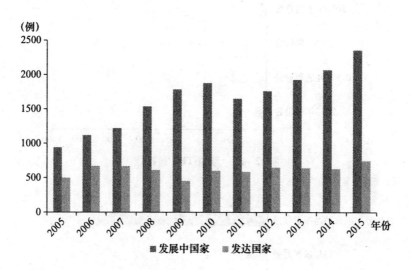

图 12 - 31　基于发展状况的 WTO/TBT - SPS 通报（2005—2015 年）

资料来源：WTO 官方网站。

三　选择性区域 TBT 通报

针对本书重点研究欧盟、美国、日本和东盟 4 个区域组织及国家，进行相关选择性区域组织及国家成员的 TBT 通报研究。

（一）欧盟 TBT 通报

分析 2015 年欧盟 TBT 通报：2015 年通报数 75 例、补遗和勘误 4 例、修订 0 例，2015 年通报总数 79 例。1995—2015 年的通报总数量则为 1253 例（见图 12 - 32）。

（二）美国 TBT 通报

分析 2015 年美国 TBT 通报：2015 年通报数 110 例、补遗和勘误 173 例、修订 0 例，2015 年通报总数 283 例。1995—2015 年的通报总数量则为 2459 例（见图 12 - 33）。

（三）日本 TBT 通报

分析 2015 年日本 TBT 通报：2015 年通报数 36 例、补遗和勘误 2 例、修订 0 例，2015 年通报总数 38 例。1995—2015 年的通报总数量则为 788 例（见图 12 - 34）。

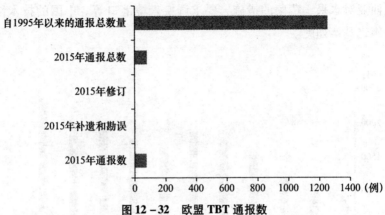

图 12 – 32　欧盟 TBT 通报数

资料来源：WTO 官方网站。

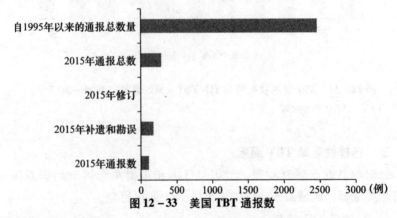

图 12 – 33　美国 TBT 通报数

资料来源：WTO 官方网站。

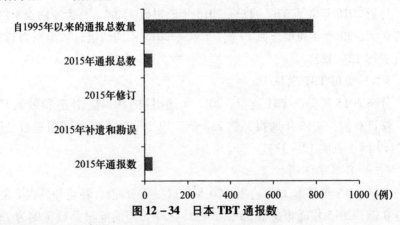

图 12 – 34　日本 TBT 通报数

资料来源：WTO 官方网站。

（四）东盟及其十国 TBT 通报

1. 东盟 TBT 通报

分析 2015 年东盟 TBT 通报，2015 年通报数 91 例、补遗和勘误 9 例、修订 3 例，2015 年通报总数 103 例。1995—2015 年的通报总数量则为 1456 例（见图 12 – 35）。

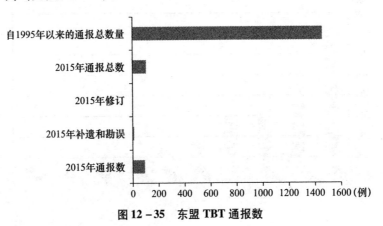

图 12 – 35　东盟 TBT 通报数

资料来源：WTO 官方网站。

2. 东盟十国 TBT 通报

2015 年，东盟十国 TBT 通报中，泰国位居第一，共 34 条。其中，新通报 31 条、补遗和勘误 2 条、修订 1 条；其余依次为：越南、印度尼西亚、马来西亚、菲律宾、新加坡和缅甸；柬埔寨、文莱和老挝无通报（见图 12 – 36）。

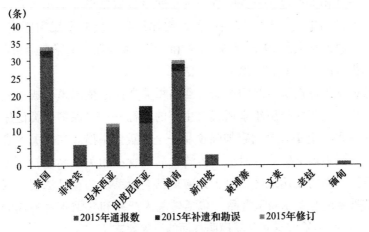

图 12 – 36　东盟十国 TBT 通报数（2015 年）

资料来源：WTO 官方网站。

分析研究 1995—2015 年东盟十国 TBT 通报，泰国共发布 631 条 TBT 通报，占第一位；其余依次为：菲律宾、马来西亚、印度尼西亚、越南、新加坡、柬埔寨、文莱、老挝和缅甸（见图 12 − 37）。

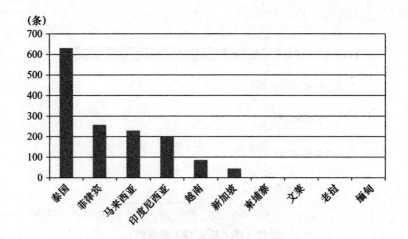

图 12 − 37 东盟十国 TBT 通报数（1995—2015 年）

资料来源：WTO 官方网站。

四 TBT 通报涉及的产品

以 2014 年通报（包含补遗/勘误）为例，通报涉及最多的产品首先是食品及其相关产品，共 590 件，占总通报数的 29%，居第一位。其余依次为机械与电气工程、家用设备及文体用品、化矿金属和医药卫生，分别占据总通报数的 19%、9%、8% 和 6%。而环保、道路车辆和农业均占总通报数的 5%（见图 12 − 38 和图 12 − 39）。

分析图中通报所涉及的产品，食品相关类产品依旧是各成员法规通报的重点。这正好与历年来通报最主要的目标——"保护人类健康或安全"相一致，也是各个国家加强食品安全的重要举措。在相关的食品通报中，发展中国家偏向于对单一传统食品或食品相关产品进行规范。而诸如欧盟一类的发达地区，由于其前期已有较系统的食品法规，因此通报更多涉及的是关于新型食品（包括转基因产品和含纳米材料成分的食品等）、产品标签信息和食品声明方面的法规要求。

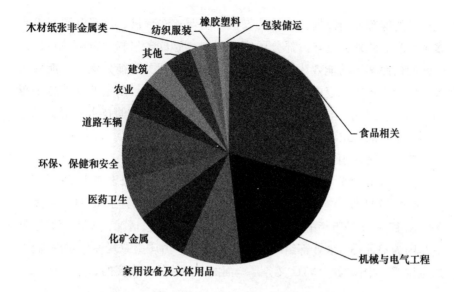

图 12-38　2014 年 WTO/TBT 通报涉及的产品类别分布

资料来源：WTO 官方网站。参考李艾阳《2014 年 WTO-TBT 通报数据分析及其启示》，《中国标准导报》2015 年第 9 期。

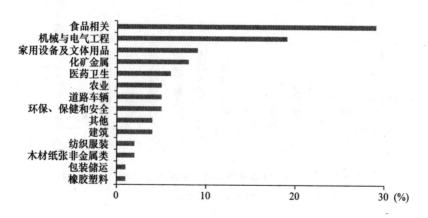

图 12-39　2014 年 WTO/TBT 通报涉及的产品类别排序

资料来源：WTO 官方网站。

除食品之外，机电类产品也是 2014 年通报的重点。相对于欧盟偏向修订 RoHS 2.0 以完善电子电气设备方面的内容，美国则更多地关注于电气设备的能效法规。2014 年美国提交的通报中，有 27% 的通报是关于电气产品的能源节约计划，涉及洗衣机、空调、洗碗机、外部电源和吊扇多种产品。此外，也有一部分国家，例如，厄瓜多尔和沙特阿拉伯，已经开始仿照美国的能效法规，各自出台一系列相关的能效法规。能效法规现已成为各国制定电气产品技术法规的新潮流，且制定的标准越来越趋于严格。因此，电气出口企业应抓紧产品能效方面的技术升级，以适应国际市场的要求。

五　中国对国外的 WTO/TBT‒SPS 通报

加入 WTO 15 年以来，中国通过 WTO 向其他成员发布 WTO/TBT‒SPS 通报 2299 件，答复国内外咨询上万次，有效地履行了 WTO 透明度义务。图 12‒40 是历年中国技术性贸易措施对外通报情况，2015 年数字较高是因为卫计委、农业部组织清理相关标准，由质检总局逐项对外通报，这也说明了中国履行 WTO 义务是全面的、严格的、真实的。

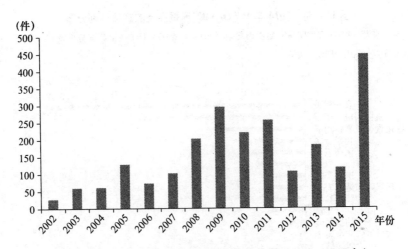

图 12‒40　加入 WTO 以来中国对外通报数量（2002—2015 年）
资料来源：根据 WTO 官方网站及相关资料整理而成。

六　中国评议国外的 WTO/TBT‒SPS 通报

加入 WTO 15 年以来，中国通过 WTO 评议国外其他成员发布的 WTO/TBT‒SPS 通报累计 6067 件，对外发出评议意见 1304 件，充分享受了 WTO 赋予成员的基本权力，阻止了大量对中国不利的技术性贸易措施出台，有效地维护了中国在世界贸易中的权益。如图 12‒41 所示。

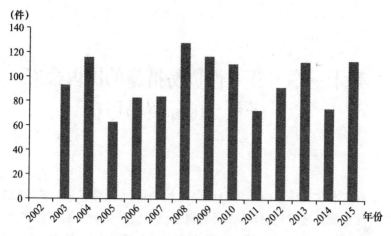

图 12 –41 加入 WTO 以来中国评议国外措施数量（2002—2015 年）

资料来源：根据 WTO 官方网站及相关资料整理而成。

第十三章　技术性贸易措施的国内政府
干预与国际贸易保护

　　分析技术性贸易措施的国内政府干预与国际贸易保护，技术性贸易措施存在"灰色区域"，技术性贸易措施作为贸易保护政策有其政治经济背景与国际国内的限制条件；当国内存在信息不对称、外部性、交易成本及公共目标实现的市场失灵时，就出现了技术性贸易措施的政府干预；而当国际市场存在进入壁垒及准入限制时，就产生了技术性贸易措施的消费者保护、生产者保护、产业保护、金融危机衍生的贸易保护等政策，出现了技术性贸易措施的国家间博弈等。

第一节　技术性贸易措施的政治经济
背景与国际国内限制

一　技术性贸易措施的政治经济背景

　　研究政府为了提高国民福利和/或出于"政治经济"等原因而使用技术性贸易措施作为公共贸易政策。

　　新兴贸易保护政策技术性贸易措施，如技术法规、标准及合格评定程序等，常常是政府实现公共政策目标的最优政策工具，其作用包括纠正市场失灵，如信息不对称、不完全竞争；以及追求非经济目标，如保护公共卫生等。技术性贸易措施等非关税措施通过开拓在国际市场上的市场支配力来提高国家收入。尽管很多技术性贸易措施涉及消费者保护，但也可能被政客们用于保护国内的生产商。

　　无论基础动机如何，使用技术性贸易措施作为公共贸易政策常常会对贸易产生影响。

　　在某些情况下使用技术性贸易措施可能促进贸易，不过在很多其他情况下可能会限制贸易。若技术性贸易措施旨在纠正市场失灵，其贸易影响常常是追求公共政策目标的意外副产品。在其他情况下，如果利用技术性贸易措施来操纵贸易条件或保护国内生产商，其对贸易伙伴的负面影响就成了获益的手段。用于实现公共政策目标的同一技术性贸易措施也可能被用于贸易保护主义目的，这一事实增加了区别技术性贸易措施的"合法"动机和保护主义动机的困难性，以及识别技术性贸易措施是否会造成不必要贸易成本的困难性。

二　技术性贸易措施的国际国内限制

考察各主权国是如何按照国内和国际限制选择技术性贸易措施的。

根据国内政治和经济背景来分析替代手段的选择，有助于确定政策干预背后的动机。

无论是一项政策的宣称目的，还是其对贸易的现实影响，都不能为技术性贸易措施是否对贸易无害提供确凿证据。分析这些措施的性质以及导致它们使用的政治经济条件可能提供关于这一方面的重要认识。特别是相比关税和其他政策工具，某些技术性贸易措施的不透明度可能使抱有政治动机的政府试图隐藏一项措施的真实成本和效益，从而能够保持在表面上追求一项公共利益政策的同时，满足生产商游说团体的要求。政治环境中的各种情况，如选举周期或部门间的冲突，都可能对为什么仍然使用技术性贸易措施作进一步说明。此外，行业特点也在技术性贸易措施制定与实施中发挥了作用。来自大型的有影响力的企业关于固定成本增加的压力以及某些行业普遍采用国际离岸外包的情况势必会影响政府关于使用某些技术性贸易措施的决策。

一个国家在贸易协定中做出的承诺将约束其执行某些贸易政策的能力，这样，未被有效规制的措施就可能作为一项保护或支持国内产业的辅助手段。

随着政府能够利用的关税和其他贸易措施越来越少，某些非关税措施，包括境内非关税措施，如 TBT/SPS 措施，就可能被用来影响贸易。比如，如果某一进口——竞争行业中的国内企业发现，它们比外国公司更容易遵守更严格的国内技术法规或标准，其政府就完全有动力执行更为严格的国内技术法规标准。实证说明，当关税受到国际协定约束，技术性贸易措施的使用频率会增加。

三 技术性贸易措施非政府机构比较制度分析

分析由政府授权的非政府机构技术性贸易措施制度安排。

《技术性贸易壁垒协议》附件一中指出，非政府机构就是指各国中央政府机构或者地方政府机构以外的机构，包括有法定权力实施技术法规的非政府机构。因此，《技术性贸易壁垒协议》第10条提及的"有执行技术法规法定权力的非政府机构"应该视为非政府机构，尽管它们的权力是由政府授予的，但是，它们的行为在国际条约中并不与中央政府行为的效力和地位等同。这种看法和观点与行政法上的观点有较大区别。

因此，从《技术性贸易壁垒协议》中的有关规定可以看出，在技术性贸易措施中凡是由非政府机构所实施的行为，就应该是非政府行为。

目前，技术性贸易措施中的非政府行为主要存在于技术标准、合格评定制度等方面。因为技术法规是通过国家立法机关采用立法形式或者是行政机关采用行政规章形式而制定的强制性要求，非政府机构至多只能在其中起到参与立法的作用，因此技术法规中不存在非政府行为。而在非强制性的技术标准中，世界各国由于历史或者传统的原因，都存在大量的非政府行为，有着政府机构和非政府机构之间的分工合作关系。合格评定制度中的非政府行为也是如此，主要发达国家的认证机构都是非政府机构，例如，美国国家标准学会（ANSI）、美国保险商实验所（UL）、英国标准学会（BSI）、法国标准化协会（AFNOR）、德国标准化学会（DIN）、澳大利亚标准协会（AS）等机构都是非政府机构，并且一般属于非营利性质。而且国际认证机构ISO本身也是由各国中央政府指定的非政府认证机构联合组成的非政府性质机构。

应该说，各国的技术标准由谁来制定，认证机构是政府部门还是私营机构，情况不尽相同。这和各国标准法规制定的历史沿革和因袭传统有着密切的联系，很难说哪种更好一些。各个国家的做法虽不相同，但是都有一个共同的趋势，就是逐渐把大量的技术标准制定工作和合格评定（资格认证）工作等交给一些非政府机构来运作，而政府部门只负责宏观调控和一些强制性立法工作。下面是部分国家和地区技术性贸易措施体系中非政府机构的比较制度分析。

（一）欧盟

欧盟于1985年发布了《关于技术协调和标准化的新方法》，规定欧委会按照欧盟的法律程序发布指令，指令是对成员国有约束力的欧盟法律，各成员国需要制定相关的执行法令。指令的内容只限于与卫生和安全有关的基本要求，只有涉及产品安全、工业安全、人体健康、消费者权益保护的内容时才制定相关指令。指令中只写明基本要求，而细节交给技术标准来规定。技术标准的制定完全根据市场决定，既可以采取国际标准，也可以采用欧洲标准、协会标准或者行业标准，由厂商根据市场需要来决定。经过几十年的发展，欧盟逐渐形成了上层 30 多个具有法律强制力的欧盟指令，而下层则是上万个包含具体技术内容、厂商可以自愿选择的技术标准所组成的两层结构的欧盟指令和技术标准体系。

（二）美国

美国目前有 5 种认证体系，如产品安全认证体系 UL 和军用 MIL 等具有较大影响的认证体系。尽管质量认证的管理体制是自由分散的体制，没有统一的国家质量认证管理机构，政府部门、地方政府机构、民间组织都可以开展质量认证工作，但是对于进口商品，则利用安全、卫生检疫及各种包装、标签规定进行严格检查。美国标准学会（ANSI）开展第三方认证体系的认可、质量认证机构的认可和实验室的认可工作。

（三）日本

在过去，日本负责工业技术标准起草和修改的机构是隶属于经济产业省的跨行业的"工业标准调查会"，其成员一般来自产、学、官等各个方面。日本的技术标准一般是五年修订一次。但是自 2003 年以来，日本的技术标准及其相关技术性贸易措施出现了民间行业协会化和企业行为化的两大趋势。日本企业技术力量强，技术储备丰富又严于管理，其企业标准高于国家标准是毫无疑问的。而且，部分行业所制定的技术标准带有一些"行业保护主义"色彩。比如，日本信息处理开发协会的"软件订货制度"、日本船舶标准协会的"船舶标准协会规格"以及日本农协的"转基因食品标签基准"，等等。

（四）英国

英国政府只对技术法规标准提出指导性原则，并不介入具体的制定工作。而资格认证和技术标准制定工作主要由英国资格认证局（UKAS）和英国标准学会（BSI）负责，这两者都是非政府部门，但在具体分工和程度上有所不同。UKAS 是英国政府承认的唯一国家级认证权力机构，它有权对提供测量、检测、监察、认证服务的组织进行可信度评估。但是从性质上来说，它是一个非营利的有限保证私营公司。BSI 则是世界上最老的国家级标准制定单位，也是英国技术法规和标准指定及其质量服务的权威单位。

（五）韩国

韩国的系统认证工作在政府机构执行了 38 年以后，于 1998 年 7 月 24 日交给民间机构韩国标准协会执行。在环境标志制度方面，韩国依靠消费者、企业和政府共同参与。环境部主管相关法律的制定、修改等；民间团体"环境标志协会"则负责对象产品的选定、环境标志使用的认证、认证产品的事后管理等实质性业务的实施。

综上所述，在国际条约定义和各国实践中，技术性贸易措施中都划分出了一个单独的层面，由非政府机构实施非政府行为，即由非政府机构（包括企业、行会、合格评定机构等）制定、应用技术标准，并且对产品进行合格认证。

四 WTO 框架下技术性贸易措施的合规性及"灰色区域"

在 WTO 各成员方的经济发展不平衡的情况下，完全的贸易自由化不可能一蹴而就，需要按照一个循序渐进的过程逐步发展。WTO 在尽力促进市场开放和贸易自由化的同时，允许适度的贸易保护，这是对后起步国家国内产业的合理保护（盛斌、李德轩，2010）。

（一）现行 WTO 规则对贸易保护主义的规制

1. WTO 允许的贸易保护措施

目前，各国实行的大部分新兴贸易保护政策暨技术性贸易措施是在 WTO 框架内所允许的，但必须满足 WTO 规定的相关条件。对于关税，WTO 允许其存在，但要逐步减让，各成员政府承担不得征收高于它在关税减让表中所承担的约束某种产品关税税率的义务。技术性贸易措施等非关税措施是 WTO 规则所允许的，但是必须满足协议的严格规定，国内相关法规和标准的制定不能以限制贸易为目的，需适用最惠国待遇和国民待遇等 GATT 基本原则。反倾销、反补贴、保障措施等贸易救济措施在满足 WTO 规定的法律条件下也是被允许的。此外，WTO 允许的贸易措施还包括涉及海关与贸易管理的海关估价、装运前检验、原产地规则、进口许可程序、幼稚产业保护措施等。

2. WTO 禁止的贸易保护措施

WTO 禁止某些贸易保护措施的使用。这些被禁止的措施都是比较严厉的或对国际贸易限制或扭曲作用较大的措施，它们已经逐渐被关税这类高透明度的措施所取代。例如，数量限制一般情况下必须被取消，在特殊情况下可以使用，但规定了严格的适用条件。根据《农业协议》，在各国边境上广泛使用的对农产品的所有保护措施，包括数量限制、进口禁令或其他非关税措施，现在已经被进口关税取而代之（曹建民、贺小勇，2004）。在补贴方面，根据《反补贴协议》，禁止性补贴（包括出口补贴和进口替代补贴）也是 WTO 所禁止的保护措施，但是这一禁止并不适用于初级产品领域。此外，涉及与贸易有关的投资措施中的当地含量要求、进出口贸易平衡、限制进口等措施也为 WTO 规则所禁止采用。

3. WTO 规则所存在的"灰色区域"

除了上述明确规定的允许和禁止的贸易保护措施以外，WTO 规则中尚存在一些没有明文规定、规定不明确或缺乏有效约束的"灰色区域"，这给贸易保护主义以较大的可乘之机。自愿出口限制具有浓烈的贸易保护色彩，它和配额等数量限制措施具有同样的效果，极大地扭曲了国际贸易，恶化了贸易环境。在政府采购方面，目前规范性的《政府采购协议》仍不属于强制性多边协议，倘若不是该协议的成员，无法获得成员内部之间政府采购领域的国民待遇和非歧视性政策，而且政府购买供自用的货物被排除在 GATT/WTO 管辖范围之外。另外，与技术标准、环境标准、劳工标准、竞争政策、外汇限制、汇款限制、当地股份要求等相关的保护措施也包含着一定的灰色因素。特别是金融危机以来，新兴贸易保护政策暨技术性贸易措施所包含的灰色区域日益被 WTO 成员频繁使用。

（二）WTO 框架下贸易保护政策措施的合法性和合理性

虽然 WTO 允许适当的贸易保护，但是在本次金融危机中，这些合理保护的条款却成了贸易保护主义"合法"的生存土壤，常常被用来作为进行贸易保护的法律依据，使许多标榜"合规性"的措施在实施过程中隐藏着深层次的不合理。除国家救援措施属于对国内产业进行危机时的紧急救助、不涉及贸易领域、没有违背现行多边贸易规则以外。

1. 技术性贸易措施在非关税措施中的地位

本次金融危机期间各国所实施的非关税措施中，技术性贸易措施以及卫生和植物检疫措施（如与 H1N1 病毒相关的猪肉出口限制）占主要地位，在数量上和种类上都有所上升。例如，2009 年 7 月 2 日墨西哥对"黄龙病"的蔓延采取的贸易措施；2009 年 6 月 3 日俄罗斯对源自美国的猪肉采取进口禁令。

2. WTO/TBT－SPS 协议下的技术性贸易措施

有关技术性贸易措施、环境保护、卫生和植物检疫措施的非关税措施主要体现在 GATT 1994 第 20 条（b）项和（g）项，以及乌拉圭回合达成的《技术性贸易壁垒协议》（TBT 协议）与《卫生与动植物检疫措施协议》（SPS 协议）中。虽然有些非关税壁垒与 GATT 1994 第 20 条的要求相悖，但是这些仅表面上符合 WTO 规则的技术性贸易措施和合理的技术性贸易措施相互渗透，很难从中区分出每种非关税措施的主观意图。发达国家利用技术水平差距设置的环境标准、技术标准，以及与贸易机制紧密联系的新贸易保护政策，抵消了发展中国家资源与劳动力的比较优势，以保持其在国际多边经济贸易领域中的主导地位。本次危机中发达国家更是大量利用非关税措施——技术性贸易措施，保护本国产业。

（三）技术性贸易措施的"灰色区域"

1. WTO 规则在约束贸易保护主义方面存在的漏洞

上述分析可见，本次金融危机中出现的贸易保护主义措施，在 WTO 的规则范围内大都是合规行为，但是往往是假借保护资源环境、保护生命健康等，却实施不合理的保护手段。贸易保护主义在规则漏洞中利用正当手段达到不正当的目的，表明在 WTO 规则下贸易保护仍然有机可乘。

2. 规则中的"灰色区域"为各类贸易保护措施孕育了温床

WTO 中的一些协议常常出现概念模糊、界定不明确，有的涉及范围宽泛，有的标准笼统，在执行上存在漏洞，一些国家按照对自己有利的原则去理解条文，扭曲了 WTO 的初衷（任勤，2008）。这些"灰色区域"突出表现在技术性贸易措施、动植物检验检疫措施、环境保护措施之上。从 TBT 协议、SPS 协议及其他相关内容上看，WTO 允许成员方在技术标准、检验检测标准及环保标准的制定上有一定的自主性，允许成员方制定严格于国际标准的标准。这样，发达国家就可以制定严格的技术标准、检验检测标准及环境标准，从而限制技术水平、环境标准落后的发展中国家的产品流入，形成了形式多样的技术性贸易措施。

（四）规则的执行缺乏约束机制

WTO 组织的规则被 150 多个成员所接受，对各成员起到了一定的约束作用，面对各成员间层出不穷的贸易纠纷，WTO 提供了一个公诉的机构和平台。不过在目前阶段，WTO 的自身力量是有限的，面对形形色色的贸易保护案件显得无能为力。WTO 仅按本身的规则对其成员提出义务要求，并不强制性地要求其成员只能干什么或不能干什么。WTO 的协议"为国际商业活动提供了基本的法律规则，其本质是契约，约束各国政府将其贸易政策限制在议定的范围内"（伍先斌，2005）。WTO 规定了各成员方的义务，但是缺乏确保义务履行的约束机制，即使各成员方拒不履行自己的义务，WTO 也不能对其采取强制措施，在执行力上显得过于单薄。

WTO 的三大机制之一《贸易政策审议机制》（TPRM）是世界贸易组织管辖的一项多边贸易协议，WTO 利用该机制对各成员方的贸易政策进行鉴定和评估，促进全球贸易政策向更加透明化、合理化方向发展。但是这一机制只能对成员方的政策措施提出批评、表扬或者敦促改正的意见，并没有实质性的约束力和执行力。在金融危机形势下，TPRM 已经不能起到对成员行为的校正作用，其评价和建议在政策制定者手中不过是一纸空文（盛斌、李德轩，2010）。

第二节　技术性贸易措施的国内市场失灵与政府干预

一　技术性贸易措施的市场失灵

对于技术性贸易措施的形成原因，西方学者认为是市场失灵。而对于市场失灵的原因，又从不同的角度进行了解释。市场失灵条件下的技术性贸易措施公共政策形成的经济学动因，主要源于：信息不对称、外部性、公共产品及规模经济。除经济动因外，技术性贸易壁垒的形成和演变还在于相关产业寻求产业和贸易政策调整的政策需求以及政府对于产业和贸易政策的供给两个因素的相互作用及其均衡。

（一）信息不对称

市场失灵的原因在于信息不对称，例如，市场不能为消费者提供产品安全的全部信息。当消费者无法获得关于产品质量安全特点的全部信息时，就会产生逆向选择，出现"柠檬问题"，劣质产品驱逐优质产品，而优质安全产品甚至被逐出市场。对于这一问题，出现了三种解决方案：

其一，在私人市场上生产者通过加贴产品标签、质量评估结果，向消费者表明自己生产的是安全产品。其二，通过制定公共政策对加工工业的严格管制以确保他们向社会提供安全产品。其三，提出公私结合的解决方案，即由政府质量安全监督机构给予私人的商标、质量安全评估方案授信，并针对问题产品，采用公共政策或公私结合的解决思路，以阻止"搭便车"现象。

（二）交易成本

市场失灵的原因还在于交易成本的存在，由于产品的安全特性以及信息不对称，使交易的搜寻、谈判、监控和执行的实际成本及风险成本都很高；而这种市场的监控和执行需要政府公共管理机构来完成；同时，建立企业之间垂直的产销供应链联盟，也可以降低交易成本和交易风险成本。

（三）外部性

市场失灵源于外部性，因此，外部成本内在化是解决外部性的重要思路。例如，对正外部性实施补贴的外在化公共政策，对负外部性课征税收的内在化公共政策。通过这种制度安排，弥补市场失灵。但是，社会公共制度安排的难点是社会理想水平的确定。

（四）公共产品

政府若以维护国家安全、保护人类健康和安全、保护动植物的生命和健康、保护生态环境、防止欺诈行为、保护消费者权益、保证产品质量等公共目标制定技术性贸易措施，这种措施就成为公共产品，政府是这种公共政策的提供者。

公共贸易政策能够决定或改变企业策略，由于政府通过技术性贸易措施进行贸易干预，导致企业做出不同于无干预时的决策，使竞争向有利于本国的方向发展，政府的政策干预就从纯粹的政策行为变为影响出口绩效的一个政策工具变量。

二　技术性贸易措施的政府干预

新兴贸易保护政策暨技术性贸易措施具有公共规制的性质，对市场这只"看不见的手"在技术性贸易措施公共政策运用中的资源配置扭曲，政府可以发挥其"看得见的手"的作用在技术性贸易措施中校正市场失灵。

在技术性贸易措施中，个体经济会过度地追求经济利益的最大化；而作为政府，或许会将公众的社会利益作为政策目标。例如，产品安全技术性贸易措施中的技术法规的发布与实施能够减少市场失灵造成的产品安全隐患，保护消费者权益，提升消费者福利，增加社会总体福利水平。

政府主要出于两方面的动机来采取以技术法规、标准及合格评定程序为主要内容的技术性贸易措施。

一方面是经济因素。政府针对信息不对称、外部效应以及社会公共物品供应不足等市场扭曲进行干预，制定适当的政策以达到纠正扭曲、保护人民安全与健康、保护环境以及增进经济效率的作用。

另一方面是政治因素。政府可以以实现公共利益目标为名制定技术性贸易措施以达到限制外国竞争性产品的进入，保护国内产业的目的。

因此，从政府行为角度来分析，技术性贸易措施这种规制的形成是一国内部经济力量和政治力量相互作用与平衡的结果，其形成过程容易为一国内部的利益集团通过游说或"院外活动"施加的政治影响所俘获，而政府假设它是一个特殊的经济人并有其自身利益要实现，这就使政策的形成及其调整带有神秘性和复杂性。

此外，值得注意的是，同样作为追求公共政策目标的技术性贸易措施，一种是边境上通过国家层面上的技术法规实行；另一种是边境后通过行业或企业层面的技术标准（包括事实标准和机构标准）实施。边境后作用机制是借用"市场竞争"的结果，而非纠正"市场失灵"的结果。因而如存在网络外部性或锁定效应，进口国的现有技术已有一个显著的网络规模，那么无论企业还是政府都没有动力去采纳与现有技术不同的国际标准，因为技术改变将涉及技术设计成本和网络转换成本，也即网络外部性条件下技术选择存在路径依赖。这样，导致与贸易对象产生不同技术标准、认证要求等的非同质性，从而构成事实上的技术性贸易壁垒。这样的技术性贸易壁垒形成就不能用信息不对称、外部性和纠正市场失灵来解释。

第三节　技术性贸易措施国际市场准入与贸易保护

一　基于消费者保护的技术性贸易措施

在分析技术性贸易措施国际市场准入与贸易保护前，首先假设大国可以影响国际市场价格，小国则不能影响国际市场价格。

以小国假设为例进行分析。进口国为保证进口产品的质量，增加消费者的知情权，会对进口商品提出一些特定的技术性要求，比如实施强制性检验检测标签制度。这就给消费者提供了一种信息，即国内所销售的商品是安全的。这一方面节约了消费者对安全商品的搜寻成本，另一方面也将会增强进口国消费者对该进口产品的消费信心，提高消费者对这种商品的评价，故需求曲线会向右移动，即需求增加（见图13－1）。

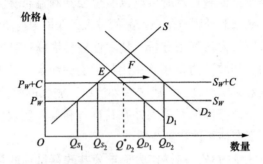

图 13 -1　小国假设下 TMT 措施对国内消费者的影响

图 13 -1 中，D_1 表示没有对进口产品提出强制性检验检测标签等技术性要求时，进口国对该产品的需求曲线，反映的是国内市场对进口产品只有有限信息时的需求情况。S 代表进口国该产品的国内供给曲线。国内供给曲线将不会发生移动，因为此处的技术性贸易措施并不会改变国内的生产成本状况。从图中看出，没有技术性贸易措施时该国的进口量将为 $Q_{D_1} - Q_{S_1}$ 记为 M_1。当进口国对进口产品提出技术性要求之后，假设只要进口产品达到了这些要求、消费者就会充分知悉进口商品的有关属性，进而提升消费者对该产品的消费信心，进口国对此产品的需求将增加到 D_2。也就是说，进口国对该产品的真实需求可达到更高的需求水平 D_2。当信息不充分时，会使需求水平处于 D_1 这一较低的位置上。当然，进口产品为满足这些检验检测标签技术要求，必然会产生额外成本 C，不妨称为适应性成本，从而使进口国国内价格提高到 $P_W + C$。这时，贸易量将变为 $Q_{D_2} - Q_{S_2}$ 记为 M_2。在本例中，我们既无从判断 M_1 和 M_2 的大小，也无从判断此种情况下技术性贸易措施的净福利效应是正是负，这将取决于技术性贸易措施使进口产品的适应性成本增加与需求曲线移动

幅度的大小之间的比较：如果技术性贸易措施只增加了少量进口产品的
适应性成本，而使需求曲线向右大幅度移动，消费者剩余大幅增加，则
该技术性贸易措施将会提高进口国的净社会福利水平；反之，则会造成
进口国的净社会福利损失。或许，政府对技术性贸易措施制定的目标是
前者。

二 基于生产者保护的技术性贸易措施

在一些情况下，如果一国对进口产品不采取任何技术性贸易措施，
任凭产品自由输入，确实会存在伴随产品进口而带来的动物疾病、植物
虫害或环境破坏等风险。这些疾病或虫害一旦在国内蔓延，将会严重影
响国内生产能力，使该国的供给量减少、供给曲线向左移动，即产出能
力下降、生产者剩余减少。政府为消除这种负外部性，就需要或者设置
一定的技术性贸易措施，或者完全禁止贸易。在存在动植物及环境等风
险的情况下，实施为满足合法目标而设置的技术性贸易措施将比完全自
由贸易或完全禁止贸易的效果要好（见图13-2）。

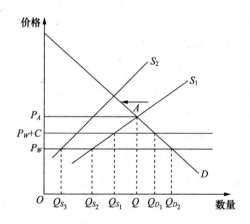

图13-2 小国假设下 TMT 措施对国内生产者的影响

图13-2中，D 为国内需求曲线，S_1 代表没有贸易限制时进口国的
国内供给曲线，P_A 为国内均衡价格。如果进口国为避免进口产品可能带
来的风险，禁止该产品的进口，这种条件下，进口国国内市场的均衡价
格将为 P_W，此时的国内供给由 Q 下降为 Q_{S_2}。如果该国实行对进口产品
不施加任何技术性要求，则进口国国内供给曲线会因病虫害等的蔓延而

左移到 S_2 的位置，即产出减少。此时的国内价格是 P_W，即世界价格，此时国内供给进一步下降至 Q_{S_3}。对比自由贸易与禁止贸易这两种极端的情况，显然，如果没有伴随进口产品的病虫害风险的存在，即如果进口国国内供给曲线不会发生移动，则完全的自由贸易会带来明显的福利收益。但是，由于确实存在病虫害蔓延的风险，这样自由贸易的短期福利收益便变得微不足道，它将会被进口产品携带的病虫害在国内的蔓延给国内生产者带来的损失而抵消，甚至这种损失会大大超过自由贸易带来的收益。

在存在病虫害蔓延风险的情况下，采取完全禁止贸易政策比自由贸易要好。但是，如果进口国在关境采取必要的技术性贸易措施便能检测出这些病虫害（假设设置的技术性贸易措施完全消除了进口商品中的危害），确保产品进口不会影响国内生产能力，即不会导致供给曲线的移动，国内供给上升为 Q_{S_1}，显然，$Q_{S_1} > Q_{S_2} > Q_{S_3}$。这样虽然增加了成本 C，提高了国内价格，但却纠正了伴随进口产品带来的负外部性，综合来看是合算的。从图 13 - 2 可以看出，采取适当水平的检验检疫措施比完全禁止贸易效果要好。

三　基于产业保护的技术性贸易措施

对于完全出于保护国内产业目的而实施的技术性贸易措施，国外出口企业为了符合相关技术要求会使进口商品的成本升高，国内商品消费量减少，该国经济福利受到损失。

（一）进口小国假设下产业保护的经济效应

在国际贸易中，小国是指作为价格接受者的国家，其进口量的变化不会对国际市场价格发生影响。进一步假设：①技术性贸易措施是唯一进口限制措施，且进口产品与国内产品同质；②进口国的进口水平相对于世界市场来说非常小，不会影响该产品的世界价格，即此处假设的是小国贸易模型；③进口国的技术性贸易措施对所有出口到该国的产品都适用；④贸易产品的进口不会带来实际的风险，即不会导致国内该产品供给曲线的移动；⑤技术性贸易措施也不会带来国内需求的变化，即不会导致国内需求曲线的移动。

在这种假设条件下，技术性贸易措施的经济效应可以用图 13 - 3 进行分析，其中 C 表示单位进口商品为达到进口国的有关技术性要求而增加的额外适应性成本。根据假设，进口国是贸易小国，国内生产者和消费者面对的将是世界价格。因此，进口国国内消费者需求量是 Q_{D_1}，国内生产者的供给量是 Q_{S_1}，两者的差额是该国的进口量，用 $Q_{D_1} - Q_{S_1}$ 表示。当进口国为保护国内生产者而采取增加进口商品成本的技术性贸易措施时，将会导致进口国国内价格上升到 $P_W + C$，进而使进口量下降到图中的 $Q_{D_2} - Q_{S_2}$。

图 13 - 3 中，比较设置技术性贸易措施状态与自由贸易状态时的情况，可见，技术性贸易措施的存在，增加了进口国的生产者剩余，面积为 a；提高了消费品的价格，减少了进口国的消费者剩余，面积为 $a + b + c + d$ 之和；进口国生产者剩余的增加 a 全部来自该国国内消费者剩余的减少。与自由贸易相比，这种技术性贸易措施产生了（$b + c + d$）的净福利损失。单位进口商品的额外成本 C 就相当于对单位进口商品征收的从价关税。这种技术性贸易措施对关税具有一定的替代效应。[1]关税直接给进口国带来了关税收入，提高了社会福利，而技术性贸易措施则提高了进口产品的进入成本，对小国的国内产业具有一定程度的保护作用。

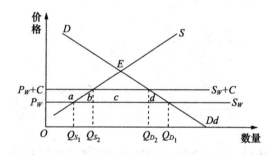

图 13 - 3　小国假设下 TMT 对进口国产业保护效应

（二）进口大国假设下产业保护的经济效应

在国际贸易中，大国具有一定的需求垄断优势，实施技术性贸易壁垒后足以通过对进口量的调整影响国际市场价格，改善本国所面临的贸易条件（见图 13 - 4）。

---

① 参见本书第十四章第一节有关内容，TMT 贸易限制的"从价税"几乎是"关税"的两倍。

图 13 - 4 中，S 表示国内生产者的供给曲线，D 表示国内需求曲线，S_1 表示未设置技术性贸易措施时该国所面对的国内供给与进口总和的市场供给曲线（称：国内市场总和供给曲线）。当未设置技术性贸易措施时，均衡点 c 的价格为 P_W，消费为 Q_4，国内生产量为 Q_1，进口量为 $Q_4 - Q_1$。在设置技术性贸易措施以后，国内市场总和供给曲线向左上方移动至 $S_1 + C$。此时，均衡价格为 $P_W + C'$（$C' < C$），消费量为 Q_3，国内生产量为 Q_2（国内供给方影响因素未发生变化，故国内供给曲线不变），进口量为 $Q_3 - Q_2$。在图 13 - 4 中，国内供求均衡点为 e，新均衡价格为 $P_W + C'$，而 $C' < C$，即符合性成本在进口国与出口国之间进行了分配。此时，出口国所得到的实际价格 $P_W + C' - C$ 小于设置技术性贸易措施之前的均衡价格 P_W。令 $P'_W = P_W + C' - C$，即 P'_W 为此时进口商品的世界价格，即为外国生产者所得到的实际价格。

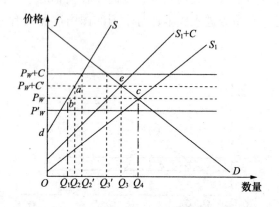

图 13 - 4　大国假设下 TMT 对进口国产业保护效应

由于 $P'_W < P_W$，所以，该国面临的贸易条件得到改善，进口国将一部分符合成本转嫁给出口国负担，大国实行产业保护的代价就会降低。符合成本分担的幅度则取决于由进出口商品的相对供给价格与需求弹性决定的世界价格变动的幅度。设置技术性贸易措施以后，在大国假设下，该国面临的价格为 $P_W + C'$，此时国内消费量为 Q_3，供给量为 Q_2，进口量为 $Q_3 - Q_2$。如在小国假设下，$P_W + C$ 为设置技术性贸易措施以后的价格；P_W 为设置技术性贸易措施以前的价格，该国面临的价格为 $P_W + C$，此时国内消费量为 Q'_3，供给量为 Q'_2，进口量为 $Q'_3 - Q'_2$。显然，$Q_3 - Q_2 >$

$Q'_3 - Q'_2$，大国进口量高于小国假设下的水平。因此，在大国假设下，设置技术性贸易措施后，在降低国内产业保护的代价的同时，也会使该国的福利随之减少。从图 13 - 4 可以看出，未设置技术性贸易措施时该国的福利水平为 cfP_W（消费者剩余）$+ bdP_W$（生产者剩余）；设置技术性贸易措施之后，该国的福利水平为 $ef(P_W + C')$（消费者剩余）$+ ad(P_W + C')$（生产者剩余）。可见，该国的福利减少了 abce 所示的部分。

四　金融危机衍生的技术性贸易措施

2008 年爆发的金融危机备受全球关注，对世界经济和国际贸易产生重大影响。

（一）后金融危机时代经济贸易的变异

2008 年金融危机给全球经济以重创，产生了一些重大及微妙的变化，进而对世界经济体产生了某种变异，形成了一些新的特征：

（1）全球生产和贸易格局发生变化。

（2）全球金融体系发生变化。

（3）金融危机正在催生一场新的科学技术革命。

（4）建立低碳社会、发展低碳经济可能成为人类社会的一种共识，也可能成为全球合作的一个成功典范，"低碳经济"将成为不可忽视的新的经济增长点。

（5）国际合作体制机制基础正在建立，国际合作领域日益拓宽。

（6）世界经济的中国元素日益渐浓，中国影响力备受国际社会关注。

（二）金融危机催生的贸易保护

金融危机背景下的全球贸易保护主义也有愈演愈烈之势。金融危机之前，各国的保护措施往往以防御性措施为主；而金融危机之后，各国的贸易保护措施呈现出新的趋势：

（1）国家援助措施替代传统贸易限制措施成为贸易保护的新手段。为尽快摆脱危机，加快国内经济复苏步伐，各国政府采取了一系列经济刺激政策，包括政府采购和政府救助措施。这些经济政策将重点从限制进口转移到扩大出口上，通过政府经济政策的扶持，增加本国产品的国际竞争力，从而达到拉动经济增长的目的。

（2）新兴产业和稀缺资源成为贸易保护的新目标。各主要经济体都将新兴产业作为新的经济增长点，企图依靠资金和技术优势，占领未来产业发展制高点。因此，贸易保护主义开始向新兴产业蔓延。同时，由于稀缺资源被广泛运用于高新技术产业和战略性新兴产业，发达国家格外重视控制这一战略性资源。而发展中国家则开始通过出口限制等贸易保护手段来保护本国资源，稀缺资源领域的贸易摩擦逐渐显现。

（3）"全球治理"成为贸易措施的新"保护伞"。气候变化、低碳经济、粮食和食品安全、能源资源安全等问题，是国际社会越来越关注的问题，成为全球新的治理机制建设过程中的重大议题。很多国家，特别是发达国家常常以全球治理为借口，行贸易保护之实。一些发达国家凭借环保技术优势，以节能减排为口号，设置低碳壁垒、绿色壁垒等技术性贸易壁垒，碳关税、碳标签和碳认证"三碳"问题便应运而生。

（三）贸易保护措施对世界贸易的影响不可忽视

国际经济危机带来了出口压力和外需不足。在全球金融危机的背景下，各国为了刺激本国的经济复苏、保护本国的市场，纷纷采取技术性贸易措施等贸易保护政策，以走出金融危机的困境。从欧洲的"债务危机"到美国的"财政悬崖"再到日本自然灾害带来的"经济负增长"，金融危机也导致发达经济体经济增长低速、失业率居高不下；为保证适度的经济增长和就业水平，贸易保护主义抬头，技术性贸易措施对国际贸易产生重大影响。

贸易保护是金融危机的必然产物，同时，也与全球经贸格局发生重大变化（新兴经济体崛起）、全球经济结构进行深度调整（国际分工格局改变）、全球经济再平衡（解决全球经济失衡问题）以及全球治理（气候变化）等密切相关。贸易保护的抬头势必对世界经济产生一定的负面影响，包括减少贸易机会、增加失业人口、减缓世界经济复苏的步伐等。虽然贸易保护措施的影响依然难以量化，但据 WTO 估计，2008 年 10 月以后采取的贸易保护措施，可能对世界贸易产生了 3% 的抑制作用。

五　基于技术差距的技术性贸易措施

国际贸易中，技术性贸易措施对发达国家和发展中国家造成的影响是不同的：发达国家面临的技术性贸易措施往往相对较低，而发展中国家面临的技术性贸易措施普遍较高。相对而言，技术性贸易措施给广大发展中国家造成的影响也就更为严重。这一现象可以用技术差距理论来解释。技术差距理论是美国经济学家波斯纳提出用以解释国际贸易成因的理论之一。他认为，各国由于技术发展的水平不同，技术发达的国家会领先于其他国家开发出一种新的产品或生产工艺，由此产生国际间的技术差距。随着技术的转移，贸易流的走向也发生变化，技术领先国会由原来的出口国变为进口国。

科学技术发展史表明，发达国家通常是技术的领先国，发展中国家是技术模仿国。发达国家在一定时期内享有出口技术密集型产品的比较优势，成为新技术产品的出口方，随着技术的转移和扩散，发展中国家也会达到该种技术水平，实现进口国向出口国的转型。但是，这种技术转移存在一定的时滞性和成本支出，同时发达国家不会停留在原地，会继续开发、研制新产品，随之而生的技术标准也会不断地推向高处，时刻保持着差距。所以从长期的角度看，只有缩小国家之间的技术差距，技术性贸易措施才可能逐渐减少。

六　技术性贸易措施的国家间博弈

由于传统的贸易保护政策（如反倾销、反补贴、保障措施）呈现收益递减的状况；而新兴贸易保护政策技术性贸易措施却受到"连锁效应"的强化，加上技术性贸易措施的应诉成本高昂，因而国家间的博弈的结果是技术性贸易措施的设置和扩散的经济动机不断得以强化。

用博弈论分析两国实施技术性贸易措施的策略。如表 13 - 1 所示。

表 13 - 1　　　　两国实施技术性贸易措施（TMT）的博弈

		A	
		设置 TMT	不设置 TMT
B	设置 TMT	(0, 0)	(-100, 100)
	不设置 TMT	(100, -100)	(50, 50)

矩阵中括号内的第一个数字代表 A 国获得的支付 X，第二个数字代表 B 国获得的支付 Y。此处获得的支付只考虑是否获得 TMT 带来的利益。P_1、P_2 分别为 A 国、B 国获得支付的概率。

对于 A 国：不设置 TMT 时，期望支付 $E(A)$ 为 $P_2 X_{12} + (1 - P_2) X_{22} = 0.5(-100) + 0.5(50) = -25$；设置 TMT 时，期望支付 $E(A)$ 为 $P_2 X_{11} + (1 - P_2) X_{21} = 0.5(0) + 0.5(100) = 50$。

对于 B 国：不设置 TMT 时，期望支付 $E(B)$ 为 $P_1 Y_{21} + (1 - P_1) Y_{22} = 0.5(-100) + 0.5(50) = -25$；设置 TMT 时，期望支付 $E(B)$ 为 $P_1 Y_{11} + (1 - P_1) Y_{12} = 0.5(0) + 0.5(100) = 50$。

　　从以上分析我们可以看出，要想达到"双赢"的结果，双方唯一的选择就是均不设置技术性贸易措施，但每一个国家不知道对方的选择会是什么，因此，为了使自己获得最大利益或遭受最小损失，各个国家都有设置技术性贸易措施的愿望和动机。也就是说，在技术性贸易措施行为被默许的情况下，每个理性的国家都会倾向于采取技术性贸易措施来保护本国的产业与经济。

第十四章　技术性贸易措施经济效应的实证检验

技术性贸易措施通常被人们认为是在配额取消、关税减让后所实施的重要贸易限制政策手段，特别是金融危机之后，它给国际贸易造成了一定的负面影响，然而，如果从信息不确定性和不对称性的交易费用理论来看，技术性贸易措施在降低进口国和出口国之间、消费者和生产者之间交易成本方面具有重要的作用，或许有利于促进贸易活动的开展和世界整体福利效应的提高。因此，如何充分利用技术性贸易措施的正面效应，克服技术性贸易措施的负面效应，是技术性贸易措施理论和政策研究需要持续面对的课题。

第一节　技术性贸易措施的正负效应

一　技术性贸易措施创造贸易与限制贸易

技术性贸易措施的不透明性和不断变化性，导致日益从对生产者的保护转向对消费者及社会利益的保护。作为一种国内规制，政府的干预往往是基于一种提高社会福利的政策偏好和规制设计的需要。

综观欧洲、美国、日本等发达经济体，其技术性贸易措施规制设置具有两面性：

一是技术性贸易措施具有创造贸易和纠正市场失灵的性质。技术性贸易措施具有公共福利的潜力，对市场失灵具有改正功能，能够创造贸易。为了追求各种公众福利，为了努力增加进出口和规范贸易，政府制定法规及政策措施，进行生态环境保护、劳动保护，确保产品质量的安全规范和消费者的卫生健康。

二是技术性贸易措施具有限制和扭曲贸易的性质。许多技术性贸易措施宣称增进福利，实质上却为达到其他政策目标而日益成为重要贸易障碍的工具。往往在国际认可的合法外衣下制定的技术法规、标准和合格评定程序却可能隐藏着特定的战略目的。不同的技术标准能够明显地增加进出口成本或者阻止市场准入，造成对潜在和现有的进出口商的额外障碍，对外国企业进行贸易歧视、成本影响甚至贸易限制。

二 技术性贸易措施短期效应与长期效应

我们从短期负效应和长期正效应分析技术性贸易措施对出口贸易带来的影响，客观地透视技术性贸易措施，从而为对外贸易寻找有效的应对措施。

（一）技术性贸易措施的短期抑制效应

技术性贸易措施制约产品出口及市场准入。如图 14 – 1 所示，MD 代表进口国的需求曲线，XS 代表出口国的供给曲线。在正常的贸易情况下，两国的贸易均衡点为 E_0。当进口国新实施了一项高于出口国技术水平的技术性贸易措施后，出口国企业需要为应对这项措施付出额外的成本。这会导致出口国的供给曲线向左上方移动，变为 XS'。在其他因素不变的情况下，产品出口量从 Q_0 下降至 Q_1。因此，国外的这些技术性贸易措施制约了产品的出口，给出口企业产品进入国外市场造成了障碍。

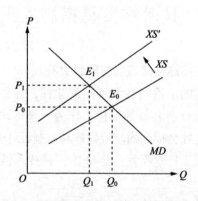

图 14 – 1　技术性贸易措施的短期抑制效应

（二）技术性贸易措施的成本增加

技术性贸易措施削减产品在国外市场的竞争力。国家间在技术性贸易措施水平上的差异会导致跨境产品的供应成本增加，进而导致出口国企业产品竞争力相对于进口国企业下降。这种成本增加主要包括两部分的内容：一次性的初始成本①和持续成本②，如图14－2所示。

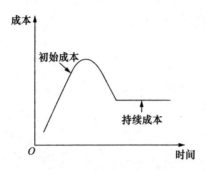

图14－2　技术性贸易措施与成本增加

　　显然对出口企业而言，初始成本提高了进入国外市场的门槛，造成市场准入限制；还导致边际成本增加，进而促使产品价格提高，削弱了企业产品的竞争力。持续成本阶段，边际成本虽较为稳定，但已产生较大的初始成本。

　　技术性贸易措施迫使出口企业卷入贸易争端。进口国通过设置技术性贸易措施将出口国产品阻挡在该国的国门之外。为了维护自身经济利益，一方面，企业要投入大量的人力、物力交涉；另一方面，企业全力解决争端的同时必然会分散经营管理的精力，影响企业的持久发展。

　　（三）技术性贸易措施的长期效应

　　（1）技术性贸易措施可以加速企业的技术改造和出口产品结构的转变。进口国在实施技术性贸易措施后，出口国企业产品的出口短期内受到了限制。为了突破这种限制，出口国企业必然会通过改进生产技术来满足进口国的技术要求，最终保证其出口的顺利进行（见图14－3）。

　　企业通过改进技术使其出口供给曲线 XS' 向右下方移动，移动的程度取决于其技术的提高程度。同时由于技术改进的产品能更加满足人们的

---

　　①　一次性的初始成本是指为达到国外技术性贸易措施的要求而在生产、检验等环节进行技术改造等所增加的成本，包括一次性的对于新设备的资本投入、技术重新设计与工艺改进、企业增加内部检测程序等所产生的成本。

　　②　持续成本是指企业在进入国外市场之后，为保证出口产品符合国外的标准要求而持续产生的质量控制成本，以及为进行严格的检验而造成周转速度下降产生的库存成本。

需求，促使进口国的产品需求曲线 MD 也向右移动。新的贸易均衡点 E_2 所对应的出口量 Q_2 会大于 Q_1，接近或超过最初的均衡出口量 Q_0 即曲线 XS 与曲线 MD 交点 E_0 的横截距。

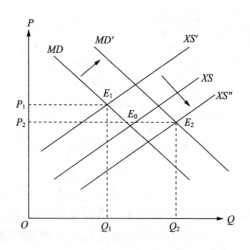

图 14 –3　技术性贸易措施的长期效应

（2）技术性贸易措施可以推动标准化建设及合格评定制度的发展。国际标准和合格评定体系对提高生产效率和推进国际贸易有着重要贡献。出口企业之所以频繁遭受国外技术性贸易措施的限制，主要原因就在于技术标准水平普遍偏低。从长期来看，国外的技术性贸易措施可以推动出口国的标准化建设进程。

（3）技术性贸易措施可以增强企业的环境意识及环保产品的出口。随着人们生活水平的不断提高，经济与生态环境相协调的可持续发展模式越来越受到国际社会的关注。很多发达国家也正是基于此制定了保护本国环境的各种技术性贸易措施。为了保证出口贸易的顺利进行，出口企业必须建立产品生产的环境管理体系，并加强对出口产品生产的"绿色化"改造。长期来看，既提高了企业的环境意识，也促进了环保产品的出口。

三　技术性贸易措施对国际贸易的正面效应

技术性贸易措施对进出口贸易可以产生国家安全、福利水平改善和技术适应性提高的正面效应。

（一）国家安全正面效应

技术性贸易措施在保护国家安全、国民和动植物健康以及保护环境方面具有消除市场失灵、推动贸易发展、实现可持续发展的作用。建立有效的技术性贸易措施体系，既可以帮助一国维护国家基本安全、促进科技进步、促进调整和优化产业结构；还可以保障人类的健康和安全、提高生活质量。同时，绿色技术性贸易措施一方面限制甚至禁止了严重危害生态环境产品的国际贸易，另一方面又为可持续发展的产业创造新的发展空间，而这些产业已成为国际贸易和投资的新增长点。从经济学角度分析，技术性贸易措施在农产品国际贸易中也起着非常重要的作用，它可以保障国民健康与安全，如强制性产品安全标准可以保护消费者的健康与生命，对国际经济和各国社会经济发展产生积极的影响。

技术性贸易措施在保护产业安全、经济社会可持续发展以及生产成本节约方面也不无作用。统一的、严格的环境标准不仅有利于提高产品的竞争力，一致性的规范更可以节约生产成本之外的谈判、法律规范、管理体系等的费用。

（二）社会福利正面效应

政府干预技术性贸易措施可以有效地避免市场交易中信息不对称的问题，保护消费者的利益，还可以克服进口可能产生的生产或消费负外部效应，增进社会福利。技术性贸易措施在国际化消费中能够发挥对消费者的有效调节和保护作用，是开放性消费干预机制的必要补充和必然选择。技术性贸易措施对消费者的调节作用主要表现为：利用技术上的标准和规则来限制国外商品对本国的进口，从而间接实现了干预消费者对国外商品进行消费的目的。以保护消费者为目的的技术性贸易措施在技术标准选择适度的情况下可以提高一国的福利水平。通过合理地限定消费者对进口产品质量偏好的最低质量标准（MQS）作为技术性贸易措施，使社会福利水平得到提高。

但是，如果有一项使进口国净福利增加的技术性贸易措施政策，同时使出口国福利受损，超过了进口国的福利所得，最终导致世界净福利为负，进口国的最优政策从世界角度看则是非最优的，仍然存在帕累托改进的可能性（鲍晓华，2005）。

（三）技术适应正面效应

当今社会，人们生活在深深地依赖标准的世界上。

　　自从我国于 2003 年构建起以 GB18401 为主的纺织品标准化体系，在一定程度上降低了纺织品贸易的交易成本、提高了社会福利水平。我们从表 14-1 的研究中可以验证 GB18401 标准实施前后产品附加值虽有起伏，但技术适应后仍呈一定的增长趋势，特别是自 2005 年 1 月起一定程度上改善了纺织工业效益、国际贸易流量和社会福利。

　　考虑一下出口金额、出口数量、截距参数、斜率参数以及随机扰动项，并组建模型，根据国内某地区出口欧美日纺织品服装出口金额和出口数量样本，可得出如表 14-1 所示的数量分析结果。

表 14-1　　　　　某地区出口欧美日纺织品服装数量分析结果

标准所处的不同时期	出口国别地区	截距项	数量项	r	se
2004 年 1—12 月	欧洲	1.705016 (0.86)	0.000227** (26.31)	0.99	4.93
	美国	1.804814 (1.21)	0.000407** (13.44)	0.95	4.05
	日本	1.358991 (0.88)	0.000123** (13.56)	0.95	2.35
2005 年 1—12 月	欧洲	-10.05452 (-0.73)	0.000252** (17.00)	0.97	15.39
	美国	-0.570948 (-0.09)	0.000230** (29.02)	0.99	13.87
	日本	10.86877* (2.69)	0.000053* (2.22)	0.93	8.12
2006 年 1—7 月	欧洲	9.151106 (0.70)	0.000242** (19.03)	0.99	12.24
	美国	-5.415224 (-0.78)	0.000326** (9.92)	0.95	6.51
	日本	2.477651* (2.43)	0.000124** (18.25)	0.99	1.22

　　注：* 和 ** 分别表示显著性水平 <0.025 和 <0.01；括号内数字为 t 统计量。

　　从表 14-1 分析可见，我国在颁布试行及实施 GB18401 过程中，出口美国日本产品附加值呈现先下降后上升的态势；而出口欧洲虽在 2005—2006 年产品附加值略下降，但 2004—2006 年出口欧洲日本总体上产品附加值仍略微上升。由此可见，纺织服装产品附加值略有起伏、有增长态势，反映了技术水平逐渐与国际接轨。

四　技术性贸易措施对国际贸易的负面影响

技术性贸易措施对国际进出口贸易产生负面影响，导致贸易利益的分配不平衡，企业成本增加和产品竞争力降低，外贸出口额下降、国内供求失衡及经济不稳定，造成贸易障碍、引发贸易争端，降低国家和消费者的福利水平，损害发展中国家的利益。然而，技术性贸易措施名目繁多、复杂多变、涉及面广，所以，它对国际贸易和有关的进出口国家的影响量值较难估计，但可以从以下几个方面进行分析。

（一）对世界贸易的负面影响

对国际贸易发展的影响：技术性贸易措施对国际贸易发展起着很大的阻碍作用。在其他条件不变的情况下，短期内，世界性的技术性贸易措施加强的程度与国际贸易增长的速度成反比关系。

对国际贸易商品结构和地理方向的影响：技术性贸易措施还在一定程度上影响着国际贸易商品结构和地理方向的变化。第二次世界大战后，受技术性贸易措施影响的产品的总趋势是：农产品贸易受影响的程度超过工业品，劳动密集型产品贸易受影响的程度超过技术密集型产品，而受影响国家则是发展中国家比发达国家要多，程度也更严重。这些现象，都严重影响着国际贸易商品结构与地理方向的变化，使发展中国家对外贸易的发展受到重大损害。

（二）对进口国的负面影响

技术性贸易措施对进口国来说，可以限制进口，保护本国的市场和生产，但也会引起进口国国内市场价格上涨。例如，如果进口国采取一定的技术性贸易措施，则不论国外的价格上升或下降，也不论国内的需求多大，都不增加进口，这就会引起国内外之间的价格差异拉大，使进口国内价格上涨，从而保护了进口国同类产品的生产，这在一定条件下可以起到保护和促进本国有关产品的生产和发展的作用。

但是，技术性贸易措施的加强会使进口国消费者付出巨大的代价，他们要付出更多的货币去购买所需的商品，国内出口商品的成本与出口价格也会由于价格的上涨而提高，削弱出口商品的竞争能力。

（三）对出口国的负面影响

进口国加强技术性贸易措施，将使出口国的商品出口数量和价格受到严重影响，造成出口商品增长率或出口数量的减少和出口价格下跌。一般来说，如果出口国的出口商品的供给弹性较大，则这些商品的价格受进口国的技术性贸易措施影响而引起的价格下跌将较小；反之，如果出口国的出口商品的供给弹性较小，则这些商品的价格受进口国的技术性贸易措施影响而引起的价格下跌将较大。由于大部分的发展中国家的出口产品供给弹性较小，所以，世界性技术性贸易措施的加强使发展中国家受到严重的损害。

（四）对我国出口贸易的负面影响

传统贸易壁垒相对来说透明度较高，比较容易掌握和应对，技术性贸易措施却具有很大的隐蔽性、复杂性、强制性，而且一般都具有合法性，种类繁多，花样百出，难以应对。针对我国出口产品的技术性贸易壁垒所涉及的产品种类多、范围广、影响大，既有传统的农畜产品、纺织品、服装，也有技术含量较高的新产品。

1. TMT 导致贸易利益的分配不平衡

在现行的国际标准体系中，标准的制定者发达国家占优势，发展中国家大多是标准的被动接受者。因此，发达国家为了保护他们的国际贸易利益，经常利用技术标准设置技术性贸易措施甚至发动技术贸易战，从而继续控制发展中国家，占据国际贸易的主导地位。据统计，在生命科学与生物信息技术、新材料等关键技术领域，发达国家所拥有的专利数量占全球专利总量的90%左右，而包括我国在内的发展中国家仅拥有10%左右。如此大的技术差距，使国际贸易利益的分配将会进一步向发达国家倾斜，发展中国家在国际贸易格局中的地位越来越不利。

2. TMT 导致企业成本增加和产品竞争力降低

技术性贸易措施的直接影响，就是由于出口产品不符合进口国的标准或由于标准提高增加了出口成本，一些出口企业无法承担费用，被迫退出国际市场。目前，我国以劳动密集型产品出口为主，出口市场又集中在欧、美、日等发达国家和地区，而这些发达国家制定的技术标准苛刻，我国企业就在认证费用以及企业为适应新技术性贸易措施不断收集信息、更改工艺流程、更换包装形式、支付额外的广告费用等方面增加了额外的成本。与此同时，由于过高的检测和认证费用等，导致产品竞争力下降；致使出口产品数量下降，市场份额减少。

3. TMT 导致外贸出口额下降、国内供求失衡及经济不稳定

由于技术性贸易措施涉及的行业广、品种多、技术标准要求苛刻，而我国出口商品由于技术水平、环保意识等方面与发达国家存在较大差

距，导致产品出口受阻。若将这些产品转销第三国，则会增加成本，降低我国外汇收入，影响出口额；而如果将这些产品再转入国内，则会导致国内产品供大于求，价格降低，使部分企业盈利减低，甚至亏损而导致破产，投资下降，总需求下降，经济可能会陷入萧条，这无形中给我国正常的经济发展带来严重影响。

4. TMT 导致贸易障碍、引发贸易争端

技术性贸易措施还易被贸易保护主义始作俑者所利用，增加贸易成本，抑制受限国出口贸易的增长，造成不同国家间的贸易摩擦和冲突不断增多，形成贸易障碍，引发贸易争端；阻碍国外达不到"标准"的有关商品进口，阻碍国际贸易的发展。

5. TMT 导致降低国家和消费者的福利水平

技术性贸易措施将会通过一系列方式对国内国际的消费者福利产生不利的影响，一国设置技术性贸易措施在阻止国外企业进入的同时也会使本国企业受损。同时，技术性贸易措施严重制约出口国出口贸易的增长，因为实施技术性贸易措施使出口国的贸易条件恶化、贸易收益下降，使出口国社会福利降低。

6. TMT 导致国家利益受损

一旦发达国家实施技术性贸易措施，发展中国家就必须采取相应的对策，减轻技术性贸易措施的影响。技术性贸易措施对进口商品具有数量抑制效应、价格抑制效应和动态抑制效应，损害出口国的经济利益。与此同时，技术性贸易措施对发展中国家的产业结构和经济结构带来了影响，也影响了发展中国家从发达国家引进尖端技术和设备，损害了发展中国家的利益。

五　技术性贸易措施影响估计的范围与局限性

大量研究试图量化技术性贸易措施对国际贸易的影响。从各国平均来看，技术性贸易措施的贸易限制几乎是关税的两倍。在一些国家中，技术性贸易措施对贸易限制的总体水平所起的作用比关税所起的作用要大得多。但是，这些结果是基于十年来都没有更新过的技术性贸易措施数据。假设自那以后关税率有所下降，技术性贸易措施对整体贸易限制的相对贡献很可能增加了，从而导致在大多数国家技术性贸易措施比关税更重要。

证据表明，技术性贸易措施对整体保护水平的相对贡献会随着人均

国内生产总值水平的增加而增加。农业技术性贸易措施似乎比制造业技术性贸易措施更具限制性，更加广泛。

（一）技术性贸易措施贸易限制的范围

技术性贸易措施可以采取技术法规、标准、合格评定和包装程序等。为了便于比较这些不同的技术性贸易措施对贸易的影响，通过估算"从价税等值（AVE）"，即具有与所讨论的技术性贸易措施同等贸易限制影响的从价关税水平，研究分析技术性贸易措施对国际贸易的影响。从价税等值的计算有"价格差距"和"基于经济计量学的方法"。

1. TMT 的市场准入贸易限制作用高于关税

技术性贸易措施贸易影响的估计在很大程度上与计算出的从价税等值一致。若技术性贸易措施的从价税等值减少一半，从 10% 减少到 5%，那么贸易将会增加 2%—3%。分析一下包括技术性贸易措施的非关税措施减少贸易作用的例子。

对于服装行业，由于技术性贸易措施的存在，其在美国、欧盟和加拿大的价格分别高出 15%、66% 和 25%。在东南亚、南亚和日本，纸制品由于技术性贸易措施分别贵了 67%、119% 和 199%，而对皮鞋实施的技术性贸易措施使其在日本的价格提高了 39%，在墨西哥、中美洲则提高了 80%。

在农业部门，对植物油和脂肪的包括技术性贸易措施的非关税措施使其在墨西哥的价格增加了 30%，在东南亚增加了 49%，在南非增加了 90%。通过分析欧盟各国双边行业细分贸易流量发现，在不同的非关税措施中，技术性贸易壁垒措施是最重要的因素。表 14-2 特别分析了 TBT 措施对贸易的影响。

表 14-2　　　　　　　　TBT 措施对企业出口业绩的影响

因变量	ln 企业出口品种	ln 企业出口品种	ln 企业出口价值	ln 企业出口价值	出口企业数量	进入企业数量
	OLS	OLS	OLS	OLS	Poisson	Poisson
	(1)	(2)	(3)	(4)	(5)	(6)
$TBT_{d,s,t-1}$	-0.065*** (0.018)		-0.661*** (0.098)		-0.193 (0.319)	

续表

因变量	ln 企业出口品种	ln 企业出口品种	ln 企业出口价值	ln 企业出口价值	出口企业数量	进入企业数量
	OLS	OLS	OLS	OLS	Poisson	Poisson
	(1)	(2)	(3)	(4)	(5)	(6)
TBT Freq$_{d,s,t-1}$		−0.062***		−0.876***		−0.217
		(0.023)		(0.133)		(0.503)
Observations	86850	86850	86850	86850	86850	86850
R^2	0.342	0.342	0.425	0.425	—	—

注：＊＊＊表示 0.1 的显著水平；括号内数字为稳健标准差；变量 TBT 表示行业中提出关注的措施；变量 TBT Freq 表示通过在 HS2 行业中产品编号为 HS4 标准提出关注的措施。

资料来源：WTO 官方网站。

对 55% 实施核心非关税措施样本的税目而言，这些核心包括技术性贸易措施的非关税措施的从价税等值要高于关税。而在 36% 受到国内农业支持的税目中，国内农业支持的从价税等值要高于关税。而将正在考虑的所有税目中核心包括技术性贸易措施的非关税措施和国内农业支持归总发现，包括技术性贸易措施的非关税措施——不同国家平均下来——几乎是由关税导致的贸易限制水平的 2 倍。事实上，样本中大约有一半的国家，其包括技术性贸易措施的非关税措施对贸易限制的整体水平所起的作用远远高于关税。

联合国贸易发展会议（UNCTAD）（2012 年）在最近的一份报告中认为，包括技术性贸易措施的非关税措施在整体贸易限制中所起的作用大大超过了关税。特别是包括技术性贸易措施的非关税措施在整体市场准入贸易限制中所起的作用是关税的两倍。

从产品层面分析，虽然由于最近的金融危机期间实施了关税等边境措施，贸易流量下跌了 5%，但境内包括技术性贸易措施的非关税措施却导致贸易流量下降了 7%。

2. TMT 的国家及行业差异

各国非关税措施的从价税等值有很大的区别。例如，核心包括技术性贸易措施的非关税措施的简单平均从价税等值从几乎为 0—51% 不等，进口加权时为 0—39%。国内支持的从价税等值通常低于 1%。核心包括技术性贸易措施的非关税措施平均从价税等值最高的国家全都是低收入的非洲国家，包括阿尔及利亚、科特迪瓦、摩洛哥、尼日利亚、坦桑尼亚和苏丹。一些中等收入的国家，如巴西、马来西亚、墨西哥和乌拉圭等，也有比较高的核心非关税措施（包含技术性贸易措施）。农业国内支持从价税等值最高的国家是欧盟成员国。

当同时考虑核心非关税措施（含技术性贸易措施）和农业国内支持时，非关税措施（含技术性贸易措施）的从价税等值会随着人均国内生产总值增加而增加，虽然一些中等收入国家似乎有着最高的非关税措施（含技术性贸易措施）从价税等值，但是，回归分析显示，非关税措施（含技术性贸易措施）的从价税等值和人均国内生产总值的水平之间的关联统计没有意义。

同时，关税与一个国家的人均收入水平呈负相关性。而包括技术性贸易措施的非关税措施对整体保护水平的作用可能会随着人均国内生产总值水平增加，即当国家变得富裕，与关税相对的非关税措施（含技术性贸易措施）的贸易限制也会增加。2012年贸易发展会议表明，在高收入和中等收入国家，非关税措施（含技术性贸易措施）起到的限制作用相对较大。

在各种税目中非关税措施（含技术性贸易措施）从价税等值的变化非常大，相比制成品的10%，农产品的平均水平达27%。相对于制成品，非关税措施（含技术性贸易措施）对农产品贸易限制影响较大。此外还可以证明，在发达经济体中，非关税措施（含技术性贸易措施）对农产品贸易的限制程度尤其重要。

但是，使用2001年的数据来估算经济计量模型中非关税措施（含技术性贸易措施）对价格的直接贸易影响发现，非关税措施（含技术性贸易措施）对农业行业几乎无统计意义上的显著，这可能是由于在研究中使用了非关税措施（含技术性贸易措施）的定义，其中包括进口配额、禁止、非自动许可、自愿出口限制、环保标准和SPS措施，但不包括关税率配额。后者有可能对农业贸易造成具有经济约束力的制约。

分析表明，服装是受到重大非关税措施（含技术性贸易措施）影响数量最多的行业。可以估算一个各国非关税措施的从价税等值为73%。还有的估计是39%。此外也有估计的数量更大，这是因为他们没有考虑那些非关税措施（含技术性贸易措施）对进口或国内价格影响非常小的产品。另有研究表明，纸制品、皮革制品、蔬菜油和脂肪是其他实施多种重大非关税措施（含技术性贸易措施）的行业。

（二）技术性贸易措施贸易限制研究方法的局限性

当然，从价税等值量化技术性贸易措施对贸易影响等方法既有自身的显著优点，也存在固有的局限性，全球供应链的存在加剧了这些局限性。

这些方法的局限性在某种程度上可以追溯，是由于技术性贸易措施的使用缺乏透明度。由于缺少关于不同价格的数据、使用不同的经济计量方法造成的灵敏度差异以及在市场受多项技术性贸易措施影响时将价格升高归功于某项单一措施的困难性，也都会造成问题。

1. 价格差距法

优点：简单；不足：缺乏透明度。

2. 基于经济计量学的方法

显著优点是，它可以被用来研究同时跨越多个行业和国家的多个非关税措施的贸易影响。不足之处是，缺乏透明度，不能区分单一技术性贸易措施的个别影响，得到的结果很可能较易受到所使用经济计量学技术的影响。

3. 全球供应链

迄今为止，衡量技术性贸易措施对贸易的影响的努力未考虑下列事实，即在一个全球供应链中，半成品必须穿越国际边境一次以上。在这种情况下，边际贸易成本增加的影响要比仅存在一次单独国际贸易的情况大得多。

也就是说，在全球供应链中，半成品会不止一次在跨越国边界来回移动，从而使技术性贸易措施（以及其他贸易措施）的影响更加复杂。这意味着，如果有一个单一的国际交易，贸易边际成本增加的效应将远远大于会出现的情况。此外，每个环节价格的上涨将不仅包括沿着供应链移动的货币成本，还有时间成本。

六　国内规制视角的技术性贸易措施政策效应

（一）技术性贸易措施国内规制的贸易影响显著性

目前，还没有比较分析不同类型的技术性贸易措施在技术性贸易措施的总体限制中的作用。不过，并非所有措施对贸易的影响都是限制性的。特别是，TBT/SPS 措施的国内规制，并不明确地增加或减少贸易。

一般来说，TBT/SPS 措施普遍会对技术先进的行业产生正面影响，而对生鲜和加工商品贸易产生负面影响。此外，当影响为负面时，TBT/SPS 措施对贸易的影响通常受到发展中国家，尤其是小国家的出口影响的驱动。

（二）技术性贸易措施国内规制的贸易额和贸易国家数量相关性

TBT/SPS 措施的国内规制不仅会影响两国之间的贸易额，还会影响它们与之进行贸易的国家数量。

有学者认为，TBT/SPS 措施可能主要体现在进入某一新市场的固定成本。如一家企业可能需要负担其进入外国市场时采用标准的初始适应成本，不过，该成本与企业的销售额无关。这与下列证据一致：相比大企业，TBT/SPS 措施对小企业的影响较大，对那些将零部件生产外包出去的企业影响更大。

TBT/SPS 措施的国内规制会通过它们对两国之间的贸易额的影响和对出口市场多元化的影响，对贸易产生影响。

（三）合格评定成本

有数据表明，合格评定造成的负担尤其沉重。研究发现，相比关于产品特性的规制，合格评定措施会对食品和农业贸易产生更大的负面影响。

（四）减少政策差异——减轻对贸易的负面影响

减少政策差异，无论是通过与国际标准的融合、统一还是互认，可减轻对贸易的负面影响。

实证研究文献以不同方式衡量了 TBT/SPS 措施的协调程度。如一些研究将符合由国际标准化组织（ISO）、国际电工委员会（IEC）、国际电信联盟（ITU）以及类似机构发布的某项国际标准的标准视为统一标准。其他研究将多个国家通用的标准视为统一标准。尽管存在这些差别，这些文献得出的一般结论是，TBT/SPS 措施的统一会增加贸易。特别是 TBT/SPS 措施的统一已证明会促进中小企业参与出口市场。

（五）标准的统一和互认

如果标准的统一和互认在区域性层面发生，可能对局外人造成重大贸易转移影响和规制"锁定"。发展中国家似乎尤其如此。

现有研究显示，在区域性层面的统一可能转移贸易。特别是这些贸易转移会对发展中国家的出口产生负面影响。在特惠贸易协定中的具体规定似乎遵循一种"中心辐射形"结构，较大的贸易伙伴构成中心，其标准构成轮辐。

因此，TBT区域性规定存在锁定效应风险。对一项地区性标准的统一可能会增加进一步多边贸易开放的成本。如果采用一项特定标准涉及负担某种形式的固定成本，区域性规定可能成为多边合作的"绊脚石"。

（六）技术性贸易措施提升的总体贸易保护水平

技术性贸易措施的种类很多，而且不易在不同国家和行业之间对它们进行比较。不过，现有文献显示，技术性贸易措施会严重扭曲贸易，其作用甚至比关税还严重。此外，技术性贸易措施对总体保护水平的相对贡献似乎随着人均GDP水平的上升而升高。

多项研究通过估计"从价关税等值"（AVE）对技术性贸易措施对国际贸易的影响进行了定量。对不同国家和关税细目分别进行平均后，技术性贸易措施造成的贸易限制几乎是关税的两倍。最新证据表明，随着关税的降低，技术性贸易措施对总体贸易限制水平的贡献可能进一步升高。证据还显示，随着WTO成员富裕程度的提高，技术性贸易措施相对于关税的贸易限制作用也会提高。此外，农产品的平均从价关税等值（AVE）似乎要比制造产品要高得多。

第二节　基于欧美日工业制品扣留（召回）信息的技术性贸易措施影响

一　国外扣留（召回）中国消费类产品概况

2015年，欧盟、美国、加拿大、日本、韩国扣留（召回）中国不合格消费类产品总计2132批次。从图14-4中可以看出，欧盟和美国作为中国的最大贸易伙伴，随着中国出口量的增加，出口到这些国家产品被扣留（召回）的批次也是最多的。

在被扣留（召回）的中国消费类产品2132批次中：①欧盟召回消费类产品共计1273批次。其中，欧盟健康消费者保护总司1151批次，欧盟食品和饲料委员会122批次。占中国消费类产品被扣留（召回）总批次的59.7%。②美国召回消费类产品共计611批次。其中，美国食品和药品管理局445批次，美国消费品安全委员会166批次。占中国消费类产品被扣留（召回）总批次的28.7%。③加拿大卫生部召回消费类产品共计131批次，占中国消费类产品被扣留（召回）总批次的6.1%。④韩国食药厅召回消费类产品共计86批次，占中国消费类产品被扣留（召回）总批次的4.0%。⑤日本厚生劳动省扣留（召回）消费类产品共计31批次，占中国消费类产品被扣留（召回）总批次的1.5%（见图14-4）。

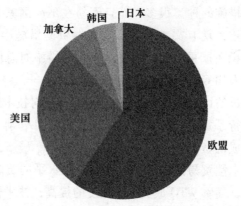

图14-4　2015年欧盟、美国、加拿大、日本、韩国扣留
（召回）中国不合格消费类产品情况

资料来源：国家质检总局官方网站。

二　受阻产品类别分析

2015年，欧盟、美国、加拿大、韩国、日本扣留（召回）中国不合格消费类产品涉及5大类。其中，轻纺类产品被扣留（召回）批次最多，其次为机电类产品，分别占被扣留（召回）总批次的35.79%和29.36%。最后是玩具类产品，占18.86%（见图14-5）。

从图14-5可以看出，轻纺类产品被扣留的比例最高。一是轻纺类产品与消费者日常生活密切相关；二是伴随着经济全球化的深入发展，国际间的贸易往来越来越频繁，随之产生的贸易摩擦也呈现出快速增长之态势，以技术性贸易措施为特征的贸易保护日趋严重。中国主要贸易伙伴欧盟、美国的技术性贸易措施已从对轻纺等产品本身的性能、质量设限，发展到对产品生产、包装、标签标志、加工运输等全过程提出更高要求，各项检测标准也日趋复杂。各种贸易保护政策不断增多，形式也在不断更新，很大程度上抬高了我国轻纺类产品的出口门槛。

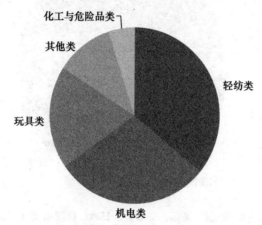

图14－5　欧盟、美国、加拿大、韩国、日本扣留（召回）中国不合格消费类产品类别分析

资料来源：国家质检总局官方网站。

三　受阻产品原因分析

通过对 2015 年中国消费类产品被欧盟、美国、加拿大、日本、韩国扣留（召回）原因的统计表明，主要原因是产品可能使消费者受到危害，共有 701 批次，占 32.88%，位居第一；由于电性能方面的原因被扣留（召回）的产品 337 批次，占 15.81%，位居第二；由于化学性能方面的原因被扣留（召回）的产品 278 批次，占 13.04%，居第三位。其他原因占比分别为：其他原因占比分别为：污染物 12.76%、证书不合格8.68%、品质 7.83%、标签不合格 4.97%、致敏源 2.67%、微生物0.80%、生物毒素 0.19%、机械物理 0.19%、农兽药残 0.09%、食品添加剂 0.05% 以及辐照 0.05%。（见图14－6）。①

───────────

① 中华人民共和国 WTO/TBT－SPS 国家通报咨询中心：《2015 年国外扣留召回我国产品分析报告》，中国技术性贸易措施网，http://www.tbtsps.cn/page/showswf.jsp?modelType=5&id=48b4ed10866c6f6d。

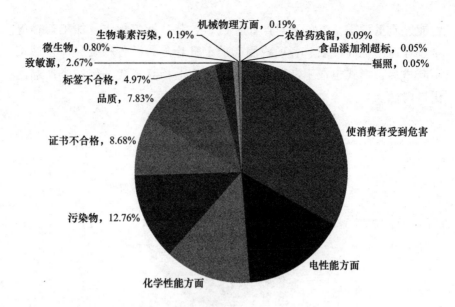

**图 14-6 欧盟、美国、加拿大、日本、韩国扣留（召回）
中国不合格消费类产品原因分析**

资料来源：国家质检总局官方网站。

第三节 基于国家质检总局调查数据的
技术性贸易措施影响

在多边贸易体制不断完善的今天，传统关税壁垒的贸易保护作用逐渐被弱化。以技术性贸易措施为代表的非关税壁垒则以其隐蔽性和难以逾越性成为许多国家，尤其是发达国家以合理借口构筑实质性贸易壁垒的工具。近年来，我国出口企业也遭遇了国外技术性贸易措施的严重影响，对企业造成了直接损失和成本负担。

为了解主要贸易伙伴技术性贸易措施对我国出口影响情况，国家质检总局 2006—2015 年在全国范围内共抽取 27200 多家（次）出口企业，就上一年度受国外技术性贸易措施的影响开展调查。

从调查情况来看，全国约 1/3 的出口企业不同程度地受到国外技术性贸易措施的影响，十年中造成直接损失 5528.8 亿美元，新增成本

2191.3 亿美元，技术性贸易措施已经成为仅次于汇率对中国出口影响最大的贸易障碍，必须引起社会各界的广泛重视。

一 受影响企业比例

首先分析 2005—2014 年中国企业受国外技术性贸易措施影响的比率，从图 14 - 7 可以看出，中国受国外技术性贸易措施影响的企业比率持续上升，从 2005 年的 25.1% 增加到 2014 年的 36.1%，2012 年波动至谷底的 23.9%，2013 年达到最高点 38%，受影响企业的十年平均比率为 32.6%。

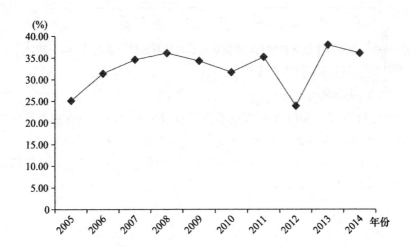

图 14 - 7　受国外技术性贸易措施影响的企业比率（2005—2014 年）

资料来源：国家质检总局官方网站。

二 直接损失额及损失率

（一）直接损失额

分析 2005—2014 年中国出口因国外技术性贸易措施影响而遭受的年直接损失额①，从图 14 - 8 可以看出，国外技术性贸易措施对中国出口造成的直接损失呈持续增长态势：从 2005 年的 288.1 亿美元增至 2014 年的 755.2 亿美元，增幅达 162.1%；2013 年震幅有小幅下降波动。

---

① 直接损失额是指进口国技术性贸易措施给企业出口造成的直接损失，包括产品被进口国主管机构扣留、销毁、拒绝进口（退货）、产品降级降等、丧失订单等而遭受的直接损失金额。

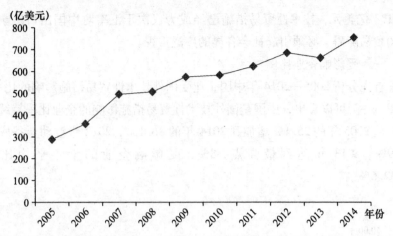

图 14 - 8　国外技术性贸易措施对中国出口造成的直接损失情况（2005—2014 年）

资料来源：国家质检总局官方网站。

（二）直接损失率

再分析 2005—2014 年国外技术性贸易措施对中国出口造成的直接损失率①，图 14 - 9 的统计显示，2005—2014 年基本维持在 3.0%—4.0%，十年平均损失率为 3.7%，2009 年国际金融危机之后达到最高峰值 4.8%，2013 年震荡至谷底 3%。

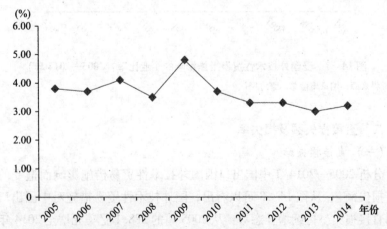

图 14 - 9　国外技术性贸易措施对中国出口造成的直接损失率（2005—2014 年）

资料来源：国家质检总局官方网站。

———————

①　国外技术性贸易措施对我国出口企业造成的直接损失额占当年中国出口总额的比率称直接损失率。

三　新增成本及成本率

（一）新增成本

分析国外技术性贸易措施对中国出口造成的新增成本①，图 14 - 10 显示，全国出口企业新增成本推算值（由于 2005 年是第一次被调查年份，因此无法测算与前一年相比较的新增成本）在 2006—2014 年，除 2007 年数值较高（264.3 亿美元）外，基本维持在一个比较稳定的水平，并小幅上升；到 2012 年达到最高值 280.2 亿美元，之后呈下降趋势；2006—2014 年的平均新增成本为 243.5 亿美元。

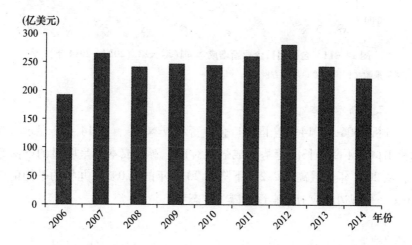

图 14 - 10　国外技术性贸易措施对中国出口造成的新增成本（2006—2014 年）
资料来源：国家质检总局官方网站。

（二）新增成本同比增长率

基于上述 2006—2014 年国外技术性贸易措施对中国出口造成的新增成本值，再分析 2007—2014 年全国出口企业新增成本同比增长率，图 14 - 11 显示，历年来全国因技术性贸易措施而新增成本的同比增长率呈下降趋势，从 2007 年的 37.90% 降到 2013 年的谷底 - 13.50%，2014 年为 - 8.37%。

---

　　①　新增成本包括中国出口企业为适应国外技术性贸易措施新要求而进行的工艺设计、技术改造、包装及标签更换、新增检验、检疫、认证等产生的相关费用。

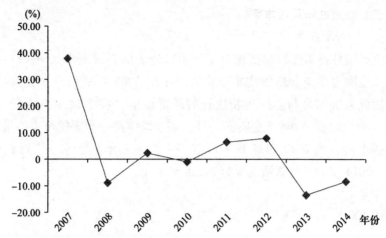

图 14 - 11　全国出口企业新增成本同比增长率（2007—2014 年）

资料来源：国家质检总局官方网站。

（三）新增成本率

分析 2006—2014 年全国出口企业新增成本率①，图 14 - 12 显示，与每年出口额不断增长的趋势形成强烈对比，新增成本率呈明显的下降趋势，从 2007 年的最高值 2.2% 下降到 2014 年的 1.0%。九年的平均值为 1.6%，呈现边际应对成本逐渐减少之态势。

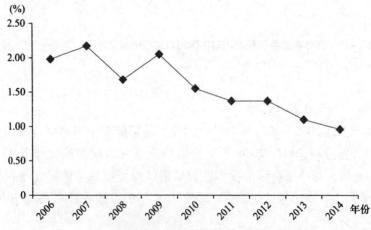

图 14 - 12　全国出口企业新增成本率（2006—2014 年）

资料来源：国家质检总局官方网站。

---

① 每年新增成本占同年出口额的比率称为新增成本率。

（四）新增成本、新增成本同比增长率、新增成本率分析

新增成本、新增成本同比增长率、新增成本率一致走低的趋势，反映了随着出口贸易的不断发展，企业前些年在设备投入、技术研发等方面的不断积累，逐渐在后期的应对中发挥了作用，因此近几年的新增成本增加较少，同时也一定程度上体现了加入 WTO 以来我国在应对国外愈演愈烈的技术性贸易措施上积累了经验，取得了一定的成绩。

实践表明，企业应对技术性贸易措施中，短期内 TMT 对企业的影响较大，长期而言随着技术的提升成本会逐渐下降。得模型如下：

$$\Delta C = aTMT - bT + \delta \qquad (14-1)$$

上式反映了中国应对国外技术性贸易措施中，新增的边际成本（ΔC）与国外技术性贸易措施（TMT）频数成正比，即逐年递增。而随着"干中学"式的技术进步，积累了应对 TMT 经验，边际成本（ΔC）与时间 T 成反比，即逐年递减。

四 不同类别、性质企业受到的影响

（一）不同类别企业所受影响分析

分析产品生命周期内生产加工制造型和流通贸易型这两类企业所受国外技术性贸易措施的影响状况。图 14-13 显示，生产加工造型型企业受到国外技术性贸易措施影响的比例明显高于流通贸易型企业。从十年的平均水平来看，生产加工造型型企业中受到过国外技术性贸易措施影响的超过 1/3，而流通贸易型企业该比例则仅有 1/4。可以认为，由于流通贸易型企业在产品的选择上相对灵活，比较容易避开技术要求苛刻的领域，因而，技术性贸易措施的限制最终更多地由生产加工造型型企业来承担和应对，这种新的国际贸易竞争环境一方面倒逼生产企业技术和实力的提升，另一方面也倒逼企业从低价竞销和以量取胜转型为以质取胜。

（二）不同性质企业受影响分析

按照国有企业、民营企业、港澳台资企业和外资企业分类，分析2005—2014 年不同所有制性质企业受国外技术性贸易措施影响变化状况，如图 14-14 所示。

我国港澳台资企业是受国外技术性贸易措施影响最严重的企业，十年的平均受影响率为 34.5%。除 2005 年和 2014 年低于同年年度平均值外，其他八年都远远超出年度平均值，并基本保持在其他三类企业之上。

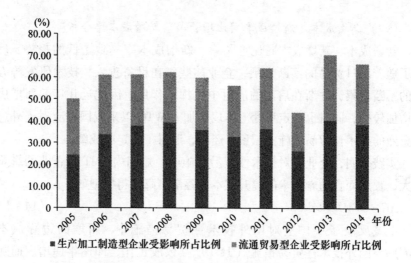

图 14 – 13　不同类别企业受国外技术性贸易措施影响（2005—2014 年）
资料来源：国家质检总局官方网站。

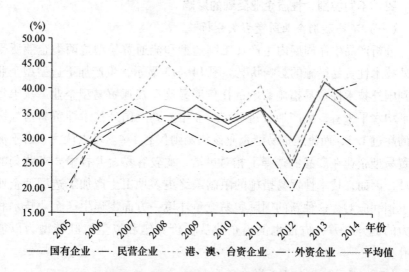

图 14 – 14　不同性质企业受国外技术性贸易措施影响（2005—2014 年）
资料来源：国家质检总局官方网站。

民营企业历年来受影响面的曲线走向与历年年度平均值的走向几乎重合，十年的平均受影响率为 33.9%，从民营企业受国外技术性贸易措施影响的程度及走势也可以直接看出中国出口企业整体平均受影响状况。

国有企业受国外技术性贸易措施的影响，除 2006—2008 年比同年年度平均值低以外，其他年份都略高于年度平均值和民营企业，十年的平均率为33.2%。表明相对于民营企业来说，国有企业更加注重适应国外技术性贸易措施的变化，在资金、设备、材料等方面的投入更加灵活和充足。

外资企业是受国外技术性贸易措施影响最小的企业，十年的平均值为28.8%，大部分年份的受影响比例在30.0%以下。外资企业普遍拥有比较先进的生产和管理技术，能较好地与国际接轨并按照国际标准组织生产，具有信息优势和认证检测便利条件，应对国外技术性贸易措施具有较强的竞争优势。

综上所述，在不同性质企业中：①港澳台资企业是受国外技术性贸易措施影响最严重的企业，但2014年开始下降。②民营企业代表着中国企业整体平均水平，2014年影响面达到新高，是应对技术性贸易措施的关键点。③国有企业在应对国外技术性贸易措施时具有充足的资源和较大的灵活性。④外资企业由于具有应对国外技术性贸易措施的竞争优势而受影响最轻，这可用异质性企业全球组织生产抉择解释跨国企业行为和生产组织。

五　贸易保护政策类别、合格评定成本及损失形式占比

（一）贸易保护政策类别占比

针对技术性贸易措施、反倾销、反补贴、配额、许可证、关税、汇率和其他贸易保护措施暨贸易保护政策，分析2006—2014年（暂缺2005年此项调查数据）中国企业在出口中遇到的主要障碍。这些障碍从高到低排列，依次为汇率、技术性贸易措施、关税、许可证、反倾销、配额、反补贴及其他。其中，汇率、技术性贸易措施、关税分别占31%、20%和19%。如图14-15所示。

分析表明，汇率、技术性贸易措施、关税已经远远超过反倾销、反补贴、配额、许可证这些措施对企业出口的影响。其中，汇率一直是影响出口的最大因素，成为第一要因；技术性贸易措施除2012年、2013年被关税超越外，其他年份也一直位居第二，成为仅次于汇率对中国出口影响最大的贸易障碍，必须引起足够重视；特别是随着全球经济一体化的不断发展，关税的影响将越来越小。

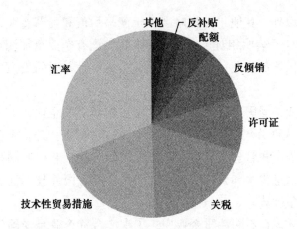

图 14 - 15　中国企业在出口中遇到的主要障碍对比（2006—2014 年）
资料来源：国家质检总局官方网站。

（二）合格评定成本占比

为确保产品符合国外技术性贸易措施要求，或根据国外技术性贸易措施的要求，出口企业必须投入一定的成本对产品进行必要的测试、检验、认证和注册。图 14 - 16 为 2005—2014 年出口企业每年的产品测试等费用占本企业出口额比率变化。

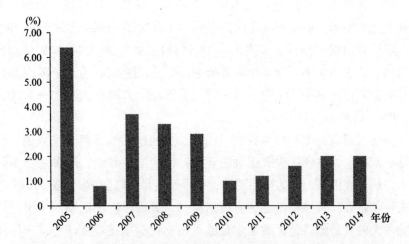

图 14 - 16　出口企业产品测试等费用在出口额中占比（2005—2014 年）
资料来源：国家质检总局官方网站。

从图 14 - 16 可以看出，出口企业产品测试等费用在出口额中占比从 2005 年的 6.4% 下降到 2006 年的 0.8%，变化幅度较大。2007 年以后相对趋于平稳，2010 年降至 1%，2014 年则为 2.0%。

（三）损失形式占比

1. 损失形式的占比

分析 2005—2014 年中国出口企业受损形式，进口方往往以中国企业出口产品不能满足其特定的技术要求为由，而对中国产品采取多种形式的阻碍措施，包括取消订单，对货物进行扣留、销毁、退回、改变用途、降级等形式，使中国企业遭受经济损失。图 14 - 17 显示，2005—2014 年，丧失订单是造成损失的最主要表现形式，在全部损失形式中所占的比例为 36%，其次是退回货物、降级处理，在全部损失形式中占比分别为 13% 和 11%。

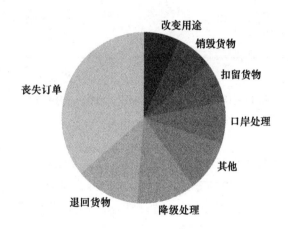

图 14 - 17　企业受损形式占比（2005—2014 年）

资料来源：国家质检总局官方网站。

2. 损失形式的频次

分析 2006—2014 年出口企业遭受不同形式损失的频次总和[①]，图 14 - 18 显示，2006—2012 年，出口企业受损失数量变化比较平稳，表明企业每年受损的形式变化不大，而 2012 年以后企业受损形式的频次总和

———————

① 如若一家企业一年中同时遭遇过取消订单、扣留、销毁、退回 4 类损失形式，则计为 4 次，因该统计是 2006 年后才开展的，因此 2005 年数据为零。

出现明显增长，同比分别上升 24.6% 和 42.2%，分析认为，除了与被调查企业的抽样数量增大有关外，近年来，企业遇到的技术性贸易措施的形式呈现多样化，一个企业一年中可能会遇到多种形式的技术性贸易措施，即：丧失订单、扣留货物、销毁货物、退回货物、口岸处理、改变用途、降级处理和其他。

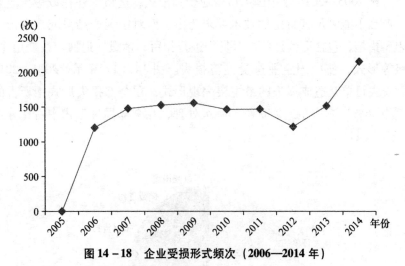

图 14 - 18 企业受损形式频次（2006—2014 年）

资料来源：国家质检总局官方网站。

六 企业的技术性贸易措施信息来源、做法及预期

（一）出口企业获取国外技术性贸易措施信息来源

根据国家质检总局的调查，分析中国出口企业获取国外技术性贸易措施信息来源，如图 14 - 19 所示。

图 14 - 19 表明，2005—2014 年，企业的技术性贸易措施信息来源依次通过：检验检疫机构、国外经销商、媒体、行业商协会、其他政府部门、TBT/SPS 网站、国外政府网站、其他途径、中国 TBT/SPS 咨询点、驻外使馆、驻华使馆、国外 TBT/SPS 咨询点等途径获取。

（二）企业在遭遇国外技术性贸易措施时采取的做法分析

图 14 - 20 表明，企业在遭遇国外技术性贸易措施时采取的做法频次从高到低依次为：提高竞争力、与外商交涉、向质检部门报告、向行业商协会报告、向商务部门报告、向其他主管部门报告、采取其他措施、不再出口、向驻外使馆报告等。

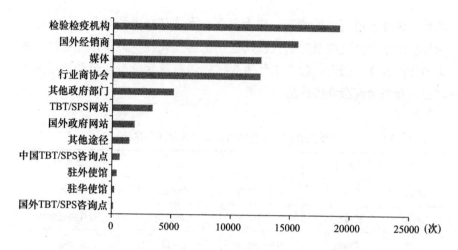

图 14 - 19　企业获取技术性贸易措施信息来源途径（2005—2014 年）
资料来源：国家质检总局官方网站。

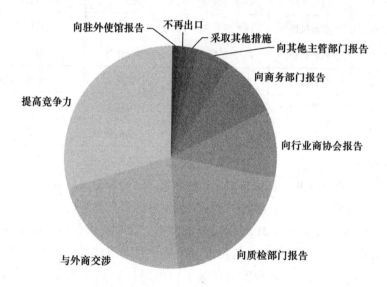

图 14 - 20　企业遭遇国外技术性贸易措施时采取的做法（2005—2014 年）
资料来源：国家质检总局官方网站。

表 14 -3 列出了企业获取技术性贸易措施信息前四种途径的每年排名，可以看出，质检机构是企业获取技术性贸易措施信息的第一途径（25.9%），远高于其他各类途径，说明质检机构这些年来为企业提供技术性贸易措施信息方面所做的努力，得到了企业的认可并取得了一定的

成效。国外经销商（21.2%）作为与企业直接打交道的对象，其信息从某种程度上来说更加及时、直接，企业也非常关注；另外，行业协会商会的作用也逐年提升，除个别年份媒体排名有所靠前外，企业近年来更多在行业协会商会获得信息。

表14 - 3　　　　　企业获取技术性贸易措施信息的前四种途径

年份	第一位	第二位	第三位	第四位
2005	质检机构	国外经销商	行业协会商会	媒体
2006	质检机构	媒体	国外经销商	行业协会商会
2007	质检机构	国外经销商	媒体	行业协会商会
2008	质检机构	国外经销商	媒体	行业协会商会
2009	质检机构	国外经销商	媒体	行业协会商会
2010	质检机构	国外经销商	行业协会商会	媒体
2011	质检机构	国外经销商	行业协会商会	媒体
2012	质检机构	国外经销商	行业协会商会	媒体
2013	质检机构	国外经销商	行业协会商会	媒体
2014	质检机构	国外经销商	行业协会商会	媒体

（三）出口企业在应对国外技术性贸易措施时希望得到的帮助分析

分析2005—2014年企业在应对国外技术性贸易措施时希望得到帮助的选项比例，如图14 - 21所示。分析表明，及时提供信息、技术指南、技术咨询是出口企业最迫切的需求，在企业的需求选择中分别占28%、21%和20%。这在一定程度上反映了中国出口企业在获取信息方面依然存在困难，缺乏有效应对国外技术性贸易措施的策略，迫切需要相关政府部门和机构发挥更大的作用，及时提供有关的最新信息和应对技术指导，在企业遇到问题时能提供技术咨询和培训。同时也希望政府部门能加大对外（包括多边和双边）的交涉力度，积极为企业争取更大权益。

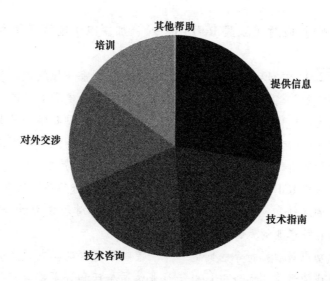

图 14 - 21　企业在应对国外技术性贸易措施时希望得到的帮助（2005—2014 年）
资料来源：国家质检总局官方网站。

第四节　技术性贸易措施的倒逼机制

技术性贸易措施效应的经验证据：倒逼机制

技术性贸易壁垒的双重性质必将导致其对进出口国经济效应的复杂性。迄今国内外学者对 TBT 经济效应研究以理论定性分析为主、实证定量研究为辅，近年已呈现出向实证定量研究快速发展的趋势。

技术性贸易措施对于推动中国经济提质升级的作用体现在两个方面：

一是可以借鉴先进理念，引导转型升级。发达国家制定的技术性贸易措施，往往蕴含大量先进技术和管理经验，为我国产业转型升级提供了良好借鉴样本。

二是形成倒逼机制，促进产业升级。标准、法规、合格评定程序这些技术性措施是市场准入的"门槛"，是推动技术进步的"硬约束"。通过提高标准、检验检测认证要求等方式，可以促使相关企业提升技术工艺和管理水平，带动产业提质升级。

[案例1] 应对《欧盟 RoHS 指令》，加快电子电气产品污染控制进程

欧盟 2002/95/EC 指令即"关于在电气电子设备中限制使用某些有毒有害物质指令"，简称 RoHS 指令，其核心内容就是电子电气产品中限制包括铅在内的6种有毒有害物质的使用。该指令于 2006 年 7 月 1 日正式实施，涉及我国十大类近 20 万种机电产品的出口，而且当时中国的相关产业仍大量使用含铅物质，比如铅酸电池产量约占世界的 1/3。

为了适应 RoHS 指令，国内电子电气产业积极进行生产工艺的革新、替代材料的选择和全供应链的管控，通过技术和管理能力水平的提升，陆续实现相关产业的无铅化生产。

在成功应对欧盟指令的同时，为了控制和减少电器电子产品废弃后对环境造成的污染，促进电器电子行业清洁生产和资源综合利用，鼓励绿色消费，保护环境和生命健康，根据《中华人民共和国清洁生产促进法》《中华人民共和国固体废物污染环境防治法》《废弃电器电子产品回收处理管理条例》等法律、行政法规，2016 年 1 月 29 日，中华人民共和国工信部、发改委、科技部、财政部、环保部、商务部、海关总署、国家质检总局八部委联合发布了第 32 号《电器电子产品有害物质限制使用管理办法》，并于 2016 年 7 月 1 日开始正式实施，同时取代 2006 年版中国 RoHS《电子信息产品污染控制管理办法》。

[案例2] 破解日本《肯定列表制度》，助推食品农产品出口创新高

2006 年，日本《肯定列表制度》实施后，由于其规定了比原先苛严许多的农残限量指标，造成我国出口日本的食品农产品农残不合格批次急剧增加，出口量显著下降，2008 年下降 31.6%，但经过质检总局、商务部、农业部及各地方政府、行业企业的共同努力，我国输日产品不合格问题较好地得到控制，出口量也在 2011 年完全恢复并突破历史最高水平。见图 14-22 和图 14-23。

[案例3] 技术性贸易措施在跨国公共安全卫生中的应用

"埃博拉"病毒感染的死亡率高达 90% 以上，肆虐西非多个国家并蔓延到美国、西班牙等国，共造成 19031 人患病，其中死亡人数达 7373 人，号称"非洲死神"。

非洲的埃博拉疫情还没有完全结束，美洲就出现了一种虫媒病毒即寨卡病毒（Zika Virus）的暴发流行。2015 年 5 月至 2016 年 1 月，共报

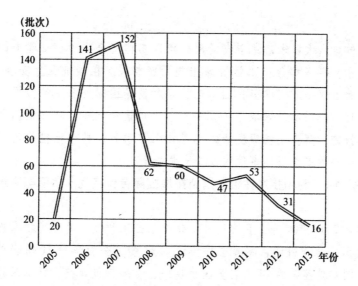

图 14 –22 日本"肯定列表"实施前后我国输日食品农产品违规批次年度变化
资料来源：根据国家质检总局官方网站及相关资料整理而成。

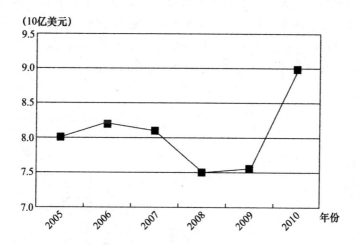

图 14 –23 日本"肯定列表"实施前后我国输日食品农产品贸易额变化
资料来源：根据国家质检总局官方网站及相关资料整理而成。

道 4000 例感染寨卡病毒的孕妇分娩了小头畸形儿，与往年小头畸形的比例相比，上升了 20 倍。截至 2016 年 1 月 26 日，有 24 个国家和地区有疫情报道，其中 22 个在美洲，目前欧洲多国也有报道，有蔓延全球之势。

党的十八大以来，党中央提出构建以总体安全观为核心理念的国家安全体系，很多都与技术性贸易措施紧密相关。在国境卫生安全方面，面对非典、疯牛病、埃博拉出血热、口蹄疫等国际疫病疫情传播和突发安全事件，我国及时采取了关闭口岸、加严国境检疫、增加检测项目等技术性措施，实现了疫病疫情的"零传入"目标。技术性措施已经成为应对跨国公共安全卫生事件的核心技术手段。

[案例4] 利用技术性贸易措施拓展国际合作空间、争取国际规则话语权

截至2015年年底，我国已与100多个国家和地区建立了技术性贸易措施的国际合作机制，签署合作协议1193份，全面参与21个自贸区谈判，我国对外签署的14个自贸区协定中，全部都包含技术性贸易措施条款并作为独立章节，这也充分表明了技术性贸易措施对于国际经济合作的重要意义。

全方位加入相关国际组织和多双边互认体系，并在争取国际规则话语权上取得重大进展。我国相继成为国际标准化组织（ISO）和国际电工委员会（IEC）常任理事国，承担ISO/IEC技术机构TC/SC主席、副主席及秘书处数量显著增加（见图14-24和图14-25）。

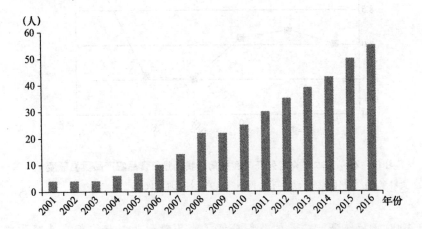

图14-24 中国承担ISO/IEC技术机构主席、副主席数量

资料来源：根据国家质检总局官方网站及相关资料整理而成。

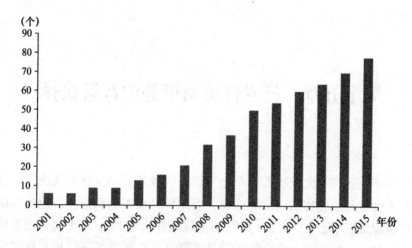

图 14 - 25　中国承担 ISO/IEC 技术机构秘书处数量

资料来源：根据国家质检总局官方网站及相关资料整理而成。

　　分析表明，我国承担 ISO/IEC 技术机构主席、副主席及秘书处数量的变化均呈现出上升的趋势。这说明我国在参与国际标准制修订中所发挥的作用在逐步提高。

第十五章　技术性贸易措施的政策抉择

基于上述技术性贸易措施产业特征、区域特征和全球宏观统计，以及技术性贸易措施的国内政府干预、国际贸易保护和政策经济效应；面对经济发展新常态、"一带一路"国家战略和全球 FTA/RTA 提出的新挑战；如何从战略高度、系统角度、宏观视角、长远发展进行技术性贸易措施政策的相机抉择，是本章的研究重点。

第一节　面临挑战

一　经济发展新常态提出的新挑战

习近平总书记第一次提及"新常态"是在 2014 年 5 月考察河南的行程中。并在 2014 年 11 月 9 日的亚太经合组织（APEC）工商领导人峰会上进一步表示："新常态将给中国带来新的发展机遇。"中国进入经济发展新常态后，经济结构、发展方式和驱动转向都发生了一系列深刻的变化，质量安全的战略基础地位与日俱增，供给侧结构和消费结构都面临着优化升级的需求。为此，党中央提出加强供给侧结构性改革，推进"去产能、去杠杆、去库存、降成本、补短板"，带动中国经济提质升级。新常态下从供给侧结构性改革的政策导向看，技术性贸易措施的重要性越来越显现：一方面，随着质量安全需求的提升、产业升级和消费升级的压力越来越大，需要我们进一步加强技术性贸易措施；另一方面，技术性贸易措施也是推进供给侧结构性改革的重要政策工具，具有国际通行、行业通用、科学高效等优点，能够提供准确的科学指标、评价信号、判定依据和分析结论，在淘汰落后产能、优化产业布局、帮助中国企业降低成本和提高竞争力等方面大有可为，需要我们充分用好技术性贸易措施这个政策工具。从而抓住"经济增量、增长活力、发展前景和市场活力"带来的发展机遇，有效应对经济发展新常态提出的挑战。

二　"一带一路"战略提出的新挑战

2013 年 9 月 7 日，习近平总书记在哈萨克斯坦纳扎尔巴耶夫大学发表演讲时提出共建"丝绸之路经济带"；2013 年 10 月 3 日，习近平在印度尼西亚国会演讲时提出共建 21 世纪"海上丝绸之路"；2014 年 5 月 21 日，习近平在亚信峰会主旨发言时提出加快推进"丝绸之路经济带"和"21 世纪海上丝绸之路"建设；2014 年 11 月 8 日在加强互联互通伙伴关系对话会上，习近平指出共同建设丝绸之路经济带和 21 世纪海上丝绸之路与互联互通相融相近、相辅相成；2016 年 8 月 17 日，习近平就推进"一带一路"建设提出 8 项要求。① 十八大和十八届五中全会提出了：构建开放型经济新体制，争取国际竞争新优势，在国际治理体系中争取更多制度性话语权。为此，党中央提出推进"一带一路"建设、自贸区战略等国家战略构想，以促进互联互通、加强国际合作的整合升级、发挥地缘政治优势、推进多边跨境贸易及交流合作的平台建设。技术性贸易措施既是国际经济治理体系中制度性话语权的集中体现，也是推进"一带一路"互联互通建设的桥梁纽带和政策工具。但当前，"一带一路"技术性贸易措施的国际合作机制还不完善，来自沿线国家的技术性贸易壁垒还较烦琐。在衡量贸易便利化程度的认证认可方面，目前我国与"一带一路"沿线国家和地区建立合作机制或签订合作协议的只有 10 个，建立合作渠道的 20 个，还有 30 多个国家和地区尚未开展合作。俄罗斯等国还存在比较突出的技术性贸易壁垒现象，严重滞后于双方政治关系的发展。

三　全球 FTA/RTA 提出的新挑战

伴随着经济一体化的深入发展，世界经济正由多边向区域转变。全球自由贸易区（Free Trade Area，FTA）发展经历着：①WTO 多边谈判受阻，从而出现"FTA 热"；②FTA 谈判趋于"广域"，从相邻国家（地区）向跨区域转变；③区域贸易协定（Regional Trade Agreement，RTA）呈现出很强的发展势头，参加 RTA 已经成为很多国家对外经济政策的中心或优先选择；④大国参与 RTA 谈判，从而令"大型 RTA"

---

①　习近平：《让"一带一路"建设造福沿线各国人民》，新华网 2016 - 08 - 17（引用日期 2016 - 08 - 17）。

不断涌现；⑤出现"RTA"连锁现象，且一个国家同时推动多项RTA谈判。

发达国家主导的大型RTA有大量内容涉及技术性贸易措施条款，这些RTA在遵循WTO/TBT－SPS基本原则的基础上，在许多方面提出了更高标准，比如对技术性贸易措施的透明度、技术磋商等强化了设置方的义务，增加了相关方参与制定的权利，不仅一些技术性贸易措施的苛严程度和约束力远远超过了WTO/TBT SPS协定，而且在机械、电子及食品等产业提出了更高的要求。发达国家企图通过区域性自贸区建设主导新一代全球经贸规则。

在此背景下，我国技术性贸易措施建设步伐若再滞后，则将面临被边缘化的风险。因此，发达国家的大型RTA在技术性贸易措施方面的影响是显而易见的，需要我们跟踪观察、研究动态、分析趋势、妥善应对。

第二节　应对策略

一　从战略高度谋划技术性贸易措施体系架构

技术性贸易措施的战略性、系统性、关联性较强，需要战略上高度重视、统筹推进。基于国家宏观视角分析，需要将技术性贸易措施纳入国家总体规划和相关专项规划，作为国家产业体系、对外开放体系、国家安全体系的重要组成部分，提升政策研究和实施力度。基于部门和地方政府视角分析，需要各部门、各地方政府进一步重视技术性贸易措施的作用，将技术性贸易措施作为服务地方经济、行业发展的重要技术手段。近年来，很多地方政府越来越重视技术性贸易措施工作，将其融入区域发展战略，作为质量强省强市、加快开放开发的战略举措，创造了值得推广的成功经验。

二　从系统角度完善技术性贸易措施协同机制

全国技术性贸易措施部际联席会议作为议事协调机构，还需要在机制、制度上进一步完善，提高工作效率；需要各部门积极配合，形成协同合力。在国内，紧密联动、协调发力，特别是在组织行业参与、反映行业诉求等方面加大力度；在国际上，密切配合、统一发声，在事关国家重大利益的国外技术性贸易措施应对、中国技术性贸易措施政策出台方面加强协作，形成内外"一条线"格局。

三　从宏观视角推动技术性贸易措施深度融入经济社会发展

适应发展新常态对技术性贸易措施的新需求，深入挖掘技术性贸易措施在各个产业、各个地方的作用空间，让技术性贸易措施的潜力得到充分发挥。对外开放方面，在"一带一路"、自贸区战略实施中，应当把技术性贸易措施作为经贸谈判的重点议题、互联互通建设的先行手段，加强与国外技术性贸易措施的协调对接，达成更多的便利化安排。当前，尤其应当把提升技术性措施能力水平作为争取国际治理体系制度性话语权的重要措施，提出具有中国优势和国际吸取力的多双边方案，避免与竞争对手形成技术性措施的"高差"，深化与区域国家和地区的经贸依存关系；国内建设方面，将技术性贸易措施作为供给侧结构性改革的政策工具，在"中国制造2025"、消费品质量提升等行动计划中充实技术性贸易措施内容，大力推进国家标准、计量、合格评定体系的建设，解决部分领域标准偏低、检验检测能力不强、认证制度不健全等问题，提高产业技术和市场准入门槛，用技术手段淘汰落后产能、优化产业布局，带动国内产业优化升级。

四　从长远发展提高各方参与技术性贸易措施工作的积极性

政府层面，要发挥好组织引导和协调服务作用，加强制度、机制、政策环境和人才队伍建设，为各类主体参与提供良好服务，营造社会各方共建共享的格局；企业层面，要充分发挥广大企业特别是行业龙头企业的主体作用，强化运用技术性措施维护自身利益的意识和能力，利用多种场合和途径表达合理诉求；社会层面，要发挥好行业协会、学会等行业组织的渠道作用，鼓励行业协会参与技术性贸易措施工作，健全国外技术壁垒行业损害调查机制，提高协同应对能力。此外，应积极培育技术性贸易措施的专业服务机构，鼓励有条件的地方建立技术性贸易措施公共服务平台。当前，技术性贸易措施的影响日益深入，必须高度重视、研究和加强技术性贸易措施工作，关注国外技术性措施在本部门、本行业、本地区的反映和影响情况，组织相关行业和企业做好分析应对工作，在行业管理和区域发展中积极运用技术性贸易措施，共同完善我国的技术性贸易措施体系。

第三节　政策选择

一　着力统筹协调、措施系统和基础保障，构建 TMT 国家战略体系

目前，中国经济正处于"速度换挡、结构调整、动力转换"的节点上。分析国内外形势，世界经济增长低迷态势仍在延续，"逆全球化"思潮和贸易保护主义倾向有所抬头，主要经济体政策走向及外溢效应变数较大，不稳定和不确定因素明显增加。围绕经济工作的总体布局和要求，如何解决工业化进程中的速度与质量不匹配问题、构建技术性贸易措施国家战略体系显得尤为重要。

（一）出台国家技术性贸易措施指导意见

技术性贸易措施工作涉及中央地方多个层级和政府企业多个方面，是一项需要始终强化组织领导和统筹协调的系统工程。出台国家技术性贸易措施指导意见，可以达到统一部署、各司其职、协同配合、资源共享、整体协调的政策效应；可以引导企业参与技术性贸易措施工作，发挥企业应对国外技术性贸易措施的主体作用；可以加强多双边、多渠道的沟通与磋商，推动国际合作的深入发展。

（二）完善国家技术性贸易措施体系

加强顶层设计，强化科技创新和技术支撑，借鉴国际先进理念，遵循国际规则，全面提升我国技术性贸易措施的科学性和系统性。健全完善技术性贸易措施信息收集、分析、预警、应对等体制机制。在科技支撑、理论研究、政策制定、制度建设、督导检查、信息反馈和专项任务等方面为技术性贸易工作提供保障。加快完善产业服务机制，利用各种社会资源，吸引各类经济主体，共同开展技术性贸易措施体系建设。

（三）构建国家技术性贸易措施工作机制

按照不同的区域经济、产业结构和技术水平状况，明确职责分工，有效配置系统资源，实现中央与地方上下联动，构建我国技术贸易措施工作机制。强化与政府相关职能部门、研究机构、行业协会和企业的沟通协作，充分调动各方积极性，逐步形成"政府、行业、企业"共同应对国外技术性贸易措施的联动工作机制。关注全球产业价值链，充分借鉴发达国家的成熟经验，不断完善技术性贸易措施工作机制。

（四）构建技术性贸易措施公共平台

加快技术性贸易措施公共服务信息平台建设。在总结各地技术性贸易措施信息平台运行经验的基础上，构建统一规划、分工维护、资源共享和信息广泛的技术性贸易措施信息平台，实现对我国主要出口产品、重要贸易伙伴及对我国进出口贸易影响较大国家的技术性贸易措施全覆盖，为企业和政府部门提供全方位的技术性贸易措施信息服务。

（五）构建技术性贸易措施专家队伍

着力打造技术性贸易措施专家队伍。建立一支既掌握国际贸易规则、又精通技术性贸易措施业务的专家队伍，加强培训和交流，做好梯队建设。充分发挥专家队伍作用，做好技术性贸易措施信息收集、评议、通报和预警工作，积极开展前瞻性的科研工作和学术研究。

（六）提供技术性贸易措施发展战略的基础保障

围绕技术性贸易措施战略部署，制定各项基础保障措施，加大实施力度，切实形成有利于实现全面协调、可持续发展的技术性贸易措施工作保障机制，为技术性贸易措施发展战略的实施提供重要保障，共同构建技术性贸易措施的国家战略体系。

二　借鉴发达国家共性运作模式，解决 TMT 技术法规问题

技术法规日益成为保障国家经济和社会发展的技术基础，成为保护国家安全和跨越国外技术性贸易壁垒的重要手段。

通过对美国、欧盟和日本等国家和地区的技术性贸易措施研究，可以发现这些发达经济体技术法规存在的共性特征：一是技术法规是法律体系中的一部分；二是未为技术法规设立独立的法律类别；三是技术法规与自愿性标准具有明确的界定；四是技术法规与自愿性标准结合紧密、相辅相成，技术法规中大量引用和使用自愿性标准；五是技术法规与合格评定程序紧密结合，从而保证了技术法规的有效实施；六是建立了良好的技术法规体系运行模式。

同时，美国、欧盟、日本的技术法规是政府部门为了执行和实施上位法而制定的法律性文件，目的是保护消费者的健康、安全以及保护环境。技术法规是其法律体系中的一部分，具有强制性实施的法律属性，并与法律法规具有相同的法律效力。

因此，美国、欧盟、日本的技术法规共性特征对我国建立符合 WTO/TBT－SPS 规则的技术法规体系，具有重要的参考价值和借鉴意义。

（1）明确技术法规的法律地位是技术法规有效实施的根本保证。我国的强制性标准承担着法律所赋予的技术法规的职能，而本身却并不具备法律属性。因此，我国应借鉴美国和欧盟的经验，研究制定真正意义上的技术法规，或将强制性标准转化为技术法规并纳入法律体系中，充分发挥其应有的功能和作用。

（2）明确技术法规与标准的不同属性是建立技术法规体系的前提。我国目前的强制性标准和推荐性标准的制定程序、制定机构、发布实施以及规范和约束范围大体相同，易于混淆。因此，我国应借鉴美国和欧盟的做法，以有利于我国标准制定主体地位的真正形成，有利于符合市场需求并具有竞争力的标准的更好制定。

（3）明确标准对技术法规的技术支撑作用，有助于技术法规体系科学健康地发展。在如何发挥标准对技术法规的作用方面，我国应借鉴美国和日本在技术法规制定中充分利用自愿性标准中含有的先进的科学成果和成熟的管理经验，从而保证技术法规的科学性、合理性；借鉴欧盟技术法规与自愿性标准明确的约束范围，特别是欧盟新方法指令所保证的技术法规"该协调的协调、不该协调的不协调"原则。

（4）明确技术法规中技术标准的采用，有助于减少政府的重复性劳动。要提高政府在技术法规及标准研究方面的工作效率，可以借鉴美国、欧盟和日本政府在其标准化体制和工作方式中的重在管理、规范和引导的特点，采取法律等手段推动技术法规引用和自愿性标准的采用，以节省行政成本，提高技术法规制定效率，保证政府决策的科学性与适用性，"借力"推广先进的科学技术。

（5）通过技术法规引用标准，促进科技发展和技术进步。我国应借鉴美国、欧盟和日本技术法规有选择性地对自愿性标准加以采用和引用，并借助于技术法规的法律约束力直接将自愿性标准中的科学成果"强制"推广，并倒逼企业接受先进的科技成果、实现转型升级，从而促进全社会的科技发展和技术进步。

（6）加强技术法规与合格评定程序的结合，提高技术法规实施的有效性。目前我国有相当数量的强制性产品标准在规范产品质量过程中并未真正起到应有的作用，反映出"强制性标准与合格评定程序相脱节"的问题。美国、欧盟和日本为保证投放市场后的产品符合技术法规要求而在其法规文件中对合格评定程序做出明确规定，从而有效地指导不同的合格评定机构采取基本相同的模式（或方法）对产品进行合格评定，这种方法值得我国借鉴。

三　合理利用标准的规制手段，解决 TMT 标准竞争问题

技术法规体系反映了标准的规制水平并成为法律体系中的一部分，从而具有法律约束力，并在保护国家和区域公共利益中发挥着重要作用。而自愿性标准是由政府认可的非政府组织根据市场需求制定的，它反映的是最先进的科技成果和成熟的实践经验，可以说，它反映了标准的竞争程度，是技术和市场的"晴雨表"。

（一）适时设计标准的竞争与规制

（1）把握技术标准公共规制的充要条件。技术标准竞争中的外部性、规模经济、信息不对称和交易成本等揭示了技术标准规制形成和发展的一般机理。可以认为，技术标准竞争可能之时就是规制必要之时，当然以规制不失灵为前提；技术标准在市场失灵及政府失灵之时集体选择应运而生。市场竞争这只"无形的手"在技术标准资源配置中起决定性作用；"市场失灵"发生时，就产生了政府介入和公共标准规制制度；"市场失灵"是技术标准公共规制的必要条件，"政府决策不失灵"是技术标准公共规制的充分条件。

（2）适应大数据时代的"技术标准"的快速发展。技术标准规制制度体现了以公共规制原则实行的制度安排、表现了以规制为目的法律的制定与实施，技术标准竞争制度则体现了以促进竞争原则实行的制度安排、表现了以促进竞争为目的法律的制定与实施。因此，政府规制这只"有形的手"在技术标准市场竞争失灵时起到决定性的作用。尤其是在网络经济飞速变化的今天，互联网不断发展，并逐渐步入大数据时代：技术数据、工业数据、农业数据、服务数据、城市数据、企业数据、医疗数据、网站数据等已成为我们虚拟与现实生活中的重要组成部分。大数据时代虽源自互联网但又脱离互联网快速发展为一个崭新的时代；而维系大数据时代的"技术标准"却是持续变化的。

（二）自愿性标准和技术法规的合理运用

技术法规和自愿性标准是两类不同性质的规范性文件，必须明确区分界定技术法规和标准。同时，技术法规和自愿性标准又是紧密相连、相辅相成的。涉及保护人类健康和安全的技术法规的规制供给需要得到凝聚着先进技术和经验的自愿性标准的技术支撑，这种提供技术支撑的标准需要企业在市场中的充分竞争才能达到最优；同时，政府在技术法规中又要充分体现保护消费者健康和安全的公共需求，以体现法律规制的公共属性。

（1）使标准与标准化治理成为一种社会规范方式，占领全球竞争的制高点。政府在标准化中，可以借鉴发达国家经验、尝试不操控标准化团体，但是积极参与制定自愿一致性标准，并对自愿性标准的制定、实施和市场竞争给予特别关注，这是由于为了保护人类健康和安全，消除技术性贸易壁垒，政府部门往往采用"在技术法规中引用和使用自愿性标准"的通行做法。

（2）发挥市场在资源配置中的作用，推动企业标准化工作。企业由于研发动力相对较强、技术储备丰富、技术标准制定可谓驾轻就熟。因此，使企业成为技术标准包括合格评定程序研究和制定的主体，并由此引导标准的竞争，从而推动技术和标准化的快速发展。

（3）以技术法规"引导""推动"或"拉动"企业的自愿性标准，向着"科学、有序、健康"方向发展。凡是涉及保护人类、动植物健康和安全的，由政府部门依法制定技术法规；凡是为满足市场需求的，由非政府组织制定自愿性标准。从而科学地区分技术法规与自愿性标准，使其充分发挥各自的功能；有效地发挥技术法规的法律约束力和标准的技术协调性。

（4）掌握标准化时机，助推产业转型升级。政府在标准规制过程中，既要避免对落后技术的格式化，防止产业倒退；也要避免对快速发展而尚未成熟技术的格式化，因为这样会限制产业的发展。

（5）密切关注企业标准的公开制度和消费者的选择权，使企业标准在市场竞争中达到最优。在企业标准的公开中，政府有义务为企业标准提供竞争性的平台；同时，也要吸收消费者充分参与标准化，通过消费者选择实行企业标准的自动优胜劣汰机制。例如，在电子商务中，公开的企业标准可视为其对产品质量的一种承诺。

四　通过基础性、关键性和应用性研究，解决 TMT 科学技术"瓶颈"问题

技术性贸易措施对推动我国进出口贸易优进优出、进出口企业转型升级、供给侧结构性改革影响重大。要解决技术性贸易措施的科学技术"瓶颈"问题，必须提高技术性贸易措施科技创新水平，必须加强基础性研究、关键技术研究和应用示范研究。

（1）加强基础性研究。针对技术性贸易措施的技术指标覆盖面不全、针对性不强、原创性不足和有害物质限量标准缺乏、定量风险评估开展不足等问题，引导科学技术攻关。

（2）加强关键技术研究。针对跨越国外基于先进科学技术的技术性贸易措施和确保进口产品安全所需的关键技术、关键工艺、关键材料和关键设备等开展研究，有效推动我国相关产品出口和防范进口产品带来的健康安全、产业安全和生态安全风险。

（3）加强应用示范。充分发挥科研院所、行业协会、龙头企业等社会优势力量的作用，开展技术性贸易措施的应用示范研究，并在受技术性贸易措施影响较大的食品农产品、机电轻工、纺织服装、化矿金属、危化包装等典型产业进行研究示范，引领和倒逼我国外贸结构调整和产业转型升级，培育国际竞争新优势。

（4）强化科技创新理念。随着科学技术日益成为我国技术性贸易措施效能提升的关键因素，应适时开展科技攻关，强化科技支撑，适时转化科技创新成果，助推我国由贸易大国向贸易强国转变。

五　基于国际共性产业技术，解决 TMT 体系标准及合格评定问题

技术法规与自愿性标准及合格评定程序的有机结合，可以形成一个科学、系统、完整、运作有序的整体，将有效地发挥出技术法规的法律约束性、技术标准的技术协调性以及合格评定程序的质量保证性，并在保护国家安全和经济利益、保护消费者的安全和健康、保护生态环境以及规范市场中产生重大的作用。技术标准、合格评定程序（检验检测和认证认可）的科学性、技术性、专业性、系统性和国际性等特征鲜明，构成了提升质量竞争力的重要基石；因此，亟待开展技术标准、合格评定程序领域基础通用与公益标准、产业共性技术标准及中国标准国际化、基础公益检验检测技术、重要产业检验检测技术、基础认证认可技术、新兴领域认证认可技术等领域的研究。

（一）开展技术标准研究

基础通用与公益标准研究：开展产品生产过程中的质量测量分析改进、符合中国人体特性的产品设计与测评、支撑重点领域水资源消耗总量和强度双控、土地复垦与生态修复、海洋资源能源调查评估及海洋生态环境保护、爆炸危险化学品公共安全和应急产品及服务、在用特种设备安全、机械电气等重要领域安全共性技术、城市的可持续发展、特殊人群健康服务与远程健康监测、支撑现代交通运输服务能效提升、面向重点行业的企业信用和社会责任评价与管理、政务服务与行政许可标准化等技术研究和基础通用技术标准研究。

产业共性技术标准研究：开展主要农业废弃物提取加工与功效评价、重要领域绿色制造、三代核电、特高压交直流混联大电网运行、新一代信息器件及终端、太阳能光热发电及热利用、燃料电池发电和电化学储能及需求侧响应、海洋工程装备、新材料领域先进功能材料、兽用生物制品及检测试剂质量评价、物流转型升级等产业共性关键技术标准研究。

中国标准国际化的研究：开展战略性新兴产业、优势特色领域、重点贸易区域、重点贸易产品、主要出口国、主要出口产品与我国标准体系差异性的国际化对研究和关键指标验证；开展我国标准与国际标准的一致性和差异性研究，并对标准关键指标进行试验验证，为我国标准采用国际标准提供技术依据；开展航空、海上装备、"互联网＋"电子商务、大宗出口商品及设备、机械工程、高速列车及中国标准走出去适用性等技术及技术标准研究。

（二）开展认证认可研究

基础认证认可技术研究：开展科研实验室认可、支撑"一带一路"贸易便利化的认证认可、"互联网＋"认证认可等共性关键技术研究与应用。

新兴领域认证认可技术研究：开展信息安全认证认可、服务认证、重点领域绿色产品认证、智能和绿色制造认证评价、种养殖业非二氧化碳温室气体排放与减排量化及核查、大气污染防治认证评价及清洁空气管理评价、新能源及配套产品质量评价等关键技术研究与应用。

（三）开展检验检测研究

基础公益检验检测技术研究：开展"互联网＋"NQI集成服务、材料损伤电磁无损检测与评估及仪器研制、高耗能特种设备能效检测与评价、家用环境净化产品关键性能及安全性检测、高新技术消费品关键部件及材料检测评价、药品质量生产过程控制、跨境生物产制品和工程生物检验检测及控制、海量跨境生物物种查验控制等共性检验检测及控制关键技术研究。

重要产业检验检测技术研究：开展石化装置关键设备质量性能检测

评价与控制、大型能源动力装备"制造、服役"过程检验检测与集成质量控制、严酷条件下矿用设备性能检测及质量评价、在役新能源关键设备检测监测与评价、可穿戴智能产品的可靠性测试、智能语音产品符合性测试、进出口药食同源产品质量检测、进出口贸易突发性事件检测及应对、化学品健康危害快速分级与确证、特色农产品新型甄别检测等关键技术研究。

六　采用公共选择的非市场方式，解决环境产品 TMT "市场失灵"问题

对绿色或环境这种产品的"内生"需求源于"消费者"，而它的供给是一个要由社会上或国际上的主要利益集团的利益所决定的公共选择过程。当环境产品作为一种公共物品的供给、存在着"市场失灵"问题时，它依赖于通过公共选择的非市场方式来决定。例如，绿色贸易政策（国际环保标准和绿色标志）就是推动各国环境产品的正、负外部性内在化的重要外部制度约束。

（一）矫正性税收：负外部效应内在化

对矫正负的外部效应，政府所采取的措施是矫正性的税收，它着眼于私人边际成本的调整。即对带有负的外部效应的物品或服务征收相当于其外部边际成本大小的税收，以此将征税物品或服务的私人边际成本提高到同社会边际成本相一致的水平，实现负的外部效应的内在化。其突出特征是数额同外部边际成本相等。其作用是将外部边际成本加计到私人边际成本之上，将部分收入从环境污染生产者手中转移给遭受环境污染的个人或厂商，将环境资源污染减少至可以容忍的水平。

（二）矫正性财政补贴：正外部效应内在化

矫正性外部效应的措施是进行矫正性的财政补贴，它着眼于私人边际效益的调整。即对带有正的外部效应的物品或服务的消费者，按照该种物品或服务的外部边际效益的大小发放财政补贴，以此将补贴物品或服务的私人边际效益提高到同社会边际效益相一致的水平，实现正的外部效应的内在化。其突出特征则是矫正性的财政补贴数额与外部边际效益相等。其作用是将外部边际效益计入私人边际效益中，增加带有正的外部效应的物品或劳务的消费者所获得的效益。

当然，在改革现行绿色贸易制度进程中，政府对外部效应问题的干预还可以有其他的政策手段，如制定排污标准，实行限价措施等，但是，财政仍不失为其中最重要的手段之一。

通过这种公共选择的非市场方式影响技术性贸易措施政策制定者的公共选择过程和生产者的环境保护理念，解决环境产品的"市场失灵"问题，使外部效应得以矫正，使资源配置效率提升，并使社会效用最大化。

七　区分市场规模、替代程度和供给弹性，解决 TMT 政策保护绩效问题

随着关税等传统贸易保护措施的逐渐淡化，技术性贸易措施因其合法性和隐蔽性，受到了各国政府的广泛运用。这时，技术性贸易措施的政策保护绩效及其相关因素就成为需要重视的重要问题。

（1）技术性贸易措施的保护绩效与国内市场规模成正比，市场规模小的国家使用技术性贸易措施保护本国产业的效果较差。这就启示那些市场较小或者市场势力较弱的国家要谨慎使用保护措施，尽量开放本国的市场，因为它们的保护会使本国损失较大而获益较少。

（2）技术性贸易措施的保护绩效与产品的替代程度成正比，与市场的竞争程度成反比。也就是对替代程度很小的特有产品，不宜使用保护措施；对于差别化产品则可以适当使用技术标准来保护国内该产业。对于本国竞争激烈的产业，也不用进行保护，只有对本国存在垄断优势，有利于形成竞争优势的产业，才采用保护措施。

（3）技术性贸易措施的保护绩效与产品的国内价格需求和供给弹性都正相关。也就是说，对于那些供需弹性较大的产业进行保护是有利的，而对于本国供需弹性很小的产业进行保护所得的效果不佳。所以在制定保护政策时，要斟酌衡量产品在国内的供需弹性，而不能盲目制定保护措施。

技术性贸易措施的政策保护绩效要求最大限度地起到保护作用。

总之，中国加入世界贸易组织 15 年来，全球技术性贸易措施呈现出许多新特点、新动态、新趋势；特别是 2008 年国际金融危机催生的贸易保护主义，以及后危机时代国际贸易出现的新兴贸易保护政策暨技术性贸易措施，对进出口贸易带来了双重影响。需要我们以新的历史视角和时代思维，充分利用技术性贸易措施的正负效应，再一次科学地审视技术性贸易措施，促进中国进出口贸易的长足发展。

参考文献

1. 鲍晓华：《WTO 框架下 SPS 措施选择的经济学：一个成本收益的观点》，《财贸研究》2005 年第 5 期。
2. 白光：《WTO 规则漏洞与争端案例》，中国物资出版社 2002 年版。
3. 曹建民、贺小勇：《世界贸易组织》，法律出版社 2004 年版。
4. 程鉴冰：《国内外纺织品标准化体系及发展战略研究》，《东华大学学报》（社会科学版）2007 年第 3 期。
5. 程鉴冰：《我国农产品质量安全与标准化》，《中国检验检疫》2009 年第 5 期。
6. 程鉴冰：《最低质量标准政府规制研究》，《中国工业经济》2008 年第 2 期。
7. 程鉴冰：《政府技术标准规制对经济增长的实证研究》，《数量经济技术经济研究》2008 年第 12 期。
8. 程鉴冰：《技术性贸易壁垒的比较制度分析：以欧美日非出口市场为例》，中国质检出版社、中国标准出版社 2012 年版。
9. 程鉴冰：《技术标准市场竞争与政府规制》，中国质检出版社、中国标准出版社 2014 年版。
10. 陈丽丽：《国际贸易理论研究的新动向》，《国际贸易》2008 年第 3 期。
11. 陈淑梅、沙双玉：《全球贸易保护主义背景下技术性贸易壁垒研究述评》，《东南大学学报》（哲学社会科学版）2013 年第 1 期。
12. 陈新、殷杰、吴彦、曹健：《国外技术性贸易措施影响指数研究》，《检验检疫学刊》2012 年第 6 期。
13. 蔡素贞、冷洛：《从传统贸易理论到新贸易理论的发展论析》，《云南财经大学学报》（社会科学版）2009 年第 1 期。
14. 池勇海、李德甫：《国际贸易基本理论演变述评》，《商业时代》2010

年第 4 期。

15. 柴忠东：《新新贸易理论"新"在何处》，《国际经贸探索》2008 年第 12 期。

16. 樊亚妮：《新贸易保护主义的理论综述》，《商场现代化》2013 年第 11 期。

17. 胡冠华：《绿色食品标准技术体系的推广应用现状及发展对策》，《广东农业科学》2010 年第 8 期。

18. 金祥荣：《国际经济学：前沿理论和发展方向》，浙江大学出版社 2008 年版。

19. 金淑娟、吴丽：《纺织品中有害物质对人体的危害性》，《中国纤检》2010 年第 12 期。

20. 金明华：《基于"环境优先"贸易保护论的国际营销对策》，《学术交流》2006 年第 9 期。

21. 吉立林：《贸易保护主义与贸易保护政策变化研究》，《现代企业教育》2014 年第 12 期。

22. 李春顶、尹翔硕：《技术性贸易壁垒的保护绩效及影响因素》，《世界经济研究》2007 年第 7 期。

23. 李春顶：《新新贸易理论文献综述》，《世界经济文汇》2010 年第 2 期。

24. 李军：《新新贸易理论文献综述》，《价值工程》2015 年第 24 期。

25. 李轩：《西方新贸易保护主义理论述评》，《理论参考》2009 年第 3 期。

26. 李志科：《浅析克鲁格曼的国际贸易新理论的局限性》，《黑龙江对外经贸》2008 年第 9 期。

27. 刘艳婷：《浅析新国际贸易理论》，《当代经济》2007 年第 3 期。

28. 刘玉：《后危机时期绿色贸易壁垒发展及中国应对》，《经济研究导刊》2014 年第 9 期。

29. 刘伟丽：《国际金融危机后的新贸易保护主义及其对中国的影响》，《深圳大学学报》（人文社会科学版）2010 年第 9 期。

30. 刘向民：《保罗·克鲁格曼及其经济理论》，《经济学动态》1997 年第 2 期。

31. 尹翔硕：《国际贸易教程》（第二版），复旦大学出版社 2002 年版。

32. 吕连菊、阚大学：《新新贸易理论、新贸易理论和传统贸易理论的比较研究》，《经济论坛》2011 年第 3 期。

33. 吕汉阳、卢璐：《我国加入 WTO 政府采购协议谈判的最新进展》，2015 年 6 月 27 日，http：//wenku. baidu. com/。

34. 陆燕：《反对和遏制贸易保护主义是全球共同的任务》，《国际经济合作》2009 年第 8 期。

35. 倪月菊：《警惕金融危机后贸易保护出现的新趋势》，《中国经济导报》2013 年 8 月 31 日第 B1 版。

36. 倪月菊：《后金融危机时代自由贸易和保护贸易的新博弈》，《金融发展评论》2012 年第 12 期。

37. 秦红岩：《我国食用农产品安全标准存在的问题及对策分析》，《农业机械》2012 年第 24 期。

38. 钱学峰：《企业异质性、贸易成本与中国出口增长的二元边际》，《管理世界》2008 年第 9 期。

39. 任勤：《WTO 框架下的贸易保护问题研究》，西南财经大学出版社2008 年版。

40. 盛斌：《金融危机后的全球贸易保护主义与 WTO 规则的完善》，《国际经贸探索》2010 年第 10 期。

41. 世界贸易组织秘书处：《乌拉圭回合协议导读》，索必成、胡盈之译，法律出版社2000 年版。

42. 田彪：《新贸易保护主义研究》，《新经济》2014 年第 29 期。

43. 田东文、姚微：《技术性贸易措施影响中国制造业出口的实证分析——基于企业异质性视角的研究》，《国际经贸探索》2012 年第3 期。

44. 熊伟：《新国家竞争优势论：当今国际贸易的理论基础——兼对国际贸易主要理论述评》，《财经理论与实践》2004 年第 2 期。

45. 杨小凯、张永生：《新兴古典经济学与超边际分析》，社会科学文献出版社2003 年版。

46. 易定红：《新贸易理论政策述评》，《经济学动态》1999 年第 3 期。

47. 文斌：《出口机械欧美认证电气安全通用标准的比较》，《机械工程师》2014 年第 7 期。

48. 魏格坤：《中国—东盟非关税壁垒强度变动趋势及影响因素分析——

兼论中国—东盟自由贸易区贸易自由化路径选择》，《东南亚纵横》2015 年第 10 期。

49. 王佃凯：《贸易保护主义发展的原因、特点与趋势》，《首都经济贸易大学学报》2013 年第 4 期。

50. 伍先斌：《WTO 体制下的政府行为》，《商业研究》2005 年第 14 期。

51. 张娜：《新新贸易理论文献综述》，《现代商贸工业》2011 年第 9 期。

52. 赵君丽、吴建环：《新新贸易理论述评》，《经济学动态》2008 年第 6 期。

53. 张二震：《国际贸易分工理论演变与发展述评》，《南京大学学报》（哲学社会科学版）2003 年第 1 期。

54. Abraham, K. G. and S. K. Taylor, "Firms' Use of Outside Contractors: Theory and Evidence", *Journal of Labor Economics*, 14 (3), 1996, pp. 394 - 424.

55. Antras, P. , "Firms, Contracts, and Trade Structure", *The Quarterly Journal of Economics*, 11, 2003, pp. 1375 - 1418.

56. Antras, P. and E. Helpman, "Global Sourcing", *Journal Political Economy*, 6, 2004, pp. 552 - 580.

57. Antras, P. and E. Helpman, "Contractual Frictions and Global Sourcing", *Working Paper*, 2007.

58. Baldwin, R. E. , "Heterogeneous Firms and Trade: Testable and Untestable Properties of the Melitz Model", *Working Paper*, 2005.

59. Baldwin, B. and R. Forslid, "Trade Liberalization with Heterogeneous Firms", *CEPR Discussing Paper*, No. 4635, 2004.

60. Baldwin, R. E. and J. Harrigan, "Zeros, Quality and Space: Trade Theory and Trade Evidence", *Working Paper*, 2007.

61. Baldwin, R. E. and F. R. Nicoud, "The Impact of Trade on Intra—industry Reallocations and Aggregate Industry Productivity: A Comment", *Working Paper*, 2004.

62. Baldwin, R. E. and F. R. Nicoud, "Trade and Growth with Heterogeneous Firms", *CEPR Discussion Paper Series*, No. 4965, 2005.

63. Baldwin, R. E. and T. Okubo, "Agglomeration and the Heterogeneous Firms Trade Model", *Working Paper*, 2005.

64. Baldwin, R. E. and T. Okubo, "Agglomeration, Offshoring and Heterogeneous Finns", *CEPR Discussion Paper*, No. 5663, 2006a.

65. Baldwin, R. E. and T. Okubo, "Heterogeneous Firms, Agglomeration and Economic Geography: Spatial Selection and Sorting", *Journal of Economic Geography*, 6, 2006b, pp. 323 – 346.

66. Bernard, A. B., J. Eaton, J. B. Jensen and S. Kortum, "Plants and Productivity in International Trade", *American Economic Review*, 93 (4), 2003, pp. 1268 – 1292.

67. Bernard, A. B. and J. B. Jensen, "Exporters, Jobs and Wages in U. S. Manufacturing, 1976 – 1987", *Brookings Papets on Economic Activity*, *Microeconomics*, 1995, pp. 67 – 119.

68. Bernard, A. B. and J. B. Jensen, "Exceptional Exporter Performance: Cause, Effect, or Both?" *Journal of International Eeonomics*, 47, 1999, pp. 1 – 26.

69. Bernard, A. B. and J. B. Jensen, "Why Some Firms Export", *Working Paper*, 2001.

70. Bernard, A. B. and J. B. Jensen, "Entry, Expansion, and Intensity in the US Export Boom, 1987 – 1992", *Review of International Economics*, 12 (4), 2004, pp. 662 – 675.

71. Bernard, A. B. and J. Wagner, "Export Entry and Exit by German Firms", *NBER Working Paper*, No. 6538, 1998.

72. Bernard, A. B., S. J. Bedding and P. K. Schott, "Multi – Product Firms and Trade Liberalization", *Working Paper*, 2006a.

73. Bernard, A. B., S. J. Bedding and P. K. Schott, "Products and Productivity", *Working Paper*, 2006b.

74. Bernard, A. B., S. J. Redding and P. K. Schott, "Comparative Advantage and Heterogeneous Firms", *Review of Economic Studies*, 74, 2007, pp. 31 – 66.

75. Bernard, A., Eaton, J., Jensen, J. B. and Kortum, S., "Plants and Productivity in International Trade", *American Economic Review*, 2003, (93), pp. 1268 – 1290.

76. Bombardini, M., "Firm Heterogeneity and Lobby Participation", *Manu-*

script, 2004.

77. Borga, M. and W. Zeile, "International Fragmentation of Production and the Intrafirm Trade of U. S. Multinational Companies", U. S. Department of Commerce Bureau of Economic Analysis Working Paper, WP2004 – 02.

78. Bouet, A. and D. Laborde, 2008, "The Potential Cost of a Failed Doha Round", *IFPRI Issue Brief* 56, International Food Policy Research Institute, Washington D. C. .

79. Bustos, P. , "Rising Wage Inequality in the Argentinean Manufacturing Sector: The Impact of Trade and Foreign Investment on Technology and Skill Upgrading", *Working Paper*, 2005.

80. Chaney, T. , "Distorted Gravity: The Intensive and Extensive Margins of International Trade", *American Economic Review*, 98 (4), 2008, pp. 1707 – 1721.

81. Clefides, S. K. , S. Lach and J. R. Tybout, "Is Learning by Exporting Important? Micro – Dynamic Evidence from Colombia, Mexico, and Morocco", *The Quarterly Journal of Economics*, 113 (3), 1998, pp. 903 – 947.

82. Eaton, J. , S. Kortum and F. Kramarz, "An Antomy of International Trade: Evidence from French Firms", *Working Paper*, 2008.

83. Feenstra, R. C. , "Integration of Trade and Disintegration of Production in the Global Economy", *The Journal of Economic Perspectives*, 12 (4), 1998, pp. 31 – 50.

84. Ghironi, F. and M. J. Melitz, "International Trade and Macroeconomic Dynamics with Heterogeneous Firms", *The Quarterly Journal of Economics*, 3, 2005, pp. 865 – 915.

85. Grossman, G. M. and E. Helpman, "Outsourcing in a Global Economy", *Review of Economic Studies*, 72, 2005, pp. 135 – 160.

86. Grossman, G. M. , E. Helpman and A. Szeidl, "Optimal Integration Strategies for the Multinational Firm", *Journal of International Economics*, 70, 2006, pp. 216 – 238.

87. Hansen, J. D. and U. M. Nielsen, "Economies of Scale an d Scope, Firm Heterogeneity and Exports", *Working Paper*, 2007a.

88. Hansen, J. D. and U. M. Nielsen, "Choice of Technology , Firm Heterogeneity, and Exports", *Working Paper*, 2007b.

89. Head, K. and J. Ries, "Heterogeneity and the FDI versus Export Decision of Japanese Manufacturers", *Japanese Internatiomd Economics*, 17, 2003, pp. 448 – 467.

90. Head, K. , J. Ries and B. J. Spencer, "Vertical Networks and U. S. Auto Parts Exports: Is Japan Diferent", *Journal of Economics and Management Strategy*, 13, 2004, pp. 37 – 67.

91. Helpman, E. , O. Itakhoki and S. Redding, "Wages, Unemployment and Inequality with Heterogeneous Firms and Workers" , *Working Paper*, 2008.

92. Helpman, E. , M. J. Melitz and S. R. Yeaple, "Export versus FDI with Heterogeneous Firms", *The American Economic Review*, 94 (1), 2004, pp. 300 – 316.

93. Hummels, D. , J. Ishii and K. M. Yi, "The Nature and Growth of Vertical Specialization in Wodd Trade", *Journal of International Economics*, 54, 2001, pp. 75 – 96.

94. IEC, List of Menbers, http://www. iec. ch/, 2015 – 09 – 01.

95. ISO, Historical Record of ISO Membership 1947 to 2015.

96. Marin, D. and T. Verdier, "Power inside the Firm and the Market: A General Equilibrium Approach", *CEPR Discussion Paper*, No. 4358, 2002.

97. Marin, D. and T. Verdier, "Globalization and the Employment of Talent", *CEPR Discussion Paper*, No. 4129, 2003.

98. Marin, D. and T. Verdier, "Corporate Hierarchies and International Trade: Theory and Evidence", *University of Munich, Mimeo*, 2005.

99. Matin, D. and T. Verdier, "Power inside the Firm and the Market: A General Equilibrium Approach", *Discussion Paper*, No. 109, 2006.

100. Matin, D. and T. Verdier, "Competing in Organizations: Firm Heterogeneity and International Trade", *Discussion Paper*, No. 207, 2007a.

101. Matin, D. and T. Verdier, "Power in the Multinational Corporation in Industry Equilibrium", *Discussion Paper*, No. 209, 2007b.

102. Matin, D. and T. Verdier, "Corporate Hierarchies and the Size of Na-tions: Theory and Evidence", *Discussion Paper*, No. 227, 2008.

103. Martin, P. and C. A. Rogers, "Industrial Location and Public Infrastruc-ture", *Journal of International Economics*, 39, 1995, pp. 335 – 351.

104. Melitz, M. J. , "The Impact of Trade on Intra—Industry Reallocations and Aggregate Industry Productivity", *Econometrica*, 71 (6), 2003, pp. 1695 – 1725.

105. Namini, J. E. and R. A. Lopoz, "Random versus Conscious Selection into Export Markets – Theory and Empirical Evidence", Working Paper, 2006.

106. Nocke, V. and S. Yeaple, "Cross – Border Mergers and Acquisitions ver-sus Greenfield Foreign Direct Investment: The Role of Firm Heterogenei-ty", Working Paper, 2006.

107. P. Antras. "Firms, contracts and Trade Structure", *The Quarterly Jour-nal of Economics*, 2003 (118), pp. 1375 – 1418.

108. P. Anhas and E. Helpman, "Global Sourcing", *Journal of Political Econ-omy*, 2004 (112), pp. 552 – 580.

109. P Antras. "Incomplete contracts and the Product Cycle", *The American Economic Review*, 2005 (95), pp. 1054 – 1073.

110. Simon J. Evenett, 2009, The Unrelenting Pressure of Protectionism: The 3rd GTA Report.

111. Tim Lang and Colin Hines, "New Protectionism", Eathscan, Publica-tions Ltd. , London, 1994, Page 3.

112. United Nations, UN Comtrade Database, http://comtrade. un. org/da-ta/, 2015 – 09 – 01.

113. WTO, TBT Information Management System, http://tbtims. wto. org/, 2015 – 09 – 01.

114. WTO, SPS Information Management System, http://spsims. wto. org/, 2015 – 09 – 01.

115. WTO, 2009, Report to the TPRB from the Director – General on the Fi-nancial and Economic Crisis and Trade – Related Developments. WT/TPR/OV/2, July 15.

116. Yeaple，S. R. ，"A Simple Model of Firm Heterogeneity，International Trade，and Wages"，*Journal of Economics*，65，2005，pp. 1 – 20.

117. Yeats，A. J. ，"Just how Big is Global Production Sharing?"*World Bank Working Paper*，No. 1871，2001.

118. Dominick Salvatore：《国际经济学》，朱宝宪、吴洪等译，清华大学出版社1998年版。

后　记

　　自从 2012 年 7 月出版《技术性贸易壁垒比较制度分析：以欧美日非出口市场为例》、2014 年 1 月出版《技术标准市场竞争与政府规制》以来，就有强烈的动机构思出版介绍技术性贸易壁垒形成之前的技术性贸易措施在各国、各产业的发展状况的专作。

　　此间，2012 年 11—12 月，参加国家质检总局国际司、标法中心《关于加强技术性贸易措施工作的专题报告》的撰写；2013 年 3—5 月，参加国家质检总局国际司、标法中心《全球化背景下的技术性贸易措施》书稿的撰写；2013 年 11 月 14 日、2014 年 4 月 25 日、2014 年 12 月 9 日分别在浙江外国语学院、浙江检验检疫局、杭州检验检疫局举办《经济学视角的 NTMs：全球经济一体化背景下的技术性贸易措施》讲座并授课。2015 年 6—12 月参加国家质检总局国际司、标法中心《国外技术性贸易措施影响规律与应对策略》书稿的撰写；2016 年 7 月参与国家质检总局国际司、标法中心《国家技术性贸易措施研究与应用》国家科技项目申报研究；2012 年 10 月起有幸参加编辑浙江检验检疫局《技术性贸易措施动态》月刊，至今近 60 余期。2016 年 1—4 月被《中国标准导报》特邀为撰稿作者，发表技术性贸易措施论文数篇。由于上述极其富有意义的工作，使得积累了大量最基础的技术性贸易措施信息，为理论研究作了较好的铺垫。本书正是在多次的讲座讲义、编撰月刊、撰写论文及书稿的基础上编撰而成的。

　　喜逢 2016 年是中国加入 WTO 15 周年，15 年以来，中国出口贸易从 2001 年加入 WTO 之初的 2500 亿美元增加到 2015 年的 23437 亿美元，排名世界第一。中国在世界出口市场占有率从 2002 年的 5%，增长到 2003 年和 2004 年的 6%，2014 年中国商品出口额占世界商品出口额达到了 12%。中国工业制成品出口占比则从 2001 年的 90% 上升到 2014 年的 95.19%；在中国工业制成品出口赶超中，2004 年赶超日本，2006 年赶超美国，2008 年赶超德国，一跃成为世界最大的工业制成品出口国。

然而，随着经济全球化、贸易自由化的发展，关税、许可、配额等传统贸易保护措施逐渐削弱，技术性贸易措施作为新兴贸易保护政策日益被各国政府用于经济贸易政策干预之中。据国家质检总局调查显示，国外技术性贸易措施使中国出口企业遭遇的直接经济损失从 2005 年的 288 亿美元，攀升至 2014 年的 755 亿美元；每年约有 1/3 的出口企业遭遇国外技术性贸易措施的影响。

为此，本书从机电轻工、纺织服装、化学及矿产品、食品及农产品四大产业入手，分欧盟、美国、日本、东盟四大区域，对国外的技术性贸易措施进行综合分析；在此基础上再对技术性贸易措施国内市场失灵条件下的政府干预、国际市场准入壁垒条件下的贸易保护进行研究。并根据国家质检总局的专题调查和欧美日通报召回扣留信息，分析技术性贸易措施对中国出口产品的影响及倒逼机制。通过研究得出国外技术性贸易措施对中国的启示、挑战、抉择和策略。

《新兴贸易保护政策：技术性贸易措施》一书的出版，得到了浙江省软科学研究计划项目的资助。本书作为项目支持输出成果被列入 2016 年度第一批浙江省软科学研究计划项目（2016C25032），并被列为浙江省重点软科学研究计划项目，使本书的出版得到财力上的支持。

在本书的撰写过程中，中国社会科学院数量经济研究所李富强党委书记、副所长对全书的重点、难点进行了专业指导。浙江大学经济学院金祥荣教授为本书的框架建构提出了建设性的意见。中国社会科学出版社卢小生主任对本书的格式、体例进行了耐心的指教。在此一并表示衷心的感谢！

期望本书的出版能为国际贸易理论研究者提供近年来特别是 2008 年金融危机以来新兴贸易保护政策暨技术性贸易措施的发展概览，为技术性贸易措施工作者提供技术性贸易措施理论与实践的概貌，为进出口贸易管理者提供技术性贸易措施应对策略。

程鉴冰

2016 年 12 月于杭州